当代科学技术哲学论丛

卷5

主编　成素梅

专长哲学

The Philosophy of Expertise

〔美〕伊万·塞林格　罗伯特·克里斯　主编

成素梅　张　帆　计海庆
戴　潘　邬　桑　纪雪丽　译

本书的出版受上海社会科学院"创新工程"项目资助

科学出版社

北京

图字：01-2015-7496 号

This is a translation of
The Philosophy of Expertise edited by Evan Selinger and Robert P. Crease

Copyright © 2006 Columbia University Press
Simplified Chinese Translation copyright © 2015，by China Science Publishing & Media Ltd.

All rights reserved.
This edition is for sale in the People's Republic of China (excluding Hong Kong SAR, Macau SAR and Taiwan Province) only.
此版本仅限在中华人民共和国境内（不包括香港、澳门特别行政区及台湾地区）销售。

图书在版编目(CIP)数据

专长哲学 /（美）塞林格（Selinger, E.），（美）克里斯（Crease, R.）主编；成素梅等译. —北京：科学出版社，2015
（当代科学技术哲学论丛）
书名原文：The Philosophy of Expertise
ISBN 978-7-03-046444-6

Ⅰ. ①专… Ⅱ. ①塞… ②克… ③成… Ⅲ. ①哲学-文集 Ⅳ. ①B-53

中国版本图书馆 CIP 数据核字（2015）第 277600 号

丛书策划：胡升华
责任编辑：郭勇斌　樊　飞　卜　新　/　责任校对：胡小洁
责任印制：徐晓晨　/　封面设计：黄华斌

*科学出版社*出版
北京东黄城根北街 16 号
邮政编码：100717
http://www.sciencep.com
北京凌奇印刷有限责任公司印刷
科学出版社发行　各地新华书店经销
*
2015 年 11 月第　一　版　开本：720×1000　1/16
2025 年 2 月第五次印刷　印张：24 1/2
字数：500 000
定价：145.00 元
（如有印装质量问题，我社负责调换）

总　　序

　　梅森在他的《自然科学史》一书的导言中指出："科学有两个历史根源。首先是技术传统，它将实际经验与技能一代代传下来，使之不断发展。其次是精神传统，它把人类的理想与思想传下来并发扬光大……这两种传统在文明以前就存在了……在青铜时代的文明中，这两种传统大体上好像是各自分开的。一种传统由工匠保持下去，另一种传统由祭司、书吏集团保持下去，虽则后者也有他们自己一些重要的实用技术……在往后的文明中，这两种传统是分开的，不过这两种传统本身分化了，哲学家从祭司和书吏中分化出来，不同行业的工匠也各自分开……但总的说来，一直要到中古晚期和近代初期，这两种传统的各个成分才开始靠拢和汇合起来，从而产生一种新的传统，即科学传统。从此科学的发展比较独立了。科学的传统中由于包含有实践和理论的两个部分，它取得的成果也就具有技术和哲学两方面的意义。"[①]

　　显然，从梅森的观点看，科学在起源上是技术传统与哲学传统交汇的产物。然而，科学一旦产生并形成自己的独特传统之后，不仅反过来极大地影响了其根源，而且实质性地影响了远离这两个根源的其他领域。特别是，近几十年以来，当科学技术的发展由原初只是单纯地认识世界与改造世界，变成了当前的发展更需要考虑保护世界，同时日益接近于日常生活，越来越成为一项社会事业，乃至整个社会很有可能会变成一个巨大的社会实验室时，当以辩护科学为目标的英美哲学传统与以批判科学为宗旨的大陆哲学传统双双陷入困境时，当另辟蹊径、来势凶猛的关于科学技术的人文社会科学研究明显地给人留下反科学技术之嫌时，当整个哲学界对依靠科学技术发展推动社会进步的现代模式褒贬不一的讨论愈加激烈时……作为一门学科的"科学技术哲学"（philosophy of science and technology）也许会应运而生。

　　就当代哲学的发展而言，心灵哲学越来越与心理学的经验研究、神经科学、人工智能的发展内在地联系在一起；关于实在的本体论研究离不开以量子理论为

[①] 梅森．自然科学史．上海外国自然科学哲学著作编译组译．上海：上海人民出版社，1977.6，7.

基础的微观物理学的最新发展，也离不开对不可观察的心理结构和过程的假设与实验测试；与高新技术发展密切相关的网络伦理、环境伦理、干细胞伦理等已经成为伦理学关注的重要主题；关于社会心理、社会诚信等问题的哲学研究以及关于人性的哲学思考离不开围绕科学技术异化问题展开的一系列讨论。从这个意义上看，科学技术哲学恰好能提供架起抽象的哲学研究与前沿的科学技术研究之间的桥梁。

与传统的哲学研究相比，科学技术哲学研究不是通过先验的概念反思、日常语言的逻辑辨析以及提出概念真理的思想实验来获得知识并认知包括心灵在内的世界，也不是空洞地谈论规范人类行为的道德法则，而是通过综合考虑科学理论的基本假设、思想体系以及技术发展中的具体案例等复杂因素来研究哲学问题。在哲学框架内可能提出的关于科学技术的问题主要包括本体论、认识论和方法论问题（如实在论问题、证据对理论的非充分决定性问题、技术设计问题等），还有与科学技术的内容或方法直接相关的伦理问题或社会问题（如价值在科学技术中的作用问题、克隆技术和生化技术的合法应用问题等）。概念反思、语言分析和思想实验有助于提出假设，但不能用来评价假设。因此，必须把科学技术哲学与忽略科学技术发展的哲学明确地区分开来。

然而，强调科学技术哲学研究的经验性与实践性，并不意味着主张把哲学研究还原为经验研究，而是主张基于科学技术的当前发展，重新审视与回答传统的哲学问题。一方面，承认关于知识、实在、方法和伦理的哲学问题比经验科学与技术中的问题更具有普遍性和规范性；另一方面，主张对这些哲学问题的讨论要以科学技术的发展为基础。特别是，当科学的发展进入人类无法直接或间接观察的微观世界时，当人类的文明进入信息化时代时，技术已经不再只是单纯延伸人类感官的工具和充当人类认识世界、改造世界的手段，而是成为人类认识世界的一个必不可少的中介和人类生存、生活的基本条件，甚至正在成为人类超越自身感知阈限的有效手段（如在体内植入芯片）。在这种背景下，科学、技术、哲学事实上已经不可避免地在许多基本问题上相互纠缠在一起，很难彼此分离。如果说，科学的产生源于技术传统与哲学传统的交汇，那么，科学技术哲学的产生则是科学、技术、哲学三种传统汇集与衍生的结果，如关于量子测量解释的认识论争论、关于数字生命的实在性问题的争论、关于人类基因组序列带来的伦理问题的争论、关于体内植入芯片的工具平等问题的争论等。这些争论本身内在地蕴涵科学共同体在确立、维护与传播自己的学术见解时社会因素与修辞因素所起的作用。科学、技术、哲学三者之间的关系大致如下图所示。

总　序

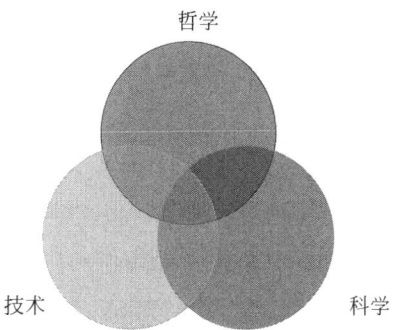

在上图中，哲学和科学、技术的两两相交之处，分别形成了科学哲学和技术哲学；科学与技术相交的区域表现了科学的技术化与技术的科学化，即技术趋向的科学研究（如量子计算）和科学趋向的技术研究（如生物技术、智能技术）；三者相交之处，形成了科学技术哲学。因此，在非常狭义的学理意义上，科学技术哲学不是科学哲学与技术哲学的简单综合，因为科学哲学主要是基于对科学理论的形成逻辑、与世界的关系、与证据的关系、与实验的关系、理论的变化等问题的剖析来讨论哲学问题，技术哲学主要是基于对技术设计、技术发明、技术评价、技术制品（即人工物）和技术应用等问题的研究来探讨相关的哲学问题。从上图可以看出，科学技术哲学是基于技术趋向的科学研究和科学趋向的技术研究来回答哲学问题，是科学、技术与哲学的问题重叠与互补研究。在科学技术哲学的研究中，哲学的认识论、本体论、方法论和伦理学问题是彼此关联的。

首先，在科学技术哲学中，两个重要的认识论问题是以技术为前提的科学研究是否能获得真理性知识的问题和如何合理评价理论的问题。从方法论的角度看，从经验到理论的归纳主义进路和从假说到证实的假设—演绎主义进路都过分简单。科学理论的形成是在基于假设的理论化、技术为主的实验和逻辑推理之间不断进行调整，最终达到反思平衡的一个动态负反馈过程。在这个过程中，理论与实验结果之间的关系不是单纯的归纳关系或演绎关系，而是一种说明关系。但是，说明关系预设了对说明本性的理解。例如，把说明理解为语句之间的演绎关系、理论与数据之间的符合关系、机制与现象之间的本体论关系等。因此，关于说明的本性问题，既是一个认识论问题，也是一个本体论问题。

其次，在科学技术哲学中，最一般的本体论问题是，我们是否能够对不可能被直接观察的、只能通过技术手段间接地看到其效应的理论实体的存在性做出合理的辩护。例如，在量子理论中，我们是否应该相信量子物理学家用来解释物理现象的夸克、电子、光子等假定实体是真实存在的？或者，只是便于预言观察现象的谈话方式或工具？我们仅凭先验的推理根本无法解决围绕这个问题的实在论与反实在论之争。关于理论实体的实在论问题，必须与揭示量子力学的基本假设中的哲学基础联系起来，才能得到合理的解答。同样，心理学哲学中的实在论问题是，我们是否有或能够有好的根据相信，确实存在像规则和概念之类的心理表征。对于这个问题，只有与心理学、认知科学、神经科学的前沿研究结合起来，才能得到好的解答。因此，关于实在本性的本体论研究与关于知识的认识论研究之间存在着相互影响，即存在判断影响认知判断，反之亦然。

最后，伦理学虽然是一门规范的学科，表面上与经验性的科学技术相差甚远，但是当科学技术的研究触及人类的价值或道德判断问题时，伦理理论的研究就需要与人类的道德能力相一致。对人类道德能力的关注，不是以先验的概念构造为基础，而是以经验调查为基础。例如，如何解决当前心理学与神经科学实验中的知情同意问题。根据当前流行的人工智能研究进路，当把人的心理过程理解为受控于由生物物理机制建构的大脑过程，甚至把大脑过程理解为一种计算时，就很难把不道德的行为归属于意愿的失败，这显然对自由意志的概念提出了挑战。伦理学家在基于神经科学、人工智能等研究来讨论有没有自由意志的心灵本性和人们对自己的行动是否应该负有道德责任的问题时，伦理学就与本体论问题相互联系起来。

正是在这种意义上，我们可以说，"科学技术哲学"越来越成为当代哲学问题研究的核心。这是基于科学、技术、哲学发展的学理脉络对"科学技术哲学"存在的合法性与重要性的揭示。令人遗憾的是，到目前为止，这种意义上的科学技术哲学的形式体系还很不成熟，甚至没有引起学术界的关注。

我国的"科学技术哲学"这个概念最早是在 1987 年国务院学位委员会组织修改研究生学科目录时从素有"大口袋"之称的"自然辩证法"更名而来的。与自然辩证法的这种渊源关系，决定了我国的科学技术哲学，不同于前面描述的作为一门学科的科学技术哲学，而是具有学科群的特征。学术界通常把我国的科学技术哲学理解为对科学技术发展所提出的相关问题、基本要求和尖锐挑战的哲学回应，对整体的科学与技术及其各门分支学科所涉及的哲学问题进行批判式反思的一个学科群。

经过几十年的发展，我国的科学技术哲学研究在与国际接轨、关注我国现实问题的进程中，不断地发展与壮大，形成了以部门哲学、科学哲学、技术哲学、科学技术的人文社会科学研究以及社会科学哲学为基本方向的相对稳定的专业队伍，呈现出从抽象理论到生活实践，从单一到多元，从立足于部分到注重整体，从翻译到对话的发展特点。特别是自 21 世纪以来，我国的科学技术哲学在每个

总　序

学科方向上都正在发生研究范式的转变、思维方式的转型和学术焦点与问题域的转移。那么，处于转变、转型和转移中的科学技术哲学将会"转"向何处？将会提出什么样的新问题？在不断地摒弃了小科学时代的科学观、技术观和哲学观之后，如何重建大科学时代的科学观、技术观和哲学观？作为学科群的科学技术哲学的不同分支领域，在深入研究的过程中，能否衍生出前面描述的作为一门学科的科学技术哲学？

陈昌曙先生在1995年发表的《科学技术哲学之我见》一文中，从学科名称的内涵与意义、学科分类及涵盖的学术交流活动三个方面，阐明了把"自然辩证法"更名为"科学技术哲学"所具有的必要性，然后指出："在我们的学科目录中，可以把科学技术哲学与自然辩证法作为同一的东西看待，但从学科的内容、层次看，似乎这两者又不是完全同一的；如果把当今出版和习用的《自然辩证法讲义》、《自然辩证法概论》原样不动地变换成为《科学技术哲学讲义》、《科学技术哲学概论》则未必相宜。科学技术哲学总应该有更深的哲学思考和更多的哲学色彩，而不全等于科学观与技术观。"[①]他主张"科学技术哲学"可能需要写出诸如"从哲学的观点看……"之类的内容，如"从哲学的观点看基础科学与技术科学"、"从哲学的观点看科学技术化、技术科学化与科学技术一体化"等。他认为："尽管科学与技术之间有着原则性的区别，尽管科学哲学与技术哲学有较多的差异，统一的科学技术哲学仍是可以设想的。"[②]

陈先生基于学科名称的内涵与意义提出探索统一的科学技术哲学的设想，与基于科学、技术、哲学发展的内在要求提出的探索科学技术哲学可能性的观点是相吻合的。如果"从哲学的观点看……"之类的内容是科学技术哲学研究的一条外在论的进路，那么从科学、技术、哲学研究的相交领域形成的科学技术哲学研究则是一条内在论的进路。在内在论者的进路中，哲学不再充当外在于科学技术研究的高高在上的指挥者，而是成为科学技术研究中离不开的参与者。这种哲学角色的转变，是当代大科学时代哲学研究的一个典型特征。例如，在认知科学的研究中，由科学家、工程师、医生、哲学家、企业家甚至政治家共同参与的会议并不少见。

在这里，哲学研究既不像逻辑经验主义者所说的那样，只是澄清科学命题的意义，更不像许多社会建构论者所追求的那样，已经被社会与文化研究取而代之，而是要求把思辨与先验的要素和实证与现实的问题结合起来，作为一种不同

---

① 陈昌曙. 科学技术哲学之我见. 科学技术与辩证法，1995，(3)：2.
② 陈昌曙. 科学技术哲学之我见. 科学技术与辩证法，1995，(3)：3.

的视角，参与科学技术研究。这是因为，当科学技术的发展离社会生活越来越近时，科学就不只是探索真理那么简单，技术也不只是作为改造世界的工具那么单纯。科学技术作为人类文明的成果，已经成为价值有涉的研究领域。在这种情况下，为了人类的和谐发展，凡是能够探索真理的科学研究都值得倡导吗？凡是能够用来按照人的意愿达到改造世界目标的技术都应该研制吗？专家提供的发展战略一定是完全合理的吗？人类究竟在为自己建构一个什么样的社会？作为社会的人在包括科学技术研究的一切社会活动中应该如何重建社会道德与社会信用？这些问题无疑为哲学家介入或参与科学技术的研究与发展提出了内在要求。

  一言以蔽之，许多哲学问题需要深入科学技术的土壤，才能得到合理的解答。当代科学技术的发展在很大程度上需要嵌入哲学思考，才能达到更理性的发展。科学技术哲学既是从哲学视域把科学、技术、社会、政治、经济等因素整合起来思考问题的一门交叉的新型学科，也是把关于自然、社会与人的和谐发展作为研究核心的一门综合型学科。

  《当代科学技术哲学论丛》的筹划与出版，正是试图为科学技术哲学的探索之路添砖加瓦，同时，也是上海社会科学院"创新工程"项目"科学技术哲学创新学科"的阶段性成果的展示。欢迎学界专家学者给予真诚的批评与指正。

成素梅
2015 年 2 月 16 日

译者前言

本文集的英文书名是"The Philosophy of Expertise",中文版的书名直译自然是"专长哲学"。但我们考虑到这一译法在中文语境中,并不能明确地反映出本文集的核心宗旨,因此,这里做出简要说明。

本文集的核心内容是呼吁哲学界有意识地关注有关"专家"问题的哲学探索。正如编者所言,在当代社会,专家的作用已经渗透到我们社会生活的方方面面,在许多问题上担当着决策者的角色,大众通常习惯在许多问题上依赖于专家,甚至遵从专家的忠告。但是,专家意见的价值和效用经常会受到挑战,对这些挑战的思考,正在形成一个迫切需要进行哲学观照的有关学习、技能、知识与经验的核心论题的交叉领域。

"专家"是指被广泛地公认为能够对某个相关问题或事情做出可靠的专业性分析或判断的人。第一次作为名词使用出现在法语中。当时,使用语境很特殊,是指审判时的证人,主要任务是辨别真假笔迹,或者说,最初的专家是指拥有辨别笔迹技能或富有辨别笔迹经验的人。这些专家的判断被认为是揭示了事实真相,是值得信赖的。法庭把专家的判断结果作为权威性的审判依据来使用,但一般不要求他们向法庭或当事人详细地陈述整个判断过程。他们被假定为能够秉公办事的道德高尚之人。

然而,随着全球化进程的加剧和人们日常生活的相互依赖程度的提高,专家的定义早已超越当初的范围,泛指基于其研究、实践或职业训练,能够对相关问题做出正确的、公正的和聪明的判断或决定的人,他们被同行或公众视为深刻的思想家和卓越的智者。在中文语境中,专家特有的知识和技能通常被称为"专长",专家根据他们的专业知识与实践经验对相关问题做出的专业分析或判断,被称为"专家意见"或"专家鉴定或判断"。也就是说,"专长"是特指个人经过慎思的实践之后获得的职业技能或擅长的工作,意指人的能力;"专家意见"是指专家基于他们的专长对相关问题做出的分析或判断,意指供他人参考的忠告或建议。这是两个既相互联系又有所不同的概念。

但是,在英文语境中,中文意义上的"专长"和"专家意见"都用"expertise"这一术语来表示。也就是说,英文的"expertise"至少具有两层中文含义：一是指专长，二是指专家意见或鉴定。在语言翻译中，这种在语义与语用问题上的一对多的情况，并不少见。通常情况是，我们在翻译时，需要根据使用语境来做出相应的语义选择。当作者在讨论与专家的技能或专业知识相关的能力问题时，我们通常把"expertise"译为"专长"；当作者在讨论如何看待专家提供的专业性分析或判断时，我们通常把"expertise"译为"专家意见"。

从概念看，"专家"（expert）不完全等同于"专门家"（specialist）。专家必须知道具体问题的解决方案，而专门家必须有能力解决具体问题。专家相对于"新手"（novice）或"外行"（layperson），介于两者之间的那些人通常被称为技术员（technician），技术员被雇佣为助理专家。一个人很可能只是某个领域内的专家，同时是其他许多领域内的外行。相比之下，专门家相对于"博学者"（generalist 或 polymath）。

关于"专家知识及其技能的哲学研究"是一个跨学科的主题，涉及科学哲学、技术哲学、科学知识社会学、政治哲学、社会认识论、伦理学、心理学、人工智能等许多领域。这方面的系统研究开始于20世纪70年代的心理学、运动学和人工智能领域。心理学家与运动学家的目的是希望通过对专家知识与技能的量化测评，总结掌握运动性技能的技巧与步骤，以便有助于提高教学效率，达到有效培养人才的目的。人工智能专家则试图通过对人的认知技能的解析研究，编写计算机程序，制造出具有一定判断力的智能机器。20世纪80年代以来，关于专家知识及其技能的哲学问题开始引起哲学界的关注，比如，谁是真正的专家？判断专家的客观标准是什么？如何理解技能性知识与命题性知识、意会知识的区分与联系？专家的意见在多大程度上是值得信赖的？应该建立怎样的专家信任机制？当代社会是否应该交给知识精英来管理？如何理解精英主义与平民主义之间的关系？如何看待民主问题？专家的知识与技能是否是可接近的？如何理解专家知识及其技能的不可接近性？……本文集正是由关于这些问题的研究成果汇编而成的。正如本文集主编所言，结集成书的目的在于揭示出一个有待探索的新兴的哲学领域。

本文集受上海社会科学院2014年启动的"创新工程"项目资助，由科学技术哲学创新学科团队成员共同翻译完成，每篇译文的译者标在文章后面。译文难免有不妥之处，还请专家、学者给予批评指正。在本文集即将出版之际，我们对原著主编与作者在赠予版权方面的支持、对丛书策划胡升华先生、侯俊琳先生和责任编辑郭勇斌先生、樊飞先生、卜新先生等人的辛勤劳动表示衷心的感谢。

成素梅
2015年2月16日

目 录

总序 ·· i
译者前言 ·· vii
绪论 ·· 1

第一部分　信任专家

导言 ·· 9

第一章　专家：哪些是你应该信任的? ·· 12
 一、专家意见与证言 ··· 12
 二、新手/专家问题与专家/专家问题 ·· 16
 三、基于论证的证据 ··· 19
 四、来自其他专家的论证：人数问题 ·· 23
 五、利益与有偏见的证据 ··· 29
 六、运用过去的记录 ··· 31
 结论 ··· 33

第二章　科学研究的第三次浪潮：专长与经验研究 ·································· 34
 一、合法性与广延性问题 ··· 34
 二、科学研究的三次浪潮 ··· 38
 三、核心层、核心小组及其构成 ··· 41
 四、专长的本性 ··· 50
 五、案例研究 ·· 60
 六、不同类型的科学和技术 ··· 65
 结论 ··· 69
 附录 ··· 72

第三章　科学专家证言与理智的法定诉讼程序 ·· 90
 一、专家知识：为非专家介绍概念及基本问题 ···································· 92
 二、知识与得到辩护的信念：非专家想从专家那里得到什么? ··············· 97

第四章　专家有什么问题？	134
一、两个不可分割的问题	136
二、认知权威及其合法性	140
三、两类新兴专家	144
四、官员的判别权与教派的专长	148
五、调和的专长与自由民主	151
六、作为自由主义的结构主义	155
第五章　道德专家	158

第二部分　专长和实践知识

导言	163
第六章　远程学习离传统教育还差多远？	166
一、新手阶段	170
二、高级初学者阶段	170
三、胜任阶段	171
四、熟练阶段	174
五、专家阶段	175
六、大师阶段	177
七、实践智慧阶段	178
结论	179
第七章　德雷福斯论专长：现象学分析的局限性	181
引言	181
一、专长和身体	183
二、专长与技能	186
三、描述的模型	190
四、规范的意义	196
五、德雷福斯的描述性解释的问题	199
六、德雷福斯的规范性解释的问题	203
结论	210
第八章　天使有身体吗？——科学中关于主体性的两个故事：威廉 X 和 H 先生	213
一、寻找具有创造性的主体	214
二、威廉 X 的案例：人种学研究	218

三、插曲 228
　　四、天才的解构：编造霍金 229
　　五、联结：威廉 X 和 H 先生 241
第九章　作为实践知识的道德知识 244
　　一、不同的视角 244
　　二、对假设的考察 244
　　三、寻找道德知识 247
　　四、作为模型的专长 250
　　五、实践知识 254
　　六、实践性知识和价值 255
　　七、怀疑论与实践性知识 258
　　结论 260
第十章　论互动型专长：实用主义的考虑和本体论的考虑 263
　　引言 263
　　一、语言社会化：扩大可共享的社会实践范围 265
　　二、使互动型专长互动性更强 266
　　三、涉身性与现象学 270
　　四、结论：赶走柯林斯身边的妖 274

第三部分　有争议的专家意见

导言 281
第十一章　认知的依赖性 284
第十二章　专长构成的社会特征 297
　　一、专长的简史 297
　　二、某些社会意义 299
　　三、专长的隐蔽性 301
　　四、全域的建构主义与专长的政治经济学 304
　　五、专长真的是知识吗？ 308
第十三章　如何保护社会免受科学之害 310
　　一、童话故事 311
　　二、反对方法 313
　　三、反对结果 315
　　四、教育与神话 316

第十四章　反对者、读者、支持者和共同体 ……………………………… 320
第十五章　为什么不是科学批评？ ………………………………………… 342
  一、进行技术科学批评的种种障碍 ………………………………………… 343
  二、现有的科学批评 ………………………………………………………… 348
  三、科学批评将是什么样的？ ……………………………………………… 348

申明 ………………………………………………………………………………… 351
索引 ………………………………………………………………………………… 352

绪　论

伊万·赛林格，罗伯特·克里斯*

本文集概述了从理论维度对专家（expert）和专长（expertise）的考察。尽管这个话题位于学习、技能、知识和经验这些核心论题的交叉领域，但很少引起直接的哲学关注。哲学家间接地通过像"权威"、"权力"、"理性的争论"和"生活世界的殖民化"之类的标题谈到这个论题，但对专长的哲学问题的明确讨论还处于初级阶段。因此，在本文集的第一篇文章中，艾尔文·戈德曼（Alvin Goldman）把他关于专家和遵从（deference）的文章描述成是说明的，以与定义的进路形成对比。本文集打算在这个方向上迈出另外一步，目的是揭示在任何一个框架中都有必要包括的关键论题和必不可少的特征，并以综合的哲学方式来讨论专长。

鉴于专家和专长是那么彻底地渗透到社会的许多层面，以及公共领域与私人领域，缺乏明显的哲学探索是令人惊讶的。经济的、科学的、社会的和技术的决策都习惯性地委派给专家。政治家、法官、商人及普通市民不仅在有技术含量的情况下依赖于专家，而且在日常生活中也依赖于专家。如果没有专家和专家的意见，当代生活的许多基本特征，从汽车维修，到医疗，再到网络安全措施，都是不可想象的。每个行业实际上都是由专长构成的，并需要再现、维持和监督它。对专长的这种依赖性，涉及不同类型的专家，发生在很大的情境范围内，并归因于各种理由。

专长的本性、范围和应用看起来好像很容易理解和处理。expert 这个词来自拉丁语 experus，是 experir 的过去分词，"去试"的意思。根据《牛津英语词典》，expert 的所有定义如下："体验过"、"有经验"、"通过体验或实践来训练"、"通过体验来尝试"、"通过体验后知道"、"从经验中获得技能的人"、"一个人因为有特殊技能的知识，使他或她被视为一个权威"及"专门家"。一个专家在相应的实际问题上凭借体验来了解情况；在 17 世纪，当一个人说拉丁短语 experus

---

* 伊万·赛林格（Evan Selinger）：罗切斯特理工大学哲学系助理教授，近著有《追寻技术科学：物的源头》（与唐·伊德合编）、《后现象学：伊德批判指南》。罗伯特·克里斯（Robert P. Crease）：石溪大学哲学系教授，布鲁克黑文国家实验室历史学家，近期著作有《三棱柱与钟摆：十大最美的科学实验》《制造物理学：布鲁克黑文国家实验室传》《自然之剧：作为表演的试验》。

sum 时，他的意思是指，"我体验过"。至少为了达到实际目标，这些定义和表达意味着，澄清专长的典型特征，应该是相对容易的。

但是，在专家和专长的实际运用中不断带来表面上难以处理的问题，这预示着存在深层次的未解决的问题。尽管现代社会广泛而彻底地依赖于专家和专家的意见，但他们的价值和效用经常会受到挑战。在谁是真正的专家和特定领域的专家意见的客观性问题上，还存有争议。不同类型的专家，从政治专家、产业专家、公共利益专家到自封的专家，都有彼此争论的主张，并产生矛盾的专家证言。鉴于这些矛盾，美国的司法系统似乎处于纷乱状态。当对外行关于科学证据推理的社会心理学研究表明，陪审员不能根据专家在他们的研究中运用的方法论来承认基本问题时，专家意见在法庭上起到了如此极其关键的作用，以至于根据起诉方提供的专家证言往往会增加定罪率，而来自辩护专家的证言则往往会降低定罪的可能性。

具有讽刺意味的是，即使对专家声明的怀疑是可取的，但这样的怀疑绝对不能变成激进的。怀疑特殊专家的主张的能力需要诉诸一种可替代的知识基础，其中许多知识一定也是由专家灌输的。

简单地说，现代社会需要专家，并且，需要频繁地向他们咨询。在雇用专家的不同领域内，这需要具体的解决方案。法庭是最重要的领域之一：应该允许哪些专家上法庭？在法庭判决时应该如何处理专家的证言？几乎没有必要提及回答这两个问题的实际价值。对社会有益的是，确保淘汰掉江湖骗子和意识形态的盲目追随者，完全明确地听取博学而公正的科学家的见解。这是1933年美国最高法院裁定的里程碑式的、但仍有争议的一个问题，即达伯特诉麦热里·杜药品公司（Daubert v. Merrell Dow Pharmaceuticals）案件。达伯特试图提出解决这些困难的实际方案，但仍然没有解决其有效性问题，并倾向于召开昂贵而耗时的审前听证会，这被看成是阻止对打算确立的裁决进行合理的把关。就像专家证言问题仍然是一个紧迫问题一样，裁定不断地产生了许多讨论和文献。

其他领域一直面临着涉及专家作用的困难和无法解决的问题：立法、同行评议、儿童抚养教育及媒体。这里达成的实际解决方案，也受到了挑战，而且，还在讨论之中。现代社会正在受到的巨大挑战，以及在实践中解决专家和专长问题的表面失败，已经使某些人建议，不同社会群体之间的边界正在消失。在《科学》杂志有威望的"关于科学与社会的文章"一栏中，布鲁诺·拉图尔（Bruno Latour）建议，科学与社会是如此深入地"纠缠"在一起，以至专家意见的传统声音正在表明：他们需要认真地采纳各种非传统的利益相关者的"研究"。[①] 拉

---

① Latour B. From the World of Science to the World of Research? Science, 1998, 280 (5361)：208-209.

绪 论

图尔的科学与技术研究的合作者之一米歇尔·卡龙（Michel Callon）竟然把拉图尔的研究描述为，参与"挑战我们视为理所当然的那些反对者，来颠覆现代制度框架，然而，那是关键的，比如，在专家与外行之间做出区分"。①

无论如何，围绕专家和专长的最深层次和最有争议的问题，关系到政治理性本身的本性与行使问题。下面是最简单的可能引发的基本紧张局势：民主不仅依赖于有教养的公民，而且依赖于政府日常工作中必须做出的无数判断中的有根据的决策。美国等国家试图以下列实践方式达到这一点：专家通过他们参与各种机构、监管与审查委员会的工作和以顾问身份干预政府运作。然而，如此授予专家的权威，似乎与平等对待所有意见的民主的和反精英主义的强烈愿望相冲突；在专家意见是价值中立的伪装下，它也潜在地冒着精英主义、意识形态和党派意识的风险。的确，对美国如何处理其科学政策时事实上已经发生的这种情况的指责比以往任何时候都变得更加直接和具体。这种基本的紧张局势总能被解决吗？如果不能得以解决，那么，最佳进路会是什么样的？对这些问题的回答是民主理论与实践的核心问题。

我们相信，本文集第一次把探索有关专家与专长的基本哲学问题的文章汇集在一起，概述了这样的关键问题：这些问题对于理解围绕专家和专长问题的实际争论是极其关键的。我们认为，这些争论为呈现哲学探索和澄清的价值提供了完美的衬托。在这些争论中，反对者集中在表面看来有严格界线的任何一方。因为哲学的作用是查明、揭示和重新澄清这样的困惑和歧义：它们使得人们很难画出这些界线，因而导致了矛盾。它不是使这些界线消失，而是重建这些重要差别的权重，表明哪里有余地移动这些界线。哲学探索将会阐述与澄清使这些实际解决方案不断受到挑战的问题。它不可能立即产生更有说服力的实际解决方案。就它能表明进一步的复杂性而言，它甚至在表面上有可能影响解决方案。尽管如此，提出这些哲学问题，对于产生有效的实际解决方案来说，是必不可少的。人们只是不得不指出，任何一种实际解决方案必定都包括在哲学问题上表明立场，不过是潜在的。例如，达伯特裁定是根据哲学概念形成的，并且，在对这个裁定做出无法避免的精化和修改时，必定大量地隐含有这样的概念。只根据这个思路，对立场的合法性和一致性的哲学分析，必定影响到对专家意见做出的实际决定。

此外，专长的哲学分析对哲学本身具有重要意义。例如，后基础哲学（post-foundational philosophy）的关键假设之一（这个假设在从杜威到罗蒂的美国实用主义者的著作及后现代与后现象学的运动中都有表述）是，在具有普遍性和非历史性的基本主张中的伦理和政治规范，是站不住脚的。如果证明，能够令人满

---

① Callon M. Researchers in the Wild and the Rise of Rechnical Democracy. Unpublished Paper, 2001.

意地提供遵从专家的理性原则,那么,将迫使彻底修改这个假设。相反,如果不可能以令人满意的方式产生遵从专家的理性原则,只能以语境特指的方式考察专家资格,那么,目的在于为确定何时遵从专家和何时不遵从专家提供一般理性标准的任何一个哲学项目都可能是在浪费时间,而且,批判性地思考这个问题的替代框架将是必需的。

由于这些理由,提出关于对专家权威进行辩护的基本问题,提出专家在使工具偏见最小化的语境中制定决策的本性与范围的基本问题,是合时宜的。本着这种精神,我们选取 15 篇论文突出下列问题:

● 体知型的(embodied)人类主体的专家意见或在工具和实践网络中分布的专家意见,在多大程度上是可信赖的?

● 专家的推理过程应用了什么样的模型?

● 诉诸智力权威的逻辑结构或认识结构是什么?

● 专家意见的社会特征是什么?

● 专家意见的意识形态特征是什么?

● 专家意见的"客观"意义和"荣誉"感之间的关系(如果有的话)是什么?

● 存在外行可能批评专家忠告的认识良机吗?

● 是什么力量促使席拉·杰瑟诺夫(Shelia Jasanoff)把专家与非专家之间的斗争称为新的阶级斗争?

● 在获取专长时涉及什么类型的学徒制?这对回答上面的问题有何影响?

● 对专家意见的信赖向自由民主理论提出了什么问题?顺便说,在涉及技术维度的争论中,这助长了不平等或政府的非中立性吗?

● 科学并入国家官僚政治如何重塑了科学活动及其对专家的信赖?

本文集把由这些问题所提出的论题划分为三部分,对应于人们在谈到专长时会采取的三种不同视角。有人可能关注作为"拥有"专长的那些人和使用或"消费"专长的那些人之间关系的专长;或者,有人可能关注这种关系的这一极或那一极。尽管这三种视角之间必然会有重叠,但以这种方式划分专长问题,具有允许关键问题呈现出来的优势。把专长作为一种关系来处理,允许人们辨别和描述这种关系的特征和动态。考虑这种关系的专家一极阐明了专长涉及的特殊类型的知识,而考虑使用者一极则产生了完全不同的一组问题,包括对专家声明的评价和对专家的非专业性的规章制度。

第一部分"信任专家"包括的论文是,通过信任和遵从的论题接近专长问题,因而被看成是双方之间的一种关系。这五篇论文在不同语境范围内研究这种关系及其结构。例如,艾尔文·戈德曼(Alvin Goldman)关注在多大程度上能够为研究新手-专家问题建构一条理性进路。哈里·柯林斯(Harry Collins)和

绪　论

罗伯特·埃文斯（Robert Evans）把遵从专家的问题称为"这个时代的迫切的智力问题"，并指出，科学的社会研究讨论了这种遵从方式的某些严重的局限性。斯科特·布鲁尔（Scott Brewer）的里程碑式的文章分析了法官和陪审员在评价专家证人证言的可信性时的推理过程。斯蒂芬·特纳（Stephen Turner）的文章探讨了自由民主与信赖专家知识之间的暗示、明显的矛盾和可能的和睦问题。在为道德专长的存在性做辩护时，彼得·辛格（Peter Singer）的文章讨论了道德哲学家与外行在试图阐述道德决定时所持的不同立场。

第二部分"专长和实践知识"关注对专长的现象学的澄清，设法发现体知型认知和情感的普遍结构。这些论文通过论述专家知识的结构和知识获得过程的结构，关注专家-外行的某一极。朱莉娅·安纳斯（Julia Annas）认为，我们发现，之所以很难理解希腊道德观的原因是，在当代，人们根据为倡导或禁制某种行动所制定的规则来刻画责任。与之相反，她建议，希腊人把道德行为看成是实践的专长，而且，为了理解他们的观点，要求对专长做出实践的理解。一位现象学传统的领军人物休伯特·德雷福斯（Hubert Dreyfus）认为，活体的实际涉入，最终确立了关于世界的知识，包括专家知识在内。这里重印的这篇文章包含了他的有影响的尽管是有争议的技能获得模型。我们自己的文章讨论和评论了这种模型，指出了它在从讨论专长转向讨论体知型认知和情感的普遍结构时的价值，并表明，它的缺点是，在形式上缺少解释的敏感性。埃文·赛林格（Evan Selinger）和约翰·米克思（John Mix）争辩说，为了提出能适当地指明柯林斯描述为"互动型专长"的这种特殊专长的同一性和社会价值的一个有意义的概念，既需要考虑现象学的资源，也需要考虑社会学的资源。同时，海伦·米阿莱（Hélène Mialet）对两位专家的案例研究，一方面，考察了专长如何显著地分布在特殊工具、实践和社会网络中；另一方面，为了得到正确的理解，还需要分析主观性。

第三部分"有争议的专家意见"考察了由专家意见的社会和技术外化产生的论题。在关注专家意见的社会作用及其含义和冲突时，这些论题往往集中于专家-外行关系的另一极（尽管与其他文章必然有某种重叠）。保罗·费耶阿本德（Paul Feyerabend）的文章概述了他关于下列问题的著名主张：观察家的意识形态的建构和他对专家意见的非专业性规章制度的辩护。史蒂夫·富勒（Steve Fuller）的文章认为："专长在构成上是社会的。"约翰·哈德维格（John Hardwig）的文章试图提出专长的理性准则，说明遵从专家权威的合理性。这是对专家-外行的划分及其含义的一种经典阐述。爱德华·赛义德（Edward Said）鉴别了为什么当代人文学者无助于解放政治的杰出理由：现代大学受制于专家意见的意识形态；领域、对象和学科的分离被准许达到孤立的解释领域的修饰这样一种程度，并且，它变成了在制度上不希望产生能够有意义地满足更广泛的共同体的作品。唐·伊德（Don Ihde）为了确定外行为什么很难批评专家声明的原因，讨论了文学-美学批评和科学批评之间的不同。

几乎所有这些论文都采纳了一种批评的进路，而不是概述的进路。也就是说，它们旨在弱化或者削弱共有的和最深信的假设，而不是为理解独立存在的专长提供一个框架。然而，本文集将有助于建构这个框架，因为凭借它的批评进路和哲学视角的范围，它指出了这个框架必不可少的某些特征。第一部分的论文表明，专长不是一种简单属性或关系，而是个人与制度之间的相互作用的一个多层次集合，在任何一种适当的说明中都不得不尊重这种制度的复杂性。第二部分的论文揭示了，能够详述如何获得和维持专长的一种现象学的需要，这在诠释学意义上是很敏感的。也就是说，考虑专家的文化和情境的嵌入性。第三部分的论文强调，有必要认识到，如何确定专家和他们的读者在社会和文化上彼此所处的相对地位，这有助于澄清外行针对专家的判断有可能产生质疑或挑战专家的条件。

（成素梅译）

第一部分　信任专家

导　言

本部分的5篇论文代表了描述信任和遵从专家过程的不同进路。艾尔文·戈德曼的文章《专家：哪些是你应该信任的》极好地介绍了专长对传统哲学提出的挑战。这篇文章提醒我们，这个问题是多么的古老——戈德曼指出，"柏拉图曾对此进行过明确的阐述和讨论"——而且，这个论题在当代社会是多么的基本。然而，在当代认识论的框架内，这个问题又是多么的陌生。戈德曼提到了间接地谈到这个问题的几位当代哲学家，概述了为更充分地讨论这个问题必须进行什么样的哲学重组，并得出了某些尝试性的结论。例如，他认为，即使似乎与专家不同，外行不能在相竞争的专家中理性地确定信任谁，但对新手-专家问题的分析能够揭示出处理遵从问题的一种理性方式。戈德曼的"说明性"文章，正如他所称的那样，概述了对专家和专长可能采取的一条综合的哲学进路的形式。哈里·柯林斯和罗伯特·埃文斯撰写的《科学研究的第三次浪潮：专长与经验研究》，从一个相当不同的有利点接近同样的论题：科学的社会研究。作者认为，尽管他们的领域消除了专家权威的神秘性，但还没有适当地讨论专长本身的论题，这使得科学的社会研究不如原来与社会、文化相关。作者非常清楚这个论题的重要性，他写道："科学知识社会学的最重要的贡献之一已经使得人们难以做出这样的主张：'信任科学家，是因为他们有特殊的途径接近真理。'我们的疑问是：'如果科学家和技术人员有特殊的途径接近真理这一点不再明显，为什么应该对他们的忠告赋予特殊价值？我们认为，这是这个时代的迫切的智力问题。"柯林斯和埃文斯注意到，科学和技术研究（STS）的专业人员为解构专家权威付出的代价是，他们的分析不能把专家意见看成是真的，也不能看成比历史判断与相竞争的社会属性的作用更有实质意义。"社会学家由于强调在某些方面科学知识和其他形式的知识一样，所以，他们没有肯定地讨论为什么会不同。同样，他们变得不能区分专家和非专家。"基于这种理由，柯林斯和埃文斯说，STS的专业人员在关于这个论题（包括作者所称的"专家的回归"在内）的几个不同类型的问题上变得不知所措，他们通过类似于柯林斯的"实验者的回归"来定义"专家的回归"："由于实验者的回归，只有事后才能辨别成功复制一个实验的等级；由于专家的回归，只有事后才能确定专家的等级。""专家的回归"所表明的是，社会学家只能在通过对这件事的经过做出历史判断之后，才能确定认可的专家。这种追溯的维度制约了社会学分析的价值，因为"在科学纠纷解决之前……不得不做出公众关注的决定，是政治的步伐快于达成科学共识的步伐"。柯林斯和埃文斯于是恳求STS理论家改变他们的研究重点，开始追求"经验和专长的研究"。在这个新的研究纲领中，一般主张应将专家和非专家区分开来，而且，做出关于不同类型的专家应该如何与其他类型的专家还有外行进行沟通的规范声明。就目前情况来看，柯林斯和埃文斯表明，STS对主要解构专家意见的分析进行了过分狭义的理解，他们没有充分显示出对下列事实的敏感：从实践角度和理论角度来看，专长概念已经与共同的理解如此深入地交织在一起，以至如果对专家意见的求助不是对认识论优势的求助，那么，将会使关于最终愿望和目标的讨论变得难以理解。

斯科特·布鲁尔的有影响的和被频繁引证的文章《科学专家证言与理智的法定诉讼程序》试图分析法官和陪审员在评价专家证人的证言时的推理过程。他认真地揭示了专家证人的法律欲望，全面论述了在实际选择处理问题时隐藏的那些假设。例如，整个这一部分都致力于达伯特裁定的"科学哲学"问题。布鲁尔的文章在揭示下列问题上特别富有洞察力，即评价专家的传统方式（比如，资格证书、荣誉和情况介绍）如何经常导致在认识论意义上的随意结果，这违反了布鲁尔称为"理智的法定诉讼程序"的重要标准。布鲁尔的文章的最终目的是考察，"科学专家把正当信念传达给非专家的法官和陪审员是否是可能的，在什么条件下能成为可能的问题。"

斯蒂芬·特纳的文章《专家有什么问题》旨在"打破政治理论中蕴涵的专家意见问题"。特纳认为，这样做的标准方式是，把专家意见看成是一种享有特权的知识，这明确地违反了"民主责任制假定的大致平等条件"。此外，特纳注意到了费耶阿本德的某些论证，他指出，在专家意见中，国家利益似乎与下列公正性相冲突："为了确保真正公平公开讨论的可能性，在面对相互竞争的意见时，必须呈现出自由国家的公正性。"特纳以这两个问题为中心，敏锐地探讨了专家意见的可信性和自由民主之间含义、明显矛盾和可能的和平共存。

最后，彼得·辛格在《道德专家》一文中反对经常推进的这种观点：根本没有像道德的专家意见之类的东西——道德哲学家并没有特殊的信息，也没有特殊的推理能力，而且不是道德专家。然而，辛格指出，在缺乏完美的、无争议的道德规范时，高尚的人必须想清楚对他们自己来说应该干什么的问题。这个通常是困难和费时的过程，要求收集信息、确定信息，使其并入个人的道德观及预防偏见。更精通道德概念和论证并且更有时间收集和反思信息的某个人，更有可能达到"有充分根据的决定"。辛格得出的结论是，这不仅推出了道德的专家意见的

导　言

可能性，而且在得出这个决定时，道德哲学家比其他人更有优势。

这些论文把专家意见说成是一种包括信任和遵从在内的动态关系，讨论了在这种关系中能够辨别和描述的结构，并举例说明了在这种关系中起作用的语境范围。

（成素梅译）

第一章　专家：哪些是你应该信任的？

艾尔文·戈德曼*

一、专家意见与证言

主流的认识论是一项极其理论的和抽象的事业。传统的认识论者很少提出，他们的深思熟虑对实际生活问题至关重要，除非人们假定——例如，像大卫·休谟（David Hume）就没有假定——怀疑论的担忧使我们对日常琐事感到烦恼。但有些认识论问题，既在理论上令人注目，也在实践中相当紧迫。这就提出了这里讨论的问题：外行应该如何评价专家的证言，以及如何在两个或更多的相互竞争的专家中确定哪一位专家的证言最可信。这具有现实意义，因为在一个复杂的高度专业化的社会里，人们常常面对这样一些情境：作为相对的新手（乃至无知者），他们为了获得智力上的引导或帮助，必须求助于一般认定的专家（putative expert）。这具有理论意义，因为适当的认识考虑很不明显，也不清楚这些问题离导致不可逾越的怀疑论的困惑还有多远。本章不为这个领域内的直接的怀疑论而争辩；另外，也不自称解决了怀疑论方面的所有困扰。这是一篇说明文，试图辨别问题和考察某些可能的解决方案，而不是明确地确立这些解决方案。

当前的主题从传统认识论出发，在其他方面也从科学哲学出发。这些领域典型地考虑了在"理想"情况下知识获得的前景。例如，通常考察这样的认知能动者：他们有无限的逻辑能力，并且他们的研究资源没有重大限制。相比之下，在当前的问题中，我们关注受到规定的认知约束的能动者，并质问，当他们受到这些约束时，可能得到什么。

尽管评价专家的问题，在某些方面是非传统的，但是，这绝不是一个新问题。柏拉图在他的早期对话中，特别是在《论节制》（Charmides）中，曾明确地阐述和讨论过这个问题。在这篇对话中，苏格拉底问一个人是否能审查一下，声

---

* 艾尔文·戈德曼（Alvin I. Goldman）：罗特格斯大学哲学系及认知科学研究中心校董讲席教授，近著有《社会世界中的知识》《通往知识的路径：私人的和公共的》，两书皆由牛津大学出版社出版。美国哲学协会太平洋分会前主席。

第一章 专家：哪些是你应该信任的？

称知道某件事的另一个人，看一看他是否真知道。苏格拉底想弄明白，一个人是否能区分开真假医生（Charmides：170d-e）。柏拉图在提出这个问题时用的术语是"techne"，通常翻译为"知识"（knowledge），但也许译为"专长"（expertise）更好。①

在最近的文献中，约翰·哈德维格②用呆板的术语阐述了新手/专家问题。哈德维格说，当外行依靠专家时，那种信赖必定是盲目的。③ 哈德维格旨在否认很成熟的怀疑论，他认为，证言的接受者能够从证人那里获得"知识"。但由于把接受者获得知识描述为"盲目的"，因此，哈德维格似乎向我们提供了各种不同类型的怀疑论。术语"盲目的"似乎意味着，外行（或不同领域的科学家）不可能在理性意义上有充分的理由信任专家。因此，就理性辩护（如果不是知识）而言，他的进路使我们对证言产生怀疑。

在哈德维格的邻域内还潜藏着证言认识论（epistemology of testimony）的其他进路。我想到的这些作者，没有明显强迫对证言式信念（testimonial belief）产生任何形式的怀疑，像哈德维格一样，他们希望从证言域内排除怀疑论的幽灵。然而，他们对证言辩护问题的解决方案，求助的最低限度的理由是：听者可能信任证人的断言。我来说明我指的是谁，我的意见是什么。

所讨论的这种观点的代表人是泰勒·伯格（Tyler Burge）④ 和理查德·弗雷（Richard Foley）⑤，他们认为，说话者对一种主张的坦率认定，向听者提供了接受这个主张的表面理由（prima facie reason），与听者可能所知的一切完全无关；或者，无可非议地相信说话者的能力、环境；或者，有机会获得所声称的知识。这也不依赖于听者获得的经验证据。例如，只有当说话者能够知道他们所谈论的事情时，他们通常才提出所主张的证据。例如，伯格赞成下列接受原则（acceptance principle）："如果某件事情被作为真的来介绍，那么，一个人有权把

---

① 感谢斯柯特·拉巴格（Scott LaBarge）使我注意到柏拉图对这个问题的论述。参见：Gentzler J. How to Discriminate between Experts and Frauds: Some Problems for Socratic Peirastic. History of Philosophy Quarterly, 1995, 3: 227-246; LaBarge S. Socrates and the Recognition of Experts // McPherran M, ed. Wisdom, Ignorance and Virtue: New Essays in Socratic Studies. Edmonton: Academic Printing and Publishing, 1997.

② Hardwig J. Epistemic dependence. Journal of Philosophy, 1985, 82: 693-708; Hardwig J. The role of trust in knowledge. Journal of Philosophy, 1991, 88: 693-708.

③ 在1991年的这篇文章中，哈德维格第一次说，信任一定是"至少部分盲目的"（第693页）。然后，他在不用限定词"部分"的前提下，继续讨论与信任相关，因而是盲目的知识（第693、699页）。

④ Burge T. Content preservation. Philosophical Review, 1993, 102: 457-488.

⑤ Foley R. Egoism in Epistemology // Schmitt F, ed. Socializing Epistemology. MD: Rowman & Littlefield, 1994.

它接受为是真的,对他来说,这是可理解的,除非有很充分的理由不能这样做。"① 他坚持认为,这个原则不是一个经验原则;"由这种辩护所描述的这种资格(entitlement)的辩护力,不是通过感觉经验或知觉信念来建构或强化的。"② 同样,尽管弗雷没有强调这些原则的先验地位,但这意味着:"对我们而言,受别人的影响是有理由的,即使我们没有特殊的信息来表明他们是可信赖的。"③ 在这种情况下,他同意,人们有理由承认,别人的看法有基本的权威性。这里,派生的权威产生自听者认为,证人的信息、能力、或环境使(他)处于能做出准确主张的特别有利的位置④。因此,根据弗雷的观点,听者不需要有关于证人的那些理由,来得到信任证人的表面根据(prima facie grounds)。此外,一个人不需要获得经验的理由,就能认为,只有当人们能够了解一位受试者时,他们通常才相信这位受试者。即使在缺乏任何这样的经验证据时,弗雷也赋予人们基本的(尽管是表面上的)认识权利来信任他人。⑤ 正是在这种意义上,伯格的观点与弗雷的观点似乎准许"盲目"信任。

我认为,伯格、弗雷等人之所以提出这些类型的观点,在某种程度上,是由于对还原论者或归纳论者的替代选择感到明确的绝望。不管是成年人,还是小孩子,似乎都没有足够的证据,根据他们的个人感知和记忆,对证言的可靠性做出有说服力的归纳推理⑥。因此,伯格、弗雷、考迪(C. A. J. Coady)等提出,他们的证言的可信赖性的"基本"原则,阻止了证言怀疑论的潜在潮流。我完全不相信,这种措施是必要的。举一个可能的例子来说,小孩子能够得到有用的归纳证据是:人们通常对他们能够知道的事情做出断言。

一个小孩子最早对事实报告的判断证据来自面对面的交谈。小孩子通常看见,说话者正在谈论什么,并看见这位说话者也看见了她正在谈论的对象。比如,毛茸茸的猫、钢琴下面的玩具等。的确,根据认知发育的一种说明⑦,有一

---

① Burge T. Content preservation. Philosophical Review,1993,102:476.
② Burge T. Content preservation. Philosophical Review,1993,102:469.
③ Foley R. Egoism in epistemology // Schmitt F, ed. Socializing Epistemology. MD: Rowman & Littlefield,1994:55.
④ Foley R. Egoism in epistemology // Schmitt F, ed. Socializing Epistemology. MD: Rowman & Littlefield,1994:55.
⑤ 然而,弗雷是否能一致地把他假定的"基本"权利称为认知权利,是有问题的,因为他也说,这依赖于(A)我对自信的辩护,以及(B)他人与我的相似性——大概我有他们类似于我的证据(参见第63、34页)。弗雷的另外一个问题是,基础性论点如何与他们的下列观点相符合:在有冲突的情况下,与信任他人相比,我有更多的(表面)理由信任我自己(参见第66页)。如果我对信任他人的辩护确实是基本的,为什么它使自信处于次要地位?
⑥ Coady C A J. Testimony. Oxford: Clarendon Press,1992.
⑦ Baron-Cohen S. Mindblindness. Cambridge, MA: The MIT Press,1995.

第一章 专家：哪些是你应该信任的？

个特殊的模块或机制，即注意别人眼睛的视觉方向的觉测器（detector），来检测他们凝视的方向，并把他们解释为"看见了"视线内的一切。① 既然看见（seeing）通常导致知道（knowing），这个小孩子就能把现象的特定范围确定在说话者的视野内。因为这个小孩子遇到的最早表达大概是关于说话者已知的对象或事件的表达，所以，他可能很容易得出结论说，说话者通常做出他们能看见的东西的断言。当然，在小孩子不清楚所传说的事情现在乃至过去是否都在说话者的视野内的情况下，他后来会遇到许多种说法。尽管如此，一个小孩子的早期经验是这样的说话者：他们谈论自己明确知道的事情。而且，这很可能是对小孩子有用的一组决定性的经验证据。

我不希望很艰难地强调这个建议。② 我自己也没有提出辩护证言式信念的完备理论。特别是，这并不意味着，我提出支持捍卫还原论者的立场或归纳论者的立场。我更加关注，承认并接受证人的证言时，听者关于证人的可靠性或不可靠性的证据，通常能支持（bolster）或击败（defeat）听者的正当性（justifiedness）。下面举两个例子来说明。

当你走在大街上经过某个人时，他武断地说出一道复杂的数学题，你理解这道题，但以前从来没有做出可信的评价。你有理由接受这位陌生人的数学题吗？无疑，这在某种程度上取决于，这位陌生人是一位你熟悉的数学家，还是一位九岁的孩子。你事先有证据认为，前者能够知道这道题，而后者则不可能知道。不管是否存在由伯格和弗雷赞同的这类默认资格（default entitlement）的先验原则，你关于说话者身份的经验证据显然是切题的。我没有断言，伯格和弗雷等不能处理这些情况。他们可能说，你承认这位说话者是一位数学家，支持了你接受这道题的总的资格（尽管不是你的表面资格）；承认他是个孩子，击败了你接受这道题的表面资格。然而，我的观点是，你对说话者的性质的证据是你接受说话者的断言的总资格的关键证据。同样的观点适用于下面的例子。当你停下车，靠在车轮旁，闭眼放松时，你听到附近有人描述经过车辆的车牌和颜色。似乎合理的是，你在把那些描述接受为真时，你有表面辩护，不管这种表面资格是否有先验的或归纳论者的根据。但如果你睁开眼后发现，这位说话者自己也被蒙着眼睛，甚至看不见过路车辆的方向，那么，就肯定击败了这种表面辩护。那么，在接受他的意见时，你在经验上对一位说话者所确定的情况，对于你在接受他的表

---

① 此外，根据拜伦-柯恩（Baron-Cohen）的观点，有一个独立的称为"共享注意机制"的模块，设法确定，另一个人正在注意的对象，何时与自己正在注意的对象一样。

② 首先，可能有人认为，在第一个事例中，小孩子对大人所说的话的解释受制于这样的假设：在说话者的感知范围内，内容与问题相关。也许有人认为，这一点并不是一个经验发现，而是用来确定说话者意义的一个先验的假定。

达时的总的正当性来说，有很大的不同。

这显然也适用于对一个特定问题做出矛盾断言的两位一般认定的专家。你应该接受哪个人的断言（如果是二选一），必然要受到你关于他们各自了解事情真相（和诚实地谈论此事）的能力和机会的经验证据的极大影响。的确，在这种情况下，伯格和弗雷提出的这类击败原则没有任何帮助。尽管听者在表面上有权相信每一位说话者。但如果全面考虑，他就无权同时相信他俩，因为我们假定，他们断言的命题是矛盾的（而且对这位听者来说显然是矛盾的）。因此，这位听者的全面考虑的正当性与他们的主张相比，将取决于他在经验上了解到的每一位说话者的情况，或者，其他说话者的看法。在本文的其余部分，我将研究，一位新的听者，为了相信一位一般认定的专家，而不是他的竞争者，具有的或能够获得的这种经验证据。我不认为，在提出这个问题之前，我们需要在一般的证言理论中解决这些"基本"问题。这无论如何是我将继续下去的一个工作假设。①

二、新手/专家问题与专家/专家问题

当然，有不同程度的专家与新手。一些新手的知识渊博程度可能并不比专家低很多。此外，一位新手通过提高他关于目标问题的认知立场，比如，通过在本领域内获得更正规的训练，原则上能够使自己变成一位专家。然而，这不是本文要考虑的场景。我假定，某些类型的限制因素——比如，时间、费用、能力诸如此类的因素——将阻止我们的新手至少在他们需要做出自己的判断之前成为专家。因此问题是，新手（在依然是新手时）能够对相互竞争的专家的相对可信性判断做出辩护吗？何时可能？如何可能？

在新手/专家问题和其他类型的问题（专家/专家问题）之间有着很大的不同。后面的问题是专家寻找评价其他专家的权威性或可信性的问题。菲利普·基

---

① 包括伯格在内的有些证言理论家坚持认为，听者关于证人主张的辩护状态部分地依赖于证人自己相信这个主张的辩护状态。这是一种超越个人的、保护传统的或可传递的辩护观，根据这种辩护观，一个接受者不能合理地相信P，除非说话者拥有他传递给听者的一种辩护和资格。然而，为了达到本文的目标，我将不考虑这种可传递的辩护观。首先伯格本人承认，为了相信对话者的主张，存在着像接受者的"专用"辩护之类的事情，即定位"于"接受者，不受证人辩护影响的辩护（Burge T. Content preservation. Philosophical Review, 1993, 102: 485-486）。我认为，就当前目标而言，集中于这个（接受者的）"专用"辩护，是适当的。当一位听者正在试图在竞争的说话者的矛盾主张中做出"选择"时，他不可能求助于加在说话者头上的不懂的辩护。他只能求助于他自己的辩护资源。（当然，这些包括两位说话者通过他们争论的抗辩方式所说的事，即也是与他们自己的辩护相关的事。）对伯格关于证言的保守主义的另一种（可信的）反对，参见：Bezuidenhout A. Is verbal communication a purely preservative process? Philosophical Review, 1998, 107: 261-288.

| 第一章　专家：哪些是你应该信任的？ |

彻尔（Philip Kitcher）① 在分析科学家如何把权威性赋予他们的同行时提出了这个问题。这种权威归属的关键部分包括基彻尔所称的"校准"（calibration）。② 在直接校准时，科学家利用他自己对所研究问题的看法来评价目标科学家的权威度。在间接校准时，他仍然是利用其他科学家的看法来评价目标科学家的权威性，这些科学家的看法是他事先已经通过直接校准进行过评价的。因此这里他也是从他自己关于所研究问题的看法出发。

相比之下，在我们所说的新手/专家问题（更具体地说，是新手/2-专家问题）上，新手不能通过用他自己的看法来评价目标专家；至少他不认为，他能这么做。这位新手，要么在这个目标域内没有任何看法，要么对他在这个目标域内的看法没有足够的自信，来对相互竞争的专家之间的分歧做出裁定或评价。他把这个目标域看成是恰好需要特定专长的领域，并且，他认为他自己没有这种专长。这样，他在这个专长域内——称为 E 域——不能运用他自己的看法在矛盾的专家判断或报告之间做出选择。

我们通过把新手/专家问题比作类似于倾听者/目击者问题，能够澄清新手/专家问题的本性（的确，如果我们不严格地使用"专家"这个术语，后面的问题可能恰好是一个新手/专家问题）。两位被公认的目击者都声称看见某种犯罪行为。一位倾听者——如一位陪审员——他自己并没有目击到这种犯罪，也没有关于这是谁干的或犯罪过程的先验信念。换言之，他对这个事件没有个人知识。他希望通过聆听目击者的证言来了解所发生的情况。问题是，如果当两位目击者的说法是矛盾的时，他应该如何在他们的证言之间做出裁定？在这个案件中，E 域是与犯罪相关的行动和情况的命题域。这个 E 域是，倾听者（这位"新手"）对他觉得能够合法地求助于哪一位目击者，事先没有看法（如果有，他把他的看法只当作是推测、预感等）。

至少在原则上，对于一位倾听者来说，即使没有或不求助于他自己关于这个 E 域的先入之见，也有可能合理地评价哪一位目击者更可信。例如，他可以通过别人获得关于每一位被公认的目击者是否真的在案发现场的证据，或者，在案发期间，知道在别的地方的证据。这位倾听者可能获悉测试每位目击者的视力，这与他们报告的精确度或可靠性有关。那么，在这类案件中，通过诸如分别证实他是否有机会和有能力看到他声称所看到的情况之类的方法，能够核实被公认"专家的"报告的可信性。当某人试图评价一位"认知"专家而不是目击者专家的可信性时，类似的方法也有用吗？

在提出这个问题之前，我们应该更多地讨论专家的本性和在这里我们关注的

---

① Kitcher P. The Advancement of Science. New York: Oxford University Press, 1993.
② Kitcher P. The Advancement of Science. New York: Oxford University Press, 1993: 314-322.

专家类型。某些类型的专家与众不同地擅长某些技能，包括小提琴家、台球运动员、纺织设计师等。这些人不是最本能地关注认识论的专家。对于认识论的目标来说，我们将主要关注认知专家或智力专家：这些人在某些领域内有（或者声称有）较高的素质或知识水平，而且，在回答这个领域内的问题时，有（或声称有）能力产生新的知识。诚然，在智力问题上也有技能元素或技能知识（know-how），因此，技能专长和认知专长之间的边界是不明确的。尽管如此，我将试图只致力于这种大致划分的一个方面，即智力方面。

在认知意义上，我们将如何定义专长？在一个特定的认知领域内，专家与外行的区别是什么？我首先具体说明专长的客观意义，即成为一名专家是怎么回事，不是享有专长的声誉是怎么回事。一旦阐明了这种客观意义，声誉的意义就容易理解：一位有声誉的专家是指，某人被广泛地认为是一位专家（在客观意义上），不管他实际上是不是一位专家。

那么，转向阐述客观的专长问题时，我首先提议，用"求真"（与真理相关）的术语来定义认知专长。作为第一步，一个特定领域内（E域）的专家比大多数人（或更恰当地说，比绝大多数人）更相信（或高度相信）这个领域内的真命题和/或更不相信这个领域内的假命题。根据这个提议，专长在很大程度上是一个比较问题。然而，我认为，它不是完全可比较的。如果在一个领域内，绝大多数人充满了错误的信念，而琼斯由于不屈服于被广泛共享的少数谎言而胜过他们，这仍然不会使他成为一名"专家"（从上帝之眼的观点看）。一个人为了有资格成为一名认知专家，他必须拥有目标域中的大多数真理。成为一名专家不只是优越于这个共同体的大多数人的一个求真问题。尽管在设置这个阈值时有很大的模糊性，但是，必须达到求真获得（veristic attainment）的某个非比较的阈值。

专长并不完全是拥有准确信息的问题。它包括针对这个领域内可能提出的新问题，调用或探索这些信息储存，形成相信正确答案的一种能力或倾向。这源于成为一名专家需要具备的某一组技能或技巧。一名专家当面对本领域内的一个新问题时，他有（认知的）技能知识（know-how）诉诸他的信息库的正确部分，并对这些信息进行适当的处理；或者，调用某些外在设置或数据库来揭示相关内容。因此，专长以倾向性元素和实际获得的元素为特征。

专长的第三个可能特征也许要求对我前面的说法做出一点修改。为了讨论这个特征，让我们在一个领域内区分出主要问题和次要问题。主要问题是本问题的研究者或学者主要感兴趣的问题。次要问题关系到与主要问题有关的已有证据或论证，以及对杰出研究者提供的证据的评价。一般情况下，一个领域内的专家是这样的人：他（在可比较的意义上）拥有证据状态的广泛知识（在弱的知识意义

| 第一章　专家：哪些是你应该信任的？ |

上，即真信念的意义上），也拥有对本领域内的杰出工作者提供的证据做出反应和提出意见的知识。在"专家"的这个核心意义（强的意义）上，一名专家是在本领域内的主要问题和次要问题上都拥有非常渊博知识的人。然而，也存在着一种弱的"专家"意义，在这种意义上，包括只在本领域的次要问题上拥有广泛知识的人。考虑在本领域的次要问题上持有强烈分歧观点的两个人，以使一个人的观点在很大程度上是正确的，另一个人的观点在很大程度上错误的。根据最初的强标准，在很大程度上是错误的那个人没有资格成为专家。人们可能不同意把这一点作为问题的最终结论。他们可能认为，全面了解现有证据和由本领域内的工作者提供的不同观点的任何一个人，都值得称为一名专家。我由于承认弱的"专家"意义，认可这一点。

应用上面所说的观点，我们能说，D 域内的一名专家（在强的意义上）是这样的人：在本领域内，他拥有广泛的知识（真信念）储存和聪明、成功地利用这些知识解答新问题的一组技能或方法。声称成为特定领域内的一名（认知）专家的任何一个人，都要求具有这样一种储存和一组方法，也要求能正确回答所争论的问题，因为他已经把他的储存和方法应用于这个（这些）问题。对于咨询被公认的专家和希望因此而了解对目标问题的正确回答的外行来说，这项任务是决定，谁有较好的专长，或者，谁能更好地利用他的专长解决眼前的问题。新手/2-专家问题是，外行是否能合理地把一名被公认的专家选择为比关于眼前问题的另一名专家更可信或更值得信赖？这样一种选择的认知基础可能是什么？[①]

三、基于论证的证据

为了提出这些问题，我首先列出了一位新手，在新手/2-专家的情形中，为了在两位被公认的专家中更信任其中的一位，所拥有的五种可能的证据来源。然后，我将根据它们的可用性和新手的准确情况，探索利用这些来源的视角。我讨论的这 5 种来源是：

（1）支持各自观点和批评对方观点的相竞争的专家所提供的论证。
（2）讨论问题的某方得到了其他被公认的专家的认同。
（3）对专家专长的"元专家"的评价（包括对专家获得的正式证书反映出的评价）。
（4）专家关于所讨论问题的利益和偏见的证据。

---

① 在提出正当性问题时，我的意思是说，在正当性概念的不同进路之间，如在内在论者与外在论者的正当性之间，尽可能地保持中立。此外，请注意，我不只是质问，新手是否和如何能正当地决定完全接受一位（候选）专家的观点，而且还质问，他是否和如何能正当地决定对一个人的信任大于另一个人。

(5) 专家过去"记录"的证据。

在本文的其余部分,我将考察这5种可能的来源,在这一部分,从来源(1)开始。①

新手 N 可能从他的两位专家 E_1 和 E_2 获得两种交流。② 首先,每一位专家都可能大胆地陈述她的观点(结论),不用任何证据或论证来支持她的观点。更一般地说,一位专家可能在某个公共语境或专业语境中对她的观点提供了详细的支持,但这种详细的辩护只可能出现在 N 注意不到的受限制的地方(例如,专业会议或杂志上),因此,N 不可能看到这两位专家的辩护,或者,可能只看到他们恰好删减过的版本。例如,N 可能从很不详细的大众读物的二手描述中听说过两位专家的观点和他们的支持。在交流范围的另一端,这两位专家可能进行着 N 目击到的(或者,读到一个详细重构的)全部争论。在支持她的观点和反对对方的观点时,每位专家都可能提供相当完备的论证。显然,只有当 N 以某种方式遭遇到专家的证据或论证时,他才能有类型(1)的证据。因此,让我们考虑这种情节。

我们可能开始假定,如果 N 根据两位专家的论证,经过比较后,能够获得对信任专家的观点的(更大的)辩护,那么,这位新手至少必须理解两位专家论证中所引证的证据。然而,对于某些专长领域和某些新手来说,即使只是掌握了证据,也可能力所不及。在有些情况下,N 关于 E 域是一个"无知者"。这不是新手的普遍困境。有时,他们能够理解证据(多少的问题),但不能根据个人知识为它提供任何凭证。当一位专家的证据受到另一位反对专家的质疑时,评价他的证据可能是很困难的。

对于新手来说,并不是专家论证中出现的每个陈述在认识论意义上都一定是不可理解的。这里,让我们在专家的论述中区分出深奥的陈述和通俗的陈述。深奥的陈述属于与专长相关的领域,它们的真值对 N 来说——至少根据他的个人知识——是不可理解的。通俗的陈述是外在于专长领域的;它们的真值对 N 来说——或者是它们当时的断言,或者是后来的断言——是可理解的。③ 我假定,在专家的论证中,深奥的陈述是由大量的前提和"引理"构成的。那才是一位新手基于论证本身对所相信的任何一位专家的观点做出辩护的困难。新手不仅通常

---

① 我不意味着承诺要穷尽这个列表。这个列表只包括某些重要的类型。

② 接下来,我将简洁地谈论两位专家,不过,我通常是意指两位被公认的专家,因为从新手的认知视角来看,每一位自封的专家或两者之一实际上是否是专家,是有问题的。

③ 区分出在语义意义上深奥的陈述和在认知意义上深奥的陈述,可能是有益的(感谢卡洛尔·卡拉威(Carol Caraway)的这个建议)。在语义意义上深奥的陈述是新手不可能评价的陈述,因为他甚至都不理解这些陈述;在典型意义上,这些陈述用了他没有掌握的技术词汇。在认知意义上深奥的陈述是新手能理解但仍然不能评价真值的陈述。

第一章 专家：哪些是你应该信任的？

不能评价这些深奥陈述的真值，而且他们也不能令人满意地评价所引证的证据和所提出的结论之间的支持关系。当然，支持者专家将声称，在她的证据与她辩护的结论之间，支持关系是有说服力的；但她的反对者通常会抗议这一点。新手不能令人满意地评价哪位专家是对的。

在这一点上，我愿意区分出直接论证的辩护和间接论证的辩护。在直接论证的辩护中，听者根据有充分的理由相信论证前提及其对结论的（有说服力的）支持关系，完全可以相信一个论证的结论。如果说话者对一个论证的认可有助于使得听者，相对于论证的前提和支持关系，拥有这样的辩护状态，那么，听者通过说话者的论证获得了对这个结论的"直接"辩护。① 然而，正如我们所说的那样，在新手/2-专家情况下的听者当中，一位专家的论证很难产生直接辩护。恰好是因为这些问题有许多是深奥的，所以，N 在 E_1 的主张和 E_2 的主张之间做出裁定，困难重重，因而很难对他们的结论中的任一个结论做出辩护。他甚至很难有充分理由信任这个结论胜过信任另一个结论。

间接论证辩护的观点源于这样的观点：在一场争论中，一位说话者可能显示出超越于另一位说话者的辩证优势，而且对于 N 来说，这种辩证优势可能是有更好专长的一个可信的标志②，即使这没有使 N 对相信优胜说话者的结论做出直接辩护。我说的辩证优势不只是指更多的争论技能。下面的一个例子说明了我的意思。

只要专家 E_2 为她的结论提供证据，专家 E_1 就对这个证据提出一个明显的反驳或驳斥。另一方面，当 E_1 提供证据支持她的结论时，E_2 从来不对 E_1 的证据提出反驳或驳斥。现在，N 不能评价驳斥 E_2 的 E_2 证据的真值，也不能评价 E_1（获胜方）的证据导致 E_1 结论的支持力度或真值。由于这些原因，E_1 的证据（或论证）对于 N 来说不是直接可辩护的。尽管如此，用"形式的"辩证术语来说，在这场争论中，E_1 似乎做得更好。此外，我建议，就所争论的问题而言，这种辩证优势可以被合理地看成是 E_1 有优势专长（superior expertise）的一个标志。这是一个（非结论性的）标志：即 E_1 在本领域内具有占优势的信息储存，或者，具有操纵她的信息的优势方法，或者，同时拥有两者。

优势专长的另外的标志可能来自这场争论的其他方面，尽管这些方面很不可靠。例如，E_1 对 E_2 的证据的回应比较敏捷和圆滑，可能意味着，E_1 已经很

---

① 当然，在基础主义的基础性（basicness）意义上，我的"直接"辩护的意思不是指与所讨论的结论的基础性相关。我后面的这种区分是完全不同的，不久将会出现。

② 爱德华·克雷格（Craig E. Knowledge and the State of Nature-An Essay in Conceptual Synthesis. Oxford: Clarendon Press, 1990: 135）同样把"标志特性"说成是，一个咨询者从作为影响他/她的真理论述能力的一位信息提供者身上设法辨别出来的。

熟悉 E_2 的"要点",并且,已经想出了反证。如果 E_2 对 E_1 的论证的回应,显得不太敏捷和圆滑,那可能意味着,E_1 事先掌握的相关信息和支持的考虑超过了 E_2。当然,敏捷和圆滑作为信息掌握的标志是成问题的。有技能的争论者和受过良好训练的目击者,由于他们的文体修饰,可能看起来有更详细的信息,这并不是优势专长的一个真标志。这使得正确运用间接论证的辩护成为一件很微妙的事情。①

为了澄清这里划分的直接/间接的区分,考虑听者可能说清楚地表达了辩护的这些不同基础的两种不同情况。在直接论证辩护的情况下,他可能说:"根据专家的论证,也就是说,根据论证前提的真实性及其对结论的支持(对我而言,这两者在认识论意义上都是可达到的),我现在有充分的理由相信这个结论。"在间接论证辩护的情况下,这位听者可能说:"根据这位专家论证的方式——可以说是她论证的表现——我能够推出,她比她的对手有更好的专长;因此,我有理由推出,她的结论可能是正确的结论。"

下面是说明这种直接/间接区分的另一种方式。间接论证的辩护在基本意义上包括最佳说明推理,即 N 从两位说话者的表现到他们各自的专长水平做出的一种推理。根据他们的表现,N 对哪位专家在这个目标域内拥有优势专长做出一种推理。然后,他从拥有的专长水平越高推出支持真结论的概率越大。间接论证的辩护在基本意义上包括了最佳说明推理,相反,直接论证的辩护不需要包括这样的推理。当然,它可能包括这样的推理;但即使如此,说明推理的主题也将只涉及争论中的对象、系统或事态。不涉及竞争的专家的相对专长。相比之下,在间接论证的辩护中,恰好是专家的相对专长构成了最佳说明的目标。

哈德维格②提供了许多这样的事实:在新手/专家情境中,新手缺乏专家的理由相信她的结论。这是对的。通常,新手:①缺乏专家推出她的结论的所有前提或某些前提;②在评价专家的前提和结论之间的支持关系时,处于劣势;③对可能与专家论证相关的许多或大多数反驳(和对反驳的反驳)是无知的。然而,尽管新手 N 可能缺乏(所有或某些)专家的理由相信结论 P,但是,N 可能有理由 R* 相信这一点:专家有好的理由相信 P;N 可能有理由 R* 相信,一位专家相信自己结论的理由,比她的对手相信其结论的理由,更充分。间接论证的辩护

---

① 斯科特·布鲁尔(1998)讨论了关于这里详细讨论的新手/专家的许多相同问题。他在新手用专家的"行为举止"(demeanor)评价他们的专家的标题下,讨论了当前的话题。他指出,在行为举止本身有赚钱"市场"的情况下——在行为举止被以高价"交易"的情况下,行为举止是一个特别不值得信任的向导(Brewer S. Scientific expert testimony and intellectual due process. Yale Law Journal, 1998, 107: 1622)。这种实践在诡辩论者的时代是突出的,而且,在对抗的司法系统中是一项健全的商业。

② Hardwig J. Epistemic dependence. Journal of Philosophy, 1985, 82: 693-708.

第一章 专家：哪些是你应该信任的？

是，N 在不共享任何一位专家的（所有或任何）理由 R 的前提下，可能据此获得理由 R* 的一种方法。①哈德维格漠不关心的正是这种可能性。我没有说，在新手/专家情境中的新手总是有这些理由 R*；我也没有说，新手很容易获得这些理由。但这似乎是可能的。

四、来自其他专家的论证：人数问题

对于新手来说，另一个可能的策略是进一步求助于专家。这就把我们带到我们列出的类型（B）和（C）。类型（B）要求 N 考虑其他专家是同意 E_1，还是同意 E_2。同意 E_1 的专家比例是多少？同意 E_2 的专家比例是多少？换言之，在切实可行的程度上，在所有相关的（被公认的）专家中，N 应该咨询的人数或共识程度。如果几乎所有的其他专家在此问题上都同意 E_1，或者，如果同意 E_1 的其他专家恰好在数量上占有优势，那么，N 有充分的理由信任 E_1 超过信任 E_2 吗？

在类型（C）条件下引证的证据的另一种可能来源也求助于其他专家，但思路稍有不同。在类型（C）条件下，N 应该通过咨询第三方对竞争的两位专家的专长的评价，寻求证明他们的相对专业水平的证据。如果"元专家"支持 E_1 的"比率"或"分数"大于支持 E_2 的"比率"或"分数"，那么，E_1 和 E_2 相比，难道 N 不应该更加信赖 E_1 吗？证书能被看成是这个同样过程的一个特例。学位、专业评审、工作经历等（一切都来自具有独特荣誉的特殊制度）反映了其他专家对 E_1 和 E_2 表现出的训练或胜任能力的鉴定。N 可能利用这些标志的相对优势或权重，提炼出分别信任 E_1 和 E_2 的适当层次。②

我把比率和证书看成是由其他专家发出的"同意"的信号，因为我假定，当受训者相信下列事实时，已确立的权威证明了受训者有胜任能力。这些事实是，证书证实：①精通相同的方法，认证机构认为这些方法对本领域是基本的；②命题（或相信）的知识，认证机构认为这些命题知识是本学科的基本事实或定律。以这种方式，比率和授予的证书最终依赖于元专家和发证机构的基本认同。

当提到评价特殊专家时，在美国的司法体制中，调查其他专家在多大程度上

---

① 当然，在间接论证辩护中，新手一定至少听到某些专家的前提——或"最终的"前提与结论之间的中间步骤。但是，新手在相信那些前提时，并不共享专家的正当性。

② 这些术语属于基彻尔的"自然权威"的范畴（Kitcher P. The Advancement of Science. New York: Oxford University Press, 1993: 315）。

认同被评价的那些专家，有例在先。① 但不管有无先例，这种求助于共识的做法究竟有多好呢？如果把一位被公认专家的看法结合到其他被公认专家的共识看法中，那么，这为听者相信原来的看法提供了多大的保证呢？在听者做出信念的决策时，共识或认同有多大的证据价值呢？

如果人们认为，个人看法在表面上是值得信任的，尽管缺乏任何证据证明它们在这个问题上的可靠性，那么，至少在缺乏额外证据的情况下，人数似乎是很重要的。问题一方的每一个新证人或看法持有者都应该增加了这一方的权重。因此，在别的方面对各种不同看法持有者的可靠性一无所知的一位新手，似乎被迫同意绝大多数专家的看法。这对吗？

下面举两个例子，对"用人数"来判断对方立场的相对可信性的做法提出质疑。第一个例子是，具有奴性追随者的领袖。凡是领袖相信的，他的追随者都奴隶般地相信。他们把自己的看法完全和排他性地建立在他们的领导的观点之基础上。从智力上说，他们只是他的克隆。或者，考虑这样一组追随者：他们不是受一位领导者的领导，而是受舆论制造者的少数社会精英的领导。当舆论制造者持有相同看法时，众多的追随者就赞成他们的看法。难道新手不应该把这种场景看成是一种可能性吗？也许（被公认的）专家 E_1 属于这样一个教条的共同体：这个共同体的成员衷心地和不加鉴别地与某个领导的看法或领导层的阴谋小集团的看法相一致。难道人多的专家共同体应该使他们的看法比人少的专家组的看法更可信吗？另外一个例子是谣传的例子，这个例子也对更多人数的诚实性提出挑战。谣言是被广泛流传或公认的故事，尽管没有几个信徒能理解传说的事实。如果某人从某个传播者那里听到一则谣言，当同样的谣言被第二个传播者、第三个传播者和第四个传播者重复时，这强化了第一个传播者的可信性吗？想必没有，特别是，如果听

---

① 求助于其他专家来证实或同意一位被公认专家的看法——或者，更确切地说，他的看法的基础——在决定科学的专家证言的可采性（admissibility）的司法系统的程序中，有一个先例。在对承认或排斥从 1923 年到 1993 年适用的这种证言的调节检验的过程中，提供证言基础的科学原理（或方法论）必须"在它所属的特殊领域内得到一般的接受"。(Fry v. United States, 292 F. 1013 D. C. Cir. (1932))。换言之，求助于科学共同体的看法来决定，专家证言的基础是否牢固，足以允许那种证言提交到法院。在更新近的最高法院的裁决中，这种检验被替代成为唯一适当的检验 (Daubert v. Merrell Dow Pharmaceuticals, 599 U. S. 579 (1993))；但后者的裁决也求助于其他专家的看法。这建议，法官在确定所提供的科学的专家证言是否可采纳时，把四个标准结合起来使用（四个标准中，没有一个标准是必要的或充分的）。一个标准是旧的一般可接受标准，另一个标准是，所提供的证据是否受同行审查和公开。同行审查显然也引入了其他专家的看法。当然，一种专家证言的可采性的问题，不同于一位关键的听者——例如，一位陪审员——应该如何信任他听到的这种证言的问题。但这两者紧密地纠缠在一起，因为法庭基于下列假设做出可采性的决定：陪审员可能受到他们听到的任何一位专家证言的影响。法庭不愿意承认科学证据，除非它是相当值得信任的。因此，最终诉诸其他专家的看法，来评价一位给定专家所提供证言的可信任性的观点，肯定是设法证实一位专家的可信任性的一个好的有先例可循的步骤。

| 第一章 专家：哪些是你应该信任的？ |

者知道（或有理由相信），这些传播者全都是同样谣言的盲目接受者。

有人反对说，另外的谣言传播者没有增加最初的谣言传播者的可信性，是因为另外这些人没有确立可靠性。听者没有理由认为，他们的任何看法都是值得信任的。此外，谣言的例子似乎根本没有包括"专家"的看法，因而与最初的例子形成鲜明的对比。在最初的例子中，听者至少有一些先验的理由认为，赞成最初的两位专家之一的每个新的说话者都有某种可信性（可靠性）。在那种场景中，难道另外赞成的专家没有增加他们认同的那位专家的总的可信度吗？

于是，似乎是，至少当每个新增的看法持有者最初都有肯定的可信性时，人数越多，应该越能增加可信性。这个受试者的某些进路肯定预先假定了的这种观点。例如，在莱尔-瓦格纳（Lehrer-Wagner）模型中，如果受试者把"尊敬"或"权重"赋予每一个新人，那么，他就提供了应该使这个受试者朝这个人的看法方向推进的一个额外矢量。① 不幸的是，这条进路有一个问题。如果两个或更多的看法持有者完全是相互依赖的，如果受试者知道或有理由相信这一点，那么，受试者的看法不应该被一个以上的这些看法的持有者所动摇——一点都不动摇。像在领袖及其盲从者的例子中那样，一位追随者的看法没有提供接受领袖观点的任何额外的根据（而且，第二位追随者没有为接受第一位追随者的观点提供额外根据），即使所有的追随者都正好与领袖本人（或与另一个人）一样可靠——当然，如果在所讨论的问题上，追随者恰好相信与领袖（和另一个人）一样的看法，那么，他们一定是如此。让我通过贝叶斯分析来证实这一点。

在简单的贝叶斯进路中，接受新证据的一位能动者，应该以那个证据为条件，修正他相信一个假设 H 的程度。这意味着，他应该用两种可能性之比（或商）：如果 H 为真的证据发生的可能性，以及如果 H 为假的证据发生的可能性。在当前的例子中，所讨论的证据是，站在一个或多个被公认专家的立场上，相信 H。更精确地说，我们感兴趣的是，比较下列两个结果：①以一位被公认专家的信念的证据为条件的结果；②以两位被公认专家都赞成的信念的证据为条件的结果。把这两位被公认的专家称为 X 和 Y，设 X（H）是 X 相信 H；设 Y（H）是 Y 相信 H。那么，我们所希望的比较是，把①中所表示的商的可能性的大小与②中所表示的商的可能性的大小相比较。

---

① 莱尔和瓦格纳说（Lehrer K, Wagner C. Rational Consensus in Science and Society. Dordrecht：Reidel，1981：20），如果人们不把他的看法看成对所讨论的问题是"无价值的"——即如果人们认为他比一台随机装置更好，那么，人们应该为别人赋予一个肯定的权重。因此，只要一位领导接受肯定的权重，看起来好像对这位领导的每一次克隆，都应该是给予肯定的权重——可以认为，与领导自己的权重一样，因为他们的信念总是一致的。于是，在莱尔-瓦格纳模型中，每一次克隆都将把正向力施加给人们对自己看法的修改，正好像一位领导的看法将施加这样一种正向力一样；克隆越多，在他们集体看法方向所施加的力越大。

(1) $\dfrac{P(X(H)/H)}{P(X(H)/\neg H)}$。

(2) $\dfrac{P(X(H)\&Y(H)/H)}{P(X(H)\&Y(H)/\neg H)}$。

我们感兴趣的原则是这样的原则：(2) 中给出的可能性之比总是大于 (1) 给出的可能性之比，所以，了解到 X 和 Y 都相信 H 的一位能动者，总是有根据比如果他只了解到 X 相信 H，更加提高了他对 H 的信任度。当 X 和 Y 每个人都有点是可信的（可靠的）时，至少情况是如此。更精确地说，如果这位能动者在不同场景中都有充分的理由相信这些事情，那么，这些经过比较的修改是妥当的。我将表明，这些经过比较的修改并非总是妥当的。有时，(2) 不大于 (1)；因此，这位能动者——如果他知道或合理地相信这一点——就没有理由根据两位赞成的信徒的证据，对 H 的信任度的提高，大于根据一位信徒的证据，对 H 的信任度的提高。

首先让我们注意，根据概率计算，(2) 等价于 (3)。

(3) $\dfrac{P(X(H)/H)\,P(Y(H)/X(H)\&H)}{P(X(H)/\neg H)\,P(Y(H)/X(H)\&\neg H)}$。

当接受 (3) 时，回到了盲从者的例子。如果 Y 是 X 的盲从者，那么，凡是 X 相信的（包括 H），也是 Y 所相信的。并且，不管 H 是否为真，这都成立。因此，

(4) $P(Y(H)/X(H)\&H)=1$。

(5) $P(Y(H)/X(H)\&\neg H)=1$。

把这两个值代入 (3)，(3) 简化为 (1)。这样，在盲从者的例子中，(2)（它等价于 (3)）与 (1) 是一样的，并且，根本不能保证，在两位赞成信徒的情况下做出的修改，大于在一位信徒的情况下做出的修改。

假设第二个赞成的信徒 Y 不是 X 的盲目随从者。假设他有时与 X 相一致，但不是在所有情况下都一致。在这种场景中，附加 Y 的赞同信念，总是为能动者（他拥有这些信息）提供了相信 H 的更多依据吗？回答还是否定的。适当的问题是，当 X 相信 H 和 H 是真的时，Y 相信 H 的可能性是否大于，当 X 相信 H 和 H 是假的时，Y 相信 H 的可能性。如果不管 H 是真，还是假，Y 恰好可能追随 X 的看法，那么，Y 的赞同信念没有增加能动者对 H 的证据基础（由可能性的商导致的）。让我们来看一下为什么是这种情况。

如果当 H 为假时，Y 可能追随 X 的看法，与当 H 为真时，Y 追随 X 的看法，恰好一样可能，那么，(6) 成立：

(6) $P(Y(H)/X(H)\&H)=P(Y(H)/X(H)\&\neg H)$。

但如果 (6) 成立，那么，(3) 再一次简化为 (1)，因为 (3) 中的分子和分

第一章 专家：哪些是你应该信任的？

母的右边相等，并且可彼此相消。既然（3）简化为（1），所以，就 H 而言，能动者从 Y 与 X 的一致，仍然没有得到额外的证据提升。这里不是要求，Y 肯定追随 X 的看法；他追随 X 的可能性只可能是 0.8 或 0.4，等等。只要 Y 可能追随 X 的看法，在 H 为真时恰好与 H 为假时一样，我们就得到同样的结果。

让我们通过说 Y 是 X（相对于 H）的非歧视的反映者（non-discrimination reflector），来描述后一种情况。当 Y 是 X 的非歧视的反映者时，Y 的看法，对上面的能动者来说，没有额外的证据价值，并且超越了 X 的看法。对于从 Y 对 H 的相信获得额外证据提升的新手来说，所必要的是，他（新手）合理地相信（6′）：

(6′) P(Y(H)/X(H) & H) > P(Y(H)/X(H) & −H)。

如果（6′）被满足，那么，Y 的信念至少与 X 的信念是部分条件无关的。完全条件无关是这种情境：X 的信念和 Y 的信念之间的任何依赖性，都通过各自对 H 的依赖性，加以说明。尽管完全条件无关不要求提升 N 的证据，但部分条件无关有这个要求。①

我们现在可能认为这种困惑等同于（不合格的）人数原理。这种困惑是，新手不可能自动地指望他的被公认的专家，是（甚至部分是）有条件地独立于另一位专家。他不可能自动地指望（6′）的真实性。Y 可能是对 X 的非歧视（没有辨别能力）的反映者，或者，X 可能是对 Y 的非歧视的反映者，或者，两者可能是对某个第三方或第三组的非歧视的反映者。不管有多少另外被公认的专家共享原来专家的看法，都适用于同样的观点。如果某人的看法已经被考虑，他们全是这个人的非歧视的反映者，那么，他们对新手的证据没有增加进一步的权重。

新手能有什么类型的证据为他接受（或很信任）的（6′）辩护呢？N 能有理由相信，Y 相信 H 的路径是：即使在 X 不承认 H 为假（并因此相信 H）的可能情况下，Y 也将承认 H 的假。Y 的正确类型的信念有两种类型的因果路径。Y 相信 H 的第一种路径，完全不顾 X 的路径。下列两个例子举例说明了这一点：X 和 Y 对 H 的发生或不发生在因果意义上是独立的目击者；或者，X 和 Y 把他们各自的信念建立在与 H 有关的独立实验的基础上。在目击者的场景中，X 由于对实际事件的错觉，可能错误地相信 H，而 Y 可能正确地感知了事件，避免了相信 H。Y 相信 H 的第二种路径可能部分地接受 X，但不包括对 X 信念的不加鉴别的反映。例如，Y 可以听取 X 相信 H 的理由，考虑对 X 从来没有考虑到的那些理由的各种可能的反驳，但最终击败这些反驳的说服力，赞成接受 H。在这

---

① 我在这里要感谢理查德·杰弗里（Jeffrey R. Probability and the Art of Judgment. NewYork: Cambridge Uiversity Press, 1992: 109-110）。他指出，在这几种情况下，只有条件独立是相关的，而不是由下列条件定义的"简单独立"：P(Y(H)/X(H) = P(Y(H))。如果 X 和 Y 恰好是关于 H 的信息的稍微可靠的独立来源，他们就不满足后面这个条件。

两种场景的任何一种情况下，Y 对因果路径的部分"自主性"使他沉着地避免相信 H，即使 X 相信 H（可能在虚假意义上）。如果 N 有理由认为，Y 运用信念的这些多少自主的因果路径之一，而不是确保与 X 一致的一种因果路径，那么，N 有理由接受（6'）。照这样，即使在考虑了 X 的信念之后，N 也有好的理由把 Y 的信念算作是增加了他对 H 的证据。

据推测，相对于赞成（被公认的）专家组而言，新手很可能处于这样一种认识境况。无疑，在赞成科学家的例子中，即在新手有理由期待科学家批评另一个人的观点的情况下，部分独立的推测可能是很妥当的。如果是这样，新手可以保证，赞成看法的持有者越多，提供的证据权重越大。然而，根据科学看法形成的某些理论，这种保证不可能持久。考虑这样的观点：科学家的信念完全是通过与其他科学家的协商产生的，不可能反映实在（或自然界）。这种观点显然是关于科学的某些社会建构论者所持有的，如布鲁诺·拉图尔（Bruno Latour）和史蒂夫·沃尔伽（Steve Woolgar）[①]；至少这是基彻尔[②]对他们观点的解释。[③] 现在，如果社会建构论者是正确的，这种解释也是正确的，那么，无人（至少没有人知晓这种事实）保证相信像（6'）那样的条件。根本没有理由认为，任何一位科学家都在一个科学假设为真（和某些其他科学家相信它）时，比它为假（和另一些科学家相信它）时，更有可能相信这个假设。既然科学信念的因果路径没有反映"真的"事实——它们只反映科学共同体的看法、利益等——（6'）将绝对不是真的。接受或倾向于表明社会建构论者的论点的任何一个人，绝对没有理由相信（6'）。[④]

抛开这两种极端的观点，难道新手通常将没有理由预期，彼此不同的被公认的专家，在他们的信念路径中，将有某种因果独立性或自主性吗？如果是这样，那么，如果一位新手也有充分的理由相信，每一位被公认的专家都有一点可靠度（大于碰运气），那么，在最初竞争的两位专家中，难道他没有充分的理由用赞成专家的人数偏向一方反对另一方吗？当所有的或几乎所有的增补专家都同意两位最初的竞争者之一时，这个结论可能是正确的。但很少有这种情况。更普遍的情况是这样的场景：人数大致相当，尽管不是完全相等。在这些情况下，新手能得出什么样的结论呢？他能合法地准许根据人数较多来决定问题吗？

特别是，如果我们继续应用贝叶斯进路，这一点将是没有根据的。新手相信

[①] Latour B, Woolgar S. Laboratory Life: The Construction of Scientific Facts. Princeton University Press, 1979/1986.

[②] Kitcher P. The Advancement of Science. New York: Oxford University Press, 1993: 165-66.

[③] 我自己把莱尔和瓦格纳解释为拥有更激进的观点，即根本没有能在因果意义上（即使是间接地）与科学家的信念相互作用的实在。

[④] 根本没有关于实在或自然界的（科学类型的）真理，在这种更激进观点的情况下，这同样如此。

| 第一章 专家：哪些是你应该信任的？ |

H 的适当变化，应该以两组赞成专家（一组赞成 H，另一组反对 H）为基础，而且，这种变化应该依赖于每一组的成员有多么可靠，他们相互之间是如何（有条件地）独立。如果人数较少的小组比人数较多的大组更可靠和更（有条件地）相互独立，这意味着，小组的证据权重超过了大组吗？更确切地说，这取决于新手有充分的理由相信这些问题。既然新手在这些问题上的正当性可能很弱，所以，有许多这样的情况：他根据观点相同的看法持有者的相对人数，无法对进展情况做出明确的或有说服力的辩护。

这个结论似乎是完全妥当的。根据我自己的观点，下面是接受这个结论的一个例子。如果科学创世者的人数大于进化论的科学家，这不使我倾向于说，（在他们不一致的核心问题上）前者的观点与后者的观点相比，保证新手更信任前者的观点。至少我并不倾向于这样的假设，以至于新手大致拥有可比较的信息，就像当前的大多数哲学家几乎拥有进化论者和创世论者分别形成的信念方法一样。① 无疑，人数不一定优于考虑个人的可靠性和互为条件的独立性。在当前的例子中，后面的因素似乎比纯粹人数的权重更可检验。②

五、利益与有偏见的证据

我现在转向我们当初列出的第四种可能来源：扭曲的利益和偏见的证据，这可能支持被公认的专家的主张。如果 N 有极好的证据对一位专家产生这样的偏见，而没有证据对她的竞争者产生这样的偏见，如果 N 没有优先信任（preferential trust）的其他基础，那么，N 有理由更信任无偏见的专家。这种建议直接来

---

① 更具体地说，我正在假设，创世说的信徒比进化论的信徒，更多地依赖于他们的一般观点的意见领袖。

② 约翰·波洛克（John Pollock）（在一次个人通信中）提出了一种强化支持运用"人数"的方法。他说，如果人们能认为，P (X (H) /Y (H) &H) =P (X (H) /H)，那么，人们就通过数出问题每一方的专家人数积累证言。他进一步建议，在缺乏补偿证据的情况下，我们应该相信，P (X (H) /Y (H) &H) =P (X (H) /H)。他提出了一个概率推理的一般原理，他称为"非经典的直接推理原理"，大意是，我们有理由取消我们一无所知的与概率无关的附加因素。波洛克在 2000 年的文章中（Pollock J. A Theory of Rational Action. Unpublished manuscript. University of Arizona, 2000；也参见 Pollock J. Nomic Probability and the Foundations of Induction. New York: Oxford University Press, 1990），阐述的观点如下。如果因素 C 与特性 B 和 A 之间的因果关系无关（大概，他意指在概率意义上无关），那么，C 与 B 的联合不应影响某物是 A 的可能性。因此，如果我们没有理由认为，C 是相关的，我们就能假定取消 P (A_x/B_x&C_x) =P (A_x/B_x)。他建议，能把这个原理应用于赞成（被公认的）专家的事例中。但我问道，假设一位专家的看法与另一位专家持有的同样观点在概率意义上是无关的，对我们来说——或对新手来说——这通常是合理的吗？我认为，不合理。即使两位专家都不会直接影响对方的看法，对于工作在同一个学术领域的两个人来说，最普遍的情况是，会直接或间接地受到共同的第三位专家或专家组的影响。这类相互依赖性是普遍的，能合理地得到新手的信任。因此，波洛克假定为默认情况的概率无关是很可疑的。

自常识和经验。如果两个人提供了相矛盾的报告,恰好其中一人有一种理由撒谎,就会严重地危及后者的相对可信性。

当然,撒谎不是利益与偏见能降低专家的可信赖性的唯一方式。利益与偏见能对专家的看法产生更微妙的扭曲影响,所以,他们的看法更不可能是准确的,即使是真诚的。在特定类型的民事诉讼中,某人经常被雇用为被告的专家证人,她在当前的任何审判中,对提供有力的证言,有利可图,因为作为被告的证人,她的信誉取决于她当前的表现。

作为对利益冲突情境中的专家表现的一种检验,考虑在《美国医学协会杂志》上发表的一项研究结果。[1] 该研究探索了关于新的肿瘤药品的两份公开的研究报告之间的关系,两项研制分别受到制药公司的资助与非营利组织的资助。在这两份报告中发现,在基金来源与定性结论之间有一种统计上的重要关系。非营利组织资助研究的 38% 得出不利结论,但制药公司资助研究的只有 5% 得出不利结论。

从实践的观点来看,与专家利益相关的信息,通常是新手能够收集的有关专家的更易接近的相关信息之一。当然,通常透露说,一对作证专家的两位成员具有危及他们的可信性的利益。但当在这个维度上有不可忽视的分歧时,新手肯定会利用合法的信息。

金钱利益是潜在地扭曲个人的主张或看法的常见类型。更重要的是,可能影响整个学科、子学科或研究小组的一种偏见,部分原因是,它对新手来说更不透明。如果一个特定领域的所有或大多数成员都受到相同偏见的影响,那么,新手将很难把确证的证言的真正价值和其他专家与元专家区分开来。对于协商的新手来说,这使得前面讨论过的人数游戏变得更加复杂。

女性主义认识论者强调的一类偏见包括对在一门学科或专家共同体中的某些观点或立场的排斥或欠表达。这可能导致一个共同体不能收集或重视特定类型的相关证据的重要性。共同体范围内的偏见的第二种类型源于子学科或研究共同体的经济因素或权术。为了增加基金资助的希望,从业人员可能习惯性地夸大所谓支持他们成果的证据的可检验性,外行尤其如此。为了获得资源与承认,在与相近学科和研究计划的竞争中,一个特定的研究共同体,在报告其成果时,可能应用相对不太严格的标准。新手很难发觉这一点,或者,很难权衡场外相竞争的专家的这样一种辩解的价值。[2]

---

[1] Friedberg M, et al. Evaluation of conflict of interest in economic analyses of new drugs used in oncology. Journal of the American Medical Association, 1999, 282: 1453-1457.

[2] 在对心理健康职业的一种毁灭性批评中,洛宾·道斯 (Dawes R. House of Cards: Psychology and Psychotherapy Built on Myth. New York: Free Press, 1994) 表明,这些职业的真正专长,在科学意义上,是非常可疑的,尽管在那个职业共同体中,文凭主义的层次很高。

第一章 专家：哪些是你应该信任的？

六、运用过去的记录

我们列表中的最后一个类型可能提供了新手做出可信性选择的最佳证据来源。这是运用被公认专家的过去认知成功的记录，评价他们对当前问题给出正确回答的可能性。但新手如何能评价过去的记录呢？这里有几个理论问题，可追溯到前面讨论的问题。

首先，运用过去的记录不等于用（直接）"校准"方法来评价一位候选专家的专长吗？运用过去的记录意味着，考虑候选者对前面在 E 域内的问题提供回答的成功率。但在我们前面的讨论（二）中，我说过，新手的本性正是，他对 E 域内的问题没有看法或对他自己的看法没有自信。因此，新手如何能有关于在 E 域内的过去回答的任何（有用）信念，据此，评价候选者的专长？换言之，作为新手，如何能有关于候选专家的过去记录的任何看法？

对这个问题的一个可能回应是，重新讨论深奥的陈述和通俗的陈述之间的区别。也许并不是 E 域内的任何一个陈述都是深奥的。在 E 域内也有许多通俗的陈述，而且，它们是新手可能评价候选者专长的陈述。但是，这实际上有意义吗？如果一个陈述是通俗的陈述，即在认识论意义上新手易于接近的陈述，那么，它为什么正好应该被包括在 E 域内呢？有人会认为，E 域恰好是只有专家才易于接近的命题域。

对这个问题的解决办法首先使得我们的深奥/通俗的区分变得更明显。认为陈述在类型上或者是深奥的，或者是通俗的，这很自然，但这是一种误解。一个给定的（无时间性的）陈述是深奥的或通俗的，只是相对于一种认知立场或形势而言的。它可能是深奥的，例如，考虑陈述："2130 年 4 月 22 日，在新墨西哥的圣达菲，将会有日蚀。"相对于当前的认知立场，即生活在 2000 年的人的立场，这是一个深奥的陈述。2000 年的普通人除了通过猜测之外，不能正确地回答这个问题。另一方面，在所讨论的 2130 年 4 月 22 日当天，在新墨西哥圣达菲大街上的普通人将能轻易地正确回答这个问题。在这种不同的认知形势下，这个问题将是一个通俗的问题，不是一个深奥的问题。① 你不需要专门训练或知识来确定问题的答案。这样，一种陈述的认识地位是随时间的变化而变化的。

有意义的是，把这个简单的事实应用于专家/新手问题。当一个陈述变成通俗的时，新手能轻易确定它的真值。他能说出那时它的确是真的。此外，他可能了解到，在早期，当这个陈述对于像他那样的人来说是深奥时，另一个人设法相信这个

---

① 在当前的讨论中，只是认知的深奥性，而不是语义的深奥性，是成问题的（参见前面的注释）。

陈述，并说它是（或将是）真的。此外，这个人可能反复地显示出评价下列陈述的能力：这个陈述在断言时是深奥的，但后来变成通俗的，而且，她可能再三证明在随后通俗情况下被确定为对的。当这种情况发生时，新手们能推断出，这位不寻常的认知者一定拥有某种特殊的认知方式——某种独特的专长——那是他们没有的。他们大概恰好不知道，这种独特的认知方式，除了大概包括某些专用的信息储存和调用那些信息的某种方法论之外，还包括什么。照这样，新手们通过证实某些人在一个特定领域内的令人印象深刻的记录，能证实他们在该领域内的专长。在新手本人不能以某种方式转变为专家的前提下，也能做到这一点。

天文学的例子恰好是容易被传播的许多事例之一。如果一辆车、一个空调系统或一个机体出现了功能异常或故障，未受过训练的人通常不能详述下列形式的真命题："如果你把治疗方案 X 应用于机体 Y，该机体将恢复正常功能。"然而，可能有人正好能反复地详述这类真命题。① 此外，新手能证实这些命题是真的，因为新手能"看到"对异常功能机体进行的治疗，并看见这个机体恢复了正常功能（比不进行这种治疗的机体恢复得更快）。尽管一旦治疗起作用，这个命题的真实性就是一个通俗的问题，但是，在实施治疗和产生治疗结果之前，它是一个深奥的问题。在这样一个例子中，当它是深奥的时，专家拥有知识并能够被确定为已经拥有知识。②

应该强调的是，专家提供答案的许多问题，当它们是深奥的时，不只是通过幸运的猜测能正确回答的是/否问题。其中的许多问题允许有无数答案、有时是许多模糊答案的问题。为达到简化举例说明的目标，我们可以说，当一位患者看医生时，他问医生的问题是，"在成千上万的有效药物中，哪一种药将治愈或缓解这种病？"这样一个问题，只通过猜测，不可能被正确地回答。同样，当研究火箭的科学家首先试图让一艘宇宙飞船着陆在月球上时，对下列问题有尚不确定的许多可能的回答："哪些步骤系列将使这一艘（或一些）宇宙飞船成功地着陆在月球上？"从可能答案的无限列表中选择出一个正确答案，不可能是一种幸运的猜测。正是像这种通常包括技术应用在内的技艺，正确地劝告新手说，得到正确答案的人，具有联合产生超常能力，获得正确答案的特殊的信息储存和利用信息的特殊的方法论。照这样，新手的确能确定，在他们自己不是专家的这个领域内，其他人是专家。

---

① 当别人提出命题时，他不可能只承认这样的命题为真；当质问"如何修复这个机体？"这样的问题时，他们也能独立地提出这样的命题。

② 我在早期的著作已经讨论过这些例子：戈德曼 1991（Goldman A. Epistemic paternalism: Communication control in law and society. Journal of Philosophy, 1991, 88: 113-131）和戈德曼 1999（Goldman A. Knowledge in a Social World. Oxford: Clarendon Press, 1999: 269）。

| 第一章　专家：哪些是你应该信任的？ |

当然，这没有为新手提供能全部解决他们的 2 - 专家问题的一种算法。新手只是偶尔知道或能确定，在他面前争论一个问题的两位被公认专家的记录。民事诉讼中的一位陪审员根本没有机会用尽和获得在他面前作证的竞争专家证人的记录信息。虽然如此，新手至少在原则上和某些情况下，能证实记录并用它们检验一位候选者应有的专长，这个事实离完全消除对新手/2 - 专家情境的怀疑，还有一段距离。此外，"直接"确定少数专家专长的可能性，使得有可能对更广泛阶层的候选专家做出可信的推理。如果某些人通过上面提供的方法体现了有重要的专长，如果这些人能够培训另一些人，那么，受训者本人将有可比较的信息储存和产生最初专家的认知成功的同样类型的方法论，这个推理是可信的。① 此外，已证实的专家就被作为关于他人（即使他们没有接受训练或不信任他们）专长的元"专家"来咨询，在这种程度上，能再一次推出后者具有可比较的专长。因此，一旦本部分提供的专家证实的基础得以建立，就减轻了对新手/2 - 专家问题产生的某些早期怀疑。

结　　论

我的故事的结束无疑是混合的，一个理由是，既不会令人兴奋，也不会令人失望。当面对带有竞争信息的相竞争的专家时，怀疑的乌云隐约呈现在新手的很多认知范围之内。然而，有一线曙光。建立专家记录没有超越可能性乃至可行性的范围。这依次能强化更广泛层次的专家的可信性，因而，当试图在专家之间做出选择时，奠定了合理运用人数的基础。然而，并没有否认，这种认知情境面对新手时通常是不容乐观的。在分析这样的情境时，有一些令人感兴趣的理论问题，而且，这些问题对"应用的"社会认识论提出了引人感兴趣的实际挑战。例如，什么类型的教育能实质性地提高新手评价专家的能力；什么类型的互动调节有助于使新手—专家关系成为比盲目信任更能得到辩护的信任之一。②

（成素梅译）

---

① 当然，在传播他们的专长时，某些专家可能比其他专家更好。有些专家可能更努力热衷于传播，或更擅长于传播，或在对他们的学员进行资格审查时，执行更严格的标准。这就是为什么关于培训项目的好的信息肯定与专长的判断相关的原因。

② 关于早期草稿的有益评论，我要感谢史密斯（Holly Smith）、费利斯（Don Fallis）、格拉汉姆（Pter Graham）、赖肖（Patrick Rysiew）、威利（Alison Wylie）和 2000 年罗格斯认识论会议的许多参加者，圣路易斯的社会科学哲学圆桌会议以及我的关于"社会认识论的哲学基础" 2000 年 NEH 暑期班。

第二章 科学研究的第三次浪潮:专长与经验研究

哈里·柯林斯*

外行就是门外汉、非专业人士、非专家。①

一、合法性与广延性问题

近来的社会科学研究开始关注公共领域的技术决策问题。该问题可以被简单地表述为:在公众领域中,是应当通过广泛的民主程序最大限度地强化技术决策的政治合法性,还是基于专家意见来做决策?选择前者将会碰到技术难题;选择后者则会引起公众的反对。

我们所说的"技术决策"(technical decision-making),指的是对那些科学、技术与政治的交叉问题做决策,因为这些议题对公众的影响是显而易见的。例

---

* 哈里·柯林斯(Harry M. Collins):卡迪夫大学社会学杰出研究教授、专家知识与科学研究中心主任。著作有《引力的阴影:寻找引力波》,860 页,芝加哥大学出版社 2004 年出版,2005 年将出版合著著作《勾勒姆博士:如何反思医药》,正在撰写一本关于专家知识的著作。罗伯特·埃文斯(Robert Evans):卡迪夫社会科学学院社会学高级讲师。关注于运用科学知识社会学来解决公民和专家在涉及科学的决策中起到的作用,这部分的研究收录于期刊《科学、技术与人的价值》关于"社会化分解"的特刊中。本章的理论工作是在卡迪夫大学 ESRC 研究中心的"专长与环境政策研究中心"(Centre for the Study of Expertise and Environmental Policy, SEEP)中完成的。最初的工作始于 1999 年秋天,并于 2000 年 1 月 20 日获准成立。开场白是这样的:"我们在对环境问题做决策的方法上遇到了一个危机。我们发现我们陷入了一种两难的境地:我们是要在民主进程中最大限度使我们的决策合法化,然后面临技术性难题,还是要在吸收和接纳专家和反对者的意见基础上做决策?这就是 SEEP 所面临的危机。"我们的看法是:"在学术方面,我们要创建一套新的谈论、思考专长与经验的方式来取代旧的科学和真理。"从本章的论证结构可以看到,我们已经做到这一点。我们要特别感谢卡迪夫大学的三个系——城市与区域规划系、新闻与传播系、社会科学系,它们帮我们打造了一个理论争锋的平台。论文也收到了来自哥德堡大学(Gothenburg University)(1999 年 9 月柯林斯当时的手稿)以及康奈尔大学(Cornell University)(2001 年 11 月即将完成的手稿)学术同仁的批评,使我们受益匪浅。我们还要感谢英格玛·博林(Ingemar Bohlin)、马丁·库什(Martin Kusch)、阿里·瑞普(Arie Rip)、史蒂夫·伊尔雷(Steve Yearley)、安妮·默科特(Anne Murcott)以及卡迪夫大学 KES 研究小组对论文初稿所提出的修改意见,感谢论文的评阅人为提高论文的质量所提出的修改意见。

① The Chambers Dictionary. Edinburgh, UK: Chambers Harrap Publishers, 1993: 951.

第二章 科学研究的第三次浪潮：专长与经验研究

如，你吃英国牛肉吗？是支持核电站，还是火力发电站？在你们村采矿行不行？用防雾化煤油作飞机燃料是否安全？是否会给支持克隆人项目的政治家投票？是否支持《京都议定书》（Kyoto Protocol）？……这些曾经被看作是纯技术的问题，现在也进入了从事公众、科学与技术研究的共同体的论域。

和许多人一样，我们所要做的就是思考如何用正确的方法做决策。但我们特别关注于发掘一套与过去30年的科学研究（science studies）不同的原理。我们最初的想法是认为，尽管其他许多处于科学研究传统之中的人都研究过这个问题，也为技术决策的讨论做出了许多有价值的贡献，但他们并没有完满地解决这个问题。对我们而言，说"能够解决一切"其实是意味着"听天由命"，而我们所要做的，首先是从学术与政治的角度上指出技术决策存在的问题，其次是指出我们工作的方向。

本文所要讨论的不是科学家与社会的社会关系问题。比如说，是否应该相信科学家，或他们的言行是否是可信任的，或他们通过意见和影响所激发的信任机制。至少，本文不是专门讨论这些问题的。本文所要讨论的是要听取科学家和技术专家的意见的理由，是因为他们所拥有的科学家、技术专家的身份，还是因为他们是隶属于某个机构的个体或者成员。换句话说，本文所要讨论的是科学家和技术专家的知识和经验异于常人的价值。近年来，科学研究逐渐趋向于对认识论问题而不是社会问题的研究，但我们在这里仍然采取一种很老套的研究进路，讨论知识的背景。与科学研究的"社会转向"（sociological-turn）产生之前对知识背景的研究不同，我们把认识论问题讨论的焦点从对真理问题的讨论转向了对专长与经验（expertise and experience）的研究。这首先要从——专长与经验研究（studies of expertise and experience, SEE）谈起。

科学知识社会学（SSK）最重要的贡献之一就是对"相信科学家是因为他们更接近真理"的观点提出质疑。我们的问题是，"如果不能确定科学家和技术专家是否真的更接近真理，那么，他们的意见有什么特殊价值？"我们认为，这是当前知识研究最需要关注的问题。[①] 我们把对该问题的解答归咎为专长，而不是真理，所以我们将用一种与看待真理相同的方式来看待专长——不仅限于从历史的或因果的角度上。我们把专长看作是"实在的"，并将展开"专长的规范理论"（a normative theory of expertise）研究。[②]

我们要对那些和我们一样对科学研究的前景抱有政治和学术担忧的人说，问

[①] 政治哲学进路参见：Turner S. What is the problem with experts? Social Studies of Science, 2001, 31 (1): 123-149.

[②] 当前的许多科学与技术的分析家都投身于规范研究，但据我们所知，还没有人提出过专长的规范理论。

题出在我们第一段曾提到的"合法性问题"（problem of legitimacy）和"广延性问题"（problem of extension）上。尽管科学研究已经表明，在技术决策方面可以通过拓展、并且应当拓展核心层以外的专家来解决"合法性"问题，但是却还没有解决"广延性"问题："技术决策的参与度要扩展到多大的范围？"换句话说，科学研究已经阐明，从事科学和技术研究需要掌握的专长比科学家和技术专家所拥有的专长要多，但没说清楚多少。

为了减少歧义，我们承认，技术决策中的政治因素的出现暴露出了合法性问题，因此要通过去除覆盖在权威判断身上的神秘外衣来削弱专家的资格，但这并不是我们要解决的问题。我们的问题是学术性的：为专长的拓展提供理论基础。但是，拓展是有限度的。或许，这在今天不是一个问题，但是没有边界的扩张会成为决策扩大化进程中的下一个问题。任由专长的扩展将会打开非理性的闸门，因此，对专长的扩展加以限定会减少那些抵制参与决策程度扩大化的人心中的恐惧。尽管出发点不同，但是这种顾虑有助于解决当前的实际问题。

1. 粗略的勾勒浪潮

虽然从某种程度上说，这是一篇有争议的论文，但我们仍要继续。我们从描绘被我们称为科学研究的"三次浪潮"的理想模型开始谈起。只是泛泛谈及某些作者和思想者的工作，难免会引起歧义，就如同"科学大战"中对SSK的歪曲一样。但维特根斯坦说："不问意义，只问使用。"（Ask not for the meaning but the use.）我们这里且不自量力地来谈谈意义。为此，我们要向那些涉及这场讨论的学者们表达我们的歉意，希望没有过多的曲解他们的原意。但幸好，我们的目的只是要勾勒出我们的理念，而并不是要追求历史的或学术的精确性。①

如果我们的描述不是完全没有道理，可见：早在科学研究的第一次浪潮出现时就已经开始涉及广延性问题了，但没有意识到合法性的问题。科学研究的第二次浪潮在第一次浪潮的基础上很好地解决了合法性的问题，但忽视了对广延性问题的讨论。我们主张，科学研究的第三次浪潮（我们且给这场尚处于萌芽状态的运动贴上这个标签）要在第二次浪潮对合法性问题的解决基础上，区分"在经验上有技术资格的"（technically-qualified-by-experience）人和技术决策者之间的界限。

为了说明我们的论证不仅限于一种提纲挈领式的讨论，我们开辟了一种专长

---

① 有些不同的观点我们以前曾经提及过，有人坚持认为专长的边界的可磋商性与专家的意见之间没有必然的联系。但对我们而言，如果说对专长没有一个明确的定义，就好像对人种没有界定一样，那将会招致无数的问题。我们的上述观点已经在对"第二次浪潮"的描述中提及过了。我们的工作并不满足于对他人的观点进行阐释。

第二章 科学研究的第三次浪潮：专长与经验研究

的规范理论（normative theory of expertise），并将讨论它对技术决策制定的意义。毫无疑问，这样的尝试可以有很多种方式，但至少我们作为先行者可以为这样的研究提供一种可参考的范例。

2. 语言与表象

尽管我们要谈论的是扩展技术决策的参与度的话题，但我们也不得不谈谈"外行的专长"（lay expertise）这个概念。[1] 正如我们在论文的开头所谈到的，字典上对"外行"（layman）的解释是"不是专家的某人"，这很容易让人质疑"外行的专长"是什么意思。如果说不是专家的人都能拥有专长，那么，专长的存在还有什么意义？人人都能成为专家。我们认为，所谓的"外行专家"（lay experts）这个概念是对应于"专家"这个概念而言的——他们的专长是没有经过资格认证的，人数也不多，但构成了一个专家小组。为了减少歧义，我们把没有学位或资格认证，仅是通过经验获得了某种特殊的技术专长的人称作是"基于经验的专家"（experience-based experts）。

人们在谈话时都能反映出其所拥有的专长，而要想获得专长首先就要理解社会语境，因此"基于经验的专长"（experience-based expertise）的概念是具有语境依赖性的，指的是专家的能力。要想在更宽泛的意义上使用这个概念，就要削弱特权去解决广延性问题。[2]

下面我们就直奔主题，与此相关的前期工作参见附录。本文还包括参考文献、致谢及对以往工作的阐释（大部分在注释中），但是附录的内容更为翔实，包含了碍于篇幅而未能在正文中展示的内容。它用一种更直接的方式呈现了我们所赞同的和反对的观点。有些人和我们注意到了相同的问题，看似相同的研究，实则我们的研究进路是不同的。需要说明的是，有许多学者都讨论过"决策的规范理论"（normative theory of decision-making），这些观点也都收录在附录中。我们的目的很简单，我们努力尝试一些新的研究——就是想找出一种符合SSK的专长的规范理论的理论原理，并为决策的规范理论做一点贡献。因此，附录是对正文的一种补充。

---

[1] 对这个概念的使用，参见：Arksey H. RSI and Experts: The Construction of Medical Knowledge. London: UCL Press, 1998.

[2] 对专长概念的更广泛的使用是体现在人工智能领域，但是这种专长特指的是人类的专长、不包括机器——那么就意味着它仅限于社会存在物（social being），而不包括其他。参见：Collins H M. Artificial Experts: Social Knowledge and Intelligent Machines. Cambridge, MA: The MIT Press, 1990; Collins H M, Kusch M. The Shape of Actions: What Humans and Machines can Do. Cambridge, MA: The MIT Press, 1998. 如果"外行的专长"（lay expertise）的理念成立，那么就有可能会产生一种指涉全人类的专长。

二、科学研究的三次浪潮

1. 科学研究的第一次浪潮

为了避免突兀，我们首先要说的是在"专长问题"产生之前的黄金时代。20世纪五六十年代，社会学的研究旨在理解、解释和有效地强化科学的成功，而不是质疑其基础。① 在那段时间里，对社会科学家及公众来说，好的社会学研究就是为本领域及其他领域的权威和决策说话。因为那时的科学被看做是深奥的和权威的，如果不这样来进行科学与技术的决策研究，就被看作是不可思议的。这股"实证主义"的浪潮后来在20世纪60年代末被托马斯·库恩（Thomas Kuhn）那本著名的著作和其工作颠覆了。到了20世纪70年代，作为一场学术运动，实证主义已经名存实亡了。②

2. 科学研究的第二次浪潮

接下来的科学研究浪潮始于20世纪70年代年早期，并一直持续到今天，尽管其中有许多不同的流派，也曾被贴上许多不同的标签，但一般情况下被冠以"社会建构论"（social constructivism）的称谓。其中的一个分支就是科学知识社会学（SSK）。第二次浪潮表明，需要引入"非科学因素"来终结科学与技术争论——光靠科学方法、实验、观察及理论是不够的。在把科学当作是一种社会活动的前提下，科学研究把注意力放在了在社会机制如立法、教育和政治进程如公众需要等的科学知识的运用研究上。在讨论专长时，强调科学的"社会建构"意味着其关注点是放在了对"专家"资格及在不同机制下获得专长的方式上。

通过强调科学知识与其他知识一样，社会学家们忽略了二者的区别；同样，也模糊了专家与非专家的界限。如果社会学家能够成功解决知识的二分等分类问题，那么也不会惧怕重构知识体系。我们认为，知识社会学家不必为自己的专长感到担心，并且要宣扬他们在知识领域中作为专家的一席之地。

知识社会学家必须要构造知识的类型，必须要用我们作为分析者的范畴（analysts's category）的专长去创造一种"知识科学"（knowledge science）。SEE,

---

① 此处涉及科学的"社会责任"问题，但该问题的产生与科学的强大无关，社会责任问题的产生使人们忽视了知识的基础的问题。寥寥数语不可能详尽，更多讨论参见：Standen A. Science is a Sacred Cow. London: Sheed & Ward, 1952; Welsh I. Mobilizing Modernity: The Nuclear Moment. London: Routledge, 2001.

② 需要提醒的是，说实证主义是"高深而枯燥"的哲学，并不是说实证主义不强调自然科学的政治和经济因素，或不把它们作为成功的自然科学的主导思想。

第二章 科学研究的第三次浪潮：专长与经验研究

即科学研究的第三次浪潮就是这样一种进路。

3. 从下游到上游

我的论证的一个重要方面是要表明专长的规范理论与第二次浪潮之间的兼容性。第一次与第二次浪潮之间的关系与第二次和第三次浪潮之间的关系不同。第二次浪潮基于对科学的细致观察和相对主义（或甚至是哲学的）方法论，丰富了对科学的描述从而取代了第一次浪潮。第二次浪潮表明第一次浪潮的思想是错的。然而，第三次浪潮并不是想说第二次浪潮的思想也是错的。因此，在打造第三次浪潮的同时，第二次浪潮仍将滚滚向前。① 第三次浪潮是要解决在第二次浪潮中没有得到解决的知识问题。在我们接受了第二次浪潮提出的科学和技术没有什么特殊之处的前提下，第三次浪潮则是要打造一种关于科学和技术的特殊的理论。可以说，本文的主旨是要小心翼翼地将钉子钉入相对主义的冰墙，而不是要破坏整个知识大厦（许多批评者认为其目的只是破坏）。

为科学和技术打造理论意味着重构知识，包含了科学研究的第二次浪潮的解构工作。正如我们所说，科学研究的第三次浪潮必须强调专长作为分析者的范畴（analysts' category）和行动者的范畴（actors' category）所发挥的作用，及专长在公众领域中的所扮演的规定（prescriptive）的角色而不是描述（descriptive）的角色。

对于专长的规定理论而言，评论者们的观点和本文作者的观点是不同的。评论者们认为应该遵照第二次浪潮的分析，但本文的作者坚持认为"只有在尘埃落定后，在搞清楚谁的观点在事情的发展过程中更有说服力"的情况下才能确定谁才是对争论真正发挥了作用的"专家"，"不管是谁来定义专家、行动者或分析者的，判定专家的仲裁者总是处于下游的"。② 或许我们可以把这样的观点贴上"专家的回归"（expert's regress）的标签，类似"实验者的回归"（experimenter's regress）。因为实验者的回归的存在，就要等到事后才知道是否成功的复制了某个实验；因为专家的回归的存在，也要等到事后才能知道谁是专家。专家的回归在解决公众领域内的技术决策问题上所发挥的作用和实验者的回归在解决科学争论上所发挥的作用是一致的。但是，公众决策所受到的政治影响远大于科学或技术本身，政治的步伐始终都要比终结科学争论的速度快得多，因此要在科学争论结束之前就做出决策。因此，政治决策者必须在事前就对专家进行分层——在决策被写就之前。政治决策者在从政治层面区分专家时，他们是在创造历史而不是反映历史。我们要强调的是科学知识社会学家本身也有创造历史和反映历史的责

---

① 我们同时坚持这两种研究，作者及其同事以及学生仍然继续着第二次浪潮的研究。
② 这里引号所引的观点摘自以前的论文。

任，他们要依靠他们的专长——"知识"来创造历史。①

这并不是一个新问题，在第二次浪潮中也提到过，但并未引起广泛注意。作者之一（柯林斯）也曾在他对人工智能（AI）的研究中讨论过这个问题。这里谈到 AI 的案例并不是要说他发现了争论，而是说他通过运用关于知识的知识（knowledge about knowledge）在争论中发挥了实际作用，对争论做出了贡献。为了区别于科学研究，他把这场运动叫做作"知识科学"（knowledge science）。②我们可以说，知识科学所要做的是要影响历史，而不是要验证历史长河的转变和漩涡。同样，我们所要做的是"上游的工作"（upstream work）而不是"下游的工作"（downstream work）。③

要在不放弃第二次浪潮的观点的前提下来进行所谓的"上游的工作"，就要对这两种运动进行区分，但是要想彻底的区分清楚是很难的。④ 这样做也没有意义，不管怎样，第二次浪潮的工作包含了对意会知识（tacit knowledge）及它对实验复制的影响等的研究，对实验及其他技能（skill）的研究都属于是"上游"的工作——的确有某些真实的、确定的技能能够在人与人之间传递，当然也有转移不成功的情况。事实上，为了保证科学的顺利进行已经出现过上游的理念了。⑤

让我们换一种方式来看这个问题。第二次浪潮要解决的是"科学争论是如何平息的？"的问题。如果不涉及循环论证，在思考争论的结果时会涉及某些形式的相对主义。第三次浪潮要解决的问题是"在达成科学认同之前，如何基于科学知识做决策？"不能用第三次浪潮来取代第二次浪潮，因为二者的问题域是不同的。另外，在第三次浪潮中仍然需要使用某些形式的相对主义。其中的进路之一是从政治、合法性及其他层面上看科学是如何获得合法地位的，其次是要从现有的文献中找到与此有关的科学研究在解决公众领域的科学问题上的解决路径。我们想要搞清楚的是，为什么凭借某些知识就可以赋予科学合法性的地位？在面对

---

① 我们当然知道，对这个问题的解决并不是"一劳永逸"的（引用一位评论者的话）。

② 参见 Collins H M. Artificial Experts：Social Knowledge and Intelligent Machines. Cambridge，MA：The MIT Press，1990；Collins H M，Kusch M. The Shape of Actions：What Humans and Machines Can Do. Cambridge，MA：The MIT Press，1998.

③ 做这样的区分就是要避免在历史的进程中将二种调查历史变迁的方法混为一谈——研究当代科学和研究历史上的科学。区别只在于方法上而不在于目的上。

④ Collins H M，Yearly S. Epistemological chicken//Pickerin A，ed. Science as Practice and Culture. Chicago，IL：The University of Chicago Press，1992：301-326 在该论文中就曾强调过。

⑤ 参见：Collins H M. Artificial Experts：Social Knowledge and Intelligent Machines. Cambridge，MA：The MIT Press，1990；Collins H M，Kusch M. The Shape of Actions：What Humans and Machines Can Do. Cambridge，MA：The MIT Press，1998；Pinch T，Collins H M，Carbone L. Inside knowledge：Second order measures of skill. Sociological Review，1996，44（2）：163-186；Collins H M. Tacit knowledge，trust and the Q of sapphire. Social Studies of Science，2001，31（1）：71-85.

第二章 科学研究的第三次浪潮：专长与经验研究

这些问题时，如果要追究科学是如何被赋予合法性的地位问题，就会陷入循环论证。我们要问的是谁赋予了科学特权，社会学家罗伯特·默顿（Robert Merton）（还包括一些哲学家和政治理论家们）在第二次世界大战之后曾提出过该问题。但我们的回答是在摒弃了第一次浪潮的前提下进行的。

当然，我们知道，我们的论证只是解决了一些细枝末节的问题，并不能解决根本问题，并且，我们在本文中所呈现的理念只是为日后对专长界限的讨论提供一种支持。但这些并不能成为我们放弃的理由——积少成多。①

三、核心层、核心小组及其构成

现在我们对第三次浪潮的研究要转到另一个方向上，要用一个图表来说明。尽管我们要讨论的是关于公众领域的科学和技术问题，但还是让我们先从神秘的科学谈起。当然，其他的进路也是可以的，比如假定"公众领域的科学与技术"（不只是有意而是确实对公众产生了影响）与神秘的科学是不同的，但我们却选择了一种与众不同的分析策略。从神秘的科学开始分析是因为本文的作者对此领域比较熟悉，并且对于一般的科学研究来说，这也是一个历史"难题"。我们的工作是要以对神秘的科学的研究为起点投射到我们的终极目标，即对公众领域的科学的研究上。

"核心层"（core-set）是由那些直接参与科学实验或理论争论或讨论的科学家组成的。核心层的人数是很少的——可能只是由十几个或几个科学家。"核心小组"（core-group）则是在科学争论结束之后基于实际原因形成的一个较为稳固的科学家群体。② 科学是神秘的，只有核心层或核心小组（下文的"核心科学

---

① Collins H M, Yearly S. Epistemological Chicken // Pickering A, ed. Science as Practice and Culture. Chicago, IL: The University of Chicago Press, 1992. 让我们赶紧对第二次浪潮的"上游"工作做出贡献的作者进行补充。其中，一些作者在文章的附录和主体部分已经提及。我们只是尝试性地对科学知识社会学中的上游工作进行了描述、归类并打造其基础。伊芙琳·理查德（Evellen Richard）认为，科学研究所肩负的责任之一就是对科学的监督给予积极的意见，特雷弗·平奇（Trevor Pinch）在回顾她的工作时，把它称作 SSK 的"第三代"（third generation）（他的"第一代"与"第二代"与我们的"第一次"和"第二次"浪潮不同）。参见：Martin B, Richard E, Scott P. Who's a captive? Who's a victim? Response to Collins's method talk? Science, Technology, & Human Values, 1991, 16（2）：252-255. Pinch T. Generations of SSK (Review of Richards, Vitamin C and Cancer, & Sapp, Where the Truth Lies). Social Studies of Science, 1993, 23（2）：363-373. 理查德和柯林斯对她的工作是否属于 SSK 的看法不同，柯林斯认为它不属于 SSK——而是知识科学。这也是我们试图要解决的分歧。

② Collins H M. Changing Order: Replication and Induction in Scientific Practice, Beverly Hills. CA & London: Sage, 1st ed., 1985; Chicago, IL: The University of Chicago Press, rev. 2nd ed., 1992, passim; Collins H M. The meaning of data: Open and closed evidential cultures in the search for gravitational waves. American Journal of Sociology, 1998, 104（2）：293-337.

家")的成员才能决定争论的终结及未来科学的发展。① 通常,核心层的界限是不好确定的,因为核心层的争论本身就包含一种"划界工作"(boundary work),即界定哪些人属于、哪些人不属于核心层——也就是要判定他们是不是有资格说话。② 如果某人参与了如探测引力波实验、探测中微子实验或类似二进制中子星(binary neutron stars)等实验的争论,在融入这个群体之前他是身处于无底黑洞的。如果某人要参与这类科学的话,对西方社会而言,如果没有得到拥有大型设备或特殊的理论知识的公认的物理学家的认可,就不属于或不能进入科学知识的决策层。对上述观点持不同看法的人是不能融入西方的科学世界的。但的确有人认为科学家是不能拥有特权的,即便他们所从事的是一项神秘的工作。在这里,我们要陈述的是我们的观点,"我们认为他们是"科学共同体的一员、是西方科学世界的成员。我们的考虑是基于文化,而非社会的政治合法性。有些政治家想要通过削弱科学共同体的权利来揭开科学的神秘面纱,而这正是我们所为之奋斗的。

正如我们所看到的,在第二次浪潮中,有许多反对不证自明的声音③,支持了我们在上一段及下一段将要提及的观点。如果要问,是不是只有限制了核心层的决策权,才能让我们满意,我们的回答就如同翠西·艾敏(Tracy Emin)在伦敦的泰特美术馆(Tate Gallery)展示她的先锋派艺术作品"床"的态度一样:

没有人不曾接触过艺术或不经过训练就……"能"(做出评价)。所以,只有他们才有资格谈艺术吗?

是的,当我们在看到"床"这幅作品时都会有感而发。但谈到"床",有人可能会认为,只有很少数从事艺术方面工作的人才有资格评论它。在科学上,也同样如此。

如果我们要限制科学的决策层,就要做出像第二次浪潮那样的假设。特别是,如果我们要做所谓的"上游"工作,势必如此。这就是为什么我们要尽可能地把我们的前提说清楚,我们还是认为,"这个社会就是这样——有某种特殊专长的科学家就是最有资格决定什么是真理的人"。且不谈人和人性,在知识的"后现代主义"进路下也可以对多重的实在做出判断,但是,有时我们就是要排

---

① 争论的"范围"决定着核心层的大小。例如,在一个小的或大的范围内颠覆某种常规理论,参见:Pinch T. Confronting Nature: The Sociology of Solar- Neutrino Detection. Dordrecht: Reidel, 1986. 所掌握的资源的数量会限制科学家参与争论的能力,参见:Latour B. Science in Action: How to Follow Scientists and Engineers through Society, Milton Keynes, Bucks. UK: Open University Press; Cambridge, MA: Harvard University Press, 1987.

② Gieryn T F. Boundary-work and the demarcation of science from non-science: Strains and interests in professional ideologies of scientists. American Sociological Review, 1983, 48: 781-795; Gieryn T F. Cultural Boundaries of Science: Credibility on the Line. Chicago, IL&London: The University of Chicago Press, 1999.

③ 这种观点是史蒂文·伊尔雷(Steven Yearly)提出的,他友好地对本章的草稿给出了意见。

第二章 科学研究的第三次浪潮：专长与经验研究

除对知识的无休止的证明直接做出判断。①

1. 科学与技艺

接下来，我们要讨论一下科学以外的专长类型。在该问题上，对我们的批评是不值一提的。对科学而言，限制对核心层的讨论就相当于是在"床"的案例中限制那些接触过艺术或者经过艺术训练的人对艺术所做的评价。真正的决策者们，不是一般的艺术家、也不是那些成功缔造"床"这幅作品（如此等等）的艺术家、而是艺术评论家。在本文的后半部分我们将对这个问题做更深入的阐述，我们把这类专家称作拥有"互动型专长"（interactional expertise）的专家，而不是拥有"可贡献型专长"（contributory expertise）的专家。可能，科学与艺术是有区别的。但技艺也是要靠经验的，这就是为什么那些持有特殊观点或经验的专长的评论家们比有创造性的专长的艺术家们判断更可靠。② 另外，科学并不是服务大众的，因此，公众对科学有多大的解释权这个问题也不清楚。③ 这就说明，与艺术相比，在科学中，实际在操作科学的人（拥有可贡献型专长的人）比评论者们（拥有互动型专长的人）在评价科学的价值方面更有优势。因此，尽管我们坚信我们对神秘科学的评价具有不证自明的特点，但是我们也不希望对科学的评论泛化到像对艺术或其他文化现象一样，因为二者是没法比的。④

2. 政治因素存在于科学的内部而非外部

在我们给出了谁是最有权对科学真理做出判断人的结论后，接下来我们就要论证专长了！我们认为，从"是"（is）是很难推出"应当"（ought）的，我们的观点来源于我们的生活形式，当然，这种观点并不一定适用于艺术，并且还未被应用到公众科学领域。因此，鉴于神秘科学的不证自明性，要理解如何基于不同

---

① 这种观点一直是被道德的相对主义（moral relativism）所支持的，道德的相对主义并没有引起道德的混乱（moral anarchy），但不得不承认的是，当达到一定程度时，道德判断就无法被证明了，即使它是对的——必须有人对它负责任。

② 或许，乐于对艺术发表评论观点的人会比经过训练的职业艺术评论家的人数多，那种"我可能不了解艺术，但我知道我喜欢什么"的观点也不是完全没有道理。但实际上，有些技艺是用来愚弄评论家的，反映出的是一种建构的本质。这些且不论，难道听到有人说："我不了解科学，但我知道我喜欢什么"这样的话，你能高兴吗？

③ 这并不是说，公众对科学的发展不重要。也不是说，不需要伸张这种权利。我们感兴趣的是后续过程。

④ 参见在卡迪夫大学举办的（2008年8月25～28日）一篇未公开发表的会议论文《民主社会化》（Democratization Socialized）。在论文中柯林斯强调，可以通过论文作者/工作者的意图与读者的观点之间的比对找出科学与艺术之间的划界标准。在科学论文的写作中，作者意图的表达要兼顾到读者的反应；然而对于某些艺术或诗歌来说，就是要表现得出人意料。我们对专长的三段式划分——无专长、互动型专长和可贡献型专长最初是来自社会科学家们的讨论和实践，但现在回过头来看觉得有些欠妥。这种区分是最初的想法，后来评阅人认为，这样的划分似乎可以用来区分艺术家和评论家。

的社会因素做技术决策,首先就要知道我们所面对的是怎样的科学。我们的策略是从科学最神秘的部分,即核心层入手找出神秘的科学区别于其他科学的地方。

我们用一个像"箭靶"一样的牛眼图来表示核心层。

在图 2-1 中,靶心代表的是在科学共同体中拥有特殊的知识或经验的核心层,最外层代表的是一般公众。当然,还可以用其他环来代表科学的传播媒介或科学的资助者和政策制定者。此处,我们不再赘述。

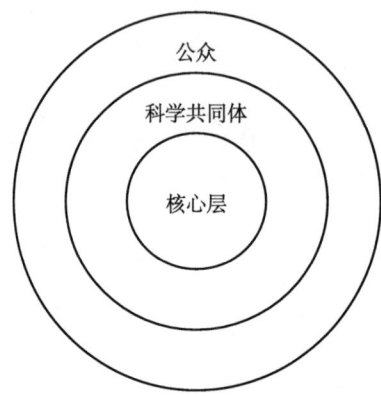

图 2-1 科学家的分布图

似乎整个第二次浪潮的研究都突出了核心层科学家的主导地位和排他性。从科学知识社会学的研究来看,核心层一直都未能摆脱政治因素的影响。在科学共同体中,不但在科学共同体中存在着政治因素,并且,这种"大P"(big-P)的政治因素还发挥着重要作用。时至今日,这种观点仍然影响着我们这些被自称为生活在西方的科学世界中的人,本文的其中一位作者很早就发表过类似的观点。所谓"如果某人不是一个拥有大型设备或特殊的理论知识的公认的物理学家,就不属于或不能进入科学知识的决策层"这种立场是如何与我们在本文中所提出的观点联系在一起的?

我们的回答是:科学的决策层将政治影响强加在科学之上,对这种"大P"的政治影响研究的最典型范例是史蒂夫·夏平(Steven Shapin)对 19 世纪爱丁堡颅相学的调查。在科学家研究大脑功能的过程中一直伴有政治因素,使核心层的决策受到了影响。① 因为颅相学的争论会受到政治因素的影响,因此脑科学家们及公众为了伸张他们的主张就要向政治妥协,像这样的观点是大错特错的。这

---

① Steven S. The politics of observation: Cerebral anatomy and social interests in the edinburgh phrenology disputes // Wallis R, ed. On the Margins of Science: The Social Construction of Rejected Knowledge, Sociological Review Monograph No. 27. Keele, Staffs, UK: Keele University Press; London: Routledge & Kegan Paul, 1979: 139-178.

| 第二章 科学研究的第三次浪潮：专长与经验研究 |

种观点是一种"偏见"（bias），与西方科学的"生活形式"相悖。本文的作者反对这种观点。像夏平等的研究表明了政治会对科学产生影响，但没有说这是一种决定科学决策的合法力量（legitimate input）。不管西方科学界是不是依旧把李森科主义（Lysenkoism）看作是毒瘤——不能为了扩大科学中"大P"的政治影响力而干扰科学或政治机制，但事实恰恰相反。① 可以说，SSK的研究揭露了科学"内部"的政治因素，但没有讨论科学"外层"的政治力量。②

尽管SSK的研究揭示了科学中的各种影响因素，但没有赋予它合法地位，而只是披露了正义体系当中的类似因素。正义，如同神秘的科学一样，总是在极力缩小来自外部的影响。本文的后半部分将会谈到关于科学的外部影响的问题，这是一个很复杂的问题，但现在还是让我们先抛开第二次浪潮的观点，投入对广延性问题的讨论。准确地说，我们强调不能让非专家的影响干扰到专家意见，但我们发现只要我们存在于西方的科学世界中，就会碰到广延性的问题。我们之所以要"做不可能的事情"是因为第二次浪潮的分析都是描述性的而非规定性的：那些隐性因素之所以没有引起关注是因为我们从来没有讨论过它们。不管是我们对神秘的科学制造过程中的合法因素和不合法因素的界限的讨论还是我们当中的那些毫不妥协继续贯彻SSK研究路线的人——无不生活在西方科学的生活形式中。这里要再次重申的是被第二次浪潮所忽视的划界问题。③

---

① "李森科主义"（Lysenkoism）指代用国家权力去干扰科学共同体得出科学结论的情况。我们注意到，在科学共同体中总是会存在或多或少的谴责声音，比如批评烟草公司支持科学研究是别有用心的。

② "看到"政治因素并不是评判政治的"内在性"（intrinsicness）和"外在性"（extrinsicness）唯一标准，因为政治因素的出现也是具有历史性和语境依赖性的（要感谢查尔斯·索普（Charles Thorpe）的这种观点）。对于科学家或评论家来说，所谓的内在性标准就是要将政治力量注入科学。在西方科学中玩"语言游戏"（language game）（本文赞成这样做）就意味着，反对将政治影响力注入科学。然而，政治因素是不可避免的，政治因素必然存在于西方科学当中，这是既成事实。正如我们在附录中所阐述的，有两种看待"立场论"（standpoint theories）的方法：一种观点把新出现的专家，比如妇女，看作是解决妇女问题的专家，这样就能削弱既有的政治偏见而保持科学的完整性；另一种观点坚信科学就是政治的产物，基于不同的政治立场就会产生不同的科学，"立场"的影响是明确的、显而易见的。接受了第二种观点就意味着抛弃了西方科学的话语体系，这是我们所抵制的。

③ 划界对于分析来说是至关重要的。SSK的描述和参与针对的都是热点问题。所谓的公平就是在一种机制或"语言游戏"下做出正确的反应。搞错"分析什么"和"应当分析什么"之间的差别会引起可怕的混乱：参见：Scott P, Richard E, Martin B. Captives of controversy: The myth of the neutral social researcher in contemporary scientific controversies. Science, Technology & Human Values, 1990, 15 (4): 33-57; Martin B, Richards E, Scott P. Who's a captive? Who's a victim? Response to Collins's method talk. Science, Technology, & Human Values, 1991, 16 (2): 252-255; Collins H M. In praise of futile gestures: How scientific is the sociology of scientific knowledge? Social Studies of Science, 1996, 26 (2): 229-244. 也许有人认为在斯科特（Scott）、理查德（Richard）和马丁（Martin）合著的论文中已经提到SSK对科学的内层和外层的政治因素的研究，但我们并不这样认为。当某人要进入上游参与工作时，就要意识到他必须放弃在做下游工作时所拥有的分析的特权和优势；同样，一味停留在下游，就无法参与。这都是相辅相成的。

3. 跨越核心层

根据科学知识社会学"距离产生美"（distance lends enchantment）的结论。① 核心层的科学家们总是在争论中不断反驳他人的观点，然后才慢慢得出结论。如图 2-1 所示的第二层——科学共同体的非专家——决定着科学结论。

之所以说，与核心层科学家相比，这些外层的人拥有更大的决定权是因为他们只需要通过间接渠道如和同行聊天、科学杂志、科学媒体和广播媒体，就能做到对科学核心层了如指掌。当然，这些渠道不可避免的会将科学家的工作提炼和简化。只有披露核心层的争论过程，才能充分的反映争论及整个过程的来龙去脉。因此，在核心问题上，在更广泛的科学共同体得出结论前，争论都要持续很长时间。②

争论在没进入核心层之前就在外层终结还有第二个原因。与科学知识的制造者不同，科学知识的消费者对于不确定性起不到什么作用。科学决策一般都面临两种选择——"我们支持冷凝研究、或不支持"；"我们征收碳排放税、或不征收"。当一项决策出台时，在核心层中会"再次"爆发科学争论。（尽管争论过程会向公众披露，不会隐瞒。）

我们可以用图 2-2 来表示这一过程。将图沿水平方向拉长，横向表示时间，纵向表示结果确定的过程。图中的锐角三角形表示的就是核心层的一个状态。随着时间的推移，尽管没法达到确定性的顶点，但是不确定性却越来越小。

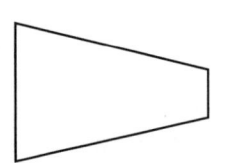

图 2-2 随时间拓展的核心层

在图 2-3 中，矩形表示的也是更广泛的科学共同体。图中的核心层已经达到了确定性的顶点，但是这种确定性的获得并不是来自核心层本身，而是来自另一领域——更广泛的科学共同体。因此，确定性的获得就应当归功于这个群体。我们分别用虚线和实线来表示在科学争论的过程中科学共同体。这个过程被贴上了"距离产生美"的标签。

图 2-4 代表的是广大公众。在充满争议的科学中，公众只是看到了争论的一部分，就算将科学普及，公众所看到的也只是最大程度的科学的确定性。新一代

---

① 这个词来源于柯林斯《改变秩序》一书：Collins H M. Changing Order: Replication and Induction in Scientific Practice. Beverly Hills, CA; London: Sage, 1st ed., 1985; Chicago, IL: The University of Chicago Press, rev. 2nd edn, 1992. 这个理念后来被唐纳德·麦肯齐（Donald Mackenzie）用来说明当科学与政策相冲突时所产生的不确定性和适得其反的情况：MacKenzie D. The Certainty Trough // Williams R, Faulkner W, Fleck L, eds. Exploring Expertise: Issues and Perspectives. Basingstoke UK: Macmillan, 1998: 325-329.

② 这里指的是认知上的争论。参见：Latour B. Science in Action: How to Follow Scientists and Engineers through Society. Milton Keynes, Bucks UK: Open University Press; Cambridge, MA: Harvard University Press, 1987. 拉图尔强调，在科学争论实际解决之前，有很多因素卷入科学争论中。

第二章 科学研究的第三次浪潮：专长与经验研究

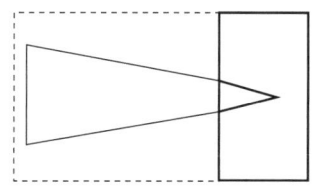

图 2-3　更广泛的科学共同体建构确定性的峰值

的科学家们所接触到的也都是通过文档所记载的确定的东西。因此对新一代的科学家而言，他们只能看到科学的确定性，却看不到科学实验和争论的过程。①

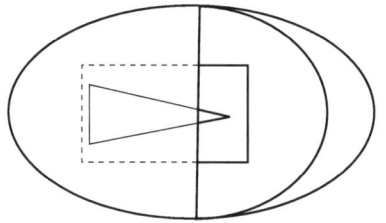

图 2-4　公众可见的确定性的顶点

图 2-1～图 2-4 通过解密核心层展示了科学和科学史是如何变成一种神话的过程。揭示和披露科学的产生过程是第二次浪潮的一项重要工作。如果在核心层得出结论之前，就把科学暴露在公众面前，必然会改变很多人对科学的看法。在这种情况下，图 2-4 表示的是当核心层由于争论不下而无法达到确定性的峰值时，需要借助外力来解决科学争论的情况（图中的方形区域）。在图 2-5 中，右边的虚线区域代表的是未来的科学，如决策者们所期望的那样，公众所看到的是核心层的末尾并相信、至少是部分的认为他们看到的科学和右半部分所呈现出来的科学是一样的。② 但是，一旦公众们发现过去的那个所谓的固若金汤的科学家

---

① Kuhn T S. The Structure of Scientific Revolutions. Chicago, IL: The University of Chicago Press, 1962; rev. 2nd edn, 1970; Collins H M, Pinch T. The Golem: What you Should Know about Science. Cambridge: Cambridge University Press, 1st edn, 1993; Cambridge & New York: Canto, 2nd edn, with new afterword, 1998. 在第二版《勾勒姆》的后记中，用证据证明了教科书上所记载的发现相对论和真实过程之间的差异。

② 例如，英国政府围绕这种观点所建立的对牛的 BSE 和人的 CJD 之间存在关联的可能性的回应，政府不可避免地站在了认为牛肉无风险或牛肉是绝对安全的一边，参见：Adam B. Timescapes of Modernity: The Environment and Invisible Hazards. London & New York: Routeldge, 1998; Adam B. The Media Timescapes of BSE News // Allan S, Adam B, Carter C, eds. Enviromental Risk and the Media. London & New York: Routledge, 2000: 117-129。关于对确定性的其他研究还可参见布莱恩·温（Brian Wynne）对牧羊人的研究：Wynne B. May the Sheep Safely Graze? A Reflexive View of the Expert-Lay Knowledge Divide // Lash S, Szerszynski B, Wynne B., eds. Risk, Enviroment & Modernity: Toward a New Ecolog. London: Sage, 1996: 44-83。还可参见近来对关于注射给儿童甚至男人和女人的米珠腮腺炎麻疹（measle mumps rubella）疫苗的安全性，以及在战区使用铀弹（uranium ammunition）可能会对百姓造成的伤害的研究。

群体竟然在各个方面都存在争论,他们就会改变他们的看法,便不再会相信科学家们了。这样就很好理解,为什么在得出统一结论之前科学家们总是要保证他们工作的私密性了。

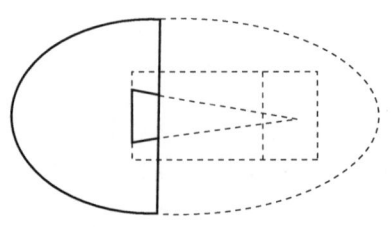

图 2-5　未确定的科学

我们不妨看看下述情况:20世纪70年代,社会学家们通过研究那些存在于"非常规实验"(breaching experiments)中的争论,拨开了科学坚硬、正统且神秘的外衣,揭露了科学中的社会学因素。① 当把左半部分的核心层展现在公众面前时,就会发现它也是一种非常规科学,只不过只展示了它最好的一面,向公众展示了科学的成果和激情。这两个非常规实验说明,科学家是靠日常推理(ordinary reasoning)用技术论证得出结论的,这样就缩短了科学家和我们之间的距离。于是,科学成为人人都可以谈论的话题,公众和科学家一样拥有发表意见的权利。这就是第二次浪潮的研究进路,类似于乌尔里希·贝克(Ulrich Beck)和安东尼·吉登斯(Anthony Giddens)(见附录)研究潜在贡献者的意见的进路。

4. 科学研究的第三次浪潮?

科学研究的第三次浪潮,简称 SEE,我们曾经说过,是一种专长的规范理论。该研究旨在解决谁有、谁没有资格依据他们的专长为决策的制定做出贡献。要在理解拥有专长的专家享有的权利的同时,搞清楚没有特殊的技术专长的"利益相关者"(stakeholder)享有哪些权利。不能抹杀利益相关者的权利,他们在掌握专长然后获得权利的过程中扮演着不同的角色。与第一次浪潮的研究方式不同,第三次浪潮要将决策中的政治因素分为科学的和技术的两个部分。这并不是要退回到第一次浪潮,正如我们所强调的,第三次浪潮是基于第二次浪潮提出的,第二次浪潮的研究还在继续,而我们所要做的第三次浪潮的工作是重构知

---

① 意思是,就像哈罗德·加芬克尔(Harold Garfinkel)著名的反常规实验,科学争论表现出的是科学行为的规则及其犹豫不决,参见:Garfinkel H A. Conception of, and experiments with trust'as a condition of stable concerted actions // Harvey O J, ed. Motivationand Social Interaction. NewYork: Ronald Press, 1963: 187-238.

第二章 科学研究的第三次浪潮：专长与经验研究

识，而不是重新发现知识。在第一次浪潮中，政治权利对于技术决策几乎没有影响，而是自上而下的专长在发挥作用。通过第二次浪潮对科学的重新解读，第三次浪潮期待在专家权利和政治权利之间能够找到平衡。为了表现第三次浪潮的这种的特点，我们从水平方向上把图 2-6 分成两半，下半部分代表政治因素和利益相关者的权利，上半部分代表科学和技术争论。上下两部分都关涉到科学家和技术专家。他们出现在下半部分图形中是因为他们有作为市民和利益相关者的权利，他们出现在上半部分图形中是因为他们拥有专长。

图 2-6 所示的椭圆形的上半部分包含着核心层。我们借鉴了前面的图形来表示在决策过程中不发挥作用的更广泛的科学共同体。我们认为，更广泛的科学共同体应当包括社会公众。① 不用说，科学共同体也是由人组成的，鉴于他们的身份和学科背景就认为科学家拥有特权，这样的观点是大错特错的。作为科学家即使享有科学家的身份，也不应当在公众领域的技术决策上享有特权，因此把科学家群体被标注在图的下半部分。通过图 2-6 可见，第一次浪潮与第三次浪潮明显不同。

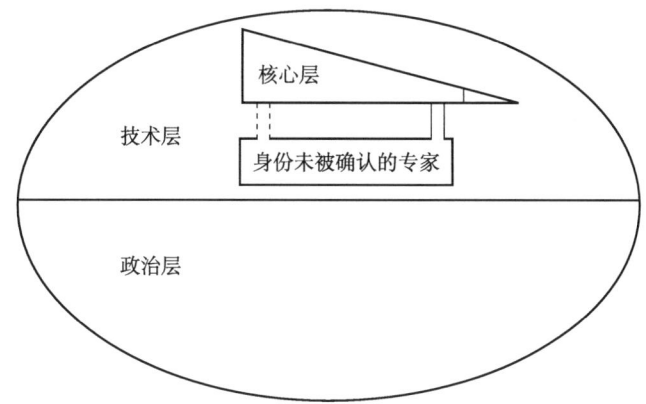

图 2-6 身份未被确认的专家和核心层

在椭圆的上半部分，图 2-6 用一个小矩形来代表基于经验的专家（experienced-based experts）。基于经验的专家要融入核心层，这是第三次浪潮区别于第二次浪潮的又一不同之处。正如我们前面所说，第三次浪潮区分了两种技术决策中的公民权利，分别标注在椭圆形中。椭圆的上半部分标注的是市民所拥有的口袋形状的技术型专长而不是政治型专长。第二次浪潮是把这两种专长与政治权利混为一谈。第一次浪潮的研究把科学共同体的专长作为一个整体；第二次浪潮并

---

① Jean-Marc Levy-Leblond. About misunderstanding about misunderstanding. Public Understanding of Science, 1992, 1 (1): 17-21.

没有把科学专长和政治权利区分清楚；第三次浪潮则试图通过对人群的区分重新划分科学专长与政治权利。区分的进路如图 2-7 所示。

图 2-7 展现了科学研究在三个不同阶段专长的位置。在第一次浪潮中，区分的标准用一条横线表示，区分了科学共同体和外行；在第三次浪潮中，区分的界限是一条竖线，区分了有资格的专家和没有资格的专家。

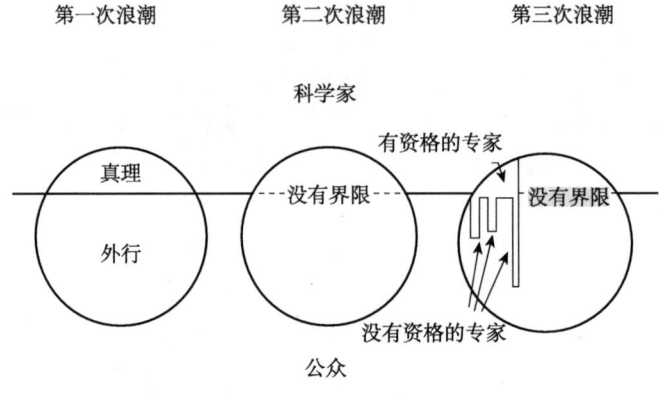

图 2-7　科学研究的三次浪潮

四、专长的本性

现在我们要对专长进行分类，以便于理解技术决策层中的矩形（图 2-6）及公众的口袋型的专长（图 2-7）。通过分类将会表明，通过专长获得的权利与政治权利有什么不同。这样做的目的在于打造一种专长的话语体系，使公众的专长能够融入科学家的专长中去。

为了完成这一任务，不仅要了解和区分不同种类的专长，还要对不同种类的科学进行区分。在第二次浪潮"解构二元论"（deconstructing dichotomies）的努力下已经完成许多杰出的工作，如消解界限等。但是，不管怎样，世界仍是由许多差异和界限组成的。第二次浪潮所讨论的话题之一就是划界问题。如果说实体"A"和实体"B"之间的界限是不清楚的，那就意味着无法区分 A 和 B。已经有

第二章 科学研究的第三次浪潮：专长与经验研究

行动者对划界问题做过研究。① 有些作者走得更远，甚至要从哲学的经验层面上消解界限，提出了所谓"消解所有二元论"（dissolve all dichotomies）的观点。我们的研究进路则不同，我们是要从相似中找差异——我们将以这样或那样的"理想型"的专长为范例，之后再讨论划界问题。这样就能搞清楚不同类型的专长是如何在社会生活中联系在一起的，以及如何在技术决策中将它们联系一起的。划界问题是一个棘手的问题，因为解决它不仅要靠分析，还需要行动者在争论的政治因素中注入一种新的机制，首先就要掌握适当的语言。我们要解决划界难题，就要依靠语言来获得某种专长，我们所说的这种专长是"真实的"。②

1. 经验与专长

具体说来，依靠语言获得的是什么样的专长呢？③ 我们用"基于经验的专家"（experience-based experts）这个术语来指代那些没有证书、专长没有被认可的专家，突出经验对划界问题的重要性。然而，经验并不能成为衡量专长的唯一标准。要获得基于经验的专长必须要有经验，但光有经验还不够。比如说，某人习惯早上赖床，但不能因此就说他是这方面的专家（除非是开玩笑）。为什么不呢？因为不需要实践，任何人都能掌握这种技能，所以，不能把通过这种经验获得的这种东西看作"技能"（skill）。再者，某人可能会占星术，但不能因此说他就有了某种在公众领域做技术决策的专长，为什么呢？这个例子与赖床的例子不同，技能是不能通过模仿来获得的——至少是不能像绘制占星图的人这样，他并不具有天文学知识。如果这样没说清楚专长是什么，我们换一种方式。④

特纳从专长使用者的合法性视角出发，把专长分成五种类型。⑤ 对特纳来说，第一种专长（类型Ⅰ）好比物理学，人人都知道它的作用，所以获得了来自全社会的普遍认可。第二种专长（类型Ⅱ）属于合法性资格受限的群体或教派，特纳给出的范例如神学，占星术的专长就属于这一类。第三种专长（类型Ⅲ），如身体或心理的"治疗专家"（therapist）是由于他们的工作获得认可的。第四种专长（类型Ⅳ）和第五种专长（类型Ⅴ）的专家是由于他们所在的机构如政府

---

① 参见 Gieryn T F. Boundary-work and the demarcation of science from non-science: Strains and Interests in Professional Ideologies of Scientists. American Sociological Review, 1983, 48: 781-795; Gieryn T F. Cultural Boundaries of Science: Credibility on the Line. Chicago, IL & London: The University of Chicago Press, 1999.

② 换句话说，如前所述，是要在"知识科学"的方式下来看待专长。

③ 在审阅人的意见下，我们在阅读了特纳的著作后，提出了这个问题。

④ 我们并不是说占星术对于决策的制定毫无帮助，但有些人却将它与科学混为一谈，他们稀里糊涂地把占卜说成是科学。

⑤ Turner S. What is the problem with experts? Social Studies of Science, 2001, 31 (1): 123-149.

部门使他们成为专家、获得专长的。

本文所要讨论的是第一种类型的专长。但是,如何来论证第一种类型的专长?这是 SSK 的上游工作尚未解决的问题之一。我们所能做的就是客观地对待所有拥有专长的人,一旦他们掌握了所谓的"可贡献型专长"(contributory expertise)就能对核心层的成员的技术决策给出公众的评价。这就是说,他们的专长是与核心层的专长接轨的、而不是割裂的,但是不能把占星术和神学的专长与放射生态学的专长混为一谈,而牧羊人的专长又是另外一种类型的专长。①

要为决策的正当的贡献者划界,就要从逻辑上给出两种判断。第一种判断是关于什么是经验的。如果不考虑他人的感受,我们可以说,天文学是有重要意义的、而占星术是不合理的。但是,我们除了知道这种观点是否与西方科学世界的生活形式接轨之外,至于为什么会有这样的选择,我们也说不清楚。但我们知道,合法性并不是一成不变的,随着历史的改变,观念是会发生改变的。② 要在确定专家身份之前先做选择,如图 2-8 所示。

	被认可的: 如天文学	被边缘化的: 如占星术
是	1	2
专家参与者		
否	3	4

图 2-8 科学中被认可的专长及被边缘化的专长

图 2-8 中的格 4 表示的是边缘科学中的非专家和没有经验的实践者,格 2 代表的是不被认可的专家如占星学家等。格 3 代表的是得到西方科学界认可,但不是专家的参与者——他们不能做科学。格 1 代表的是公认的科学领域的专家。表格的上半部分没什么可说的,我们关心的是表格的左半部分。本文的目的是想要说明,有些被放在格 3 中的具备资格并已经受到认可的科学家可以归到格 1 中。我们这种看专长的观点是源于 SSK 对知识的本性和科学知识的研究。特别是第

---

① 我们的工作有助于人们认识到,专长的接轨就是社会和认知网络的接轨。
② 第二次浪潮展现了科学家们是如何排挤被认为是可笑的、不可信的科学工作或科学意见的过程,但这并不意味着那样的科学就不是科学。参见:Collins H M, Pinch T J. The construction of the paranormal: Nothing unscientific is happening // Wallis R, ed. On the Margins of Science: The Social Construction of Rejected Knowledge, Sociological Review Monograph. No. 27. Keele, Staffs, UK: Keele University Press; London: Routledge & Kegan Paul, 1979: 237-270. 关于某领域的决策的本质和专长的解构如图 2-8 所示,上述观点来自 2001 年 11 月在康奈尔大学的讨论。

第二章 科学研究的第三次浪潮：专长与经验研究

二次浪潮对科学的研究表明，要想把有资格的专家和有经验的实践者区分开来比我们想象的难得多：当我们把经验当成衡量专长的标准时，对科学的界定就开始松动，通常被称作"科学"的行动也出现在专长中。但我们要强调，格3所包含的人数是非常少的。①

科学和科学中的专长是垂直分布的。二者之间的差别存在于一个垂直的空间里（图2-8）。这样，通过对核心层的研究说明，并不是所有的专家都在格1中。于是这个问题就开始变得有点复杂，因为格1的专家总是瞧不起那些被认为不属于格1、被放入格2的专家。毫无疑问，放射学家是不会认同坎布里亚（Cumbrian）的牧羊人的观点的，尽管他们关于放羊的知识和牧羊人的知识是接轨的，毫无疑问，他们不把牧羊人看作专家。我们（科学知识社会学家）反对这样的观点。

再强调一下，我们要研究的是能够与被特纳称作第一种类型的专长接轨的专长。我们分类的依据源于特纳对专长类型、特别是对第一种类型的专长的研究。但我们的分类是与他不同的。②

2. 三种类型的专长

胜任能力和专长的分类方式有很多种。③ 对胜任能力的区分需要多方面的理论基础，如心理学、社会学等。这也关系着对人工智能和专家系统的研究。本文的一位作者曾经用不同的方式对专长进行分类。④ 这里我们选择用一种我们比较

---

① 对专长与经验的讨论，参见：Dear P. Discipline and Experience：The Mathematical Way in the Scientific Revolution . Chicago, IL & London：The University of Chicago Press, 1995.

② 有一个问题是，被我们称作"互动型胜任能力"（interactional competence）的专长是符合类型Ⅰ的互动型胜任能力，尽管它与类型Ⅰ的专长并不完全相同。

③ 这里有一个术语的问题。特纳区分的专长的类型并没有区分胜任能力，所以我们要讨论一下与专长有关的胜任能力。但问题是，如果某人已经掌握了某种运动专长，当我们说某人的"运动能力比别人强"时，就意味着他在拥有专长的同时也拥有了胜任能力。当然我们并不认为术语的含糊会引起多大的问题，因为从全文来看，含义是清楚的。

④ 例如，对意会知识和明确知识的研究，更细致的分类参见柯林斯的工作：Collins H M. Artificial Experts：Social Knowledge and Intelligent Machines. Cambridge, MA：The MIT Press, 1990；Collins H M, Kusch M. The Shape of Actions：What Humans and Machines Can Do. Cambridge, MA：The MIT Press, 1998；Pinch T, Collins H M, Carbone L. Inside knowledge：Second order measures of skill. Sociological Review, 1996, 44（2）：163-186；Collins H M. Tacit knowledge, trust and the Q of sapphire. Social Studies of Science, 2001, 31（1）：71-85. 作者也曾把人类的能力分成"多态"（polimorphic）和"单态"（mimeomorphic）。参见 Collins H M, Kusch M. The Shape of Actions：What Humans and Machines Can Do. Cambridge MA：The MIT Press, 1998. 可能现在对专长最著名的分类就是休伯特（Hubert）与斯图亚特（Stuart）德雷福斯（Dreyfus）的模型了（Dreyfus H L, Dreyfus E. Mind Over Machine：The Power of Human Intuition and Expertise in the Era of the Computer. New York：Free Press, 1986）但是，德雷福斯的模型对于解决我们的问题并不适用。

熟悉的方式来研究专长的分类问题。我们想从第一手的经验谈起，那就让我们先来谈谈我们的科学知识社会学实践吧。

SSK 的实践者们在把科学作为一种文化现象加以分析时需要获得一种文化立足点，在解决该问题时他们遇到了专长的概念。通常，进行 SSK 的田野调查的调查者都是先进入一个他们不熟悉的领域，然后尽量地去了解，再进行社会学分析。通常，他们是很难达到专业参与者的水平的。比如在科学中，调查者们没法参与真正的科学实验。因此，基于进行田野调查的社会学家的经验，我们把专长分成三个层次：

（1）无专长：这是调查者刚开始开展调查时专长的程度，对于社会学分析或调查来说都是不充分的。

（2）互动型专长：有足够的专长与科学实践者进行互动及开展社会分析。

（3）可贡献型专长：有足够的专长可以对科学做出贡献。

社会学实践告诉我们这三种情况存在差别，因此我们要进行下一步研究：我们不但要从分析者的范畴而且要从行动者的范畴上来理解专长。当分析者在分析自己时，所用到的专长就属于分析者的范畴，这是一个有说服力的研究起始点。既然我们可以用语言来描述自己（一直这么说！），那么，也可以描述其他行动者的行动。①

当然，上述三种对专长的分类只是一种理想模型，这样的分类也会碰到划界的问题。例如，第二种专长就牵涉近来热议的"科学卫士"（science warriors）的问题，持这种观点的人认为社会学家并不具备足够的科学专长来完成他们对科学的社会分析，并且永远也不能跨越第一种类型的专长。但是如果我们想，我们可以用我们的经历来说明什么叫做拥有足够的专长来进行科学的田野调查，或对科学做出贡献。我们不会被这些问题羁绊，而是要像其他专家那样，继续对专长进行不完美的分类。与担心我们的科学不够完美的观点相比，我们应当注意到这样的事实：作为科学社会学家，我们要努力地去掌握专长以抵御那些认为我们够不上真正专家的质疑，而无须考虑我们是不是专家的问题。作为知识社会学的经验研究者，我们的行动证明了只要我们努力就能获得专长。虽然我们发现，在某些科学领域，我们的专长是无法来分析科学的，这同样是宝贵的

---

① 科学知识社会学的研究者们非常清楚，想请一位请研究助理有多么困难，因为研究所需要掌握的技能不但包括经过训练成为社会科学家的技能还要包括能与某一研究领域的专家进行实质性的议题互动的技能。这里，我们是以对深奥的科学进行研究为出发点的，那些不研究科学的社会学家可能对这些研究并不熟悉，然后就认为它们没有什么说服力，但这个方向的确是有意义的。比如我们前面提到的 2001 年 11 月在美国康奈尔大学所提到的，目前的分类是比较笼统的还需要进行进一步的划分，需要进行"千锤百炼"。

第二章 科学研究的第三次浪潮：专长与经验研究

经验。① 但有时我们也能通过我们的研究获得足够的专长对某些科学领域做出贡献。② 因此，尽管有划界和定义上的问题，但这些对我们来说都不是致命的。

对专长进行分类的意义不仅限于解决划界问题，这项任务可以帮助我们搞清楚专长存在的意义及它们的组成。比如说，有互动型专长的人不一定有可贡献型专长，有人会因此认为前者是后者的必要条件。但其实不是的！我们要通过对"外行的专长"（lay expertise）的范式研究来阐明二者之间的差别——布赖恩·温（Brain Wynne）研究了在遭遇了切尔诺贝利核泄露污染后，坎布里亚的科学家与牧羊人之间的关系。③

温发现，牧羊人们非常了解羊的生活及行为（包括下雨时），这些都与在环境遭受污染（核污染）的情况下如何最大限度地减少对羊的影响有关。第二次世界大战之后，温茨凯尔-塞拉菲尔德地区（Windscale-Sellafield）的植被迅速生长，当地的农民对于在遭受污染（核污染）的情况下来养羊有相当丰富的经验。尽管牧民们没有正式的资格证，但是在养羊这方面他们拥有和核心层的专家同样的经验。在我们看来，牧民们的可贡献型专长甚至超出在相关政府部门工作的科学家们的可贡献型专长。

但是，科学家们却不愿意听取牧民们的意见，而牧民也不愿意与科学家对话——科学家们有必要向农民学习。似乎这个案例对于我们理解专长来说是无足轻重的，但是它却指明了社会地位需要进行变革的问题。一般说来，繁育坎布里亚羊（Cumbrian sheep）的专长应当包括科学家的可贡献型专长和牧羊人的可贡献型专长。而牧民的专长并没有威胁到科学家们的专长，其实牧民们也应该给他们一点威胁。如果从对称的角度来看，科学家应当借鉴牧民的专长、牧民也应当吸收科学家的专长，但事实却恰恰是不对称的。为了得到最好的结果，科学家应当放下身段用互动型专长向牧民请教。但不幸的是，科学家们似乎并不愿意学习

---

① 柯林斯试图获得非晶半导体领域中的互动型胜任能力的努力就宣告失败了。
② 柯林斯在对超自然金属弯曲的调查中获得了充分的胜任能力。参见：Pamplin B. R., Collins H M. Spoon Bending: An Experimental Approach. Nature, 1975, 257（4）：8. 当然，我们对其他种类的科学给予了同样的辩护，得出了"你也一样"的结论。这就是说，在我们的工作，我们承认有这样的科学。从我们的方法论意义上的相对主义来说，这是没有问题的。同样，基于方法论意义上的相对主义也不能阻挡我们对专长的研究，我们只是想证明一些不一样的东西。
③ Wynne B. Sheep farming after chernobyl: A case study in communicating scientific information. Environment, 1989, 31（2）：10-15, 33-39; Wynne B. May the sheep safely Graze? A reflexive view of the expert - lay knowledge divide // Lash S, Szerszynski B, Wynne B, eds. Risk, Environment & Modernity: Towards a New Ecology. London: Sage, 1996: 44-83; Wynne B. Misunderstood misunderstandings: Social identities and public uptake of science // Irwin A, Wynne B, eds. Misunderstanding Science? The Public Reconstruction of Science and Technology. Cambridge, New York & Melbourne: Cambridge University Press, 1996: 19-46.

或者使用这种专长。① 这里，我们将展示我们的专长的互动关系理论是如何在实践中起作用的。我们得出以下两个结论：

  论点1：只有一些专家获得了与其他拥有专长的专家进行互动的能力后，才能获得可贡献型专长。

  论点2：在这种情况下，只有先获得互动型专长才能获得真正的专长。

论点2说的是互动型专长的社会责任，而"论点3"则要阐明如何进行互动：

  论点3：在一方缺少与他人沟通的互动型专长的情况下，需要有已经掌握了互动型专长的人站出来促进专长的融合。

实际上，论点3是说，如果坎布里亚的牧民的意见是由像来自于"绿色和平组织"（Greenpeace）的科学家如布赖恩·温这样的人传递给英国农业、渔业与食品部（MAFF）及英国核燃料公司（BNFL），那么，他们和科学家之间的关系可能会更融洽。显然，牧民要先告诉这些人科学家错在哪了，然后，这些人要把这些意见转达给科学家，使科学家相信（至少是不怀疑）。美国艾滋病活动家们也碰到了同样的问题，他们发现如果要想更多的参与艾滋病的临床试验，他们就得按照科学家的方式说话。②

3. 牵涉型专长

有时，也可以将某一领域的专长应用到其他领域。第三种有用的专长是"牵涉型专长"（referred expertise），它是"隔了一代"的专长，是大型科研项目的管理者和领导者所拥有的专长。一般说来，他们并不具备其下属科学领域的可贡献型专长。就本文作者的研究来说，该问题已经成为一个争论的焦点了。正如一位科学家所说的：

  ……令人失望的是，项目已经进行两年了，项目主管还不知道什么叫做引力波的干涉测量。

而另一位负责人是这样看的：

  一旦你变得非常专业，开始控制实验，就打破了科学家对该实验室的垄断地位。在此情况下，其他人就得好好工作。你和制造电子配件的专家进行交流，就知道他们在干什么；和计算机专家进行交流，就能够

---

① 这里，我们并不想讨论利益关系和利益权益。我们只是想通过学术观点，通过降低利益的合法性来减少以后类似事件中的利益因素。

② 请注意，这并不是说，科学家会随便相信别人。对艾滋病的研究，参见：Epstein S. The construction of lay expertise: AIDS activism and the forging of credibility in the reform of clinical trials. Science, Technology & Human Values, 1995, 20 (4): 408-437. 还有一个问题是关于同性恋的，是正在遭受艾滋病困扰的一个结构更为复杂的群体。

第二章 科学研究的第三次浪潮：专长与经验研究

很好的使用计算机；这样就能使工作变得更技术化。有些人说，这是一个管理问题，其实不是，这并不是一个管理问题！这种技术是非常技术化和复杂的。

如果用我们的话来说，我们不得不说，在科学上，管理者只拥有互动型专长（相信、辨别和转化的能力，见下文）。但他们也有可贡献型专长，不过这只是一种管理的专长而不是科学的专长。那么，难道说他们的科学专长还不如来访的社会学家的专长吗？答案当然是"否"，我们并不是这样认为的（也不赞同第一段引文的观点）。①

从技术上管理一项科学项目时，与其说需要的是做科学实验的可贡献型专长，不如说是需要为了获得科学的可贡献型专长而拥有的经验更为准确。② 换句话说，凭借他们的经验，管理者们要知道，什么才能算得上是可贡献型专长，这就要求他们知道科学家都做了哪些贡献。好比说，某人背痛引起了腿痛，这种"牵涉痛"（referred pain）就类似"牵涉型专长"的意思。因此，在管理科学时，拥有牵涉型的可贡献型专长的管理者肯定比没有此专长的管理者管理得更好，这是很自然的。③

4. 转化

在做技术决策时，需要掌握两种能力：其中之一就是转化的能力。要与不同的专家群体对话，就需要转化。有些人有能力取代"他人"，并且能在不同的社交圈中做到游刃有余。④ 转化者至少则拥有两个领域的互动型专长。

  论点4：转化的必要不充分条件是要在不同的转化领域中获得互动型专长。

当然，如果转化者能掌握一种或更多的可贡献型专长，那更好。但是，拥有可贡献型专长并不是转化的必要条件。回到论点3，能够在一个或多个群体中立足的人，必须拥有转化的能力，这点是至关重要的。

如果可以把转化的能力看做是多种互动型专长的组成成分，那其他还有什

---

① 对于我们的论证来说，我们忽略了，似乎管理者比科学家、比来访问的社会学家强这一明显的事实。

② 正如在引文及前注中提到的技术能力。

③ 也存在一些质疑的情况，有些科学家就认为管理层传达的意见不靠谱，他们认为管理层所传达的关于高能物理学的意见对于他们的干涉测量形成了误导。由格罗夫斯上将（General Groves）所领导的曼哈顿计划就是一个的反例，参见：Thorpe C, Shapin S. Who was J. Robert oppenheimer? Charisma and complex organization. Social Studies of Science, 2000, 30 (4): 545-590.

④ Berger P L. Invitation to Sociology. Garden City, NY: Anchor Books, 1963; Collins H M, Yearley S. Epistemological chicken // Pickering A, ed. Science as Practice and Culture. Chicago, IL: The University of Chicago Press, 1992: 301-326.

么？这就要使我们要去看看记者、教师、小说家、剧作家等所拥有的技能，这些技能是很难解释的——得用社会学的定性分析去考察他们的构成。①

5. 辨别

在做技术决策时，需要掌握的第二种能力就是辨别的能力。社会行动者的判断有时是基于科学知识以外的东西、而并非科学知识本身。这种判断来源于行动者的社会知识：提出观点的人的社会背景如何，他或她是否有足够的经验使人相信他们？这种东西作为对专家个人、而非政治身份的判定，是判断的重要依据。问题是：提出观点的人是否正直？过去有没有提出过不当的言论？② 在对科学理解很有限的情况下还有第二条判断依据：这种观点在科学共同体内部是否能够得到认可，或者说在不同的时间段上提出观点的人所说的观点前后是否一致？这种观点是不是纯粹利己的？

要使辨别发挥作用，就要使专家和公众融为一体。大多数人，作为社会的一分子，都能区分什么是科学、什么是非科学。当我们在做技术决策时，我们之所以不把占星术和其他类似的科学当成科学，主要取决于"普遍的判断"（ubiquitous judgement）。大多数社会成员都知道，占星术学家的社会和认知网络与拥有"类型I"（特纳提出的）的专长的科学家的社会和认知网络不同。③ 这种辨别的专长来自于社会生活！

接下来，我们将以冷凝实验为例，看看这种辨别能力是如何发挥作用的。大家都知道，尽管曾经冷凝也被当做是科学，但是它的认知和社会网络却并不是与

---

① 自成体系的文化、"范式"或"生活形式"之间的转化问题，是一个老问题。参见：Collins H M, Pinch T J. Frames of Meaning: The Social Construction of Extraordinary Science. Henley-on-Thames, UK: Routledge & Kegan Paul, 1982. 科学史上，涉及"交易区"（trading zones）的研究。参见：Galison P. Image and Logic: A Material Culture of Microphysics. Chicago, IL: The University of Chicago Press, 1997: passim. 将记者与社会学家的技能进行比较，参见：Strong P M. The rivals: An essay on the sociological trades // Dingwall R, Lewis P, eds. The Sociology of the Professions: Lawyers, Doctors and Others. London: Macmillan, 1983: 59-77。

② 这与科学共同体的科学家所做的判断没什么不同。因此，刘易斯·沃伯特（Lewis Wolpert）说："科学家们必须对实验做出可靠的判断。"参加会议的原因之一就是要区见某一领域的科学家，这样既可以形成对他们的看法又可以对他们的工作进行判断：Wolpert L. Review of the golem. Public Understanding of Science, 1994, 3 (3): 329. 我们将继续讨论我们的概念与布莱恩·温（Brian Wynne）1992~1993年曾讨论过的类似的论题之间的关系：Wynne B. Public understanding of science research: New horizon or hall of mirrors? Public Understanding of Science, 1992, 1 (1): 37-43；Wynne B. Public uptake of science: A case for institutional reflexivity. Public Understanding of Science, 1993, 2 (4): 321-337. 然而，我们要区分的是专家的专长和普遍存在的专长（ubiquitous expertises）。

③ 只有把占星术当做是科学理论的人才会认为这种社会判断有问题，他们犯了一个社会性的错误：他们不知道有那种发现了行星和恒星的可信赖的专长的存在。

第二章 科学研究的第三次浪潮：专长与经验研究

科学重合的。冷凝实验与科学的胜任能力无关，相反，对从事该科学实验的要求也不高。冷凝实验的创始人之一，马丁·弗莱施曼（Martin Fleischman），他兼具从事冷凝实验的互动型专长和可贡献型专长。西方人是从媒体上听说冷凝实验的，他们对这个实验的判断主要取决于"是该相信谁"的社会判断，而不是"该相信什么"的科学判断。只有当主流的科学共同体已经形成了某种社会认同之后，公众才能"知道"该怎样看待这个实验，但是在实践的目的上，无法否认的是，反对派科学家可能比做科学决策的人更懂科学。援引《卫报》（Guardian Newspaper）的话来说，《卫报》把有这种能力的人称作是"喋喋阶级"①（chattering classes）。值得注意的是，这种判断与《卫报》没有谈到的生活在"另一个星球"上的有资质的科学家所做的判断不是一回事。② 我们把"喋喋阶级"所拥有的能力称作是"辨别"。

与坎布里亚的牧羊人的辨别力不同。坎布里亚的牧羊人既拥有关于牧羊的可贡献型专长也拥有辨别的能力。在当地曾发生过一场争论，争论双方是英国农业、渔业粮食部（MAFF）和塞拉菲尔德当局（BNFL），但是问题的解决却牵扯到两个政党，结果局势变得十分紧张。基于经验，牧羊人给出了对塞拉菲尔德当局的判断：他们认为，塞拉菲尔德当局所暴露出的问题不但比农业、渔业粮食部多，并且，比缺少特殊的社会和牧羊经验的外行所暴露的问题还多。（在附录中，我们将讨论由温提出的另一个问题，局部的（local）与普遍的辨别之间的矛盾。）

6. 科学共同体缺少专长

正如我们所提到的，科学家共同体犯了一个大错，就是过分的夸大了牵涉型专长的重要性。在文章的一开始，在讨论第一次浪潮时我们就注意到，20世纪50年代，科学家们在他们研究领域之外也拥有权威地位。第二次浪潮是从价值取向上来思考牵涉型专长的，说明了这样做有多危险，因为科学共同体的观点基本上是在简化和回溯科学建构过程的基础上提出的。科学家们都认为关于科学的牵涉型专长离他们很远，而事实上这种观点的产生都是基于科学的神秘主义、而并非科学本身的。这就是为什么我们强调专家领域与更广泛的科学共同体和公众之间要接轨，并在图2-7的第三次浪潮图上标注了这一点。像英国公众理解科学协会（COPUS），和自认为是科学发言人的人，都把科学的融合作为关注点。这本应是行家（specialist）的工作，而不是杂家（generalist）的工作——不是科学

---

① "喋喋阶级"指受过教育的人士，尤指学术界、艺术界或媒体人士，习惯于发表有关社会和文化的自由主义见解——译者注。

② 类似拒绝承认引力波的存在的观点，参见：Collins H M. Tantalus and the aliens: Publications, audiences and the search for gravitational waves. Social Studies of Science, 1999, 29 (2): 163-197.

共同体——关注提高科学地位的问题。前者把科学当做一种世界观——与信仰等相同——因此伴随着狂热的快感，或可将其称为"科学的原教旨主义"（scientific fundamentalism）；后者对待科学的态度相对平淡，强调经验与专业程度，而不是圣人的美德（priestly virtues）。

如果仔细看图 2-7 所表示的第三次浪潮，就会发现：图上核心层科学家与同在垂直线左边的另一侧的专家有什么不同？在资格上没有不同！核心层是由做过相关实验或提出过某些理论的人组成的。

更通俗点说，抛开机器设备，核心层科学家这个称呼主要得益于他们长期的工作经验和他们能够得到已经掌握专长的专家群体的认可。与其他科学家相比，核心层不应当拥有特权，他们所受的训练也并不比别人多，他们之所以成为核心层科学家并不是因为他们资格优先。如果按正式的标准，核心层科学家与科学共同体的其他成员之间没有差别；核心层和其他成员间的差别是非正式的。① 这种非正式标准——基于经验的小组之间的关系——能够帮助我们解决有资格的专家和基于经验的专家之间的界限问题。总之，在第三次浪潮（图 2-7）中，专家的划界是垂直的，因为它区分了所有有资格的、没有资格的，有经验的和没有经验的专家；而第一次浪潮（图 2-7）的划界是水平的，它区分了有资格的科学家和没有资格的科学家。②

总之，在被垂直分割的第三次浪潮中，右半部分要想从技术层面对技术决策有所贡献，就要对专长进行检验。还要搞清楚可贡献型专长、互动型专长及牵涉型专长之间的关系，以及辨别和转化的作用。这样变消解或弱化了专家资格，区分了专长的作用和民主的作用。

五、案 例 研 究

1. 增强互动：坎布里亚牧羊和旧金山治疗艾滋病

现在，让我们看看对专长的分类是如何帮助我们理解案例研究的。首先，我们回过头来看看坎布里亚羊牧羊人的故事。牧羊人有着和英国农业、渔业和粮食部（MAFF）的科学家完全相同的可贡献型专长，那是他们长期与赖以生存的土地和羊群打交道获得的。但他们却未凭借这种专长获得什么影响力，因为他们还缺少互动型专长。要获得影响力，他们还要寻求大公无私的科学家或拥有互动型

---

① 谁属于核心层、谁不属于核心层的问题——一个典型的划界问题。
② 从对立面上来说，所谓的"垃圾科学家"（junk scientists）是指，许多专家都是纸上谈兵的专家，只会在纸上写写画画，他们的同行根本不把他们当作专家。

第二章 科学研究的第三次浪潮:专长与经验研究

专长的媒体的帮助,并要有转化能力。牧羊人还要对英国核燃料公司的科学家 BNFL 的科学家进行辨别,这都需要长期经验。

因此,温的研究所给出的不是一般性的结论——在公众领域存在着科学专长——而是说,在这个特殊的案例中,存在着不是一组而是两组专家,他们都做出了贡献。牧羊人的知识和科学家的知识一样"神秘",牧羊人不是外行——他们也是专家——他们是没有经过资格认证的专家。再重申一遍,温所研究的不是专家和公众的互动问题,而是两组专家的互动问题。

眼下,虽然牧羊人在养羊这件事上拥有发言权——但要把他们的这种技术专长和思想实验区别开来。试想一下,在切尔诺贝利核电站爆炸之前,来自伦敦的金融家们聚在一起买下了坎布里亚农场作为他们周末度假的地方,雇佣牧民来管理农场:虽然牧民拥有养羊的专长,但金融家们才是羊的主人。"顷刻之间",羊的归属权从牧民手里转移到了金融家们手上,他们不属于核心层。通过这个例子,很容易看出政治权利和专长之间的差别。

为了进一步澄清这一问题,图 2-9 列出了在技术决策中的政治和技术因素,图中的前两行已经讨论过了,接下来要讨论后两行。

		层	
		政治的	技术的
性质	政治	外在的	内在的
	权利	利益相关者	精英
	表现	调查	行动
	代表	代理人	不可能代理

图 2-9 政治和技术贡献

图 2-9 第一行告诉我们,在决策的两个不同的层次上,政治因素进入的方式是不同的。① 在政治层上,政治因素是随处可见的,并被看做是科学决策的外在特征。但是,在爱丁堡学派的颅相学案例中,政治因素进入技术层的方式则是内在的——它是与科学融在一起的,它的性状是隐藏起来的,除非像夏平的研究一

---

① 这里的"层"的概念指的是在物质意义上的科学——在物质"结构图"中——而不是在时空意义上。

样，能把它挑出来。

第二行重复的是我们刚才说的：技术决策是由掌权的政治层的利益相关者（土地所有者）做出的，而非技术层（有经验的农民和科学家）的精英的功劳。

第三行表明，可以用民意调查或投票的方式衡量利益相关者的贡献，技术决策层的贡献是通过科学和技术的发展体现出来的，因此，专长必须亲身实践获得。

第四行是由第三行推导出来的，利益相关者可以委托一个代理人（如律师）来表达他们的意见，但是却没有代理人能表现出其他人的技能。

回到后切尔诺贝利事件，坎布里亚羊牧羊人的建议最终是否进入了后切尔诺贝利事故处理的核心层暂且不知，但我们可以毫不掩饰地说，它应该成为其中的一部分。

我们已经说过，牧羊人缺乏影响力的原因之一是因为他们缺少互动型专长。但旧金山的同性恋群体对治疗艾滋病的讨论却印证了没有经过资格认证的专家同样可以进入核心层。① 但是，在获得互动型专长之前——在他们掌握相关科学语言之前，他们是进不去的。他们的情况如图 2-6 所示。其中，基于经验的专长与艾滋病活动家的核心层之间用虚线表示，当基于经验的专长真的发挥作用后就可以用实线表示。② 我们希望，我们的分析能够对属于图左边区域中的人形成一种激励——也就是说，要鼓励基于经验的专家参与——在科学上要有掌握互动型专长的发言人，或者要有为尚未被确认的科学知识讲话的中间群体站出来。他们不是活动家、也不是专家而是传话者（translator）。当然，这样的观点可能有点天真，但是做点什么（为什么不做，我们是不是学者）总比一直天真下去好。③

2. 减少互动：燃烧舱和飞机爆炸

第二次浪潮在解决专家与公众的关系问题上的主要特征是增强了公众在解决合法性问题上的参与程度。当所有的事情都与政治沾边后就难免会使人感觉不舒服，因为这很容易使人联想到动机是出于政治目的而不是分析目的。令人稍感安慰的是，第三次浪潮的分析进路是相反方向的——应当减少公众的参与，因为他们缺少足够的专长。

---

① Epstein S. The construction of lay expertise: AIDS activismand the forging of credibility in the reform of clinical trials. Science, Technology & Human Values, 1995, 20 (4): 408-437; Epstein S. Impure Science: AIDS, Activism, and the Politics of Knowledge. Berkeley, Los Angeles & London: University of California Press, 1996.

② 在牧羊人的案例中，可能就连接不上。

③ 如果用图 2-6 来表示坎布里亚的情况，那么在核心层与"口袋"之间就没有实线的联结。他们之间的联系只能用虚线表示——牧羊人应该早一点进入核心层。

| 第二章　科学研究的第三次浪潮：专长与经验研究 |

　　1984年7月17日，在英格兰的莱斯特郡，英国中央电力局（The British Central Electricity Generating Board，CEGB）为了证明运输的安全性，他们引爆了装有核燃料舱的火车。1984年12月1日，在加利福尼亚爱德华兹空军基地，美国航天局（NASA）和美国联邦航空局（FAA）对一架可搭载75名乘客和满箱防潮煤油（anti-mistingkerosene，AMK）的波音720飞机实施了远程爆破。相对于普通的航空煤油来说，AMK能够减少由燃料燃烧引发空难的可能性。

　　在上述两个案例中，公众是通过观看证明的过程来了解科学的——更直接点说，是通过看电视了解的。① 公众看到的惊心动魄的一幕是，当飞机被炸得面目全非的时候，燃料舱却毫发无损。时任英国中央电力局（CEGB）主席的沃尔特·马歇尔爵士（Sir Walter Marshall）邀请观众共同目睹了这一场景，并得出结论说燃料舱是安全的。他在电视上说："如果连这个都不可信，那就没什么可信的了。"再通过报纸的宣传，所有看到飞机爆炸这个事实的观众都认为防潮煤油（AMK）是失败的。然而，电视机前的观众其实是没有权力做出这样的判断的——他们缺少必要的专长。在这种情况下，公众的判断是不可靠的，都是为政治服务的。②

　　从专家的角度上看，不能用火车的爆炸来检测运输方法的安全性，因为只有通过专家的慧眼才能找出试验的关键证据，包括：在撞击点上没有铁路线、装载燃烧舱的火车上没有车轮，燃烧舱的运输线路已经提前曝光，车轮陷在地里，这些都会增强爆炸的强度。③ 同样，从专家的立场上看，就算飞机爆炸了也不能说明AMK就不安全，因为飞机的爆炸比预想的剧烈（飞机的引擎撞到了一个电缆塔），如果火势没有看到的那么严重，乘客就能够顺利脱险，也就能在第一时间控制飞机的剩余燃料遏制火灾。

　　让不是专家的公众参与到对这两场爆炸的评判过程就意味着正如我们上一段所描述的，在专家还没对事件进行分析之前，结果就已尘埃落定了。见证整个事件的民众缺乏对事件进行判断的可贡献型或互动型专长（尽管似乎他们对马歇尔的话进行过"辨别"）。在这种情况下，具有讽刺意味的是：陈述事件的人，本意是想要在决策过程中扩大公众的参与程度，但结果却成了在为对方开脱。因此，需要缩小除了有资格的专家之外的决策者的数量，这样才能对事件有一个比较客

---

　　① 更详细的描述，参见：Collins H M. Public experiments and displays of virtuosity：The core-set revisited. Social Studies of Science，1988，18（4）：725-748.

　　② 与爱丁堡的颅相学案例相比，这样的观点一点都不幼稚。我们并不是说科学与政治有严格的差别，也不是说这些试验和对试验的解释是完全"客观的"。我们想说，在政治侵害科学的情况下，对科学的分析显然是不合理的。想要造一个规范的报告一点也不困难。

　　③ 柯林斯认为普通公众通过观看爆炸的影像所做评价的方法并不可取，并认为他们不能随便给予指责。他们没有绿色和平组织的专家所具有的那些特征。

观的认识。① 当然，这个群体是不受"官方"制约的，可以是环境和安全游说团，但他们必须是专家。②

3. 理解互动：变戏法的人和本维尼斯特

有人可能会认为，缺少资格的专家进入科学核心层和核心小组的可能性几乎为零，即便他们的想法是有意义的。科学共同体的自豪感会阻止这种情况的发生，就如同在坎布里亚案例所呈现的那样。对于旧金山的同性恋群体而言，即使他们能够进入核心层的讨论，那也是在他们获得了科学家的认可，听从科学家的劝说之后。③

但幸运的是，在某些条件适当的情况下，专业资格并不是阻挡基于经验的专家进入科学决策层的一个障碍。因此，在冷凝的案例中，我们看到不属于核心层的科学家之间互相排斥——突然间，科学家到处都是。更荒诞的是，在超心理学中甚至雅克·本维尼斯特（Jacques Benveniste）的所谓零电解（水对溶入的物质有"记忆力"）都不可思议地被当作科学，甚至他们的工作还得到了麦克阿瑟"天才奖"。

从两种角度来看待这种变戏法似的现象：一种是通过政治手段把它描述成一种反常科学。这样，大家就能看到，科学家是如何借助于宣传，如此迅速和卑劣，以至于不费吹灰之力，就把"边缘现象"（fringe phenomena）形容为"假的"。（没有超自然效应，白开水从来没有什么特殊的生物属性。）换句话说，核心层科学家甚至不用通过什么常规的程序就把他们的反对意见传达到公众领域了。如果这种现象是真实存在的，在这个过程中就很难保持中立，我们就会习惯性地说那是"错的"——这是科学的失职。④ 总之，不管怎样，科学家是想告诉我们超常现象和正常现象是不是存在，但是他们的证明过程应当是基于他们的科学实践。权威的论断或肮脏的鬼把戏是没有任何价值的，科学家也不能跨越他们的职责范围。我们上面提到过，科学专长不能代理。在这一点上，为科学披上神秘的外衣，就应当受到质疑。

---

① 这并不是说，在核燃料的安全运输问题上没有基于经验的专家小组。比如在鉴定轨道运输（旁轨）的放射程度问题上是存在基于经验的专长的，但它是属于专家、而不是普通人的。

② 在火车爆炸的案例中，提出试验方案的专家来自绿色和平组织；在飞机爆炸的案例中，专家（出现在电视节目上）来自 AMK 制造商 ICI 厂。

③ 如迈克尔·布鲁尔（Michael Bloor）的论证，参见：Bloor M. The South Wales Miners Federation, Miners' Lung and the instrumental use of expertise, 1900-50. Social Studies of Science, 2000, 30 (1): 125-140.

④ 这样也很容易把我们带回社会学错误的老路上，用不同的方式把不正常的科学解释成"适当的"科学，这样做是很危险的。

第二章 科学研究的第三次浪潮：专长与经验研究

如图2-6所示，这种情况反映出在核心层和专家之间存在着一种紧密而广泛的联系。联系越广泛则责任感越差，核心层会把责任下放，就如同水流顺水而下，把整个决定权都交到了没有资格的专家手里。这就透露出科学家的不负责任——对理解世界的方式的道德审判——是科学家玩的一个危险的游戏。

然而，另一种看待变戏法的方式——是看科学家的解释——完全依照专家的专长。在这种解释中，在选择由谁来变戏法的问题上，科学家更倾向于专家而不是能够看出问题的基于经验的专家。这样看，对那些没有资格或者"未经过认证的"、但是长远来看他们具备了进入核心层的素质和相关经验社会群体而言，核心层卸下一点科学责任就意味着对他们降低了门槛。[①]

六、不同类型的科学和技术

到目前为止，我们只是区分不同类型的专长，我们还没有区分不同类型的科学。第三次浪潮的工作就是要对科学进行分类，就好像要对专长进行分类一样。这是因为，要使公众真正融入政策的制定过程，需要依赖科学与技术。在某些情况下，似乎公众是政策制定中间不可或缺的一部分，只是有时候他们的贡献不那么明显。让我们先从公众参与程度较高的技术领域谈起。

1. 公众使用技术领域的公众专长：汽车，自行车，电脑

对有些技术如汽车、自行车、计算机和电脑程序而言，终端用户构成了公众的主体，他们的喜好被融入产品的设计理念。在这种情况下，未经认证的专家的专长对于技术（及科学）的发展是不可或缺的。

在此类情况下，基于经验的专长至少有两种。

首先是类似电脑"发烧友"之类的专家的专长。事实上，各大公司都在扶持顾客中的"领先用户"（lead users），并从中受益。实际上，这些用户已经掌握了可贡献型专长，并被公司看做是专家了。[②]尽管他们干扰别人的工作不大受欢迎，至少不大受电脑公司的欢迎，但黑客也是专家。

其次是对技术的"完成"的贡献有很多种，使用者（或非使用者）对该技术

---

① 正确的分析需要依情况而定，但是当游戏与（希望不要）科学共同体的规范（比如诚实和公开）相冲突时，就要看动机了。在这两种情况下，在科学的心脏地带做游戏就反映出专业的界限。

② 例如：Von Hippel E. The Sources of Innovation. New York：Oxford University Press，1988. 这些领先用户并不是完全没有问题的，正如菲尔·阿格雷（Phil Agre）所强调的，他们在技术设计上会忽略新手在使用中所遇到的问题，参见阿格雷的网页http：//dlis.gseis.ucla.edu/pagre。这样做的结果会降低设计功能，特别是对IT业来说，生产商和领先用户会忽略在使用机器的过程中所必需的训练和调整。参见：http：//commons.somewhere.com/rre/2000/RRE.notes.and.recommenda19.html。

的存在和成功都立下了汗马功劳。这个群体的可贡献型专长直接影响到产品未来的设计、制造和功能。"新技术社会学"（the new sociology technology）强调的就是这种观点。① 这种情况也可如图 2-6 所示，在图的上半部分中，核心层之外的都是这种技术专家。

然而，即使这样，技术中也存在政治因素。以汽车为例，不论是驾驶员还是乘客在汽车的设计方面都会基于他们的政治立场——节能减排、减少税收等对汽车的设计发表看法。他们的这种偏好、压力和权力如图 2-6 的下半部分所示，这就带出了一个划界问题——公众作为公众的权力与公众作为司机的权力是很难分清楚的。这样，尽管划界问题很重要，我们还是暂且把科学和技术作为一个整体来进行讨论。

2. 处在技术的局部利益中的公众专长：设计

在设计中，似乎只有某些社会小组才享有构成专长的"局域性知识"（local knowledge），就如上一段所说的汽车用户，局域性知识的使用者作为技术专家是实际参与到产品的设计过程中的。在局部的设计当中，局部专家是有基于经验的专长的。对专长的思考有助于摆脱局限性。

在设计中，局域性知识也是一种专长，因为当地人对当地的环境是最有经验的。但是要慎重的对待这种专长，因为局部经验如果不与其他经验融合，就会变得孤立，甚至不起作用。因此，在采矿和垃圾的处理问题上，当地居民对项目开发的坏处是有偏见的：他们知道项目的开发会破坏当地环境。但是，他们却不知道这些项目会给更大的区域——国家、民族——以及其他用户带来的好处。只有设计专家才知道这些。

到现在，我们还没有谈到局部政治利益，只谈到了局部专长（local expertise）。可以看到，在政治因素介入之前，局部专长是对局部地区有利的。这就是说，任何企图区分专长和政治的努力都将注定失败。在实践中可能是这样，但是在分析上还是可以分开的。以采矿和处理垃圾为例，如果这些项目会破坏当地的环境，并对公众健康产生影响，局部专长当然会阻止这些项目进入该地区。政治利益总是互相冲突的，并且是按阶级划分的。因此，建造一个新的采石场，不但会影响当地的房价，还会给当地的就业、工人工资和当地的商业带来积极的影响。因此，较高的社会阶层的专长和政治利益是一致的，而较低收入者的

---

① Bijker W E, Hughes T P, Pinch T. The Social Construction of Technological Systems: New Directions in the Sociology and History of Technology. Cambridge, MA: The MIT Press, 1987; Bijker W E. Of Bicycles, Bakelites, and Bulbs: Toward a Theory of Sociotechnical Change. Cambridge, MA: The MIT Press, 1995.

第二章 科学研究的第三次浪潮：专长与经验研究

专长和他们的政治利益则是背道而驰的。因此，即使在局部的决策中，也要尽可能地把政治因素从技术因素中剔除出去。①

3. 深奥的且有争议的科学

在公众的技术使用和设计上，公众作为"专家"与科学是密不可分的。现在，让我们回头看看科学。我们把科学分成四种类型，分别冠以"常规科学"（normal science）、"勾勒姆科学"（Golem science）、"历史科学"（historical science）和"反身性历史科学"（reflexive historical science）的标签。

在常规科学中，没有什么大的纷争，任何科学问题都可以顺利解决。在这种情况下，科学家可以毫无争议的扮演顾问的角色，除非有争议，比如闹到法庭上或争议很大。在法庭上，即使诉讼对象操作规范、享有盛誉也必须受到严格审查。已经有人对该问题做过深入研究，此处不再赘述。②

勾勒姆科学有可能变成常规科学，但是永远到不了核心层。公众进入勾勒姆科学的过程如图 2-5 所示。例如，在对转基因生物（GMOs）的讨论中，关于老鼠的胃黏膜是否会受到转基因马铃薯的影响，就属于这类科学；在 BSE（疯牛病）的争论中，在疯牛病与克-雅二氏病（Creutzfeld-Jacob disease）之间是否有必然关系的问题也属于这类科学。在这些案例中，一方面核心层无法达成共识，另一方面实验室或医学系以外的人也不会对核心层形成干扰。因此，不能说这些科学决策都是政治产物。事实上，公众不满的是，在科学家还没有达成共识之前，政客们却过早的插足科学，他们努力的终结争论只是为了打消公众对新技术安全性的疑虑。③

当然，这并不是说，只有专家才对转基因生物和疯牛病有决定权。原因有两

---

① 来思考一下参与争论的两种能力：一种是中产阶级示威者和游行者的能力，他们知道如何呈现一场争论并把它渗透到适合的网络中；另一种是行动者的技能，他们知道如何最大限度地给当局施压，如爬树、穴居等。我们可以把这些能力归入我们前面提到的辨别和转化的技能。

② 参见：Lynch M, Bogen D. The Spectacle of History: Speech, Text, and Memory at the Iran-Contra Hearings. Durham, NC: Duke University Press, 1996; Jasanoff S. The Fifth Branch: Science Advisers as Policymakers. London &Cambridge, MA: Harvard University Press, 1990; Jasanoff S. Science at the Bar: Law, Science, and Technology in America. Cambridge, MA & London: Twentieth Century Fund & Harvard University Press, 1995; Wynne B. Rationality and Ritual: The Windscale Inquiry and Nuclear Decisions in Britain, BSHS Monograph No. 3. Chalfont St Giles, Bucks. UK: British Society for the History of Science, 1982; Smith R, Wynne B, eds. Expert Evidence: Interpreting Science in the Law. London: Routledge, 1989.

③ 关于这一点我们将会在附录中进行解释，西尔维奥·冯妥维克兹（Silvio Funtowicz）和杰罗姆·拉弗兹（Jerome Ravetz）错误地认为这种情况属于"后正常"（post-normal），其实它是"前正常"（pre-normal），参见：Funtowicz S O, Ravetz J R. Science in the post-normal age. Futures, 1993, 25 (7): 739-755.

个：首先，他们也没有答案；其次，他们可能没法关注到公众所关注的问题。例如，他们基于伦理或风险所做的决定不一定符合公众的胃口。因此，可以看到，在勾勒姆科学中，可以用一条水平线将两个决策层分开，二者是相互平衡的——决策的技术层和公众——与常规科学相比，是有利于公众的。但是，随着时间的推移，当核心层逐渐达成共识之后，将会打破这种平衡。

历史科学，指的是不可能在预期的未来指望核心层能达成共识的科学。即便科学再怎样发展，搞懂这种科学也需要花上很长时间。历史科学要解决的是趋势性的，而不是可重复的试验。① 全球变暖是一个历史问题；时间跨度较大的天气预报是一种历史科学；转基因生物群、而并非单个有机物的生态效应也是一个历史问题。因为所涉及的整个系统过于复杂很难精确，所以不能期望在可预期的未来能解决这些问题；甚至因为程序过于复杂，所以结果根本不能预计。

受到人的行动的影响，在反身性历史科学中，科学的不确定性变得更大。例如，全球变暖问题是历史问题（刚才解释过），也是反身性问题。这就意味着，其中包括了人与人之间的政治和伦理争论。②

对于一种科学决策来说，勾勒姆科学和历史科学有时是相互重叠的，有时则是不同的。在科学尚无定论的阶段，它们是相似的；但是，当勾勒姆科学最终确定下来走向了常规科学的时候，历史科学是达不到的，因此它们又是不同的。在反身性历史科学中是不能缺少社会或文化监督的。因此，对于所有的历史科学而言，在科学领域中应当把社会和政治因素的介入看成是一种基于经验的专长，在反身性历史科学中，政治、政策、法规和社会因素都属于科学专长的版图、政治、政策，作为一种政治力量被常态化。③

或许，在历史科学中，特别是依靠科学自身无法解决自身问题的时候，政治和社会利益因素就显得尤为突出，在这种机制下，专家与非专家的融合要比勾勒姆科学密切的多。在反身性历史科学中，未来结果的产生不仅要依靠常规科学的社会机制，还有赖于管理社会生活的新的社会机制的稳定与发展。这样，这些历史的政策科学类似于前边讨论过的公众技术，因为它们都依赖于公众的参与（至

---

① 卡尔·波普尔（Karl Popper），在他的 The Poverty of Historicism（London：Routledge & Kegan Paul，1957）一书中用"历史主义者"的概念指代技术理论家，他们假设了一种渐进的历史进步。我们并不想讨论进步问题，我们认为科学的发展是一种长期的、独一无二的改变。

② 在巴里·巴恩斯（Barry Barnes）在经济政策研究的文本中已经对这类科学进行过解释，参见：Barnes B. The Nature of Power. Cambridge, Oxford, UK：Polity Press, Basil Blackwell, 1988.

③ 这里存在某些特定的对称性：就好像科学共同体是在适当时机中把政治影响力注入政治和知识建构的过程中的。因此，政治组织基本能够反映出社会对不确定知识的反应。

第二章 科学研究的第三次浪潮：专长与经验研究

少是很大一部分）。① 由此可见，尽管科学是深奥的和有争议的，但是认真的思考专长的本性，就能明白不同的决策过程是如何及何时产生的。

结　论

尽管科学研究对于理解科学和社会的关系做了许多贡献，但接下来还有很多问题有待解决。科学研究的第二次浪潮反映出了许多科学在公众领域所无法解决的技术问题。比如说，政治决策的速度要比达成科学共识的速度快的多。因此，第二次浪潮运动的目的是要使技术决策合法化——解决合法性问题。在这方面，第一次浪潮是没有给决策的合法性提供多少理论支撑的，依照这种强调组织和权威的模型，是没有办法解决旨在区分专长和民主的合法性问题的。这就必然会涉及一个新的问题，即广延性问题。我们认为，在决策的过程中一定会用到专长，但是不能像第一次浪潮那样丢掉合法性问题去谈广延性问题，也不能去讨论一些不够专业的人的专长。我们认为，对专长的研究需要借助于科学研究的第三次浪潮，要发展一种专长的规范理论。第二次浪潮在解构知识方面已经取得了巨大成功，在不放弃第二次浪潮的前提下，我们所要做的是重构知识和发展专长与经验研究——SEE研究。

我们用了一系列图表来阐明科学研究对于我们理解科学与社会之间的关系所做的贡献。这些图表旨在说明一个问题：决策取决于政治，而专长则与政治无关，不能将二者混为一谈。我们强调政治与专长是有所区别的，但是，对二者的划界不能以专家资格为标准，而要追溯到专家本身。比如对科学家的分类：不管在哪个专业中，我们都能区分出核心层专家和一般意义上的科学家，但这并不意味着核心层就有什么高人一等的资格。为了把这种划界说的更明白，我们要区分科学和公众技术，比如汽车与计算机。

首先，专长的规范理论是在不放弃第二次浪潮的观点或纲领下提出的。从理论的内涵上，我们可以把科学专长分为互动型专长和可贡献型专长。上述理念均来自于社会学实践，同时也印证了专长的规范理论。利用对专长的这些分类，我们提出了某些命题。并且还介绍了牵涉型专长、转化和辨别的理念。在讨论辨别问题时，我们讨论了基于局部经验的普遍的知识和专家的知识。通过

---

① 例如当考虑到可回收废品的收集与处理的环境成本时，家庭保障性政策是能够增加、还是减少温室气体的排放量呢？至于对SSK在城市能源政策方面所扮演的角色的讨论，参见：Evans R J, Marvin S, Guy S. Making a difference: Sociology of scientific knowledge and urban energy policies. Science, Technology & Human Values, 1999, 24 (1): 105-131; 至于把经济政策作为社会技术的讨论，参见：Evans R. Macroeconomic Forecasting: A Sociological Appraisal. London: Routledge, 1999.

这些理念，我们认为，科学家作为一个特殊的阶层，对公众领域的技术决策并没发挥多大的作用，如果要为科学做辩护，那么科学家一定得是专家而不是多面手。

为了论证我们的划界工作，我们简要地重新分析了一系列的案例。特别是温对坎布里亚牧羊人的研究，在该案例中不能认为牧羊人只有"外行的专长"（lay expertise），而应当看做是两个共同体之间的互动，只不过其中一方是未经认证的。我们认为，需要建立一种能够把基于经验的专长转化成知识的机制，这样科学家对他们的建议就不会那么的抵触了。这些专家事实上已经存在，只是还没得到认可而已。

我们援引斯蒂芬·爱泼斯坦（Steven Epstein）对艾滋病的研究论证了"互动型专长"（interactional expertise）的概念。我们援引柯林斯对撞击试验的研究，阐明了在技术决策过程中并不需要公众的过多参与的观点。相对于这个领域的其他研究（数量上）来说，我们的理论是想表明公众的参与是一种力量。科学家用某种神秘的手段来解决争论反映出在某些情况下科学家对于没有资格认证的专长的态度还是认可的。

最后，我们鉴于上述分析对科学进行了分类，区分了常规科学、勾勒姆科学、历史科学和反身性历史科学，每种科学对我们的影响都不同。我们所要做的就是提供针对上述讨论的语言和概念。不同的公众科学案例需要不同的专长。牧羊人的案例就是一个拒斥基于经验的专长的典型，但也不能说全都是这样的。

浪漫的和盲目的扩展专长也会带来很多危险——公众也有可能会犯错。① 让我们来举例说明：20 世纪 40 年代，电池添加剂 AD-X2 刚一问世并没有显示出什么显著效果，因此在产业和个人使用者的渲染下，发起了一场抵制运动。这场运动最终迫使美国国家标准局（US National Bureau of Standards）解雇了局长艾伦·奥斯汀（Allen Austin）博士。后来，在科学共同体的反对下，奥斯汀官复原职。并且，在 20 世纪 60 年代，也撤销了对电池添加剂的抵制。② 近来，绿色和平组织由于反对废弃"布伦特·斯巴"（Brent Spar）钻井平台的行动而受到公众的追捧，后来不得不承认，这种科学评估是错误的。③ 同样，美国国家食品与

---

① 很抱歉，马尔科姆·阿什莫对"非反讽"（un-ironic）这个词的使用是错的，参见：Ashmore M. Ending up on the wrong side: Must the two forms of radicalism always be at war? Social Studies of Science, 26 (2): 305-322.

② Lawless E W. Technology and Social Shock. New Brunswick, NJ: Rutgers University Press, 1977: 418-425.

③ 在这则故事中绿色和平组织的观点参见他们的网站：http://www.greenpace.org/~comms/toxics/dumping/jun20h.tml.

第二章 科学研究的第三次浪潮：专长与经验研究

药物管理局（FDA）曾谎称苦杏仁苷能治疗癌症受到了市民团体的拥护。现在看来，市民们是被愚弄了。[1] 更具争议的是，在美国的市民团体继续游说要求在中学中教授神创论科学的同时，在英国，麻疹疫苗接种水平不断下降，结果就是所谓的接种腮腺炎、风疹（MMR）疫苗与儿童自闭症之间有所谓关联的说法并未得到科学共同体的认可。这些观点旨在表明，在把"公众"作为一个对专长发挥作用的群体之前，要先了解这些工作并加以分析。

我们的工作就是要思考如何将不同类型的专长整合起来为不同类型的科学和不同的文化实体做决策。这项工作就是要立足于知识和专长来解决由专家的可贡献型专长引起的科学争论。要完成这项工作就走向了SEE研究，就要像知识科学家那样去做。在不同的公众领域做技术决策时，需要衡量与转化和争议有关的可贡献型专长、互动型专长和牵涉型专长。感觉上这是一个划界问题，比我们更渊博的学者可能会发现，在古希腊对城邦的讨论中已经讨论过如何辨别专家的问题了[2]；1945年后，又出现了针对政治家、公务员、实业家、管理者、科学家及其他文化的创造者之间关系的争论[3]；后来又有评论家与艺术家之间的争论。

尽管从很多方面上看，本文只是一篇纲领性的论文，是想在改变人们对于科学研究、如何看待科学与社会的关系问题上尽一点微薄之力。一方面是论证，另一方面想说明融合了对结构、理论、经验和机制的研究。如果我们要战胜令公众醒悟的

---

[1] Petersen J C, Markle G E. Politics and science in the laetrile controversy. Social Studies of Science, 9(2): 139-166.

[2] 本特·弗吕夫布耶格（Bent Flyvbjerg）讨论了亚里士多德的"实践智慧"（phronesis）的概念，这是一种道德层面的实践智慧形式，对谨慎与智慧的讨论参见：Flyvbjerg B. Making Social Science Matter: Why Social Inquiry Fails and How It Can Succeed Again. Cambridge: Cambridge University Press, 2001. 但是，这个概念有点棘手，包涵了政治与经验的内容。在讨论中使用该概念，首先要重新描述自然科学，根据我们过去几十年所学到的科学来使用该术语。我们的范例——温所讨论的切尔诺贝利事故后的坎布里亚的牧羊人，似乎就得益于对"实践智慧"这个术语。重点是，牧羊人拥有关于羊的生态方面的技术知识，而不是按照如何根据道德判断来行动的先见理解，这是弗吕夫布耶格的使用此概念的关键。

[3] 对艺术家的讨论参见：Muir F. A Kentish Lad, Reading. Berks, UK: Corgi Books, 1997. 缪尔解释了当董事会炒掉了他们的老板后，伦敦周末电视台节目制作者们纷纷跳槽的现象。他说：董事会与公司的活力是没有联系的……坎贝尔告诉我们，以他的经验，所有的管理都是相同的。"你们这些负责人可能会认为，管理制片人和演员会有问题，但我一直生活在糖厂，我可以向你保证，管理电台的员工就像管理糖厂的工人一样。"对科学家的讨论参见：Turner S. What is the problem with experts? Social Studies of Science, 2001, 31(1): 23-49; Guston D H. Evaluating the first US consensus conference: The impact of the citizens' panel on telecommunications and the future of democracy. Science, Technology & Human Values, 1999, 24(4): 451-482. 对关于科学家和政府的讨论参见 Guston D H. Between Politics and Science: Assuring the Integrity and Productivity of Research. Cambridge: Cambridge University Press, 2000.

斯库拉（Scylla）① 和技术瓶颈的卡律布迪斯（Charybdis）②，就必须解决这个问题。

附 录

本章汲取了一些前人的经验和理论工作，在附录中想谈谈问题提出的背景，但可能并不完善。总之，在附录中想说明的是我们是如何基于 STS 目前所关注的问题进行分析的，我们是从不同的视角上来看这些老问题的。附录的结构与正文相同，有些标题也会再次出现。文中的标题很多，在安排上可能会显得有点凌乱。

1. 合法性问题和广延性问题

我们并不是第一个注意到在科学与社会之间的沟通存在障碍的人。1977 年，爱德华·劳利斯（Edward Lawless）讨论了 1948～1973 年美国 45 起存在争议的科学案例，列举了许多问题。③ 英国，在《菲利普斯报告书》（Phillips Report）中也记载了疯牛病和公众抵制转基因食品两个尽人皆知的案例。④ 最近的政策文件如众议院的上议院科学技术委员会（House of Lords Science and Technology Committee）出具的"科学与社会"（Science and Society）报告、欧盟的政府白皮书、还有洛卡研究所（Loka Institute）关于"电信与民主"（telecommunication and democracy）及"转基因食品"（genetically engineered foods）的公民审议书都表明了这个问题有待解决。⑤

---

① 斯库拉（Scylla）是希腊神话中吞吃水手的女海妖，有 6 个头、12 只手，腰间缠绕着一条由许多恶狗围成的腰环，守护着墨西拿海峡的一侧——译者注。

② 卡律布迪斯（Charybdis）是希腊神话中，坐落在女妖斯库拉对面的大漩涡，会吞噬所有经过的东西，包括船只——译者注。

③ Lawless E W. Technology and Social Shock. New Brunswick, NJ: Rutgers University Press, 1977: 418-425.

④ 菲利普斯报告批评了征求、解释和使用科学建议的方式。尤其是说，对原有意见提出的建议未得到重视，相反意见也不被理睬，甚至也没有人对原来的观点进行过仔细分析，报告见网址：www.bse.gov.uk. 也可参考：Murcott A. Not science but PR: GM food and the makings of a considered sociology. Sociological Research Online, 1999, 4 (3); Murcott A. Public beliefs about GM foods: More on the makings of a considered sociology. Medical Anthropology Quarterly, 2001, (15) 1: 1-11.

⑤ House of Lords Science and Technology Committee. Science and Society. London: HMSO, 2000; European Union White Paper on Governance: Broadening and Enriching Public Debate on European Matters, Report of the Working Group on Democratising Expertise and Establishing Scientific Reference Systems. www.cordis.lu/rtd2002/science-society/governance.htm. Loka Institute: www.loka.org. telecommunications and democracy, 1997; genetically engineered foods, 2002. 在罗卡研究所的网站上能够找到 10 余个国家的 40 余项研究报告。

| 第二章　科学研究的第三次浪潮：专长与经验研究 |

这些报告结果无一例外的是呼吁要加强科学与公众之间的对话，提高公众在科学和技术决策中的参与度。众议院上议院的科学技术委员会的报告建议：

> 要把与公众的直接对话从一个可选择性的科学政策决议的附属品变成研究机构或机制的影响因子，成为科学政策决议常态和不可分割的一部分。①

有些研究表明，公众并不是很关注科学和技术。比如说，公众并不会知道移动电话、人工股骨头和微波炉有问题。2000年，一份对英国公众看待科学传播和科学的态度的调查表明：

> 84%的人认为，科学家和工程师对社会做出了杰出贡献，四分之三的人认为科学家和工程师都是好职业，科学、工程与技术将为下一代提供更多的机会。②

在美国，仅就一般的科学和技术而言，也得到了较高支持率。比如，最新一期的美国国家科学基金会的《科学与工程指标》（Science and Engineering Indicators）报告显示："一般说来，美国人对科学和技术是抱着友好的态度的。"③ 令人惊讶的是，"欧洲晴雨表"（Eurobarometer）④ 在调查欧洲人对待生物技术的态度时发现，即使在有些情况下会怀疑，但受访者仍然相信通信、信息技术、空间探索和生物技术等技术未来20年将会改善人们的生活。⑤ 尽管对科学和技术的支持并不具有普遍性，但说明公众是很关注科学技术及其应用的。对基因工程的关注度要低于对通信和信息技术的关注度，但对核能的不信任度却多过信任。

同样，并不是所有的科学家都会受到怀疑。尽管公众看待专业性的标准不同，但是英国民调证据显示，公众仍把科学家看做是最可靠的信息来源。以英国医学会（British Medical Association）2001年3月的一项"信任科学家"（trust in science）的调查为例，65%的受访者"相信科学家说的是真话"。⑥ 结果还显

---

① Ibid. 政府部门应当如何将这些原则付诸实践的指导意见参见科学技术办公室2000出台的指导方针：Scientific Advice and Policy Making，参见网址：http://www.dti.gov.uk/ost/aboutost/guidelines.htm. 英国内政部出台书面征求意见的行动守则，参见网址：http://www.cabinet-office.gov.uk/servicefirst/2000/consult/code/ConsultationCode.htm.

② 参见威康信托基金和科学技术办公室出版著作：Science and the Public: A Review of Science Communication and Public Attitudes to Science in Britain. London: Wellcome Trust & OST, 2000: 8.

③ 引自美国国家基金会2000年科学与工程指标第8～13页。参见：http://www.nsf.go/sbe/srs/seindoo/start.htm.

④ 欧盟委员会下属民意调查机构——译者注。

⑤ Eurobarometer 52.1: The Europeans and Biotechnology. Brussels: EU, 2000. 参见网站：http://europa.e.int/comm/dg10/ep/eb.html.

⑥ 或许令人吃惊的是，支持科学家的79%都是年轻人，年龄在15～24周岁之间。

示,尽管有医生对患者不诚实的事件曝光,但89%的民众还是选择相信医生。①教师的信任度是86%,教授、法官和神职人员的信任度是78%,新闻主播的信任度是75%。② 这些人的信任度都比科学家高。而科学家的信任度又高于公务员(43%)、工会干部(39%)、商界领袖(27%)、政府部长(20%)、新闻记者(18%)和政客(17%)。③

在由民间评审联席会(People's Panel)出具的生物技术咨询报告中也表达过类似的观点:

> 通常政府的顾问团所做的决策是可信的,但其中却有很多人际关系的因素。科学家和专业医疗人员对决策的制定起到了至关重要的作用。决策的制定需要信息的支撑,政府的顾问团、科学家、专业医疗人员、顾客及环境监测部门所提供的信息都被当作是可信的。但是,媒体、零售商和制造业主却被当做是不可信的。④

因此,我们在讨论问题时,要在特定的语境、特定的科学阶段上来阐述我们的观点。

还有一些材料也可以说明问题出在哪。公众对科学家的信任很容易受到语言的影响,当把科学家与政府和企业联系在一起时,其信任度就会大幅下跌。结果使得不相信科学的观点多于肯定科学的评价。于是对待科学家的态度就变得和对待政府或企业的态度没什么两样。⑤ 因此,为政府或企业说话的科学家得到的信任度就比与政府和企业没有瓜葛的科学家的信任度低。这是温所说的"科学的肢体语言"(scientific body language)。⑥

---

① 最近在英国有一个案例:哈罗德·希普曼医生以前曾是一名普通的开业医生(general practitioner, GP)因造成12名病人死亡并涉嫌致多人死亡而被判有罪,被关进监狱;另据传,在布里斯托尔儿童医院,尽管死亡率一直居高不下并引起了同行的关注,但是那里的医生仍然继续为其他患儿做手术,并且在他们的父母不知情的情况下将小孩的器官提供给病理实验室。

② 此处显然有些不一致的地方。例如,教授与科学家所得到的信任度不同,尽管二者之间并没有很明显的不同,甚至可能一个人会有这两种身份。同样,新闻读者获得了比记者更高的支持率,尽管事实上,他们所读的都是新闻记者的劳动产品(他们中的不少人都是训练有素,经验丰富的记者)。

③ 参见:米歇尔·科拉多(Michelle Corrado)在英国科学促进会年会上提交的论文"Trust in Scientists"(Glasgow, 3 - 7 September, 2001),参见网站:www.mori.com.

④ The Advisory and Regulatory Framework for Biotechnology: Reportfrom the Government's Review, London: HMSO, 1999. 引自第36段,并可参考网站: http: //www.dii.go.uk/ost/rmay99/Biooreport_l.htm.

⑤ 支持本观点的数据调查参见 Mori. The Role of Scientists in Public Debate: Full Report, London: Wellcome Trust & Mori, 2000. 并可参见网站: http: //www.wellcom.ac.uk/en/l/mismscnesos.htm/.

⑥ 来自布莱恩·温对引航联合会(River Path Associates)的采访,引航联合会调查了英国联合会的科学交流,参见引航联合会的报告"Now for the Science Bit-Concentrate!"该报告发表于1997年,同可参见网站: http: //www.riverpth.com/llibrary.

第二章 科学研究的第三次浪潮：专长与经验研究

有些定性研究也支持了这项调查结果。例如，在安妮·科尔（Anne Kerr）、萨拉·坎宁安-伯利（Sarah Cunningham-Burley）和阿曼达·阿莫斯（Amanda Amos）在1998年出版的著作中公布了一系列抽样人群对新遗传学的看法和反应。他们发现，一般都是在科学的语境下来看遗传学的，却鲜有涉及下列议题：

> ……科学家之间的竞争与合作，资金来源，特别是新基因、制药公司和政府及遗传学家和媒体之间的关系。①

因此，小组的成员考虑的并不是一般意义上的科学，而是实践层面的科学，并且他们非常了解科学家对宣传、出版和收入的需求。

其他研究也传达了相同的结果，比如在兰卡斯特大学（Lancaster University）的研究中就反复强调了公众对科学机构的印象的重要性。可能其中最著名、也最有预见性的研究要数1996年在转基因食品投放市场之前英国对转基因食品的争论了。在后来对转基因食品的研究中（参见《别为琐事烦不休》（Wising Up）一书）②和电话走访所反映出的并不是一味的反科学的态度，而是对转基因食品产业的态度。在斯蒂芬·伊尔雷（Steven Yearley）最近发表的论文和其他三本关于公众理解科学的论文集中都表达了类似的观点。一本是由COPUS③资助的，一本是由阿兰·欧文（Alan Irwin）、布赖恩·温（Brian Wynne）编辑的，还有伊恩·哈格里夫斯（Ian Hargreaves）和加利特·弗格森（Galit Ferguson）编辑的，另外还有其他研究。④这些研究共同反映出公众对科学文献的理解。人们对于一般科学并不是很感兴趣，但是对具体的案例和应用感兴趣。另外，对于科学的应用，他们关心的是科学周围的不确定因素，无论是科学还是科学的组织者。其实，比较常用和直观的观察方法是观察科学争论"消失"的过程（参见阿兰·欧文（Alan Irwin）、艾莉森·戴尔（Alison Dale）和丹尼斯·史密斯（Denis Smith）的研究）。⑤

---

① Kerr A. Sarah cunningham-burley and amanda amos. The New Genetics and Health: Mobilizing Lay Expertise. Public Understanding of Science, 1998, 7 (1): 48.

② Grove-White R, Macnaghten P, Wynne B. Wising up: The Public and New Technologies. Lancaster, UK: Centre for the Study of Environmental Change, Lancaster University, 2000.

③ COPUS. Committee for the Public Understanding of Science. （英国科学普及委员会——译者注）

④ Yearley S. Computer models and the public's understanding of science. Social Studies of Science, 1999, 29 (6): 845-866; COPUS. To Know Scienceis to Love It? Observations from Public Understanding of Science Research. London: COPUS & the Royal Society; Irwin A, Wynne B, eds. Misunderstanding Science? The Public Reconstruction of Science and Technology. Cambridge, New York & Melbourne: Cambridge University Press, 1996: 19-46; Hargreaves I, Ferguson G, eds. Who's Misunderstanding Whom? Bridging the Gap Between the Public, the Media and Science. Swindon, UK: Economic and Social Research Council, 2000.

⑤ Irwin A, Dale A, Smith D. Science and hell's kitchen: The local understanding of hazard issues // Irwin A, Wynne B, eds. Misunderstanding Science? The Public Reconstruction of Science and Technology. Cambridge, New York & Melbourne: Cambridge University Press, 1996: 47 64.

|专长哲学|

最后，在英国通过的如杰弗里·埃文斯（Geoffrey Evans）、约翰·杜兰特（John Durant），以及伊恩·威尔士（Ian Welsh）的案例研究发现，除了科学的应用受到指责外，也有针对科学知识的质疑。① 同样，据美国近来一项对公众的调查，有30%的高校毕业生和24%的"非常关注科学"的人反对利用胚胎干细胞的研究。② 换句话说，并不是掌握的知识越多得到的支持就越多。在某些情况下，利益相关群体或他们的代表的专长才是实质性的，会对科学形成直接的挑战。

在其他情况下，利益相关者会质疑机构和管理的能力，然后会提出他们关于完善科学安全的标准，此时他们挑战的不是科学，而是科学假设。在英国的疯牛病危机的案例中，关于动物的屠宰和处置的实施细则似乎就是不合理的，应当引起重视。其他STS文献中所谈到的例子还包括温通过调查居住在塞拉菲尔德（Sellafield）（BNFL）核电厂周围居民的生活，对过去的、负面的、经验语境下的安全概念的解释。另外还有伊尔雷对监测谢菲尔德空气质量小组所进行的论证的分析。③

这些研究反映了当前公众对科学的看法。特别是，这些研究有力地回击了"缺失"模型（deficit model）——公众反对科学是因为公众对科学了解不够的说法，并且可以通过改善公众对知识的"缺失"达到"治愈"的目的。④ 可以说，我们的"合法性问题"比"缺失模型"丰富的多。

研究合法性的另一种进路是从社会科学的理论演化上来研究。⑤ 例如，乌尔里希·贝克（Ulrich Beck）认为，现代性破坏了其自身机制，科学逐渐成为社会问题的成因而不是解决办法。⑥ 这种学说的核心观点是认为"无形"的风险如辐

---

① Evans G, Durant J. The relationship between knowledge and attitudes in the public understanding of science in Britain. Public Understanding of Science, 1995, 4（1）: 57-74; Welsh I. Mobilizing Modernity: The Nuclear Moment. London: Routledge, 2001.

② 完整报告参见网站：http://www.vcu.edllifesciencessurvy.

③ Wynne B. May the sheep safely graze? A reflexive view of the expert - lay knowledge divide // Lash S, Szerszynski B, Wynne B, eds. Risk, Environment & Modernity: Towards a New Ecology. London: Sage, 1996: 44-83; Yearley S. Making systematic sense of public discontents with expert knowledge: Two analytical approaches and a case study. Public Understanding of Science, 2000, 9（2）: 105-122.

④ 对"缺失模型"的描述和它的缺陷的讨论参见：Irwin A. Science and its publics: Continuity and change in the risk society. Social Studies of Science, 1994, 24（1）: 170-72. 同见：Locke S. Golem science and the public understanding of science: From deficitto dilemma. Public Understanding of Science, 1999, 8（2）: 75-92; Collins H M, Yearley S. Epistemological Chicken // Pickering A, ed. Science as Practice and Culture. Chicago, IL: The University of Chicago Press, 1992: 301-326.

⑤ 正如我们在正文中所解释的。Turner S. What is the problem with experts? Social Studies of Science, 2001, 31（1）: 123-149. 特纳认为合法性问题是政治哲学问题。

⑥ Beck U. The Risk Society: Towards a New Modernity. London: Sage, 1992: 166. 文中各处都体现了这种观点。

| 第二章　科学研究的第三次浪潮：专长与经验研究 |

射、污染和环境变化正迫使人们不断认识到由科学和技术创新所带来的不确定性和危机，是现代社会的一个主要特征。政策的制定者们必须做好预案，避免技术带来更多负面的问题。"可持续发展"（sustainable development）和"预警原则"（precautionary principle）作为新政策的核心，都表明了"环境"问题已经跨越了传统的界限，成为与社会、文化、经济、道德和科学比肩的论题。

　　第二个问题针对的是吉登斯提出的反身性现代理论（reflexive modernization），指的是由抵制传统机制所带来的同一性问题。① 风险社会的主要特征就是要把人从传统的政治和生活方式的机制中解放出来。于是，社会生活成为一种个人选择与责任不断增长的集合。在科学中，这种变化体现在专长与反专长之间的矛盾不断升级，因此在这种新的语境下更要明确应该相信谁、相信什么。这种现象在社会运动中表现得尤为突出，社会运动为"亚政治"（sub-politics）个体的生活提供了社会空间并赋予它重要意义。一种解决方案是在现有的政治体制下找出能够将这种新的社会运动与政治整合在一起的方式。但是，我们强调，这种进路有一个问题：如何实现？这种新的机制的包容性有多大？应该包容谁、不应该包容谁？用我们的话来说，这就是"广延性问题"。解决了广延性问题，我们就跨越了反身现代性理论。

2. 科学研究的第三次浪潮

　　威尔士等的工作表明②，即使是在第一次浪潮如日中天的时候依然有一股反科学与技术的力量。这说明留给我们的研究空间还很大。第一次浪潮的思想是由诸如卡尔·曼海姆（Karl Mannheim）等提出的，曼海姆坚持认为，社会学分析要给自然科学让路。迈克尔·马尔凯（Michael Mulkay）是这样总结曼海姆的知识社会学的：

　　　　首先，物质世界及其关系是永恒不变的（Mannheim 1936：116）。曼海姆习惯性地把"自然世界"和他所研究的"自然世界"的概念看作是"永恒和静止的"。他认为，可以借助数据和测量获得独立的、公正的观察然后形成有效的知识（Mannheim 1952：4-16；1936：168-169）。因为自然世界的经验关系是不变的和普遍的，作为判断真理的标准的知识也是永恒和统一的。自然科学的发展是线性的，消除了错误就会得到真理。总之，科学知识的发展是通过不断的积累关于不变的物理世界的

---

① Giddens A. The Consequences of Modernity. Cambridge, UK：Polity Press，1990：124-134.
② 威尔士对核工业的研究清楚地表明从核能产生的第一天起就已经有了反对它的立场，参见：Welsh I. Mobilizing Modernity：The Nuclear Moment. London：Routledge, 2001.

结论得来的。①

默顿的科学社会学阐明了科学活动的规范，对于理解区别于其他文化形态的科学知识做出了贡献。②

我们并没有说像科学研究的第一次浪潮那样的知识研究已经不存在了。这种研究后来在哲学家那得到了推广，近来科学家们开始对质疑科学的观点进行反攻，后一种倾向导致了"科学大战"的产生。③

我们认为没有必要在本文中对科学研究的第二次浪潮再进行讨论，有些研究在论证专长的基础方面是和我们的研究相似的。

3. 专长的本质

希拉·贾萨诺夫（Sheila Jasanoff）的研究就是一个典型的与我们的研究重叠的第二次浪潮的工作。她对美国监管法律程序的研究就是一个从社会学的视角进行研究的典型范例。④贾萨诺夫通过对美国政策执行情况的调查，强调了法律程序的对抗性：

> 有效的、合法的程序不仅暴露了专家在技术理解上的分歧，同时也揭露了他们之间潜在的规范和社会约定，使外行能够做出评价……关于风险的争论也许是法庭对美国的科学和技术文化做出的最重要的贡献……通过坚持这方面的特权，法院一再重申，技术政策的最终归属权

---

① Mulkay M. Science and the Sociology of Knowledge. London：George Allen & Unwin, 1979：11. 引文出自：Mannheim K. Ideology and Utopia. New York：Harcourt, Brace & World, 1936；Mannheim K. Essays on the Sociology of Knowledge. London：Routledge & Kegan Paul, 1952.

② Merton R K. The Sociology of Science. Chicago, IL & London：The University of Chicago Press, 1973. 同见：Mulkay M. Norms and ideology in science. Social Science Information, 1976, 15：637-656. 其中，马尔凯对能否把对科学规范的研究纳入到第二次浪潮提出了质疑。

③ Wolpert L. The Unnatural Nature of Science：Why Science does not Make (Common) Sense. London：Faber & Faber, 1992；Gross P R, Levitt N. Higher Superstition：The Academic Left and its Quarrels with Science. Baltimore, MD & London：Johns Hopkins University Press, 1994；Gross P R, Levitt N, Lewis M W, eds. The Flight from science and reason. Annals of the New York Academy of Sciences, 1996, 775 (24)：i-xi, 1-593；Dawkins R. Unweaving the Rainbow：Science, Delusion and the Appetite for Wonder. London：Penguin, 1999；Koertge N, ed. A House Built on Sand：Exposing Postmodernis Mtyths About Science. Oxford：Oxford University Press, 2000. 后来，一种企图促进对科学本质讨论的更理性的对话，参见：Labinger J, Collins H M, eds. The One Culture? A Conversation about Science. Chicago, IL：The University of Chicago Press, 2001.

④ Jasanoff S. The Fifth Branch：Science Advisers as Policymakers. London & Cambridge, MA：Harvard University Press, 1990；Jasanoff S. Science at the Bar：Law, Science, and Technology in America. Cambridge, MA & London：Twentieth Century Fund & Harvard University Press, 1995.

第二章 科学研究的第三次浪潮：专长与经验研究

不属于专家，而属于市民。①

在这种语境下，挑选可信的专家和证人，以及他们能够证明自己在交叉盘问下的专长就显得尤为重要。法庭在挑选专家证人和程序控制上花费了不少努力。最近的案例是在 20 世纪 90 年代，三个最高法院裁定，鼓励法官们在筛选"专家"证言方面扮演更积极的角色，而陪审团只负责提供可靠的相关证言。这是一种对以往实践的改革，以往都是由评审团做出评价的。

美国体制中的这些问题在贾萨诺夫的书中已有详细描述，此处不再赘言。相反，我们关心的是从认识论上看这一过程的结果。如贾萨诺夫所言，禁止或通过某项科学决策都与监管有关。例如，要决定一种特殊的化学物质或试验过程是不是危险的，法庭首先要知道"LD_{50}试验"是不是适当的（该试验测试某物的毒性就是看它致实验群体的死亡率是不是在 50% 以上）。同样，法庭可以要求证明该实验结果在适用于动物的同时是否适用于人类。换句话说，如果不是选择相信了某一或某些专家而不相信其他专家，是不可能做出管理决策的。这就意味着，评判的权利只掌握在核心层科学家手中。在本文中，我们把这一过程进行了分层。我们说，针对不确定的科学，在做决策的过程中有社会因素，因此决策受到了"政治层"的影响。而科学决策的制定则归功于"技术层"。与当前努力达成科学认同，或至少是在"政治层"上通过限制"符合条件的专家"的参与来减少争论的做法不同，在我们的决策中我们认为科学决策是不可避免地会受到政治的影响的。

案例研究是很重要的，因为这是非科学家参与制定科学决策的一种有效途径。再有，这涉及关于制定政策群体的界限的广延性问题。20 世纪 70 年代中期，在"DNA 重组"（recombinant DNA）的讨论中，剑桥实验审查委员会（Cambridge Experimental Review Board，CERB）的界限就比法庭的界限更广。克雷格·沃德尔（Craig Waddel）从修辞的角度对 CERB 做了细致的分析。② CERB 没有把决策权交给法庭，而是给了市民。1976 年剑桥及马萨诸塞州市政府

---

① Jasanoff S. Science at the Bar: Law, Science, and Technology in America. Cambridge, MA & London: Twentieth Century Fund & Harvard University Press, 1995.

② Waddell Craig. The role of pathos in the decision-making process: A study in the rhetoric of science policy. Quarterly Journal of Speech, 1991, 76: 381-400; Waddell C. Reasonableness versus rationality in the construction and justification of science policy decisions: The case of the Cambridge experimentation review board. Science, Technology & Human Values, 1989, 14 (1): 7-25. 更多关于 CEBR 的审议，参见：Goodell R. S. Public involvement in the DNA controversy: The case of cambridge, massachusetts. Science, Technology & Human Values, 1979, 4: 36-43.

要求 CERB 说明是否及在何种情况下允许该市的大学使用 DNA 重组技术。① 该委员会是由 12 个人组成的，他们的主要工作就是斟酌支持者和反对者的证据并提出适当的建议。讨论的结果是，在国家政策允许且参与者认可的条件下允许进行研究。② 在本文中，CERB 的重要性在于，和法庭一样，它说明在科学与技术决策上非科学家也能获得信任。

这些是公众参与科学的正面案例，当然也有反面观点。其中的一个案例就是来自对化学物质 2，4，5，T 的监管。③ 这种观点不关心科学的基础和结构，而是强调如果不关心科学，会带来哪些问题。第二次浪潮的成功之处就在于在关注科学知识的偶然性和不确定性的同时强调知识是可以（或应当可以）被补充或替代的。

监管 2，4，5，T（农场的工人使用的一种有机磷农药）的案例就是这样一个典型的例子。英国科学顾问委员认为可以放心使用 2，4，5，T，但又提醒说在使用中要采取适当的预防措施。而农场的工人们认为，因为不可能在使用化学药品的过程中保证每天的防护措施都很完善，所以没办法保证安全。在这种情况下，农场工人的涉身经验就是一种可替换的、语境性的知识，能够（且应当）成为决策的合法力量，而科学家则是盲目的。④ 在科学与技术的性别和文化经验研究中也体现了相似的观点，比如伊夫林·福克斯·凯勒（Evelyn Fox Keller）、海伦·朗基诺（Helen Longino）、桑德拉·哈丁（Sandra Harding）和唐娜·哈拉维（Donna Haraway）的研究⑤；爱泼斯坦对参与艾滋病临

---

① 当然，可以对用 CERB 成员来"代替"剑桥的做法提出质疑。显然，挑选他们是因为他们非比寻常并且实际参与到了复杂的科学和技术争论中。关于 CERB 成员的具体情况参见：Krimsky S. Genetic Alchemy. Cambridge, MA: The MIT Press, 1982; 对整个争论更详细的描述参见 Wright S. Molecular Politics: Developing American and British Regulatory for Genetic Engineering, 1972-1982. Chicago, IL & London: The University of Chicago Press, 1994.

② 沃尔德认为，科学修辞可能是真实的且不带感情色彩的，诉讼的过程清楚的表明，即使是在修辞的作用下（气节或正直以及同情和情感），论辩也是符合理性（理智）的。最后，在医生治愈患儿的病例中，三者结合取得了共同的胜利。

③ Irwin A. Citizen Science: A Study of People, Expertise and Sustainable Development. London & New York: Routledge, 1995: 17-21.

④ 如何完成是另外一回事。下一节讨论的是农场的工人及他们的代表是如何艰难的加入美国 2，4，5，T 协会的。

⑤ Keller E F. Reflections on Gender and Science. New Haven, CT: Yale University Press, 1985; Keller E F, Longino Helen E, eds. Feminism and Science. Oxford: Oxford University Press, 1990; Harding S. Is Science Multicultural? Postcolonialisms Feminisms and Epistemologies. Bloomington: Indiana University Press, 1998; Haraway D. Modest _ Witness@Second _ Millennium. Female Man@ Meets _ Onco Mouse™: Feminismand Technoscience. New York: Routledge, 1997.

第二章 科学研究的第三次浪潮:专长与经验研究

床诊疗的活动家的描述①;希拉里·阿克西(Hilary Arksey)和迈克尔·布鲁尔(Michael Bloor)研究了正在遭受诸如"尘肺病"、"慢性疲劳综合征"(CFS)、"重复性劳损"(RSI)等病痛折磨的患者对药物的研发和诊疗手段的确定的贡献。②社会群体对公众需求和规划的讨论参见阿瑞·瑞普(Arie Rip)、托马斯·米莎(Thomas Misa)和约翰·斯科特(Johan Schot)的研究③;迈克尔·吉本斯(Michael Gibbons)和他的同事分析了产业和研究的跨学科团队和终端用户的发展情况。④

有人会说,消解共同体内外的界限的研究有点像布鲁诺·拉图尔(Bruno Latour)和迈克尔·卡隆(Michel Callon)提出的"行动者网络理论",没有所谓人类专家与非人类专家的界限。⑤

理解"专家"含义的另一贡献者当属温。他描述了在放射性原材料产业工作的学徒的经历。他说,学徒们认为不需要通过了解放射科学这种途径来关注自身安全,因为他们都是"直觉上胜任的社会学家"(intuitively competent sociologists)和"机警而活跃的求知者……用他们关于社会关系和制度的知识来做出判断"。⑥温强调,学徒们的社会理解是他们信任雇主的基础。在文中后半段,在谈到这个群体时,温说这群学徒"技术上的欠缺是由于社会智力在起作用"。⑦

对温的贡献有两种不同的看法,是一种"局域性辨别"(local discrimination)。学徒们可以被认为在用他们来之不易的理解力对是否相信他们的雇主及其信任产生的社会网络中的位置进行判断,从而对生产步骤的安全性进行评估。

---

① Epstein S. Impure Science: AIDS, Activism, and the Politics of Knowledge. Berkeley, Los Angeles & London: University of California Press, 1996.

② Arksey H. RSI and the Experts: The Construction of Medical Knowledge. London: UCL Press, 1998; Bloor M. The South Wales Miners Federation, miners' lung and the instrumental use of expertise, 1900-50. Social Studies of Science, 2000, 30 (1): 126.

③ Rip A, Misa T J, Schot J, eds. Managing Technology in Society: The Approach of Constructive Technology Assessment. London & New York: Pinter, 1995.

④ Gibbons M, Limoges C, Nowotny H, et al. The New Production of Knowledge: The Dynamics of Science and Research in Contemporary Societies. London, Thousand Oaks, CA & New Delhi: Sage Publications, 1994.

⑤ 在这个问题上的交换意见,参见:Collins H M, Yearley S. Epistemological chicken // Pickering A, ed. Science as Practice and Culture. Chicago, IL: The University of Chicago Press, 1992: 301-326. 本文旨在通过解决广延性的问题修复专家与非专家的界限。

⑥ Wynne B. Public understanding of science research: New horizon or hall of mirrors? Public Understanding of Science, 1992, 1 (1): 39.

⑦ Wynne B. Public uptake of science: A case for institutional reflexivity. Public Understanding of Science, 1993, 2 (4): 328.

然而，我们发现在有多重解释的情况下这样的分析就显得没有说服力了。在牧羊人的案例中，鉴于他们的"社会性"，没有经过认证的专家的专长和普通人的能力是一样的。① 用我们的话来说，问题就在于"局域性辨别力"与一般的辨别力之间的区别是模糊的。

假设学徒有银行账户，难道在存钱时温也会说他觉得没有必要了解经济常识，因为，用他的话来说"直觉上胜任的社会学家"和"机警而活跃的求知者……用他们的社会关系和直觉知识意会的直觉性给自己定位"？他还会说学徒会把他们的社会理解作为信任银行的基础，他们缺乏经济常识是社会知识在起作用？如果他真这样说了，也许他是对的，但是要在一种平稳的社会关系中去谈信任而不是在需要掌握一种特殊的局部辨别力的地方。再有，谈到"辨别"（discrimination），我们要在有辨别能力的人当中解决广延性问题。

我们在前文谈到了特纳的论文，尽管他对专长进行了分类，但是他没有讨论能够对决策起作用的专长的胜任程度应该是怎样的。这种差别可能是由于英国与美国研究的侧重点不同。STS 文献表明，公众支持或反对某项技术大多是因为该技术离他们的生活"非常近"，甚至是直接会影响到他们的生活及会对他们的生活产生不可避免的（潜在的）不良影响。读过詹姆斯·彼得森（James Petersen）的著作就会清楚，在美国有一种很强烈的趋势就是怀疑政府，同时把公众的参与程度作为衡量责任的重要标准。② 比如说，1964 年出台的"经济机会法"（The Economic Opportunity Act）明确规定要求社会地位和经济上的弱势群体参与政治权利的区域发展计划。20 世纪 70 年代，这种理念被推广到更广泛的科学与技术的决策领域。③ 可以看到，这样发展的结果是，在美国的政治决议及实验论证中特别是涉及与科学和技术有关的议题，如类似机场扩建、核电等，增强了对民众意见的接纳程度。比如说：

……公众的广泛参与使得在科学和技术政策制定的问题上有了更多

---

① Collins H M. Artificial Experts: Social Knowledge and Intelligent Machines. Cambridge, MA: The MIT Press, 1990; Collins H M, Kusch M. The Shape of Actions: What Humans and Machines can Do. Cambridge, MA: The MIT Press, 1998; Collins H M. Socialness and the undersocialized conception of society. Science, Technology & Human Values, 1988, 23 (4): 494-516.

② Petersen J C. Citizen participation in science policy // Petersen J C, ed. Citizen Participation in Science Policy. Amherst: University of Massachusetts Press, 1984: 1-17.

③ 不能否认，相关机构已经尽可能地接受了这些改变。在实践中，尽管程序的变动能够使公众参与到政治改革的过程中，但是改变的不过些数据和信息而已。因此，并没有从根本上改变现有的关于谁、什么是专家的定义的内涵。换句话说，基本上是保持现状，没有什么改变。在缺失模型中，专长被看作是一种拒绝社会和经济上的弱势群体的强有力的资源。因此，能否参与决策主要取决于对专长的再分配，但不能跨越科学共同体。(Petersen J C. Citizen participation in science policy // Petersen J C, ed. Citizen Participation in Science Policy. Amherst: University of Massachusetts Press, 1984: 26.)

第二章 科学研究的第三次浪潮：专长与经验研究

更公开的辩论。鉴于市民常被排斥在技术决策之外，这一点显得尤为重要。在这种语境下，要促进公众的参与度就要使用一些非常规的手段以抵抗目前精英阶层对技术决策制定的垄断。①

正是这段引文促使我们写了这篇论文。公众参与的原因有两点，STS的论文论证了其中之一。第一个原因，正如STS所阐明的，公众的参与使讨论变得更充分，人们可以对观点和假设进行怀疑和试验，或许试验更重要。因此，伊恩·威尔士（Ian Welsh）认为，抗议人群所起的作用就是要保持一种怀疑的态度并将这种怀疑的态度用到判断专家意见上。② 毫无疑问，技术争论③、以前出现的专家的错误意见都加剧了这种怀疑（比如，把核能看作是一种安全的和不会枯竭的能源）。第二个原因不是由STS提出的，那就是公众的参与能平衡参与技术决策的精英层之间的利害关系。这当然是一件好事。但真的是这样吗？要知道这个答案我们就要回到广延性的问题上，看看在其他政策领域中有没有公众参与，如果没有，那么该论题就是有意义的。一个值得关注的反面范例是在经济政策的制定中，大多数的经济实体都投靠了中央银行，使得货币政策的决定权集中在了"精英集团"手中。换句话说，一旦定下了目标、建立了有效的监管机制，为了达到目的，央行及顾问便承担起了所有的责任，而公众却没有参与决策的权利。在英国，利率政策是由货币政策委员会（Monetary Policy Committee，MPC）制定的，其成员都是在财政或银行部门工作的经济学家，还有企业代表。④ 在美国，美联储（US Federal Reserve）也并没有迫于舆论压力就撤换艾伦·格林斯潘（Alan Greenspan）的位置。⑤

在欧洲，也不能完全把"公众参与"和"决策"画等号，因此要把对精英的讨论作为广延性问题的出发点。好的决策要兼顾不同的意见。尽管鼓励公众参与决策，但这是一个有关时效性的问题而不是一个民主问题。个人或群体为决策做出贡献是因为他们有相关经验，而不是说他们有权利和义务要这么做。欧洲对此问题的研究参见瑞普和他的同事所描述的结构技术评估（Constructive Technolo-

---

① Petersen J C. Citizen participation in science policy // Petersen J C, ed. Citizen Participation in Science Policy. Amherst: University of Massachusetts Press, 1984: 6-7.

② 参见 Welsh I. Mobilizing Modernity: The Nuclear Moment. London: Routledge, 2001. 值得注意的是，在美国的文化中本来对这种机制就是不信任的。美国和法国就业体制的对比参见：Porter T. Trust in Numbers: The Pursuit of Objectivity in Science and Public Life. Princeton, NJ: Princeton University Press, 1995, esp. Chapters 6 and 7.

③ Lawless E W. Technology and Social Shock. New Brunswick, NJ: Rutgers University Press, 1977: 418-425.

④ MPC过去以及现在的人事信息可参见英国央行网站：www.bankofengland.co.uk。

⑤ 当然，我们希望格林斯潘先生及其他银行高管能够广泛的征询意见，但是也不是说只要不是这个系统的什么人都可以随便做出决策。

gy Assessment，CTA）的进路，该研究旨在最大限度的指出非正式意见对解决科学和技术的争论的优势。①

CTA 的研究进路显然是社会学的，并且属于科学研究的第二次浪潮。从这个意义上说，这种进路强调的是知识体系，只有经受住挑战的知识才稳固。因此，争论是有益处的，因为它们会颠覆原有的知识体系，进而形成新的体系。社会学习（social learning）是分很多层的，有知识和专长是很明确的（articulate），还有巩固知识的网络。"明确"这个概念很重要，它意味着某种程度的参与能够促进社会学习，并且现有的机制和行动者不应当对其他参与者进行限制，或只接受某些类型的参与。瑞普说：

> 知识的有效性（非国会所能控制的争议）取决于利益集团之间的磋商及参与讨论的人员的范围。市民的参与既有优势也要避免规则的相互作用和界限的混淆。在争论中引入新势力将会打破平衡，只有明确的时候才会这样做。这意味着，参与权并不是公民本来就有的权利，是在为了某种观点而争论的过程中赢得的权利。②

"社会学习"对结果也是有影响的。达成共识并不是最终目标，因为在这个过程中充满了质疑和怀疑。这对许多涉及政策的科学争论来说显得尤为重要，因为争论产生的原因就是因为缺少共识。根据 CTA 进路，在这种情况下，在不知道谁知道什么和要学什么的情况下就需要建立一个新的知识网络。在这个过程中需要建立一种能够辨别潜在参与者的方法，还要精心策划各方的互动，并推动互动。我们的论文从一开始是就是针对上述问题的，但不可否认的是在不同阶段都遇到了许多难题。

一个显著的问题是在争论机制中不仅有科学和事实因素还有利益和资源的因素。结果就是，一个正在解决的冲突又成为另一场争论的导火索，参与者都在使用策略。因此争论并不像哈贝马斯说的那样公平的交流，参与本身就成为决策制定过程中争论的一部分。在这种语境下，瑞普援引美国 2，4，5，T 的例子，反对使用除草剂的人拒绝参加第二次"争端解决会议"，因为第一次的会议让他们感觉自己是被操控的，他们不想得到同样的结果。同样，荷兰和奥地利举行的世界能源大会也被亲核集团牢牢把持，公众试图进行劝说，但事与愿违！③

---

① Rip A, Misa T J, Schot J, eds. Managing Technology in Society：The Approach of Constructive Technology Assessment. London & New York：Pinter, 1995；Rip A. Controversies as Informal Technology Assessment. Knowledge：Creation, Diffusion, Utilization, 1986, 8 (2)：349-371.

② Rip A. Controversies as informal technology assessment. Knowledge：Creation, Diffusion, Utilization, 1986, 8 (2)：363-364.

③ Rip A. Controversies as informal technology assessment. Knowledge：Creation, Diffusion, Utilization, 1986, 8 (2)：363-364.

| 第二章　科学研究的第三次浪潮：专长与经验研究 |

尽管有这些问题存在，但仍然要开展社会学习，并且要承认争论的存在，即使缺少组织，社会学习也是种有用的反馈，总比镇压或拒绝承认其合法性地位要好。这些想法在欧盟最近组织的研讨会"专长民主化"（democratizing expertise）中得到了反映，会上认为有必要在技术决策的早期就让专家和利益相关者参与进来，并且要使他们持续的参与决策就要对新的证据进行重新审视和重新评估。① 研讨会的与会者们也认为，专长的定义域是广泛的，既包括科学各个领域内的理论和实践知识，也包括利益相关集团，特别是广泛的群众。同时与会者们也强调"专长民主化"并不是科学的主要任务。② 相反，与会者们认为有必要搞清楚专长的产生、使用和交流的方式，并需要建立使专家意见能够广泛传达的机制，以保证参与者能够做出更明确的决策。③ 换句话说，需要由负责任的决策者来制定决策，但决策的质量和合法性要全盘考虑。④

将决策权扩展到由专家构成的核心层以外这种观点类似于哈丁所说的"最大限度的客观性"（maximum objectivity），哈丁说：

　　一种饱有最大限度的客观性的科学、自然或社会，要有自我意识并且要对创造者的社会经验及其所青睐的认知结构之间关系做严格的检验。⑤

然而，我们的观点与立场论科学观（standpoint science）是有差别的。我们认为，参与要以基于经验的专长为基础。在立场论科学观中任何植入科学的社会政治立场都是合法的，可能是一种女性主义科学观、黑人的科学观等。⑥ 但这些科学观

---

① 欧盟"专长民主化"研讨会和建设欧洲科学参与系统（2001年3月30日，布鲁塞尔）的报告参见网站：http://europa.eu.int/comm/governance/areas/group2/index_en.htm. 这也是菲利普斯在疯牛病报告中提出的建议，参见 www.bse.gov.uk.

② 此外，参加欧盟研讨会的与会代表们还关心科学如何走向大众的问题。欧盟的科学家们不愿意接受美国的模式，因为所有的会议和辩论都是公开的，他们更希望在确定立场前有一些私下的交流。会议还涉及能源消耗、如何处理"不和谐的声音"及如何避免"协商疲劳"的问题。桃乐茜·聂尔金（Dorothy Nelkin）认为后者对于科学家们更加重要，参见 Nelkin D. Science and technology policy and the democratic process // Petersen J C, ed. Citizen Participation in Science Policy. Amherst: University of Massachusetts Press, 1984: 18-39.

③ 科学意见能够为争论双方提供技术信息，这里关于英国的胚胎系统细胞研究（embryonic system cell research）就是一个最好的例证。

④ Evans R. Macroeconomic Forecasting: A Sociological Appraisal. London: Routledge, 1999; Guston D H. Evaluating the First US Consensus Conference: The Impact of the Citizens' Panel on Telecommunications and the Future of Democracy. Science, Technology & Human Values, 1999, 24 (4): 451-482.

⑤ Harding S. The Science Question in Feminism. Ithaca, NY: Cornell University Press, 1986: 250; Cited in: Stengers I. The Invention of Modern Science. Minneapolis & London: University of Minnesota Press, 2000: 20-21.

⑥ Harding S. Is Science Multicultural? Postcolonialisms, Feminisms and Epistemologies. Bloomington: Indiana University Press, 1998.

之间是没有关联的。在我们的模型中，无论是女性主义科学观还是种族科学观都是相互联系的。女人、黑人和其他群体都可以获得基于经验的专长，但也只能作为一员参与到科学中。不管是否起作用，他们都应当贡献出他们的专长。我们不要对这些专长是否有用做出评判——在不同的情况下遇到的问题是不同的。专长肯定是不可能放之四海而皆准的——没有所谓的女性或种族物理学，只要他们的观点是正确的，那么无论是女性还是有色人种他们都对科学做出了贡献。

学术上总是存在不同声音的。当依靠科学和技术无法解决自身问题的时候，科学和技术就会向政治求助，这种观点现在已经为大多数人所接受了。比如，难道烟草业多年来假装参与流行病学的研究，只是为了多卖一点香烟吗？还是说，烟草业只是基于政治、而不是科学的观点才这样做？还是说，当我们在评论海湾战争中爱国者导弹成功击落飞毛腿导弹这件事的时候，谈的只是"影响"而不涉及政党利益的"不利影响"？① 科学立场论认为这些观点都是错的，因为科学和政治是没有关联的。奇怪的是，在权力斗争中失利的往往是学者，因为他们唯一的权利就是他们肯定的或批评别人的观点。

核心层是借助于专长在相互竞争的观点中进行裁决、并以此来确定知识的构成的。因此专长这个概念是十分重要的，即使它是理想化的。社会因素在知识的使用和传承中发挥着作用，但仅限于政治层面。外行之所以是"外行"，是因为他们在面对科学和技术的争论时表现的无可奈何。如果能够证明他们的经验可以为解决关于科学与技术的争论发挥作用，那么即使是被贴上了性别和肤色的标签的外行，也能够为科学和技术做贡献。

4. 案例分析

下面将以常见病为例，对市民的专长和以经验为基础的专家的专长进行分析。例如，虽然希拉里·阿克西（Hilary Arksey）对常见病很有研究，但是实际上她所研究的"重复性劳损"（repetitive strain injury，RSI）患者才是真正的专家。正如她的一位患者所言，印证了我们的观点：

> 我们才是专家，而不是医生、顾问或理疗师。我们才是一天到晚受RSI折磨的人。他们要想搞清楚RSI就得问我们。②

即便RSI病人并不完全了解这种病的病理，但他们也有大致的了解。阿克西认为，这一发现证明了公众的技能。她以此为论据批判了精英主义（elitism）的

---

① Collins H M, Pinch T. The Golem at Large: What You Should Know About Technology. Cambridge: Cambridge University Press, 1998: 7-29.

② Arksey H. RSI and the Experts: The Construction of Medical Knowledge. London: UCL Press, 1998: 174.

第二章 科学研究的第三次浪潮：专长与经验研究

观点，他们认为普通公众是没法对电视上看到的撞击试验（crash tests）做出评价的。有这种看法的绝不仅限于阿克西。同样，西蒙·洛克（Simon Locke）认为，"勾勒姆"（The Golem）系列丛书低估了公众理解技术局限性的能力。[①] 作为对洛克立场的呼应，乔恩·特尼（Jon Turney）认为："……可以怀疑的是公众是否像柯林斯和平奇说的那样对科学家和科学知识那么无知。"[②] 同样，温说，在技术决策上，公众并不是完全受"专家禁锢"的。[③]

我们一再强调，我们是要对专长进行检验而不是要考察专长在公众中的普及。这二者常常被混淆，因此洛克才会认为在《勾勒姆》系列丛书中公众给人留下了不了解科学的印象恰恰是因为公众已经掌握了关于科学的社会知识。这是什么奇怪的说法！当然，公众可以通过经验获得关于科学的社会知识，但是凭什么因此就认为公众能够参与（高度争议的）学术研究？再有，认为某些人拥有了专长就可以浪漫的相信所有的公众都拥有了专长？

也许，这些作者是搞错了科学专长与公众社会专长的区别。质疑是很容易的，但是做出公正的判断是很难的，难就难在能够做出足够准确的评判而不是胡乱批评。如果广延性的问题能够被解决，那么接下来的问题就是公众评价的问题，这是非常困难的，对我们来说同样如此。

5. 科学和技术的类型

我们的观点与西尔维奥·芬托维兹（Silvio Funtowicz）和杰里·莱文兹（Jerry Ravetz）的"后常规科学"（post-normal science）的观点形成了共鸣。后常规科学是一种充满不确定性和争议的科学，比如环境科学，风险很高、知识的不确定性也很大。因此，在这样的科学中事实和价值是不可分割的，过程充满争论。这样的科学没有认识主动权，因此观点难以付诸实施。对风险和不确定性的管理完全成了政治而非科学问题，这个问题也因此变得重要。这意味着需要一个新的、更包容的决策过程：

> 只有各方展开对话，才能出现科学专长，才能创造性的解决问题然

[①] Locke S. Golem science and the public understanding of science: From deficit to dilemma. Public Understanding of Science, 1999, 8 (2): 75-92; Collins H M, Pinch T J. The Golem: What You Should Know about Science. Cambridge: Cambridge University Press, 1st edn. 1993; Cambridge & New York: Canto, 2nd edn. with new afterword, 1998; Collins H M, Pinch T J. Frames of Meaning: The Social Construction of Extraordinary Science. Henley-on-Thames, UK: Routledge & Kegan Paul, 1982; Collins H M, Pinch T J. The Golem at Large: What You Should Know about Technology. Cambridge: Cambridge University Press, 1998.

[②] Turney J. Review of the golem at large. Public Understanding of Science, 1999, 8 (2): 140.

[③] Wynne B. Public uptake of science: A case for institutional reflexivity. Public Understanding of Science, 1993, 2 (4): 333.

后完成任务。无论是资金压力、迂腐的官僚体制和抗议，最终损害的都是各方利益。①

单靠科学是无法解决问题的，我们认为"后常规科学"（post-normal science）是没有办法解决广延性问题的。"后常规科学"混淆了公众对科学文本的理解和不同类型的专长。这一点，伊尔雷已经进行过讨论②，他也对芬托维兹与莱文兹的进路和温的进路进行了比较。

伊尔雷论证的出发点和我们类似——假设关于公众对科学传统的理解有一个确定的观点，但是如果在新的语境下对其解读那结果就会变得五花八门。根据芬托维兹和莱文兹的观点，我们要严把知识言论的"质量关"。在"后常规科学"中，决议是一个同行评价的过程，非科学家小组所提供的"更多的"事实可能会起到作用。正如伊尔雷所说，即使是作为一个概念系统，也是有问题的。例如，当"决策风险"（decision stakes）或"系统的不确定性"（system uncertainty）比较高的时候，同行的评价就不是很清楚（例如，宇宙学和工业灾难），因此理论就难以在实践中发挥作用。其次，任何问题都需要定位——也就是说，常规科学、咨询与后常规科学之间的界限本身是有争议的，因此后常规科学本身就是有问题的。③

假设后常规科学已经被界定清楚了，芬托维兹和莱文兹主要是通过咨询来减少系统或风险的不确定性来解决争论的。这种研究进路本身就有问题，并且没有界定清楚要和哪些人保持距离及和哪些人保持亲密接触的同行关系。因此我们认为，该问题的产生是由于把决策制定的政治层和技术层混为一谈了。当然，我们认为，不清楚的问题总会被搞清楚的，并且我们认为在解决问题的过程中吸收不同的专长会有助于问题的解决，但政治问题是不可能在现实的框架中得到解决的。因此，在基于不同标准的解决路径中最需要解决的就是政治问题。换句话说，即使是在政治层中，也要推进技术与政治的共同发展。

为了强调这种观点我们重新回到温的立场，他特别谈到了专长、而不是事实（或更多的事实）。温的工作是基于对不同类型的不确定性进行区分：风险（risk）（其几率是已知的）、不确定性（uncertainty）（知道参数但不知道几率）、未知（ignorance）（甚至连参数都不知道）还有非决定性（indeterminacy）（系统可能

---

① Funtowicz S O, Ravetz J R. Science in the post-normal age. Futures, 1993, 25 (7): 751.

② Yearley S. Computer models and the public's understanding of science. Social Studies of Science, 1999, 29 (6): 845-866; Yearley S. Making systematic sense of public discontents with expert knowledge: Two analytical approaches and a case study. Public Understanding of Science, 2000, 9 (2): 105-122.

③ 例如，伊尔雷发现转基因食品的风险"很高"，或者说"非常高"。在芬托维兹和莱文兹的"NU-SAP"在某种程度上也涉及解决这个问题的办法，参见：Funtowicz S O, Ravetz J R. Uncertainty and Quality in Science for Policy. Dordrecht: Kluwer, 1990.

第二章 科学研究的第三次浪潮：专长与经验研究

会被他人占用，无法得到保障）。根据温的观点，从 CTA 文献来看，有一种感觉，就是说尽管专长是有局限性的（意思是它是基于文化假设和规范，等等），但是它的"缺陷"（gaps）是可以通过其相关领域的他人的专长来"弥补"（filled）的。这些领域可能包括：科学应用系统（自然或社会）的局域性知识（如牧场工人、农民、屠宰场的工人等），过去的行为机制，这样就能使他们知道（最好）该相信谁、不该相信谁（如塞拉菲尔德的居民、住在化学工厂周围的人等）。这样，标准是通过融入社会和文化而产生的。

对温来说，监管问题就是在不降低风险的情况下（在通常情况下），我们要更加关注我们所不知道的（未知和无法决定性），然后找到使它们融入监管机制的方法（即建立预警和预期调控的观点）。温的问题就在于这种转化及这样一种特殊的监管模式是否能够被过去那些为公众所认可的专家及现在的专家接受，是值得怀疑的。一旦科学家的"社会"知识被转移到伪科学那里，那么，外层知识作为一种批判科学的力量远比贝克和吉登斯所说的"自反性现代化"（reflexive modernization）大得多。

在如何理解知识和专长的本性方面，我们的看法与温的观点没有什么不同。所不同的是我们更愿意讨论如何做。温对不确定性和知识的分类研究在构建经验数据方面非常有效。问题是如何把这些意见转化到机构中。温反复强调就事论事和知识的局域本性，但暗示在监管过程中没有一个好的法则能够用来辨别，也无法将这种法则运用到监管程序中。另一方面，伊尔雷却比较乐观，认为焦点人群能够做到像芬托维兹和莱文兹所说的同行审查，并能提供某些温所说的"更广泛的争论"（broader debate）所需的专长。而我们的目标则是要找到能有效整合上述观点的标准。

我们把芬托维兹和莱文兹所谓的"后常规科学"（post-normal science）分成了三个阶段。这样来区分科学，也不意味着就不涉及对专长或价值的区分，即使他们强调这种科学属于我们图中的下半部分。在勾勒姆科学中，虽然公众对于决策的制定有合法的权利，能够决定自己要做什么，但是公众对科学共识的达成并不起主导性作用。然而最重要的是，公众仍然可以拥有专长，有权利走进核心层，因此这个特殊的专家小组应当从另一角度对科学的发展做出贡献。

（张帆译）

第三章　科学专家证言与理智的法定诉讼程序

斯科特·布鲁尔[*]

假设两组专业数学家在一个复杂的数学问题上存在分歧——即是否普林斯顿的数学家安德鲁·威尔士（Andrew Wiles）真的解决了"费马大定理"呢？这个定理自从路易·费马（Louis Fermat）在360年之前首次提出之后还没有一个数学家曾经证明出来。这些专家们曾有机会来聆听彼此在为威尔士的证明提出的相互竞争的结论进行辩护的理由，但是没有任何一个专家组被其他的组所说服。我们应该如何判定到底哪一组做出了正确的数学判断呢？建议如下：召集一组大约十二人左右的非数学家，让他们有机会来聆听这两个相互竞争的数学家组各自具有代表性的观点，并且让这些非数学家们来判定是否威尔士的证明确实是成功的。如果这件事情的真相是我们的首要关注点，那么这样的决策程序看起来是合理的吗？存在严肃的理由来质疑这种程序。关于这种程序的最为明显的问题在于，看起来我们将这个在数学科学中充满争议的、高度复杂的问题的判定交给了那些最不胜任这项工作的人。

在许多法律系统中，包括美国的政府与联邦系统，使用那些令人不安的接近我们刚才所想象的那种决策程序，在这些程序中诉诸非专家的判断和评审，并且被授权来评价专家的科学证言。这篇论文的目标就是提供一种对合法标准与原则的可持续的批判性分析，使得它们能够生成并且管理这样的程序。专家科学信息和在贯穿于民事的及犯罪的法律决策中快速增长的百分比是相关的，甚至是具有决定性重要地位的。不过大多数的法官和陪审团对于相关的科学领域并不是充分熟悉以至于能够独立地并且可靠地利用科学的信息来对这些判定产生影响。他们反而必须征求并且遵从专家科学证据的判断。

此外，在那些提供了专家科学证据的诉讼案件中，非专家法官和陪审团并不伴随着某个关于科学真理的权威"声音"，而是伴随着相互竞争的科学专家的证据出现，这些证据证明了相反的或甚至是矛盾的科学命题，这几乎是不可避免

---

[*] 斯科特·布鲁尔（Scott Brewer）：曾任法官爱德华兹（Harry T. Edwards）（美国哥伦比亚地区巡回法院）和大法官马歇尔（Thurgood Marshall）（美国高等法院）的秘书，曾在哈佛大学、耶鲁大学和达特茅斯学院开设本科生哲学课程，1991年进入哈佛大学法学院执教。在耶鲁大学获得法学博士和人文学科硕士学位，在哈佛大学获得哲学博士学位。主要教学和研究领域是法理学、证据和契约。

第三章 科学专家证言与理智的法定诉讼程序

的。做出在相互竞争的科学专家中相信谁的令人信服的独立判断上,缺乏必要的信息,非专家的法律决策制定者通过依赖于如下这些专家意见的标记来选择专家,这些标记包括诸如证书、名声及行为举止。因此,即使这种对专家科学判断的征求与遵从的行为也需要非专家们使用一种理性的过程——这个过程包括选择专家,决定要相信相互竞争的专家中的哪一个专家,并且最终包括如何使用所信任的专家信息来解决诉讼中的核心争论。

1998年,我在《耶鲁法律杂志》(Yale Law Journal)发表了论文《科学专家证言与理智的法定诉讼程序》[①]。在这篇论文中,我论证了美国当前的司法系统需要法官和陪审团以一种独断的方式来遵从专家的证言。在过去的这7年中,并没有对专家证言方面的持续性改革。因此这篇论文是从早先那篇论文延伸出来的,提出了一个对当前的司法实践的合法性的最新的、批判性的挑战。由于篇幅的限制,这篇论文不可能也不会将早先那篇文章中的整个论证再重复一遍。正像我在下面详细阐述的那样,这篇论文反而要专注于打算提供什么样的专家证据,并且为什么做判断的人如果缺乏一种精密的方法那么这个任务就是不可能实现的。

利用法学、认识论、科学哲学及实践推理的理论,同时也利用科学专家证据的原则及最主要的案例,这篇论文仔细的建模了推理的过程,通过这个过程非专家的法律推理者在将一条法律应用于个体的诉讼人之上时遵从科学专家们。利用这个模型,我将论证三个核心的结论。将这些结论联合起来将对事实上所有的法律系统产生深远的影响,在这些法律系统中非专家的法律决策者将遭遇到专家的科学证言。

首先本章论证,在判定相互竞争的科学专家之间哪一个才值得信任方面,为了避免做出认识上独断的选择,人们必须理解(在本文所讨论的一个特殊意义上)科学的认知目的及方法。但是非专家的法官与陪审团正缺乏这种类型的理解,这也是为什么他们反而依赖于其他的专家知识的特征,比如证件、名声及行为举止。其次,非专家的法官与陪审团缺乏对于科学的认知目的及方法的理解,并且他们在相互竞争的科学专家之间进行选择时对诸如证件、名声及行为举止这样的专家知识的特征的依赖,因此仅仅屈从于认识上独断的判断。最后,那些显著依赖于专家科学证言的非专家的法官与陪审团最终所获得的结论通常也是认识上独断的,并且因此从司法的观点来看并未得到论证。

总而言之,我认为法律系统所致力于或者应该致力于的价值,事实上对当前处于适当位置上的已经牢固树立了的证据方法之一提出谴责。正像科学理论一直以来正变得越来越专业化、复杂化并且和更为扩展的案例领域相关联,这种对标准化的

---

① Brewer S. Scientific expert testimony and intellectual due process. Yale Law Journal, 1998, 170: 1535.

渴望和实际的原则上的及制度上的程序之间的不一致将会不断的威胁非专家司法判断的合法性。我将通过论证当前的体制并不能给在其中包括专家证言的诉讼人案例提供"理智的法定诉讼程序（intellectual due process）"来作为本章的结论。

一、专家知识：为非专家介绍概念及基本问题

1. 知识，得到辩护的信念及认知能力的程度

在我 1998 年的那篇文章中，我通过"认知能力"这个术语来定义专家（以及理论权威性），相应的我又用术语"理解"来描述。现在对"认知的"及"理解"的概念应该有一些解释。关于"认知的"的与众不同的标志乃是对于得到辩护的信念的关注。也就是说，这种认知的观点是这样一种观点，推理者的一个最重要的认知目标就是获得得到辩护的信念。这里的"得到辩护的信念"是一个占位符。不同的认识论以不同的方式来填充这个位置。某些理论宣称，对于一个恰当的认知观点来说，真理是唯一的最重要的认知目标[1]，而其他的理论允许更为广泛的认知目标起作用，即使它们并不被评价为获得发现真理目标的工具性手段。[2] 为了能确认这种伴随着获得得到辩护的信念的认知目标的认识论观点，我并不提供对任何特定的认知价值论的强承诺，尽管那些看起来专门"以真为核心"的认识论（即那些将发现真看作是最重要认知目的的理论）确实承担着对许多认知实践中（包括科学实践）那些认知结构进行错误描述的巨大风险。

对于任何完整的认识论理论来说，"理解"的概念都应该是其中重要的一部分。在当代认识论中，"理解"相对那些重要概念比如"知识"与"辩护"来说几乎没有获得任何明确的讨论，并且即使这仅有的讨论也只局限于特别是对语言理解的关注。迈尔斯·本尼特（Miles Burnyeat）提出了一个比较有前途的更为一般的探索"理解"问题的路线，这和我在这篇文章中所提出的进路是非常一致的。[3] 这出现在他对柏拉图主义和亚里士多德主义所提出的，对于一方面是知识，另一方面是提纲式的、解释式的"理解"两者关系的概念的讨论中：

---

[1] 例如，劳伦斯·邦茹（Laurence Bonjour）似乎用以下的方式来强调真的重要性："认知辩护的独一无二的特征就在于……它与关于真的认知目标具有本质的或内在的关联。因此某人在认知上所做的努力仅当并且在他们致力于这个目标的意义上才是认识论上得到辩护的，这大体上意味着某人接受所有并且仅仅那些信念，而这些信念是他有充分的理由去相信为真的。"Boujour L. The Structure of Empirical Knowledge. Cambridge University Press, 1985: 8.

[2] 例如，可参见：Elgin C Z. Considered Judgment. Princeton University Press, 1996.

[3] Burnyeat M F. Wittgenstein and augustine de magistro. Aristotelian Society Supplementary, 1987, 61: 1-20.

第三章 科学专家证言与理智的法定诉讼程序

在知识和理解之间的重要差异就在于，知识可以是零散不系统的，可以一个接一个的把握孤立的真理，但是理解总是包含着对已知事物之间的联结与关系的领会。"我所理解的仅有的那部分现代物理学就是公式'$E=mc^2$'。"这种表达是无意义的。"我所知道的仅有的那部分现代物理学就是公式'$E=mc^2$'。"这种表达只不过是糟糕的。①

本尼特谈论比如像柏拉图这样的哲学家，"想要将知识融入理性的理解中去"。② 尽管将知识的概念融入理解中去，或者甚至更为乐观的，将作为认识论的核心的知识概念替换成理解的概念，这确实是很有吸引力③，但是我在目前文本中并没有完成如此巨大工程的野心。我的理论责任要谦逊得多，只是尝试仅仅去阐明一种认知能力的观念，这种能力能够获得并且帮助去解释包含在掌握科学专长过程中的认知能力的本性。为了这个目的，作为对一种拓展的、解释的④、概要式的把握的获得的那种"理解"观念是非常有用的。⑤

我在1998年发表的论文中包含了关于视角与价值论的讨论，在文章中我将劳丹的合理性模型扩展为一个关于合理性事业及它们的不同目标、方法和事实判断的全面解释。劳丹将他的科学辩护模型称为"网状的"来标记这样一种方式，通过这种方式所有的科学目标、方法及信念都相互支持与解释，并且每种类型

---

① Burnyeat M F. Wittgenstein and augustine de magistro. Aristotelian Society Supplementary, 1987, 61: 1-20.

② Burnyeat M F. Wittgenstein and augustine de magistro. Aristotelian Society Supplementary, 1987, 61: 1-20.

③ 凯瑟琳·埃尔金（Catherine Elgin）在这个项目上取得了重要的进展。参见：Elgin C Z. Considered Judgment. Princeton University Press, 1996.

④ "解释"对我这里所赞同的"理解"概念是非常重要的。本尼特再一次强调："正如亚里士多德一样，柏拉图认为某人知道或理解p的条件是他把握了关于p的解释。这显然包括看到了在p和许许多多其他的命题之间的关联，但是这不仅仅是关于解释性的关联性所能说明的，并且是通过这种观点柏拉图和亚里士多德获得了结论，即具有最完整的意义的知识，比如理解，需要对整个领域的一种概要式的把握。"参见：Burnyeat M F. Wittgenstein and augustine de magistro. Aristotelian Society Supplementary, 1987, 61: 1-21.

⑤ 将理解的观念看作是对解释性关联的一种概要式把握，这在那些明确探讨过这个概念的哲学家中间并非罕见。例如，尼尔·库珀（Neil Cooper）论证："理解和关系与连接有关"以及"有可能具有片断性与肤浅的知识，而仅当我们将这些知识碎片彼此关联或连接起来形成差不多一致的整体时我们才具有理解。"Cooper N. The inaugural address: Understanding. Aristotelian Society Supplementary, 1994, 68: 3-4。类似地，凯瑟琳·埃尔金的更具雄心的项目，即引入一种理解导向的而非知识导向的认识论："对于和我们有关的认知成果来说，'理解'是一个更好的术语。并不局限于事实，为我们所希望的是，理解是远比知识更为全面性的。我们理解规则和理由、行动和激情、反驳和困难、技术与工具、形式、功能和虚构、同样还有事实。我们同样理解图画、词语、方程式与模式。通常这些并不是孤立的技能；它们联合在一起形成对主体、纪律或者学习领域的理解……理解一个特定的事实或者发现、概念或价值、技术或法律大体上和知道它处于一系列承诺网络中的什么位置以及在这个网络中如何起作用有关。"参见：Elgin C Z. Considered Judgment. Princeton University Press, 1996: 123.

(目标、方法和事实判断)是如何能够在另外任何一个类型中引起改变。例如，一个被选中的认知目标可以改变或者规定对方法的选择——当一个心理学家选择双盲实验方法时——因为她相信这种选择可以充当心理学实验中的事实的认知目标。注意到这个例子同样也阐明了另一种方式，通过这种方式一个事实判断可以帮助来引导对方法的选择——因为正是在双盲实验的效用中（以及大体上具有较弱的效用的单盲实验）的一个事实判断导致她选择作为引起事实的方法。类似的，一个和对某个目标的可实现性有关的事实判断能够在这个目标中引起强制性的改变——因为去追求某种某人所决定的无法达成的目标（作为一个事实判断的问题）是毫无意义的。网络的每一个"节点"都可以对其他的节点彼此间具有辩护性的及解释性的影响。这种适宜于从科学扩展到知识学科的辩护模型是一种整体论式的解释，强调了在认知辩护中反思性调节的核心地位，这和我在别处所提出的典型论证的解释具有大体相同的重要性。① 并且这是可以将内容赋予这种解释性关系的网格结构的一种模型，这种解释性关系表现在对专家学科训练的"理解"之中。我的建议是，在这样的一门学科中具有认知能力将能够把握并且熟练操控这类与一门专家学科中目标、方法和事实判断相关的网状结构。正是在非专家的司法推理者中对这种类型的理解的缺失使得他们在获得实际决定过程中对于专家科学证言的合法依赖蒙上了疑惑。

另外，还有一点对我后面对待某些案例如道伯特（Daubert）案的评估具有重要性，并且这也是为这篇文章做全面的总结。在一门专家学科中的认知能力是有不同程度的；并不是一种"全或无"的"转换"。或许这并不让人吃惊。某些数学家、逻辑学家、物理学家、经济学家、遗传学家等在他们各自的专家学科中在把握和熟练操纵目标、方法和事实判断方面比其他领域的专家在相同的学科中更游刃有余，这难道不是一个熟悉的事实吗？显然作为一个物理学家牛顿要比阿西莫夫更具认知的能力。根据同样的标志，我们应该认识到，并没有一条明确的界限将专家知识从非专家知识中划分出来——正像并没有任何明确的时间节点或者分界线将夜晚和白天分开，尽管在白天和夜晚之间存在明确的差异。并非所有的专家在他们的学科领域中都具有同等认知能力，也并非所有的非专家在某个给定的专家学科中都一样无能。

2. 实践的认知遵从与理论判断

正像我上面强调的那样，我用"实践的认知遵从"作为一种缩写的形式，来代表一个非专家的实践推理者，类似未受到科学训练的法官或陪审团，对一个科学的

---

① Brewer S. Exemplary reasoning: Semantics, pragmatics and the rational force of legal argument by analogy. Harvard Law Review, 1996, 109 (5): 923-926.

第三章 科学专家证言与理智的法定诉讼程序

理论专家的遵从。这种推理过程正是我所关注的核心。当然,并非每一个实践的推理者对理论专家的认知遵从的案例中他们都是非专家的实践推理者;一个具有认知能力的实践推理者也可以遵从一个在认知上同等的或接近同等的人。我将"实践的认知遵从"局限在非专家的实践推理者范围内,仅仅是为了缩略的需要。

"理论判断"是这样一种判断,即它是关于人们应该从一种认知的视角中相信什么的判断。尽管理论判断是科学探索中的核心部分,但是并不仅仅是科学家做出判断。宗教信仰及准科学判断,比如在占星术与通灵术中的判断,在文学与造型艺术中的判断也是一样,都是这种意义上的"理论"判断。[①]

3. 非专家的选择与竞争问题

非专家至少面临四个不同的问题,我将这些问题称为"选择问题"。为了解释这些问题,我将从一个简单的(并且含糊的,但是充分的)定义开始。将 Hc 称作呈现给一个实践的推理权威(比如法官或陪审团)中的总体假说。例如,Hc 可能是原告的请求,认为乔纳斯犯了谋杀罪;或者原告声称史密斯违背了合约。(在这个案例中,Hc 通常都是一个"终极"的问题,并且是一个关于法律和事实的混杂问题。)我们将 Hi 叫做个体假说,它和所有其他的 Hi 联合起来可以导出 Hc(Hc 并不需要同样的推出 Hi)。仅在如下情况下,即给定 e 的真实性而非 e 的虚假性 Hi 就能得到更好的辩护,那么我们就可以将一个证据命题(其本身可以是逻辑上简单的或者复杂的)叫做 e,并且它是某些 Hi 的客观的证据。仅在如下情况中,即它构成了 Hi 的客观证据,我们说一个证据命题 e 对于某些 Hi 来说是推理相关的。(也就是说,"关于……的客观证据"和"推理相关"是同义词。)仅在如下情况中,即 e 是推理相关于某些 Hi(根据定义,它们是那些蕴涵 Hc 的命题集合中的元素),我们可以说一个证据命题 e 是推理相关于总体假说 Hc 的。这个定义是关于相关性与实质性的概念的一个粗略的归纳和混合,我们可以在证据的一般法则中发现这些概念,还有我们在认识论的文本中发现的关于客观证据的一个基本定义。[②] 这个概念的含混性的一个优点就在于,在大量不同的认知评价标准及随之产生的信任等级之中保持中立。

在详细研讨 Hc 的过程中,当一个非专家的法官或者法官与陪审团必须决定是否向一个公众认定的科学专家咨询时,这个非专家人员将面临四个"选择问

---

① Goodman N. Ways of Worldmaking. Hackett Publishing,1978:1-7.

② 例如,可参见:Achinstein P. Concepts of evidence. MIND,1978,87:22。正如彼得·阿钦斯坦(Peter Achinstein)所讨论的,当我们说 e 是 Hi 的证据既不依赖于任何人相信 e 或者 Hi 也不依赖于任何关于它们之间的关系的时候,我们就说这个关于证据的概念是客观的。参见:Achinstein P. Concepts of evidence. MIND,1978,87:23。

题":①决定哪一个能提供专家证言的知识系统才是科学;②决定哪个科学家能够通过一种能满足那些实践的推理者业已建立的认知评级的标准及随之产生的信任等级的方式来使用她的科学;③决定哪种能提供专家证言的知识系统才是理性相关于这个案例的科学(即理性相关于 Hc);④在那些存在由任务③所引起的显著疑虑的案例中,决定谁可以通过鉴别出专家科学训练的方式来回答问题③,这种训练能够满足认知评价的选择标准及随之而来的信任等级的要求。

  在专家证言中"竞争"出现在两个专家同时证明要么对立要么矛盾的两个有证据的命题。① 大量科学的专家证言具有这样一种竞争性的事实,对于那个在其中非专家要做出依赖于专家证言的判定的系统来说,显示出了一个特定的问题和疑惑。当专家们就某些证据性命题 e 的真实性有异议时,非专家必须决定在这个科学问题上相信谁。不过按照我们的假设,非专家在这样的专家学科领域内并不具有足够的能力基于真实的理由来做出选择,因此这些非专家如何能够做出那样的选择呢?如果我们假设就每一个专家而言都是诚实的,这看起来就特别的令人迷惑因此看起来我们好像在期待某种更强的能力将科学真理从非专家那里而不是从专家那里分辨出来。之所以如此是因为那些控制着专家证言的有效性的证据法则(即作为非专家的法官或者陪审团被允许采纳的证言)并不预设所有的专家都证明了真理。在某种程度上我们从如下基本事实中得知这一点,即法官对他所了解的将会证明相反的或者矛盾的命题的专家们进行"资格认定"——即使当那些法官们同时也完全意识到两个有证据的互相对立或者矛盾的命题不可能同时为真。但是如果一个法官并不期待每一个科学专家都对真实性作证(并且因此,基于专家都是真诚地做出证明的假设,法官也并不期待每一个专家同时也知道真实性),那么这个法官期待非专家的法官或陪审团在分辨真实性方面实际上比专家做得更好吗?看起来或许是这样,因为很明显的每一个专家都有一个机会来听取持反对意见的专家建议,并且因此和陪审团必须形成自己的信念一样多的机会来修正他自己的相对立的信念。

  关于竞争的问题存在学科内部的和外部的不同看法。当两个在同一个领域中的专家,例如流行病学,对某些问题做出了相反的或矛盾的方式的证明时就产生了学科内部看法。当来自不同领域(如哲学与精神病学)的专家就某些问题做出相反的或矛盾的方式的证明时,就产生学科外部版本。(我假设那些领域,大致上是学术领域,具有真正的认知意义,且并不只和大学部门有关。)此外还有我将称为"现实的竞争"及"隐式的竞争"问题。现实的竞争发生于两个或更多的相互竞争的专家的证明在审判中都实际上得到了认可的情况下。隐式的竞争发

---

  ① 在逻辑上和认识论上弱化版本的竞争,例如,"不连贯一致"是可能的,但是对于我的分析来说,矛盾和竞争的更为容易表达和理解的形式就足够了。

| 第三章　科学专家证言与理智的法定诉讼程序 |

生于一个"镜头之外的"（extra-camerally）特定主题或话题之上存在专家意见，并且如果一旦得到认可就会产生一个关于真实竞争的问题。某人同样也可以想象某种类型的存在于专家证言中的"历时的竞争"，这种竞争主张在某个时刻的专家支持之后被另一些专家挑战。关于竞争的基本问题就是，在不能评估关于他们所提供的用来支持他们的有证据的判断的这些竞争的论证的实质价值的情况下，一个面对关于某些证据命题的相互竞争的专家证言的非专家如何能够决定哪一个参与竞争的专家（学科内部的或学科外部的，真实的或隐式的）是值得信赖的。

二、知识与得到辩护的信念：非专家想从专家那里得到什么？

1. 法律渴望什么：从专家那里获得已辩护的信念

某人可以评估一个给定的心智状态，如简单的信念，或者知识，或者一个有充分理由的、合理的或得到辩护的信念，等等。这些范畴可以排列成一个谱系（例如，一边是简单的信念，另一边是知识，认知评估的某些其他额外的形式在中间），或者或许解释为或多或少独立的范畴，每一个范畴都有自己的标准。正是知识的范畴占据了当代认识论学者的注意力。在近几十年中，这种关注通常采用如下形式，即将当代"经典的"知识标准思考为得到辩护的真信念，并且寻找额外的或不同的概念标准使之能够解决类似盖梯尔问题等。[①] 更为当下，认识论学者们提出了一些包含了对认知评价的其他术语的说明性理论（尽管这其中的某些理论反而主要是作为关于知识的某些经典三分标准的解释而被提出的），如辩护、一致性、可靠性及证据。

在做出一个司法判断的过程中，当他们评估假定存在的相关的及实质的科学信息时，在这篇文章中我就会关心这些非专家的法官和陪审团的认知能力。但是为了获取他们的认知能力，我自身必须选择认知评估的恰当条件，通过这些条件可以获取那种能力。而我所选定的条件就是得到辩护的信念，并且是基于以下三个基本的理由：首先，看起来是关系到法学家的认知评估的核心概念，这些法学家自身紧密的并且是批判的参与了某些过程，通过这些过程科学的专家证据进入了司法决策的制定之中。其次，尽管"知识"这个概念已经兑现了（cashed out），但是看起来同样要求一个有意识的征求相互竞争的科学证据的系统（正像刚刚评注的那样，法官们习惯于承认那些相互矛盾的来源于专家的证言，伴随着一种意识，即两个相互矛盾的事实性主张不可能同时构成知识）。最后，在认知

---

① Gettier E. Is justified true belief knowledge? Analysis，1963，23：121.

辩护和司法合理性所需要的辩护之间存在着一个有趣且丰富的关联。

我将把这三个理由再详细叙述一下。在过去的几十年里，那些对证据的学说和制度特别留意的法学家们正变得越来越关注科学的专家证言。他们认为，从科学研究到实情调查的信念之间的认知链条上丢失了某些东西。他们认为什么东西丢失了呢？看起来好像他们所关注是关于那些科学家所具有的充当专家证据的，但是在从证据传递到非专家的法官和陪审团的过程中所丢失的那些科学知识。他们担心，作为这种丢失的结果，非专家们在他们提出最终判定时所依赖的是那些未得到辩护的关于科学信息的信念。在某些主要的（美国）法庭判决及诉讼者和学者的论证中，尽管有大部分关于"知识"和"科学知识"的讨论，我坚持认为它们实际上并非是法学家所关注的知识，而只是得到辩护的信念。（我将如下阐述这个观点：尽管许多法学家看起来从字面上关注"知识"与"科学知识"并且经常用这些术语来指导他们的分析，从哲学的观点来看，他们的事实上的关注实际上仅仅是得到辩护的信念。）道伯特案是一个极好的例子。

回顾在道伯特案中，最高法院所考查的在决定是否承认由非科学专家的事实调查者所考虑的证据中联邦法官用来评估科学证据的贡献的恰当方法。法庭通过聚焦于知识的术语来表达科学证据的可容许性的问题，因为这个术语对于联邦证据法则702来说是核心术语，即当前在道伯特案中争论的规则。解释"作为任意的法规的通过立法制定的联邦证据规则"，法庭接着要弄清知识这个术语在这个规则中意味着什么，部分是通过利用关于法定解释的"朴素的意义"的方法（这种方法，正如在道伯特案自身中，通常并不意味着比在词典中查词语更多）。①法庭的分析值得充分的引用如下：

> 专家证言的主题必定是"科学的知识"。"科学的"这个形容词必然包含着科学的方法和程序中的某种基础。类似的，"知识"这个词意味的也不仅仅是主观的信念或者未得到支持的猜测。根据韦伯新国际词典第三版，这个词"适用于任何已知的事实或者从这样的事实推出的观念或者公认的有着坚实基础的事实"。当然，做出如下总结是不合理的，即科学证言的主题必定是"已知"为具有确定性的；科学中不存在确定性这一点是有争议的。例如，尼古拉斯·布隆伯根（Nicolaas Bloembergen）等人大概就是如此，建议书9（"确实，科学家并不声称他们知道什么是永恒的'真'——他们尽其所能致力于寻找新颖的与暂时性的理论来解释现象"）；美国科学促进协会等机构看来也是如此，如建议书7—8（"科学并非是关于宇宙万物的知识的百科全书式的载体。而是表

---

① 道伯特诉梅里尔·道公司案，参见：Daubert V. Merrell Dow Pharms. (1993), Inc. 509 U.S.：579, 587, 590.

第三章 科学专家证言与理智的法定诉讼程序

现出关于世界的理论性解释的建议与简化的一种过程,这些解释需要经受进一步的测试与简化")。不过,为了获得"科学知识"的资格,必须从科学方法中派生出某种推论或断言。所提出的证言必须被恰当的确认过程所支持——即"坚实的基础",或者说基于所已知的东西。简而言之,专家证言需要与"科学知识"相称这样的要求就建立了关于证据可靠性的一种标准。①

法庭上真的关注科学知识吗?法庭的确非常严肃地看待"科学知识"这个术语,但是经过进一步思考清楚的是,这和传统知识论所关注的不可能是完全一样的概念——至少包括那些将"真"看成知识的必要条件的知识论理论。尽管法庭及传统的知识论学者赞同"'知识'这个词并不仅仅意味着主观的信念或无根据的猜想"②,但很明显的是,在法庭的解释下,法则702并不预设每一个专家都在证明真理。要不然法庭将不会允许科学专家来证明相反或矛盾的命题。③ 法庭反而会提供一个更为扩展的关于"知识"的说明,这种说明将包含"任何已知的事实或者……任何从这样的事实推演出的观念或基于充分理由而被接受为真的观念……提出的证据并需得到恰当的确认过程的支持——换言之,'充分理由',基于所已知的东西"④(法庭同样也有如下结论,确定性并非是"科学知识"的一个必要条件⑤)。简而言之,当在解释"知识"的术语及"科学知识"这个短语的时候,法庭所关注的认知评估的概念就是一种判断,这种判断乃是得到充足理由支持的。

我们将通过听取在道伯特案中针对被告的简要报告来证实这种解释性判断(我们的解释性判断,换言之,在关于证据的联邦法则中关注法庭对"知识"这个术语的解释),这种判断无疑对法庭的分析有着重要的构成性的影响。和法庭的意见相类似,那个摘要同样也强调在强的意义上的(哲学意义上的)知识与有充分理由支持的判断之间的差别。这的确放大了这种区别并且针对目前的要点来

---

① Daubert V. Merrell Dow Pharms. (1993), Inc. 509 U. S.:589-590.
② Daubert V. Merrell Dow Pharms. (1993), Inc. 509 U. S.:590.
③ 参见本章一3:I. C.(在专家中讨论"竞争")。
④ Daubert, 509 U. S.:590(内部引用,标记省略)。严格来讲,为了避免循环论证,我们不能将知识概念指称"任何人所知道的事实",除非他能够继续给出什么是已知的事实的非循环的说明。在文本中,法庭能避免这个问题,如果所说的乃是"当证据的法则谈论'知识'的时候,它们实际上是指有着充分理由的信念。"即使如此,法庭在上面的引文中所说的都有点太过于广泛。当然这并不是这样的案例,即任何"从'已知的'事实推出的观念满足即使是法庭上更弱的'知识'概念的标准。"显然,因为存在大量的无效的或者不然不可接受的推理类型,可能从公认的已知事实推出来。法庭真正所想的乃是好的推理(即那些"作为有充分理由的真理而接受的","由恰当的确认所支持的——即'充分理由'、基于所已知的事实"等)。
⑤ 参见:Daubert, 509 U. S.:590.

说更进一步的是，认可相互竞争的证据在法则702中的对"科学知识"的同等要求的前提下可以全部得以承认：

> 即使提供一种"意见"，科学专家也必须证明"科学知识"。

这句话很自然意味着专家必须证明这不仅仅是他或他本人关于科学问题的观点。法则702并不允许专家提供"信念"、"假设"、"理论"、"主张"、"断言"、"证据"、"证言"，而是将专家证据局限于"知识"之中。根据韦伯新国际词典（第三版），即使"知识"通常独自的至少要求对于命题来说恰当的确认——即基于所已知的东西的有着"充分理由"的信念。并且当用作"科学的、技术的或其他专门化的知识"这个短语的一部分时，这个术语很自然指称通过相关的科学、技术或其他专门化领域得以认为是充分的那些理由——也就是说，根据在相关领域中广泛接受的标准，声称已证实的或是派生出来的（假说"必须证明它们的勇气（mettle）"变成"科学知识的一部分"）。通过自然的解读，法则702的措辞因此就需要在可能的范围内进行确认——即某种基础，或为了承认有效所需要的充分理由——基于专家领域中业已建立起来的标准。①

尽管这个简要的分析出色的鉴别出和证据的法则与基本原理相关的认知评估的术语，但同时也突显了非专家关在认知遵从问题上针对专家的一个深深的迷惑。实际上，这个摘要论证了，当某个当事人所提供的假定存在的科学证据是如此的脆弱以至于不能"从相关领域中广泛接受的标准中证实或派生出来"，那么法官甚至将不允许把这个证据呈现给那些非专家的陪审团。但是当支持相反或矛盾的命题的证据是通过"由相关科学的、技术的或其他专门化领域认为是充分的理由"来得以支持时，那么非专家的法官或陪审团将根据那些竞争着的并且有充

---

① 摘要增加如下注释："显然，完全可以设想对于不同的相互竞争的科学（或任何专家）主张中的每一个在任何给定的时间在可能的程度上都是有效的。科学家们有所分歧的以及科学知识如其所增长的那个原因就是，在一个特定时刻所已知的并不能独一无二的预先决定新问题的所有答案。所接受的标准和有效的证据因此无法排除两个竞争着的但是都有充分理由的结论中的任何一个。不过，由此类推，它们的确排除了某些答案。因此，有效性意味的是——给定不断发展的知识整体所能意味的所有就是——作为真理而接受的充分理由，基于那个时刻所已知的。"在这个摘要中的许多其他段落也有相似的效果。例如，这个摘要声称，法则702要求："每一个专家的特定的证言都有一个充分的基础，是由这个专家的领域内公认的标准所判定的。"Daubert V, 509 US: 12. "对于为了可容许性的屏幕证据来说，正是在规则之下法官的基本职责来确保证据的整体提供一个判断的合理的可靠的基础。""通过将专家证言局限在'科学的、技术的或其他专门化的知识之中，能够帮助事实的检验者'，法则702要求专家的证言在标准中有充分的理由，通常跟随在他或者她的领域之中，为了使所提供的类型的断言合法化。"并且，"'知识'这个批判性的词项所要求的远多于个体的信念或猜想，而是指向那些奠基于可靠的用来支持这些主张的标准之中的推理或者断言。"

第三章 科学专家证言与理智的法定诉讼程序

分理由的主张来做出决策,这些主张是为了当前司法决策的目的而被采纳的。这也就是说,基于这个摘要的观点并且很明显的基于道伯特案法庭自身的观点来看,当在认知能力上具有资格的专家们提出异议时,那么谁是正确的这个决定将由法官给予那些最不具有认知能力的公共机构行动者,即非专家的法官或陪审团。此外,这还将驱动我们询问,在科学证言的评估过程中我们对于非专家的司法推理者能够期待和要求什么?道伯特案的观点及至少它所依赖的某些资源看起来会给出如下回答:当证据是如此的脆弱以至于没有任何在此领域内的受人尊敬的科学家赞同,那么就要阻止非专家听取这些证据(并且阻止非专家得知没有任何受人尊敬的专家赞同这些证据);但是当最好的科学理论和方法不足以说明这个结果时,就让非专家来决定谁是正确的。根据这条法则,在认知上负责任的决策是如何能够产生的?[①]

我们过一会再回到这个问题上。现在我将以另一种方式重申我在本节中所做的基本描述性评论。关于科学专家证言的说服力而言,对于律师、学者及陪审团来说,所关心的核心问题并非是否专家具有——或者可以传递给非专家——在哲学意义上的强的"知识",而是是否专家具有并且处于某个立场能够传递给非专家一个信念,而这个信念是有充分理由来支持的。不过我认为进一步去说,对于这些陪审团来说所关心的并非是知识的认知概念而是得到辩护的信念,这也是不准确的。(很明显需要来自律师、学者及法官的文本中的大量更多的证据来更为概括性的支持这个主张,但是我试着提出如下判断,即这样的证据是很容易就可得到的)。

我将不再停留在关于关系到证据法学家的什么样类型的认知评估的描述性主张上。无论法学家们对科学专家证言的说服力的关注是否特别聚焦于有充足理由支持的信念之上——即聚焦于得到辩护的信念——而不是聚焦于哲学意义上的知识,现在我将提出他们应该关注的正是这个概念。为什么仅仅是更弱的意义上的概念?为了预见到之后的讨论,尽管看起来科学对于告知法律的某些事项来说有很大的重要性,这些事项对于大量的司法决策从理性上来说是恰当的,但是同时很清楚的是,科学真理乃是难以捉摸的。科学并非认知上的坚硬磐石或者毫无歧义的神谕,这是陈词滥调。有大量的例子,在其中科学观点的某些独特视角乃是理性上恰当的,并且在科学观点的每一个"层次"(价值论目的、方法、特定的判断)上,都有那些熟练的、有学问的及理智的科学家提出异议的空间。如果一个司法系统设定自己的关于程序与证据的法则——指导"法律认识论"的法则——仅为了坚持"知识"(伴随作为必要条件的真理),那么法律在很大程度上

[①] 我在文章的开头就提出了这个问题,通过一个不同的案例。

将从律师那里剥夺自身，需要在充分的认识上合法的成为司法合法性来做出法律判决。明智的法律并不会将认知的触角伸展到超越它的能力范围之外的地方。它处理的及它所应该寻求的仅仅就是得到辩护的信念，这已经从科学家证言传递到非专家的法官或陪审团。

但是即使这个更为谦逊目标是否也能实现？

2. 作为得到辩护的信念的来源的证言

现在我转向一个更为集中性的考察，是否非专家能够做出合法的司法决策制定过程中所需要的认知上有说服力的判断——目前暂且将对合法性标准的来源与本质的讨论搁置一会。为了和在 I.C 节中所得到的结论一致，这里所包含的全部哲学问题如下：即使面对着选择与竞争的问题，非专家的实践的法律推理者能够获得关于科学命题的得到辩护的信念及他们在理智上的相关性吗？我将尝试着通过对在专家主题中那个引起人们对专家的认知遵从的推理过程的解释与建模来回答这个问题。什么类型的理论洞察力可以用来帮助我们进行这种考察呢？我认为在两种类型的哲学分析中或许可以辨明这种洞察力。其一是对作为知识或者得到辩护的信念的来源的证据的一般性认识论分析。其二是由那些研究专家证据的认知诸维度的哲学家们所做出的更为特定的分析。我考察这些贡献者中的某些人。在这个简要考察中使用一种术语学上的策略是值得的。因为这些讨论并不会一直将知识与得到辩护的信念区分开来，并且因为对于我当前的目的来说这种区分并不重要，我将使用"KJB"来无差别地指称知识与得到辩护的信念。

1）证言

我将从某些哲学家对证言的认识论的一般性分析入手。考虑到看起来 KJB 的来源是如此的丰富，但在知识论的文献中几乎没有找到任何明确的和持续的对证据的探讨，这让人非常惊讶。不过在最近几年里，对证言的哲学探讨增加了，因此这个主题将可能会很快作为一个主要的知识论领域，占据其应有的位置。当代的许多争论都聚焦于是否证言可以成为 KJB 的一个独立的来源，与记忆、知觉及推理等主题具有同等地位，或者是否证言反而能从它可以还原为其他相似的 KJB 的来源中得到任何它所具有的认知上的完整性。[1]

休谟在他的文章《论奇迹》中提出了一个简要的但是影响深远的解释。[2] 休

---

[1] 关于证据的还原论和反还原论的一个有用的争论可以参见：Fricker E. Telling and trusting: Reductionism and anti-Reductionism in the epistemology of testimony. MIND, 1995, 104: 393.

[2] Hume D. 1748. Of Miracles // Hendel C W, ed. An Inquiry Concerning Human Understanding. The Bobbs-Merrill Co.

第三章 科学专家证言与理智的法定诉讼程序

谟的解释是还原论式的。他将证据的 KJB 的完整性看做是依赖于经验的证实;确实,他对证言的处理方式是他在《人性论》①及其他著作②中所发展出来的彻底的经验论的一种相当直接的应用。他开始于如下评论:"没有任何类型的推理是比从人们的证言中及从目击者与旁观者的报告中所派生出来的东西更为普遍,更为有用的,并且甚至对于人们的生活来说是必要的。"③

他接着指出:"在任何这种类型的论证中我们的信心只能来自于如下原则,即我们对于人们的证言的真实性及对于通常和目击者的报告的事实的一致性的观察。没有任何的对象之间存在可发现的共同关联,这已经是普遍的格言了;并且我们可以做出的从某个对象到另一个对象的所有推论都只能从我们对它们之间恒常的习惯性联合的经验之中发现,很明显我们不应该得出对这条格言的例外……为什么我们信任目击者及历史学家的原因并不来自于我们在证言与实在中我们所先验感知到的任何关联,而是因为我们习惯于在它们之间寻找到一种一致性。"④

这样一种说明具有同时对于轻信的范围与界限的现成的解释,从认知的观点来看,我们应该将这种轻信扩展到从证言中所获得的信念中去:"当经过验证的事实几乎没有被我们观察到时,就存在着两种对立的经验的竞争,其中的一种经验只要产生效用,就会破坏了另一种,并且占优的经验仅能通过它所留存的效力来作用于心智。"⑤

一些当代的哲学家被证言的认知整合性解释所吸引,这种解释同时具有休谟思想中种种要素:经验论的与还原论的。例如,蒯因就赞同休谟式的解释,除了从蒯因的一般认识论中所熟知的那种特定的自然主义的和整体论的味道:

> 当我们听到某个报告了一些超出我们的经验范围之外的内容的观察语句时,我们获得了证据表明说话者具有某种与他的话语相匹配的刺激,即使我们并没有获得这些刺激。原则上来说,这就是作为我们感觉的延伸的证言机制。对于提升观察输入来说,这是首要的并且是最伟大的人类机能。显微镜、望远镜、雷达及射电天文学乃是后来发展出来的设备,尽管最终的目标相同。⑥

---

① Hume D. An Inquiry Concerning Human Understanding. The Bobbs-Merrill Co 1748:186.
② Hume D. Of miracles // Hendel C W, ed. An Inquiry Concerning Human Understanding. The Bobbs-Merrill Co,1748.
③ Hume D. Of miracles // Hendel C W, ed. An Inquiry Concerning Human Understanding. The Bobbs-Merrill Co,1748:119.
④ Hume D. Of miracles // Hendel C W, ed. An Inquiry Concerning Human Understanding. The Bobbs-Merrill Co,1748:119-121.
⑤ Hume D. Of miracles // Hendel C W, ed. An Inquiry Concerning Human Understanding. The Bobbs-Merrill Co,1748:121.
⑥ Quine W V, Ullian J S. The Web of Belief. Random House,1970:33-34.

|专长哲学|

蒯因和于连（J. S. Ullian）同样为听者的预设的合法性也提供了一种自然主义的讨论，这种预设认为一个"作证的"说话者所说的话是真的——无论是说出那些其真值相对很容易被听者所检验①的观察语句，还是那些其真值相对不那么容易被听者所检验的非观察语句，并且因此认为"错误证据泛滥的危险"都是真的。② 蒯因和于连认为，如果没有关于听者证言的预设，即证明说者所说的乃是真的，并且如果没有这种预设向非观察语句的延伸的话，证言将不能成为 KJB 的有意义的来源。但是他们同时也欣然承认，这些预设的认知诚实性容易受到严肃的怀疑，因为欺诈与可错性同时伴随着可观察的与不可观察的证言。即使这样，他们论证说，听者或许通过拥有某些假定的信心来得到辩护，认为证人所说的乃是真的，蒯因和于连将这种辩护定位于语言与语言习得的自然特征之中。③

正像在说者那里有着一种对于诚实的自然倾向那样，蒯因和于连论证说，也存在相关的理由认为在听者那里也有着对于诚实的自然倾向（显然这是基于善意原则的，尽管并没有明确地指出）。另一方面，盲从与轻信不是并且不应该是在理性上毫无限制。合理性统治着盲从。在蒯因和于连看来（正像在休谟看来一样），那些作为证言的已获得的信念的诚实性的经验基础对在从证言中所获得的信念的合理信任上施加了牢固的约束：

> 诚实一般来说是令人称赞的，尽管并非总是明智的；但是轻信，在高于某种适度的考量下，既不是令人称赞的也不是明智的……对那些倾向于对一面之词高度采纳的人来说，法庭是值得去注意他们的。这给我们上了一堂严肃的课。人们在某些场合下会掩饰真理，不管是出自狡猾、自我欺骗、无知或是恐惧。显然他们同样也会记忆偏差、错误判断或者错误推理。④

蒯因和于连及休谟都没有明确强调关于专家证言的问题。一般的证言与科学的证言之间的差别在认知上可以是相当显著的，特别是对于一个休谟主义的解释来说更是这样，根据这种解释，证言的完整性依赖于听者对于他被告知的事情的独立证实与证伪的能力（至少，在足够大量的案例中）。非专家对那些简单的非技术性的（包括观察的）报告的确证是最容易的。但是非专家不能独立的与直接的来检验复

---

① Quine W V, Ullian J S. The Web of Belief. Random House，1970：34.（"观察语句，在狭窄的意义上说，乃是相对简单的。这就是使得它们成为科学法庭的原因。"）

② Quine W V, Ullian J S. The Web of Belief. Random House，1970：33-34.

③ Quine W V, Ullian J S. The Web of Belief. Random House，1970：35. 他们如此解释："对于语言本身的生存来说，真实性是最必不可少的……毕竟，我们对原初的观察语言词汇的习得存在于我们将它们和恰当的感官刺激联合起来的习得过程之中。那么就有小小的疑惑，即如果那些相同的刺激在未来施加于我们之上来证实那些恰当的联合起来的观察语句。撒谎就是一种从条件化的反应中逃离的努力。"

④ Quine W V, Ullian J S. The Web of Belief. Random House，1970：36-37.

第三章 科学专家证言与理智的法定诉讼程序

杂的理论命题,这些命题并不包含那些简单的观察性结果,或者它们的观察结果本身即使要进行识别也还需要复杂的训练才行。非专家能够尝试着去检验的东西无论是什么,都必须依赖于间接的策略,如行为举止、证书或者名气。①

伊丽莎白·弗里克(Elizabeth Fricker)提供了一个得到支持的关于证言的认识论,这种认识论强调了听者对于目击者的诚实与能力评估的重要性。② 尽管她并没有明确的探讨过专家证据的问题,但是她对于认知能力的强调对于本文的问题来说是具有启发性和帮助性的。她的观点主要的相关点如下:首先,为了解释证据,在全域与局域还原论之间进行区分是非常重要的。全域还原论有两种形式:①将所有的证言性的 KJB 还原为更为熟悉的和基本的并且更为明确的认知来源和原则,例如感知、记忆及推论,这是可能的;②一种独特的观点,即认识论学家必须做出这样的还原,为了解释作为证言所获得的 KJB 的认知完整性。休谟看起来对这两种全域还原的观点都是赞同的③;我猜想,尽管并非很确定,蒯因和于连也是赞同的。④ 局域还原论也有两种形式:①将部分的但不必要所有的证言性的 KJB 还原为某些更为熟悉的、基本的及更为明确的认知来源和原则是可能的;②知识论学家必须将部分的而不必然是全部的证言性 KJB 还原,为了解释它们的认知完整性。

弗里克坚定主张,大量我们在直觉上倾向于承认为 KJB 的东西都来源于证言,并且这些信念中的许多信念都不能还原为 KJB 的其他来源。对这种观点有着强有力的支持——大部分是通过托尼·科迪(Tony Coady)在他的对还原论主张的广泛的批评和拒斥中整理出来的。⑤ 例如,科迪针对休谟论证说,一个人不能经验性的求教于他的个人体验来检查是否证言是可靠的,因为存在着太多的证言但是个人的观察能力是很有限的。此外,为了证实或证伪那些有关鉴定性证据(testimonial evidence)所要做的大量工作本身就充斥着证言性的(testimonial)信息;或许甚至人们用来描述世界及其对象及习俗的那些概念框架也是通过证据来获得的。但是,正如弗里克所强调的,像科迪所提出的反还原主义的论证不能区分全域与局域还原论。这样,他们对证据的独立认知优势的分析就要大打折扣了。在对科迪的反还原论版本的批评中,弗里克注意到科迪仅仅否定了全域还原论的可能性。弗里克认为,我们看起来似乎没有任何选择而只能接受大量

---

① 我简要的考察这些方式。参见本章第二部分。
② Fricker E. The Epistemology of testimony. Aristotelian Society Supplementary,1987,61:57,73.
③ Hume D. Of miracles // Hendel C W, ed. An Inquiry Concerning Human Understanding. The Bobbs-Merrill Co, 1748:119-124.
④ Quine W V, Ullian J S. The Web of Belief. Random House,1970:33-34.
⑤ Fricker E. Telling and trusting:Reductionism and anti-Reductionism in the epistemology of testimony. MIND,1995,104:79-100.

的在我们的成长阶段中基于"简单信任"的证明性信息，在这些信息中我们从父母、老师及伴侣那里接受了语言和概念。① 但是一旦我们进入了具有认知能力的年纪，我们就确实可以选择。她指出，在这个后期的成长阶段，作为一个成熟的认知行动者对证言采取一种严格的批判立场，不仅仅是可行的而且甚至在理性上乃是义不容辞的。处于这种批判的立场上，证言的采纳者在理性上有义务对证人的真诚与能力予以注意。

在一种对听者面对证言所采取的推理程序的模型的构造过程中（这和我在这篇文章中所尝试的那种精神是非常类似的，但是聚焦点有所不同），弗里克主张"常识语义学"赞同如下推论规则，即允许解释者从一个作证的目击者说出了某个命题这样一个事实推论出对这个命题本身的接受。② 她将这个推论规则看做是"一种关于断言的言语行动的分析性真理"，可以表述如下：（S 断定在时间 t 存在命题 P 并且 S 是真诚的，并且在时间 t 有能力做出推论 $P \to P'$）。其中，"S 在时间 t 有能力做出推论 $P \to P'$" 等价于 "在时间 t，S 相信 $P \to P'$"。③

根据弗里克的观点，听者具有合理的义务同时预设了真诚与能力，但是这些预设是相当容易推翻的。真诚"可以被假设，除非有着缺乏它的标志"，但是"听者必须总是对说者的缺乏真诚而搬弄是非的标志进行审查"。④ 类似的，弗里克认为关于能力的预设"应该假定为缺省设置"。⑤ 正如她所承认的，戴维森式的考察认为，听者对于说者的能力（以及诚实）所做出的某些"善意的"预设或许是语言本性的一部分；并且对于弗里克的主要的目标科迪来说，在她的解释中严重的依赖于这样的考察。然而，弗里克的经验主义进路导致她（正如导致休谟、蒯因和于连）做出如下结论，即关于能力的适当的合理性预设乃是明确的有限的：

尽管施加在解释上的概念约束还留下一个经验的问题，即是否特定的说者，在特定的场合，要么是有能力的要么是真诚的；某人在相信被

---

① 弗里克论证如下："我们中的每一个人，在对事物的常识图式的成熟掌握的过程中，都经历了一个历史性的发展过程，在这个过程中她对于她的老师和其他信息的态度是简单的相信……牢记在我们学习语言（和我们学习这个世界并不分离）的过程中我们所信任的其他人教导的作用。"同上：401. 弗里克同样认为在这个阶段所获得的公认的 KJB 可以通过我们从其他所有来源那里获得的大量 KJB 的融贯论者的方式被证实，这包括知觉、记忆以及推理、发育。她接着说："通过证据最初获得的信念通常往往在之后获得双方面的支持，即通过其他证据的进一步证实，以及通过与我们凭借知觉和基于其上的经验理论相融贯。"同上：410.

② Fricker E. The Epistemology of testimony. Aristotelian Society Supplementary, 1987, 61: 72-73.

③ Fricker E. The Epistemology of testimony. Aristotelian Society Supplementary, 1987, 61: 73.

④ Fricker E. Telling and trusting: Reductionism and anti-reductionism in the epistemology of testimony. MIND, 1995, 104: 405.

⑤ Fricker E. Telling and trusting: Reductionism and anti-reductionism in the epistemology of testimony. MIND, 1995, 104: 405.

第三章 科学专家证言与理智的法定诉讼程序

告知的事情之前,如果是一个有自我意识的合理的信念形成者,那么将希望持有确实的证据。相应地,在什么样的辩护结构必须支持一种证词-信念的问题上,可以合理地认为听者必须处于如下境况,即知道说者乃是真诚与有能力的,不过听者能做到这一点需要他拥有和手头上的案例相关的某些特定的证据。①

弗里克揭示了她自己对这种关于能力的预设的信任是很低的,并且必然的,听者在面对其能力已经被假定了的证据和证人时的那种善意的"概念的"条件要求也是很低的:

> 关于一种类型的叙述,即常识心理学知识允许某人去期待说者关于主题乃是有能力的:比如她的姓名,她的住址,她早餐吃了什么,在她眼前看到了什么,等等。此外,说者②必须对这种缺乏的指标保持敏感……参与(这种解释性任务)其中的听者并不相信那些不加批判而被告知的事情,并且在她对报告者的信任方面具有经验性的基础。③

关于能力的一个更强的预设的主张在理性上乃是有保证的——即在缺乏相反的特殊证据情况下的关于能力的预设——弗里克回应说:"那些要么是不真诚的要么是没有能力的说者所说的话语所占的比例对于成为一种有吸引力的策略来说太高了。"④

弗里克为局域还原论做了论证。我们不能将作为证言性所获得的 KJB 进行全域还原,因为我们不能摆脱对那些在我们成长发展中所形成的对简单信任的必然性的依赖(尽管即使某些在这个时期所获得的信念可以在之后得到一致性的确认)。但是在我们成年后,我们可以将那些作为证言性所获得的命题局域还原为 KJB 的其他形式——感知、推理及记忆——通过实施在前面我们勾画出的那种批判性的假定性的解释训练。

弗里克的解释有很多可取之处。其洞察力是特别有价值的,因为他们关注到了听者面对关于说者的那些内隐的和外显的主张的时候所需要保持的一种稳健的批判立场。正像我所论证的那样,这样一种批判的立场乃是内建于法律的认识论之中的,这种内建的程序是通过证据的法则的形式及针对专家的(以及其他)事实性主张的事实调查者的谨慎进行程序化的方式展开的。弗里克相当具有说服力

---

① Fricker E. The Epistemology of testimony. Aristotelian Society Supplementary, 1987, 61: 77.
② 我假定这是对"听者"的印刷错误。
③ Fricker E. Telling and trusting: Reductionism and anti-reductionism in the epistemology of testimony. MIND, 1995, 104: 405. 当然,这个经验基础有多么牢固依赖于支持真诚和能力的预设有着什么类型的经验理由。在我所讨论的文本中弗里克对这些基础并没有提供太多的讨论,但是在其他地方有更为扩展的讨论。
④ Fricker E. The Epistemology of testimony. Aristotelian Society Supplementary, 1987, 61: 75.

的解释认为，这种类型的程序化的谨慎参与了每一次对证言的理性的遭遇并且不仅仅是在法庭上那种高度形式化的制度性的环境下的证明相遇（testimonial encounters）。如果她的观点是对的，在这个领域内的法律合理性乃是更为一般的合理性的一种延续。弗里克的解释同样也因为它对三个强的直觉的令人信服的组织配合而具有吸引力。首先，跟随休谟，我们不能通过自己的非证言性经验来证实她所听到的所有证据。其次，即使大量的作为证言性所获得信念不能通过其他途径来得到证实，然而，看起来却的确产生出了 KJB。最后，对于合理的轻信来说也是有限制的，在这里无批判的信任渗透到了那些无证轻信（warrantless gullibility）之中。

但是弗里克的解释确实留下了一些重要的问题没有回答，在她的解释能为证言中信任的合理性提供一个充分解释之前，这一点还是需要强调的。例如，她让我们去思考，我们所认为的作为证据性生成的那些 KJB 中到底有多少实际上真是 KJB，因为她关于说者能力的预设仅仅应用于一个相对较为次要的"叙述范畴"（subclass of tellings）（例如，说者的姓名，她的住址，她早餐吃了什么，等等）。当然，KJB 从证言中产生，这样一种直觉的真实效力来自于它的能力，即能解释绝大多数我们那些相当复杂的并且因此看起来似乎我们无法找到一个好的立场去证实的信念。① 弗里克的解释对于处于这样的立场下我们如何或者是否能够获得 KJB 的问题上却并没有给出太多的答案。

或许正是对这个困难的警觉导致了弗里克提出了这个笼统的主张，即"关于证言的认识论的核心乃是：解体（disaggregate）"②。她对此做了详细说明："这种解体同时关涉是否及何时在没有证据的前提下我们可以正确的信任，以及关涉到对于说者的可信度的经验证实。"③ 这种解体的原则并没有对前面提到的问题提供任何最终答案，即对大量显然是无法证实的、作为证据生成的（testimonially generated）信念的地位问题。（这些能成为 KJB 的真实来源吗？即使在涉及这些命题的领域中不能成为专家，那么是否还有一些方式来证实它们呢？）但是如果将证言的认知完善性的调查计划看做是一种调控的规则（regulatory rule），这个原理看起来就是不容置疑的。某些这样的原则在这里正在指导着我的探索，即非专家的实践推理者对科学专家的遵从。之前的讨论仅仅只是认为：

---

① 约翰·哈德维奇（John Hardwig）强烈推进了关于我们直觉上相信能在听者那里产生 KJB 的证据的复杂性这一点。参见：第110页注①至第114页注②中的所有注释以及伴随的文本（讨论了哈德维奇的解释）。

② Fricker E. Telling and trusting: Reductionism and anti-Reductionism in the epistemology of testimony. MIND, 1995, 104: 407.

③ Fricker E. Telling and trusting: Reductionism and anti-reductionism in the epistemology of testimony. MIND, 1995, 104: 407.

第三章 科学专家证言与理智的法定诉讼程序

无论我们对作为 KJB 来源的那些证言的认知优点给出什么样的普遍解释，都不能假定说所有的证据性知识（testimonial knowledge）具有相同的优点。对于科学知识来说，有一些特殊的特征使得这些知识特别难于看出对于非专家的实践推理者来说它们是如何可能成为 KJB 的来源的，这些推理者受到了某些认知精确性的规范及实践合法性的约束。

2）专家证言

现在我从对证言的一般性哲学理论转向那些更为特定的聚焦于专家证言的解释。某些学者（如那些由普特南和哈德维格提供的）① 聚焦于日常生活中对专家的遵从；我将这些称为对专家的一种合法的认知遵从的"集体主义者"解释。另外一些学者（如肯尼和科迪）② 提供更为特定的和直接的聚焦于我所要达成的目标，即在法庭上的专家证言。我将这些称为对专家的一种合法的认知遵从的"外加于司法机构的（extra-cameral）"解释。这两种类型的解释对强烈持有的直觉进行了辩护，即非专家可以从专家那里获得 KJB——即使在面对前面所讨论过的那些选择与竞争的任务中。③ 我将考察这些辩护究竟有多充分。

对专家证据的"集体主义者"解释认为，要理解对专家的认知遵从是如何及为什么能生成 KJB④，那么 KJB 理论本身必须要和那种已经统治了哲学很久的"个体主义的"认识论模式显著区分开来。这种标准模型是个体主义的，即将知识仅仅看作个体思维的心灵（individual knowing minds）的特性或能力，并且关于信念方面，什么是好的、什么是可靠的、什么是有保证的或者什么是真的，乃是从个体的认知者的观点那里分析出来的。尽管有着重要的例外情况，这种模型的优势和关于知识的基础主义者、融贯论者、内在论者及外在论者的理论相比是走了捷径（cuts across）的。

相比之下，集体主义模型认为创造和传播 KJB 可以是并且的确是一项集体主义的事业，而不仅仅是一项个体的事业。集体主义理论家认为，一个个体主义解释想要完全解释 KJB，这太过于复杂了。哈德威格是一个近来在这个领域里领先的评论家，通过一种令人信服的方式阐述了这种直觉：

我发现自己相信那些我没有任何证据的所有类型的事情：比如抽烟

---

① Putnam H. The meaning of "meaning" // Putnam H, ed. Mind, Language and Reality. Cambridge University Press, 1975: 215; Hardwig J. Epistemic dependence. The Journal of Philosophy, 1985, 82 (7): 335.

② Fricker E. Telling and trusting: Reductionism and anti-reductionism in the epistemology of testimony. MIND, 1995, 104: 393; Anthony K. The expert in court// The Ivory Tower: Essays in Philosophy and Public Policy. Basil Blackwell, 1985.

③ 参见本章第一部分。

④ 我继续用"KJB"来代替"知识或得到辩护的信念"，出于本文一开始所提供的同样的基本原因。

导致肺癌,……大众传媒威胁了民主制,……我的心跳异常导致心室性早期收缩,在非学术领域学生的分数和成功没有关联……我所相信的事物列表即使不是无限但事实上也可以不停列举下去,即使我没有关于它们真实性的任何证据。但是我是有限的。尽管我可以轻而易举的想象要想获得证据我将要做些什么,这些证据可以支持我的信念中的任意一个,但是我不能想象我能为所有我的信念做到这一点,这样我就相信的太多了;存在着太多的相关证据(其中大部分仅仅在大量的、专业化的训练之后才可用);生命短暂,智力有限。①

作为非专家,的确有理由相信个体主义模型不能解释我们是如何获得大量的 KJB 的,而这些 KJB 是那些大量的我们坚定的相信我们将其看做是 KJB。甚至也有理由来质疑是否个体主义模型可以充分的解释科学专家所公认拥有的那些 KJB。例如,考察如下事实,即经验科学家在建构、证实与证伪他们假说的时候习惯性的及日益依赖于计算机。但是他们通常不能凭自身来证实或甚至来理解——没有大量额外的训练,他们或许没有时间来进行这些训练,或者觉得没有必要训练——这些理论性的工作,这些工作在计算机科学家制造计算机和编写经验科学家所依赖的程序时候指导着他们的工作。因此,这些科学家或许被看做是依赖于——即在认知上遵从——计算机科学家的工作,但同时并不理解计算机科学家的工作细节。即使如此,我们依然不得不穿过一条道路来到怀疑论的路上,认为这些顺从的科学家并不具有关于他们自己领域的 KJB,或者说在他们自己领域并不具有认知能力,仅仅是因为他们对计算机科学的理解是有限的,而这些计算机科学为他们所依赖的技术奠定基础。②

那么对 KJB 的非个体主义解释看起来又如何呢?普特南简要却丰富的描述了这样一个理论,即关于他所提出的"语言劳动分工"③。普特南强调了这样一个问题,即在一个给定的社会中专家与非专家是如何试图去使用具有相同意义的"专家"术语的——这些术语在专家理论的训练的特定领域范围内,比如经验科学——即使非专家凭借其自身没有能力去了解这些术语的意义。例如,当代英语文化圈中的非科学家成员如何能习惯性的使用术语"水""黄金"及"山毛榉树",但同时却并没有掌握要理解这些术语的真实指称所需要的化学、物理学及

---

① Hardwig J. Epistemic dependence. The Journal of Philosophy, 1985, 82 (7): 335. 因为哈德维奇并不否认证言是一种类型的证据,并且他很明确的为所列出的信念赋予鉴定性证据,我们必须使得第一句话中他的断言意味着他对此并不拥有非证言性证据。

② 哈德维奇提供了一个好的例子来说明(他所谓的)在物理学家中的认知依赖性。参见 Hardwig J. Epistemic dependence. The Journal of Philosophy, 1985, 82 (7): 346-347.

③ Putnam H. The meaning of "meaning" // Putnam H, ed. Mind, Language and Reality. Cambridge University Press, 1975: 227.

第三章 科学专家证言与理智的法定诉讼程序

生物学(例如因此能够将"黄铁矿"从黄金中区分出来)?

普特南提出了一个"社会语言学假说"来解释这种现象。即他认为在"语言劳动分工"中,大多数社会成员获得这样的词汇如"水"和"黄金"并将其作为自己的一般词汇表,但同时这些成员中仅有一部分成员的集合获得了识别是否一个给定的事物可以归属在那些词汇范围之下的专家方法。这就是说,即使他自己并不是一个专家,一个在认知上普通的人也能和专家在相同意义上使用"专家"术语:

> 他可以依赖于说者的一个特定的子类。一般被思考为存在于与一个一般名称的关联之中的那些特征——外延中的成员的充要条件,即如果某事物在其外延(标准)中的识别方法等——都作为集合体而存在于语言共同体中……
>
> ……
>
> 每一个语言共同体都是上面所描述的语言劳动分工类型的典型:即至少拥有某些术语,其相关的"标准"仅为拥有这个术语的说话者的子集所了解,并且其他说话者使用它们,要依赖于一个在他们和相关联的那个子集之间的结构化的协作。①

普特南这个简要的讨论至少为一个共同体作为整体如何能被看做具有专家知识,即使并非所有的成员都具有必需的专长这样一个问题提供了一个有前途的解释起点。在一个同时包括了专家与外行的共同体中,专家或许被看做在术语的意义上行使了认知上的权威,这些术语的意义唯有通过特殊化的专家方法才能得以辨明。②

哈德维格在集体主义理论方面走得比普特南更远,随着时间的推移,他对的个体主义挑战者来说做出了一些显著的让步。哈德维格愿意考虑并且几近赞同一个非专家 B 可以从专家 A 那里获得关于某些命题 p(但并非是我所聚焦的更为范围广泛的 KJB)的知识的观点,即使在以下条件下:①B 并没有表现出进行探究的能力,能够为命题 p 的真假提供证据;②B 没有这个能力,并且将来也没有这个能力做到这一点;③B 没有能力对专家 A 为他的观点所提供的理由的优点进行评估;④B 无法理解 p 的意义。

根据哈德维格的观点,即使处于这些条件下,认为 B 的信念在理性上得到辩护及 B 知道 p 也是有道理的。他为这些不寻常的结论(就理性上得到辩护的信念而言)中的第一个所做出的主要的论证如下:

---

① Putnam H. The meaning of "meaning" //Putnam H, ed. Mind, Language and Reality. Cambridge University Press, 1975:228.

② 普特南使用"语言劳动分工"这样的术语,这是因为他在那个时候极力主张一种特定版本的实在论语义学。我们可以同样叫做"认知劳动的分工",正如他本人含蓄的承认一样。参见同上。("显然,这种语言劳动的分工依赖于并且预设了非语言劳动的分工……随着社会中的劳动分工的增长以及科学的盛行,越来越多的词语开始显示出这种类型的劳动分工。")

我们必须将 B 的信念看做是理性上得到辩护的——即使他并不知道或理解 A（相信 p）的理由——如果我们并不希望被迫得出如下结论，即任何复杂的文化系统中的绝大多数信念都仅仅是并且不可避免的是不合理的（irrational）或非理性的（nonrational）。①

对于知识他也做出了相同的基本论证，指出在科学实践的通常情况中"每一个研究者都不得不承认在某种程度上他自己的工作依赖于他没有证实或者无法证实的工作"②："除非我们认为大部分我们的科学研究与学术因为这个项目的合作的方法论所以从不以知识作为最终结果，我主张我们必须得出如下结论，即 p 是在如下的状况中得以了解的"，在这种状况中"每一个研究者都不得不承认在某种程度上他自己的工作依赖于他没有证实或者无法证实的工作"。③

在集体主义的观点中有大量的直觉性的诉求。看起来的确非专家能够并且确实获得了大量命题的 KJB，这些命题乃是关于那些复杂的在科学上所阐述的主题的，并且这些主题的依据仅能通过对特定工具的使用来得以确定，但是他们并不具有并且不能实际的获取这些工具。④ 但是像由哈德维格和普特南所描述的这样的集体主义解释只不过仅仅是——草图——并且他们同样也提出了一些让自己难以咽下的认识论上的苦果（哈德维格最清楚）。总的来说，哈德维格提供了一种具有否定后件律的结构的集体主义论证：

（1）如果对专家的那种得到辩护的认知遵从是不可能的，那么在任何一种复杂的文化中的相当大部分的信念就是不合理的或者非理性的；

（2）但在任何一种复杂的文化中的相当大部分的信念并不是不合理的或者非理性的；

（3）因此，对专家的那种得到辩护的认知遵从是可能的。

这个论证有说服力吗？很显然哈德维格（普特南也一样）相信那种得到辩护的认知上的遵从是可能的。但是哈德维格的否定后件式论证严重依赖于对认知恐惧的展示："如果得到辩护的遵从是不可能的，那么我们的文化将是多么的不合理啊！"尽管这样一种展示使得怀疑论者感到高兴并且使得每一个在认知上有责任感的公民的心灵都感到害怕，但是否定后件式论证无法满足在欠缺解释的场合的需要。除了坚持某些强烈的直觉外，对于哈德维格和普特南的所有解释，我们仍然可以为以如下方式来进行的推理进行辩护：

---

① Hardwig J. Epistemic dependence. The Journal of Philosophy, 1985, 82 (7): 339.
② Hardwig J. Epistemic dependence. The Journal of Philosophy, 1985, 82 (7): 348.
③ Hardwig J. Epistemic dependence. The Journal of Philosophy, 1985, 82 (7): 339.
④ 参见第 109 页注④、第 110 页注①②以及伴随的文本。这是一种我认为弗里克没有充分注意到的直觉。

第三章 科学专家证言与理智的法定诉讼程序

（1）如果对专家的得到辩护的认知遵从是不可能的，那么在任何一个复杂文化中的相当大部分信念就是不合理的或者非理性的；

（2）对专家的得到辩护的认知遵从是不可能的；

（3）因此，在任何一个复杂文化中的相当大部分信念就是不合理的或者非理性的；

一个哲学家的否定后件式推理，是另一个哲学家的假言推理。类似哈德维格和普特南所提出的集体主义论证指出了一个看起来令人信服的结论：在一个复杂的社会中，认知的总体要大于它的部分的综合，并且集体本身可以比这个集体中的任何成员作为个体所了解的多得多。他们指出某些我们认为是正确的，以及许多人都倾向于相信为真实的，但是却并没有提供任何关于它们如何是真实的解释。但这正是关于集体的认知（knowing）是如何可能的问题的解释，而这种解释正是在我们的哲学说明中试图来寻找并给出的。①除此之外，这些集体主义理论并没有提供必要的分析。

诚然，哈德维格认为在这些主题上的证言确实产生了 KJB 这样的直觉乃是令人信服的，即使在他关于听者能力不足的明显条件下，至少乍看起来是这样。不过作为关系到认识论的争论，这正是哈德维格所赋予这个否定后件式预设的，因此证明的任务落到了那些人身上，这些人否定完全无能力的听者的科学证言（正像面对我们所获得的证据时哈德维格向我们许多人所让步的）能在听者那里产生 KJB。根据我的观点，哈德维格并没有资格持有这个预设，尽管哈德维格严重依赖的那个直觉有那么几分令人信服，但是我们依然有令人信服的经验上的理由相信大量的证言，包括由专家提供的证言，是错误的。显然弗里克和蒯因及于连在这点上是一针见血的。对哈德维格看起来所主张的争论性证明的任务（argumentative proof burden）来说，我们有太多关于无能力、掩饰及认知歪曲的偏见的证据。我们甚至不需要进入法庭来让我们自身被关于"严厉的课程"（stern lesson）的纪念性的证据（memorial evidence）所淹没，这些课程告诉我们"人们在某些场合下将真理伪装起来，无论是出于狡猾、自欺、无知还是恐惧。当然他们同样也会记忆错误、错误判断及错误推理"②。

无论如何，为了避免我关于专家科学证言的特定聚焦点在更为一般的认识论的考察中所遗忘，我将把我对集体主义解释的回应留给这样一个论点：哈德维格的否定后件式论证对于一个面对着真实相互竞争的科学专家的实践的司法推理者

---

① 某种哲学解释的模式，即解释在面对其他的明显的真命题否定其可能性的时候某些状态（知识、正义、真理）具有可能性，诺齐克为这种模式提供了一种说明。参见：Nozick R. Philosophical Explanations. Harvard University Press，1981：8-24.

② Quine W V, Ullian J S. The Web of Belief. New York：Random House，1970：37.

来说是没有任何帮助的。① 除了对他们愿意接受的逻辑原则做出根本的修订以外，非专家是不可能相信所有科学专家的，当这些专家通过矛盾的与相反的方式来证明的时候。

对于专家科学证言的其他认识论解释，特别是那些聚焦于司法背景中的证言，要么并不赞同，要么至少并不致力于集体主义的认知假设。反而，他们关注的核心是在一些已引起争论的诉讼语境下专家证据呈现给非专家的方式和背景。② 那些我称为"外加于司法机构的"解释的拥护者们相信，尽管在对抗性的（adversarial）司法系统中对专家证言的有秩序的、认知上得到辩护的依赖有着明显的问题，但是这不是将专家信息从专家传递给非专家的尝试中所固有的问题。反而，仅当专家证言在一种对抗性的语境下呈现出来的时候才有问题。因此，这些解释建议从法庭上取消专家证言并且建议非专家把这样的证言当成由相对公正的专家所提出的中性的证言来遵从。

肯尼为这种类型的解释提供了一个哲学理论，这个理论特别指向了在法庭上专家证言的可靠性问题。肯尼通过阐明四条标准来开始他的分析，一个假定的专家科学的训练必须满足这些标准才能实际上成为专家科学的训练。首先，必须具有一致性。③ 其次，必须是有方法有条理的（methodical）。④ 再次，必须是累积性的。⑤ 最后，必须具有预测性并且因此是可被证伪的，在一种特殊的意义上。⑥

---

① Quine W V, Ullian J S. The Web of Belief. New York：Random House，1970：117.

② 许多这样的说明预设了某种类型的认知集体主义，或者至少集体主义比个体主义更融贯，由于哈德维奇所强调的原因。参见：Hardwig J. Epistemic dependence. The Journal of Philosophy，1985，82（7）：335.

③ Kenny A. The expert in court // The Ivory Tower：Essays in Philosophy and Public Policy. Basil Blackwell，1985：49.（"不同的专家对于他们的学科来说最核心的那些问题不能不断地给出冲突的答案"尽管关于临界个案可能有一些不同）。

④ Kenny A. The expert in court // The Ivory Tower：Essays in Philosophy and Public Policy. Basil Blackwell，1985：50.（"关于在学科内部收集信息的恰当程序存在着分歧。一个专家进行某种程序来获得特定的结论，这必须由另一个专家也能进行重复"）。

⑤ Kenny A. The expert in court // The Ivory Tower：Essays in Philosophy and Public Policy. Basil Blackwell，1985：49.（"尽管任何专家必须能重复其他人的结果但是他不一定非要这么做：他可以在他人所建立的基础上继续增进。"）

⑥ Kenny A. The expert in court // The Ivory Tower：Essays in Philosophy and Public Policy. Basil Blackwell，1985：49.（"并不必然需要预测未来（古生物学家除外）。但是必须能够从已知预测出未知……"）注意到肯尼和道伯特两个选项都阐述了四个科学的标准，并且在其中三个标准上紧密的重叠：测试、同行审查以及普遍承认。肯尼并没有最高法院所支持的关于错误率标准的明确版本。比较 Daubert V. Merrell Dow Pharms. (1993), Inc, 509 U. S. 579, 594 和 Kenny A. The expert in court // The Ivory Tower：Essays in Philosophy and Public Policy. Basil Blackwell，1985：49-50. 同时也注意到肯尼提供了他自己的标准，作为"对于一个学科要成为科学的必要条件的四个标准"，（Kenny A. The expert in court // The Ivory Tower：Essays in Philosophy and Public Policy. Basil Blackwell，1985：49.），而法庭全力以赴地避免将任何这样的因素看作是必要或充分条件。参见：Daubert V, 509 U. S.：593.

第三章 科学专家证言与理智的法定诉讼程序

在阐述了一种训练要能称为"科学的"必须要满足的条件之后,肯尼考察了法庭上相互竞争的专长的问题。关于新的科学专家方法,他注意到,当事人在法庭上就是否方法所归属的这种训练真是一种科学通常会争个高低胜负。他论证说,因为法官和陪审团缺乏一种制度上的能力来判定是否一个新的领域真是一种科学,"法庭并不是最佳的场所,并且辩论程序(adversary procedure)并不是正确的方法,来决定什么是什么不是科学"①。正像许多合法的评论员那样②,肯尼认为,在时间和金钱的合理限度内,专家证言应该成为一种辨明真理的努力,但是对抗制度压制了这种努力。③ 这导致了他最重要的建议:

为了纠正对给出专家证言时的滥用我们应该:

将是否一个新生的学科看作是一种科学,以至于将可以提供专家证言的决定从法庭上抛开。应为这样的学科建立一种记录(register),使得那些声称发展了一种新的科学的人去寻找通达这个记录的许可权……核心的问题就是,事情不应该由法官和扶手(banister)在仓促中决定,而是应该由邻近的学科专家从容不迫地做出决定。④

---

① Kenny A. The expert in court // The Ivory Tower: Essays in Philosophy and Public Policy. Basil Blackwell, 1985: 51-52.

② 在研究证据的学者中,约翰·郎拜因(John Langbein)也表达了这样的立场:"在审判中,专家之间的争论试图迷惑事实调查者,特别是陪审团。如果专家们不能抵消彼此的分歧,那么优势似乎就是那个论辩能力强的专家,更具诱惑力。这个系统招致了对交叉盘问的滥用。因为每一个专家都是一方选择和一方支付,他易受到可靠性方面的攻击,而不顾他的证据的优点。辩护律师近来吹嘘他对侵权案件中原告的专家的交叉检查的技术。注意到在他的策略中没有什么伴随着他试图去怀疑的那些专家证据的可信度而发生改变。" Langbein J H. The German advantage in civil procedure. The University of Chicago Law Review, 1985, 52 (4): 823-836. 郎拜因接着引用了在审判策略上的一段话:"一种富有潜力的攻击模式就是要去追问一系列问题,这些问题通过它们的形式以及陪审团对证人的精心的观察作为回应,试将专家转换为'专业的证人'。通过这种方式的处理,共同体的态度将会有益于交叉盘问的实施者,偏见可以被购买,几乎就好像商品一样。"(Ryan Jr J. Making the Plaintiff's Expert Yours. For the Defense, 1982: 12-13.)。接着他总结道:"因此,在我们歪曲专家知识的程序中的系统性动机导致了对专家的系统性的怀疑与贬低。除了彻底的禁止使用专家,我们大概还无法设计出一种程序更适合专家知识的影响最小化。"参见同上。

③ 肯尼指出:"对抗制度并不适合于专家的使用来帮助法庭。这导致了如下危险,即专家们更倾向于帮助这一或那一方赢得官司,而不是帮助法庭获得真相。" Kenny A. The expert in court // The Ivory Tower: Essays in Philosophy and Public Policy. Basil Blackwell, 1985: 61.

④ Kenny A. The expert in court // The Ivory Tower: Essays in Philosophy and Public Policy. Basil Blackwell, 1985: 61-62. 当肯尼的建议局限于对是否一个新的学科是科学这样的问题的判断之中时,他所确定的基本问题对公认的科学领域中竞争的证据的影响并不比关于什么是科学的问题的竞争的证据的影响更少(例如,前者就是可议论的在道伯特案中的情况)。但是这种省略可以被纠正,并且在"镜头外"阵营里的其他作者是这样做的。例如,肯尼·戴维斯(Kenny Culp Davis)曾建议国会创立"一个外加于最高法院的研究组织,可以对法院的请求进行研究",这样一来法庭可以将立法性事实的问题指定给"一个有资质的参谋机构来研究和调查。" Davis K C. Judicial, legislative, and administrative lawmaking: A proposed research service for the supreme court. Minnesota Law Review, 1986, 71: 1, 9, 15.

肯尼所提出的这种记录乃是作为一种超认证的类型的方式起作用，正是这种存在将会把信任给予被适当记录下的那些专家那里所产生的专家判断。但是他和其他外加于司法机构的建议①既不能克服也不能解决关于选择与竞争的问题。或许他们将这些问题转移到一个不同的联系之上，这种联系跟随着从专家到非专家的认知链，但是他们并没有解决这个问题或者解释了非专家的实践推理者在一种非独断的方式下是如何能够处理选择与竞争的问题的。这就是说，像肯尼所提出的外加于司法机构建议仅在将专家间的竞争从法庭上转移到别处才能成功，其中在法庭上的问题是，在那些其证据已经被承认的人们中认可谁的证据并且接着信任谁的证据，而转移了的问题是，在竞争中的专家中的哪一位将被指派给外部的委员会？使用什么样的标准来选择他们，并且这种凭证如何能够提升非专家对专家的可靠的遵从的进程？此外，我没有任何理由相信法庭（或者，就此而言，立法机关）具有更强的能力来做出判断，这种判断比我们有理由相信法官和陪审团在法庭上能可靠的遵从专家更为可靠。

3. 非专家对专家的有保障的认知遵从的四条可能路径

我已经详细考察了一些一般意义上的关于证言的认识论解释及一些特定意义上的对科学专家的认知遵从的解释，但发现这对解释非专家的实践推理者如何能够处理之前提到的选择与竞争的问题毫无帮助。现在我改变一下方法。我将直接考察在认知上能力欠缺的非专家当他们在认知上遵从于专家的时候看起来不得不采纳的四个主要的推理机制。一是非专家关于我们所谈论的科学证据方面的认知上的实质性判断。二是我们称作的"合理的证据性的支持的一般的原则"。三是专家的行为举止，不论是在人群中面对非专家的亲身表现，还是作为通过呈交给法庭的书面意见的官方风格和语气的准文字性的标志所指示的那样。② 四是专家的有关凭证。我将按这样的顺序以此来考察这四种方法。

1）第一条路径：在实践的认知遵从中的独立的事后评论（substantive second-guessing）

对专家判断的独立事后评论看起来不太可能是一条通向理性上有说服力的认知遵从的路径。毕竟，非专家求助于专家恰恰是因为前者没有经过实质性的训练，并且因此没有专家判断的能力，而后者具有。确实，非专家对于他自己的关于科学证据的实质性评估依赖的越多，就越算不上是在认知上遵从专家。尽管关

---

① 这些包括中立的委员会，比如肯尼所建议的特殊的研究服务等。参见：Kenny A. The expert in court // The Ivory Tower: Essays in Philosophy and Public Policy. Basil Blackwell, 1985: 61-62.

② 通常，专家"证言"是通过书面形式提供的（如通过宣誓口供）。这特别可能是真的，当非专家的法官执行道伯特"监管"功能，对证据进行评估，为了做出关于可容许性的临界决定。

第三章 科学专家证言与理智的法定诉讼程序

于非专家的准遵从（quasi-deference）的这种方法完全是一种奇怪的考虑，不过我这样做是因为两个原因。

第一，基于这篇文章前期所发展出来的认知遵从的模型，没有什么东西从原则上可以排除从认知平等或近似平等中的认知遵从的可能性，因此没有什么在原则上可以阻止一个恰当的具备认知能力的实践推理者对专家在他的证言的价值上进行事后评论。这样的事后评论确实使得遵从的范围变窄了，但是根据我的解释，遵从只和程度有关，而不是一种全或无的选择。即使如此，将这样的考察看做是关于实践的认知遵从的一种机制，仍然是奇怪的，因为我的约定的关心是关于那些在专家作证的科学主题上无认知能力的实践推理者，即使实践推理者决定关于那些证据的主题乃是合理的与他眼前的案例相关，并且在那个学科中从专家获得信息，因此是值得采纳的。

不过，将"事后评论"看做非专家的实践推理者在评价专家证言时的一种选择，还有第二个原因：至少某些著名的司法系统，包括美国联邦系统，看起来需要它或者至少渐近的选择这样做。也就是说，在对专家所提供的证言的价值在认知上的实质性判断的基础上，他们看起来要求非专家的法官选择专家、"遵从于"专家或者在竞争的专家中选择。

在这里，最高法院道伯特案的意见是一个知名的罪犯（high-profile culprit）。简单地说，它可以指导法官做出关于所提供的专家科学证言的科学可靠性的他们自己的独立判断。让我们回想科金斯基（Kozinski）法官是道伯特案例上诉至最高法院时受理上诉的法官，并且案例被发回重审。他的一番话值得强调：

> 尽管我们在很大程度上在科学领域没有受过训练并且确实无法对付任何我们正在考察其证言的目击者，但决定是否那些专家所建议的证言可以等同于"科学知识"，进而等同于"好的科学"并且是"通过科学方法导出的"，乃是我们的责任（根据最高法院的道伯特案决议）。①

诚然，最高法院的道伯特案意见使得法官的任务具有了资格，伴随以下声明：

> 我们强调，由法则702所预想的那种探求乃是灵活的。其首要的主题乃是构成向法官所提议的意见的基础的那些原则的科学合法性——并且因此是证据的相关性和可靠性。显然，焦点必定仅仅在于那些原则和方法论，而不在于它们所产生的结论。②

在方法论和方法论产生的结论之间做出区分是重要的。例如，这对劳丹所提出的关于科学合理性的模型来说是极为重要的，在解释价值论的目标和观点的术

---

① Daubert V. Merrell Dow Pharms. (9th Cri. 1995), Inc., 43 F. 3d 1311, 1316.
② Daubert V. Merrell Dow Pharms. (1993), Inc., 509 U. S.: 579, 594-595.

语时我依赖于它。然而，至少有两点理由表明，深入方法论的探求仍然比深入实际应用的探求在认识上要求更高。首先，在相当比例的案例中，方法论和实际应用之间的边界是模糊的。其次，即使当方法论和它的实际应用有着鲜明的区别，看起来依然是对于非专家的理解来说展现了认识论上的令人烦恼的障碍的方法论，而不是赞同并且促进了方法论的那个理论。

那么，我以为对这个选择与竞争的问题的解决建议"自己为自己做主，而非依靠专家"是不足够的。确实，因为这是一种如此明显的不令人满意的解决，看起来似乎许多法官将会被引导至从通过非专家的法官的表面上的实质性探求——正像道伯特案所指出的——转变为基于行为举止和证书的遵从形式。这从纸上谈兵者（armchair）那里可以预测出来，并且有来自于法庭实践的证据表明，这样的事情确实至少在某些联邦法庭中正在发生着，在道伯特案管理体制下。一些法庭在根本上将道伯特案转变为旧的弗雷（Frye）测试，而这反而依赖于对具有"证书"的成为"科学共同体"成员的人的可靠性的评估。[①]

2）第二条路径：使用关于合理的证据性支持的一般规则

有时候专家的证言会受到某种类型的在理性上的融贯性困扰，而这种困扰非专家即使在相关专家领域毫无训练也可以辨明。其中最为明显的例子就是自我矛盾。考察 People 和 Palmer（Palmer II）[②]，一场刑事犯罪诉讼，医学专家目击者被传唤来证明，那个由于刺伤受害者而受审的被告在实施刺伤时是否心智正常。这个医学专家证明：被告在行使刺伤时所表现出的怪诞的行为可以归因于被告假装成精神病；被告在持刀伤人的时候"严重精神错乱"；被告"能够区分对与错并且能够使他的行为举止与法律的要求相一致"；以及被告"并非患有心理疾病"。[③] 回顾这个证言，这家伊利诺伊州上诉法庭认为医生自我矛盾的陈述并没有提供任何关于被告心智的证据。[④]

---

① 参见：Zuchowicz V. United States，870 F. Supp. 15（D. Conn. 1944）；同时也可参见：Developments in law—Confronting the new challenges of scientific evidence. Harvard Law Review，1995，108（7）：1481，1514.（讨论祖霍维奇（Zuchowicz）和他在道伯特案中的应用。）尽管这符合道伯特案的精神，却和它的字面不一致，因为道伯特案很明显的拒绝使得某一个科学可靠性的标准成为必然的，并且明显的承认弗雷标准是一个可允许的标准。

② 543 N. E. 2rd 1106（Ill. App. Ct. 1989）.

③ 543 N. E. 2rd 1106（Ill. App. Ct. 1989）：1107.

④ 参见：543 N. E. 2rd 1106（Ill. App. Ct. 1989）：1109. 一个早期的判决主要是因为州专家的证言很弱，做出了 Palmer II 决定的伊利诺伊州上诉法院认为，被告不能由于精神失常的原因被判有罪，因此推翻了陪审团的有罪裁定。参见：People V. Palmer（Palmer I）487 N. E. 2d 1154（Ill. App. Ct. 1985）. 在 Palmer II 中的上诉法庭之前所争论的是否美国宪法的双重追诉条款允许伊利诺伊在 Palmer I 中法庭的判决对被告进行重审。法庭认为，州专家自我矛盾的证言太弱，因早期的判决并不充分，并且不仅仅是出于证据的考虑，而且因此被告不能被尝试和双重追诉条款相一致。参见：Palmer II，543 N. E. 2d at 1109.

第三章 科学专家证言与理智的法定诉讼程序

正像在其他的断言中一样，证言中的自我矛盾乃是在理性上不融贯的一个特征。不过这并非唯一的特征。例如，考察在波特（Potter）与美国礼来公司（Potter v. Eli Lilly & Co）①中导致了肯塔基州高等法院的决定的那些事件和法律诉讼。波特起因于之前的一个雇员射杀或者射伤了他的一些同事。这个雇员服用了抗抑郁药物百忧解，并且受害者带来了一个针对药品的制造商礼来公司的产品责任行为。在审理中的准确问题是，是否百忧解具有危险或有缺陷，并且是否因此导致这个雇员杀害或者伤害原告。②在这个诉讼中关于是否百忧解导致了被告在枪击上犯有过错有相当可观数量专家证言。在听取了所有的证言后，陪审团做出了对被告有利的判决。③

一个在医学或精神药理学方面并非专家的人，并且像在波特那样的案例中被要求对专家证言进行评估的人，他能够并且确实应该留心在药物导致了（drug's causing）某种行为和药物没有避免（drug's not preventing）那个行为之间的区分，并且将一个恰当的举证责任重担强加给专家的任何一个论证之上，这些论证没有考虑那种区分或者根据这种区分提出一种解释。④类似的，某人并不需要在精神病学方面成为一个专家，进而可以辨明在 Palmer II 的专家自相矛盾的证言中的合理性问题，并且在那个案例中非专家的法庭恰当地对其严重低估。对自我矛盾的避免及对"因果关系"与"无法阻止"（nonprevention）之间的区分的注意就是我所提出的"合理的证据性支持的一般规则"的两个例子。在一个给定的学科领域内，非专家可以充分的理解并使用这些规则来评估在某个专家学科中的专家证言。⑤对这些规则的细节的讨论已经超出本文的范围，尽管我认为这样的讨论是相当有趣的和有价值的。在这里只需要识别出这些规则的存在，以及考虑这些规则允许非专家在一种合理性的令人信服的方式中来评估专家证言的程度就足够了，伴随着之前所展现的两个简短的例子。

为了回答这个问题，让我们鉴定出某个范围，在其中有着由于合理的证据性支持的失败所导致的不同程度的含糊不明。某条信息的含糊不明在于它的听者的耳朵里（in the ears of the hearer），并且我在这里所关注的含糊不明是针对非专

---

① 926 S. W. 2d 449 (Ky. 1996).
② 参见：926 S. W. 2d 449 (Ky. 1996)：451.
③ 最终在陪审团做出裁决之前，审判和上诉法庭各方在所获得的和解的基础上解决了这个案例。参见：926 S. W. 2d 449 (Ky. 1996).
④ 陪审团的深思熟虑并没有报道，并且在决定是否支持礼来公司上陪审团依赖于这个区分的程度并没有任何的标示。
⑤ 苏格拉底——至少是柏拉图笔下的苏格拉底——利用关于合理的证据性支持的一般标准来质疑和挑战并使得许多他在雅典遭遇到的"专家"感到尴尬。参见：Plato. The apology // Tredennick H, trans. The Last Days of Socrates. Penguin Books Limited，1969：96.

家在专家证言上丧失了理性上的融贯性所导致的含糊不明。在这种含糊不明的范围的一端是那种失败,即那些最小含糊性的并且因此对于非专家来说在专家证言方面最容易辨明出来的。在这一端,或者接近这一端,将会是在 Palmer II 中的专家证言——假定在那个案例中非专家欣然理解(正像他们看起来那样)一个人不可能同时"严重精神失常"和"心智健全"。在这个范围的另一端乃是另一些失败,即最为含混的并且因此对于非专家来说识别出专家证言是最为困难的。例如,对这一端的无限接近将会是布鲁斯·韦尔(Bruce Weir)医生的证言,一个在辛普森(O. J. Simpson)案例中充当诉讼专家证人的统计学家和种群遗传学家,韦尔提供给陪审团一种对没能给出在关键的血样中的某种 DNA 特征的解释的一种分析,这些特征是可能的但是并没有明确的在那些例子的一些中展现出来。① 这种错误的结果,正像韦尔在后来的盘问中承认的那样,乃是他关于随机选择的个体的不同组合将会具有某种 DNA 类型的概率的分析,针对被告来说是不精确并且片面的(在一种概率的意义上)。② 将这种概率性的统计分析的失败看做是这个专家证言中在理性上的融贯性的失败,看起来是合理的,但是这是一种在专家领域中需要大量的诡辩才能得以辨明的失败。

伴随着所识别出的这个范围,我们可以评估如下问题:有多少比例的案例中似乎非专家通过运用合理的证据性支持的一般规则就能够评估合理的专家证言?因为至少有三个相关的理由,我猜测(我并不声称更大的确定性)仅有相对小比例是如此。首先,看起来似乎在专家证言中理性上的融贯性的失败往往将会更为靠近范围中含糊的一端而不是清晰的一端。Palmer II 看起来是异常的案例;而辛普森案例中的韦尔的证言则更为寻常。其次,与之相关的,许多专家证人在给出专家证言时乃是"游戏"中重复的选手。不用再多费唇舌关于专家的检验杆(trial bar),这些专家的证言对于非专家来说并非如此精巧狡猾,很清楚的是,并不足以满足合理的证据性支持的一般规则。确实,我们希望某个通过法庭"取得专家资格"的人将会对他的领域的实质内容所知甚多而不提供这样的证言。最后,在范围的更为含糊的一端当专家证言的失败的确发生时,这留给一个充分受过指导的辩方律师(抗辩者),或许受到他自己的辩方专家的协助,来指出陪审团的失误;这就正是伴随 Weir 的证言所发生的事情。但是在理性的融贯方面专家的失败越是含糊,我们也就必定需要更多的对专家学科(训练)的理解以至于可以看出这种失败。在辨明这种失败上非专家因此处于一个严重的认知劣势。这

---

① 为了讨论,参见:Kaye D H. The DNA Chronicles: Bad Numbers, Good Lawyering, and a Better Procedure. WL, 1995: 564589.

② 参见:Kaye D H. The DNA Chronicles: Bad Numbers, Good Lawyering, and a Better Procedure. WL, 1995: 564589.

第三章 科学专家证言与理智的法定诉讼程序

个问题在许多案例中会进一步恶化,在这些案例中,不像在 Weir 案例那样,专家拒绝承认他的证言遭遇到任何在理性的融贯性上的失败。在那些案例中,非专家几乎没有运用合理的证据性支持的一般规则或者将会发现运用合理的证据性支持的一般规则并不比他试图对专家证言做出实质性的评估更好。因为,在这样的案例中,非专家对是否真的存在理性的融贯上的失败做出判断是困难的,因为即使要知道是否存在这样的失败也将需要关于专家学科训练的相当多的信息,但是根据假设,这些类型的信息恰好是非专家似乎并不具有的。①

3)第三条路径:在实践的认知遵从中对行为举止进行评估

正如我在第二部分中所讨论的,一些哲学家就作为认知工具的说话者的行为举止的重要性发表了意见,通过这种工具听者评估与评价说者的证言,弗里克提出了就证人而言关于真诚性的可反驳的预设作为她的解释的一个核心内容(centerpiece)。② 如果蒯因和于连提出了一个和蒯因的一般认识论更为一致的关于证言的更为彻底的解释(在一起写的著作中似乎他们有这个雄心)③,那么他们显然会论证说,对于一个语言学习者来说,把来自专家的对信念的真诚断言和虚假断言区分开来既是可能的也是必要的。休谟在他对作为证据性所获得 KJB 的处理中同样对行为举止的变迁发展敏感。④

在评估证言中对行为举止的判断确实具有恰当的认知作用,对专家和非专家都是如此。我们或许甚至走得更远些以至于得到如下结论,即听者对证人行为举止准确评估的能力是从证人那里获得 KJB 的一个必要条件。听者应该能够辨明是否说者正在掩饰伪装,并且当的确在掩饰伪装时,听者通常拒绝接受所报告的证言。即使当听者辨别出说者正在伪装掩饰,然而,他并不需要拒绝他的证言,因为那个支支吾吾的证人或许笨拙地通过某种方式说谎,露出破绽,依然使得证言提供了有用的证据,这也是可能发生的。

---

① 在我的大多数分析中,我假定了这样的论证,即专家是真诚的并且出于真诚而作证,但是我们不应该完全忽视那些并非如此的专家。考察如下话语,是由一位总是作为专家证人对其他的未来可能的专家证人说的,把窍门交给他们:"我是用另一种技术来抵消某些事情。我将这些技术用作科学。我向律师做出了一个绝对没有人能理解的声明。目前,这意味着要去终止交叉盘问,并且是立刻终止。当我觉得有某些条件时,我想让陪审团明白我所说的。在直接的盘问下,陪审团理解我说的一切。在交叉盘问之下,有一些是我允许陪审团理解的而有一些是我不允许他们理解的。如果你不想让陪审团理解某些事情,那么你要做的就是准确的回答问题,明白了吗。如果某人以惯性的方式工作,为什么我要用一种惯性的方式。"

② Fricker E. Telling and trusting: Reductionism and anti-reductionism in the epistemology of testimony. MIND, 1995, 104: 393.

③ Quine W V, Ullian J S. The Web of Belief. Random House, 1970: 33-41.

④ Hume D. Of Miracles // Hendel C W, ed. An Inquiry Concerning Human Understanding. The Bobbs-Merrill Co, 1748: 120("我们对任何事实怀有一个疑虑,当证人……在递交证据的时候显得犹豫,或者相反,显得过于郑重")。

不过一般来说对行为举止的评估看起来并不足够精确以至于可以为非专家如何能够从专家那里获得 KJB 的解释提供一个基础。行为举止是一个特别不值得信赖的指导，因为存在着我们或许可以称作对于行为举止本身来说的有利可图的"市场"——自从智者的时代开始行为举止就通过高价"被交易"并且可以在对抗性的法律系统中找到特别坚定的交易。当法官和陪审团使用行为举止作为对专家证言可信度的测试的时候，他们就面对这个严重的困难：认知的依据（epistemic warrant）及说服力的分歧（persuasiveness diverge），特别是当"被说服者"（persuadee）的认知能力如此有限以至于不能胜任对证言的认知依据做出评估的任务，且独立于使得专家看起来有说服力的那些标准。

行为举止或许是这些标准中最重要的，正像亚里士多德所解释的那样。① 他认为，存在着三种主要的说服的方式——诉诸逻辑（逻各斯（logos））、诉诸情感（pathos）及诉诸说者的精神气质（ethos）——并且在这三者之中精神气质是最为有效的，比诉诸逻辑（这或许并不令人惊讶）或诉诸情感（这一点令人惊讶，但是这一点确实幸免于详细的反省）都更为有效。专家证人的行为举止恰好是亚里士多德所指出的说者的"精神气质"。但是作为 KJB 的理论家，我们没有任何理由相信专家证人有说服力的行为举止和认知依据之间对于证人所断言的话来说具有任何特殊的关联。这是在司法系统中（如美国）将行为举止用作为通向对认知遵从的一种合法实践的道路上的基本认知障碍，因为在这个司法系统中存在着行为举止的市场。法官、律师及评论员完全意识到，律师选择专家证人至少是因为他们将会向陪审团表现为有能力的，因为（在律师的判断中）② 专家实际上是有能力的。对这个市场中的某些演员进行大致的考察是有益的。③

对 1967 年在洛杉矶地区的法官、律师及医生的调查显示出"超过四分之三的律师回应指出，除了医学专家之外的某些因素——通常是一种令人印象深刻的'法庭方式'（courtroom manner）——通常决定了专家证人的选择"。④ 在诉讼律师的行业性杂志的一篇文章中对专家的选择描绘如下：

通常，我喜欢我的专家年龄在 50 岁上下，两鬓发白，穿着一件粗

---

① Aristotle. Rhethoric. Jebb A, trans. Cambridge University Press, 1925：75.

② 注意到，当律师的判断同样是非专业时，正如通常那样，那么律师甚至也不是一个在实质的立场上能决定哪些专家事实上是有能力的。也就是说，律师的认知能力的相对缺乏使得问题更为恶化，即在有保证的断言和说服力之间的可能的分歧。

③ Gross S R. Expert evidence. Wisconsin Law Review, 1991, 1113：1126-1136. 我利用其所搜集的材料。类似的材料在 Langbein J H. The German advantage in civil procedure. The University of Chicago Law Review, 1985, 52 (4)：835-841. 中也有搜集。

④ 注意，Gross S. The doctor in court：Impartial medical testimony. California Law Review, 1967, 728：728-729. 不是很清楚是否这个调查的作者注意到律师对专家证据的认知价值的判断上能力相对不足。

第二章　科学专家证言与理智的法定诉讼程序

花呢制的夹克衫并且叼着烟斗……

……

你必须认识到陪审员具有偏见，并且你必须尝试着预见到这些偏见……

某些人或许是天才，但是因为他们在言谈和戏剧方面缺乏训练，他们在将他们的信息传达给陪审团方面有巨大的困难。①

另一份行业性杂志指出，专家证人必须"流露出自信、创造共鸣并且看起来或者是完全真诚的和有说服力的"。② 一篇法律评论的文章同样指出："选择的过程不仅仅包含了为一个提供了有利意见的专家进行担保。专家的可靠性和说服力受到同等重要的关注。"③ 另一个作家补充说道："最好的专家……是那种具有……为用别的方法可接受的立场提供某种'热情'的特质。事实上，世界上最佳的专家证言或许是完全无用的，除非它是通过某人所展现出来，这个人的其他特性可以为它增加真实性（add a ring of truth）。"④ 律师们当他们选择那些站在他们这边并且是伴随令人信服的行为举止来实现这一点的专家的时候显然是有先见之明的。但是因为，按照假说，非专家的事实发现者并不具有认知的能力，他们并不处在一种通过实质性的论证来被说服的认知立场——也就是说，他们并不能被亚里士多德所说的在专家判断背后的逻辑说服，因为他们无法理解那些实质性的论证。⑤ 在一种敌对的环境中，能让非专家信服的那些标准使得有能力产生精确的专家科学判断的那些标准处于次要地位。⑥ 在这里我的观点并非是说行为举止的市场在对错误的或无知的专家的选择过程中是有偏见的。而是说，我建议假定市场选择的东西是什么（它是某种可以说服那些没有能力来判断实质性的科学论证的陪审员的东西），那么就没有任何理由相信认知依据和被选中的专家所说的话之间有任何特殊的关联。

4）第四条路径：评估证书

证书（伴随着名声，我将其看做是证书的一种类型）或许是哲学家和法学家在解释实践的认知遵从是如何产生 KJB 方面最为重要的可依赖策略。对认知遵

---

① Hillenbrand H. The effective use of expert Witness. BRIEF, 1987, 17: 48-49.

② Nagin S E. Economic experts in antitrust cases. LITIGATION, 1982, 8: 36-37.

③ Harris T V. A practitioner's guide to the management and use of expert witness in Washington Civil Litigation. U. Puget Sound Law Review, 1979, 3: 159-161.

④ Momjian A. Preserving your witness's stellar testimony: How to qualify your expert to the court. FAM. ADVOC, 1983, 6: 8.

⑤ 参见一1（讨论了理解和认知能力）。

⑥ 塞缪尔·格罗斯（Samuel Gross）提出了一个相关的但是稍有不同的观点："自信的专家证人并不那么可能被选择因为她是对的，而不会应该她是自信的而不论是否是对的而被选。"Gross S. The doctor in court: Impartial medical testimony. 40 S. California Law Review, 1967: 728.

从的集体主义者及外加于司法机构的解释分享了如下假设，即非专家可以利用证书来从专家那里获得KJB。这种相同的基本假设同样激发了弗雷法则，许多证据学者仍然支持这个规则。当伴随着将专家的行为举止用作通向他的真诚的一种途径的相当精确的能力时，对证书的非专家判断看起来是最有前途的方式，通过这种方式可以解释非专家如何能从专家科学家那里获得KJB。

现在我将考察这种机制，是否在非专家那里可能产生KJB。我为这种调查的目的作如下假定，即证书的认知策略与行为举止相联合，并且利用行为举止作为"证据"的非专家是关于专家何时才是真诚的相当精确的鉴定者。这些相关联的假设的简单理由乃是，如果难识别的支吾和说谎是专家们之间的一种习惯，这种证书主义（credentialism）就不能单独的产生KJB。通过假定那些得到认证的专家是真诚的并且被非专家准确的视为真诚的，我就能够在某种环境下将证书主义看作是一种潜在的通达KJB的路径，在这种环境中证书可能是最为有用的。

将证书的使用（假定了真诚性）看做是通达认知遵从的一条路径，这既有其优点也有缺点。我将从某些缺点谈起然后把它们与优点相比较。至少有三个紧密关联的理由使得对证书的使用看起来不可能给非专家的实践推理者提供KJB：理论的倒退（regress）、乞题问题（question begging）及不完全决定性（under determination）。这些理由是如此紧密的关联着以至于沿着其中任何一条路径都很快导致通向另一个或者另两个。

1) 倒退问题

倒退问题包括了一个或更多的"选择"问题，或者一个或更多的在 I.C 章节中提出的"竞争"问题。回顾一下选择问题：①决定哪一种可以产生专家证言的智力事业是科学；②决定谁是那位以用某种方式满足认知评估的标准及随之产生的实践推理者建立起来的信任层次的方式来使用他的科学的科学家；③决定哪一个能产生专家证言的智力事业是在理性上与案例相关联的科学；以及④，在那些其中存在着由任务③所导致的重要怀疑的案例中，通过一种能够识别出能满足认知评估的被选定的标准的专家科学训练及随之产生的信任层次的方式来决定谁能回答问题③。为了达到这个讨论的目的，准确的决定非专家面对这些选择问题中的哪一个是无关紧要的，因为倒退问题在每一个之中都会产生（并且也存在于它们的某些组合之中，尽管或许不是全部）。

关于竞争的基本问题是，当非专家没有能力对专家相互竞争的论证的实质性优点做出评估时，他们如何能够合理决定去相信相互竞争的专家（他们的竞争是学科内部的或者学科外部的，现实的或隐式的）中的哪一个。当专家们去证明相反的或矛盾的命题时，非专家必须要决定在这个科学问题上相信谁。但是，根据假定，非专家在专家学科领域并不具有充分的能力使得自己可以根据实质的理由

| 第三章　科学专家证言与理智的法定诉讼程序 |

做出选择，所以基于什么样的理性基础可以使得非专家做出选择呢？

通常同时由法理学家和哲学家所提供的对这些相关联的问题的解决方案就是认为，通过依赖于证书非专家可以并且确实从专家那里获得了 KJB。例如，肯尼（Kenny）对这个专家证言问题的解决方案就是一种超级证书主义（super-credentialism）。① 尽管普特南和哈德维格对此的态度并不那么明确，他们的非专家的认知的地方自治主义者（nonexpert epistemic communalists）大概会求教于证书来鉴定"科学家"，其指称性术语（referential terms）是应被遵从的（普特南）或者他正是在集体中被给予遵从的那个专家（哈德维格）。② 这个相同的基本进路构成了道伯特案所取代的那个弗雷法则的基础，并且即使在道伯特案之后许多联邦法院和州法院又重新受到它的吸引。③ 对关于专家证言问题的弗雷的"证书主义者"解决方案典型的后道伯特案的支持（post-Daubert endorsement）就是由这样一个证据学者所主张的：

> 科学是其自身可靠性的唯一来源。对关注于科学证据可信赖性的可靠科学见解的分量的任何不完全遵从都意味着脱离科学——对于法官或陪审团解决科学争议来说。作为结果的判断不可能是科学的并且因此我们不能诚实的将这些证据说成是具有"科学的"可信赖性……
>
> ……"真正的"问题乃是是否在此刻好的科学家将证据看成是可信赖的。④

这些评论者论证了，为法官⑤所设置的这种证书主义者的解决方案更为谦逊的任务是更好地适应了他们在理解复杂科学证据时的能力的限制。⑥ 然而道伯特案要求法庭裁决是否某些给定的证据乃是科学上可靠的，而我所称为的"弗雷解决方案"就是让法官们询问是否科学家认为证据是可靠的。

---

① Kenny A. The expert in court // The Ivory Tower：Essays in Philosophy and Public Policy. Basil Blackwell，1985：61-62.

② 参见第 110 页注①～③以及第 111 页注①以及伴随的文本。

③ 道伯特案使得弗雷测试成为它的科学可靠性的四个因素之一。当在表面上应用道伯特案法则时一些联邦法院复兴了弗雷测试，而当应用关于证据的州法则时许多州法院明确拒绝道伯特案法则并且表达了一贯的对弗雷测试的支持。参见：Development in the law—Confronting the new challenges of scientific evidence. Harvard Law Review，1995，108：1514 n. 40.

④ Milich P S. Controversial science in the courtroom：Daubert and the law's hubris. 43 Emory Law Journal，1998，913：923-924.

⑤ 我说"法官"是因为在和 Frye 相关的诉讼的层面，问题就是可容许性之一。很明显的，在之后的诉讼的层面，事实调查者的陪审团们评估要给予那些法官所许可的证据的权重的时候同样也可以依赖于证书。

⑥ Milich P S. Controversial science in the courtroom：Daubert and the law's hubris. 43 Emory Law Journal，1998，913：918-920.

但是哪种证书指明了成为科学共同体成员的可能性呢？是从相应的学校获得的教育学博士？神学博士？还是物理学博士？还是"创世论科学"的学位？类似的，如果某人希望得到哲学专家的证言，那么从一个不太可能的地方如匹兹堡大学①获得的哲学博士学位是值得尊重的吗？显然，在那个许多不同类型的市场中正规证书具有巨大市场价值的时代，非专家需要指引才能在佯装的专家、自诩的专家及充满魔力的长生不老药贩子的群体中游刃有余。现在，一个新的解决方案如下（实际上，再一次，这是对过去的解决方案的重新定位）：为了非专家可以在科学领域可靠的挑选有能力的专家所用到的证书的清单和说明，非专家的法官或陪审团求教于某种类型的"元专家"（即某个在给定领域中专门研究专家知识的专家）。但是那么非专家如何能合理的识别出恰当的"元专家"呢？非专家基于什么来识别那些具有关于恰当的证书的 KJB 的元专家呢？难道非专家不是也不得不依赖于证书（包括名声）来识别恰当的元专家吗？

因此，"弗雷解决方案"——向那些有着科学证书的人询问，是否某专家具有科学证书——看起来受到了在认知上滑向难以处理的倒退的威胁。使用证书仅仅使得这种探求向后退了一步但并没有解决这个基本问题。如果非专家法官和陪审团没有能力判断专家信息的内容，那么他们如何能够有能力判断那些给出专家信息的人的证书呢？如果答案就是询问那些经过认证过的"元专家"恰当的证书是什么，这种倒退就开始了。但是"弗雷解决方案"，在由法理学家和哲学家所提供的分析的一种或其他种形式中是如此普遍，不可能允许这种倒退无限进行下去，如果这些分析真的意图解释非专家对于证书的使用是如何能够充当从专家那里获得 KJB 的一种可能的或实际的方法。非专家显然不能不停的持续的向一个又一个专家询问什么是恰当的证书。必须在某种程序上阻止这种倒退。

2）乞题问题

非专家可以阻止这种倒退但同时却没有那种严重的乞题问题吗？在许多——我不说全部——案例中，证书几乎没有任何帮助，因为它们要么重新制造了问题（导致倒退），要么导致非专家在没有好的理由前提下就选定一个竞争中的专家（因此犯了乞题问题）。我们已经看到了这种证书式的解决方案（比如弗雷解决方案）可以导致倒退。这样一种解决方案同样可以导致乞题问题，正像接下来的例子指出的那样。

麦克林诉阿肯色教育委员会（McLean V. Arkansas Board of Education）② 是早期的联邦政府的创世科学案例之一，处理对于进化论和"科学创世论"要求同

---

① 大部分陪审员大概会将自匹兹堡大学的文凭的权重低于比如说来自哈佛大学的，因为他们可能并不知道匹兹堡大学哲学系的崇高声誉。

② 529 F. Supp. 1255（E. D. Ark. 1982）aff'd，723 F. 2d 45（8th Cir. 1983）.

第三章 科学专家证言与理智的法定诉讼程序

等的授课时间的是否合乎宪法的法律意义。依赖于专家的证言,地方法院法官总结说在禁止设置条款(Establishment clause)前提下"科学创世论"不可接受因为它并非是科学而是一种宗教的教义,公立学校不能宣扬。但是假设法官并非科学专家(或者说,就此而言,也并非哲学或宗教专家)他本应该向恰当的科学专家询问,是否创世科学是真正的科学——是创世论科学家还是达尔文主义者?任何一个回答都犯了乞题问题。① 此外,至少让事情对于非专家来说稍微困难些,"创世论科学家"非常谨慎的宣称他们具有科学的证书。确实,术语"创世论科学"和"基督教科学"的使用正是确定证书的努力。基彻尔正是由于这类"证书的买卖"(credential mongering)从而批评这些创世论科学家:

在不严格的考察下,创世论者所说的证书看起来会更好……而在进一步的检查下,"相信创世的 21 位科学家"(名单列在创世论者写的一本著作里)无法组成一个解释生命起源的受人尊敬的专家专门小组:三个在教育学领域有博士学位;两个是神学家;五个是工程师;还有一个物理学家,一个化学家和一个水文学家……一个昆虫学家,一个心理语言学家及一个在食品科学技术领域具有博士学位;最终,还有两个生物学家……一个生态学家,一个生理学家及一个地球物理学家。最后的五个或许在相关领域具有某些专长,其他人的证书与创始论者所提出的许多问题完全无关。这些人的"权威"无法说服我们相信,存在着一种科学上值得尊敬的对主流生物学理论的替代。仅仅随便一个"科学家"的话语是不足够的。我将打算打赌,那些创世论者,正像我们其他人一样,小心的求教于恰当的专家。我怀疑他们是将他们生病的孩子带到了兽医那里。②

某人或许应该承认基彻尔,从那些没人曾经知道的事情真相、或具有决定性的好理由来克服其他理由的关于可能的争论事实中总结出怀疑论或许太过于迅速,并且我在这里并不下这种结论。也就是说,我的论证中完全没有否定在创世论科学是否是"真正的"科学这样的问题上存在好的或甚至是决定性的论证。

但是我目前的关注点并非是否存在创世论乃是唯一伪造的科学的观点的强有力的论证——例如或许是由科学哲学家所提出的专家论证。我关注的反而是,伴随着非专家的认知能力将证书用作解决争论的具有合理的正当理由的方法。基切

---

① 当然,最近存在这个悖论的其他版本使得传统科学(关于"已被认可的"大学和学术团体)和"非传统"科学相互斗争。在美国法庭上也有这样的案例,例如,处理基督教科学家父母不允许他们生重病的孩子得到世俗的医疗。参见:Newmark v. Williams, 588 A. 2d 1108 (Del. 1990). 这些案例部分在于是否孩子实际上得到了足够的医疗服务。法官该向谁询问是否基督教科学的康复方法具有恰当的对传统医学事实的尊重,或者确实是否传统的医学事实是唯一相关的已知事实——基督教科学家或者传统医学机构的成员?

② Kitcher P. Abusing Science: The Case Against Creationism. The MIT Press, 1982: 179.

|专长哲学|

尔自己在这个独立的问题上帮助我们讲出了关键问题。在举出了上面所引用的评论之后，基彻尔论证道："关键性的问题并非是否某些获得了博士学位的人说创世论是有实际案例的，而是是否他们这样说是正确的。为了解决这个问题，考察一下证据本身是更为明智的。"① 很好，但是现在我们又回到了原地，寻找非鉴定性的证据（nontestimonial evidence）来决定在相互竞争的"拥有证书的"专家之间谁才是对的，但这正好是非专家能力范围之外的。从非专家观点来看，依赖作为专家的基切尔或者古德（Stephen Jay Gould）并不比依赖那个宣称自己"被看作是美国最伟大的科学创世论权威之一，获得了三个科学学位（包括博士），并且在四个著名的研究机构（路易斯安纳大学、明尼苏达大学、莱斯大学及弗吉尼亚理工学院）担任系主任或教授"的"亨利．莫里斯博士"更回避了这节标题所提出的问题。② 我唯一的论点是，如果不是犯了乞题问题，非专家并不具有判定谁有能力判定这样的问题的能力。无论这样的乞题问题是恶意的、无害的或者甚至是善意的，关于作为统摄着司法推理者对专家的认知遵从的实践性目标的非独断性的作用，期待更多的讨论。我将同样赶紧加上如下观点，尽管我的例子或许是与众不同的，但实际上对于认知困境的类型来说是非常典型的，非专家的实践推理者发现他们经常陷入这样的困境之中。③

---

① Kitcher P. Abusing Science: The Case Against Creationism. The MIT Press，1982：179.

② Morris H M. 1972. The Remarkable Birth of Planet Earth. 引自：Kitcher P. Abusing Science: The Case Against Creationism. The MIT Press，1982：178-179.

③ 在下面这个案例中可以找到一个例子（其实还有许多这样的例子），这个案例提出了和道伯特案中一样的问题，即是否盐酸双环胺可以造成新生儿缺陷："原告是否通过证据在数量的优势建立，即胎儿器官发育过程中的治疗过程中盐酸双环胺的摄取是一个可能的导致婴儿出生缺陷的原因（即是一个自然的并且持续的系列导致了缺陷，否则是不会发生的）？……陪审团一致同意答案是不。鲁宾（Rubin）法官拒绝审判后的为了推翻陪审团决定或修改他们的判决的行动，因为'双方都展示了由知名机构认证的和在盐酸双环胺方面态度不一但高度可信的专家的证据。'科学观点的巨大的重要性，正如由 FDA 委员会的结论所作证的那样，支持盐酸双环胺的摄取并不会增加新生儿出生缺陷的风险。与占优势的科学传闻相违逆的是 DeLucas 的专家多恩（Alan Done）医生，以前是韦恩州立大学医学院药理学和小儿科的教授，他坚持他的立场，即盐酸双环胺是一种致畸剂。由于他的显赫的个人履历，许多法庭都接受多恩医生在这个问题上的观点。"DeLuca V. Merrell Dow Pharms.，Inc.，911 F. 2d 941，945-946（3rd Cir. 1990）. 在注释中，法庭附加上："多恩医生从 1971 年到 1975 年作为 FDA 药品管理局的儿科药理学主任特别助理。在这个岗位上，多恩援助了供应'FDA 的研究包括儿童和胎儿，以及临床前针对儿童和妊娠期用药的药物安全评估的指导原则的发展……'他同样参与了 1974 年于美国儿科学会共同合作的论文'对妊娠期以及婴幼儿治疗的药物使用批准的评估的一般原则'的出版。Done 医生关于盐酸双环胺是一种致畸剂的观点基于他从流行病学数据那里得出的推理，他所主张的大部分数据和专家所使用的相同，这包括 Merrell Dow 公司所引用的用来支持盐酸双环胺不会导致出生缺陷观点的 FDA 委员会。最主要的区别就在于，多恩医生使用了由马赛诸塞州立大学医学院罗斯曼（Kenneth Rothman）所提出的方法来分析数据，减弱了所谓的'性能测试'的权重。参见：Rothman K J. A show of confidence. NEW ENG J MED，1978，300：1362.（论证了性能测试是一种误导。）

第三章 科学专家证言与理智的法定诉讼程序

3）不完全决定性问题

在导致了前面提出的倒退问题和将前提假设为结论的问题之后，这个问题确实变得具有不完全决定性了。不完全决定性给那些对专家的认知遵从的合法性进行解释的证书主义者进路制造了困难：当专家们的证书在非专家看来，和所有的非专家的得到辩护的信念势均力敌——也就是说，当这些因素不足以说明相互竞争的证人的可靠性的时候——证书如何能够提供一种认知上的合法方法，非专家可以用这些方法来解决选择与竞争的问题，在这一点上是非常困难的。

4）对比：反怀疑论的回应和辩证法的绝境（dialectical impasse）

不过，前面所提到的怀疑论的考察①或许看起来太仓促、太低劣、太薄弱了。否认非专家可以使用证书作为一种工具在认知遵从的基础上来获取 KJB，这是一种过度的怀疑主义。很显然，即使是非专家也能足够好的判定证书，来处理所谓的古怪因素（crank factor）②，同样可熟悉地看作被公认为"地平说协会"（Flat Earth Society）现象。大概对古怪的科学的承认毕竟是道伯特案想要试图减少的，通过使审判法庭的法官扮演一种"看门的"作用，利用他对科学可靠性的评估来作为一种可允许性的标准。然而，怀疑主义者将会坚持如下回应：非专家多久能有理由将专家的证书看做古怪的，从而给予拒绝？通过清除那些极恶劣的没有授予证书的假定的专家，即使非专家对于证书的运用能够帮助他们清除那些古怪的人，但是在大量的案例中专家的证书仍将会保持——在非专家的眼光中——势均力敌的。

让我们假定这个反怀疑论的观点，即在非专家对专家证言的评估中，证书存

---

① 考虑倒退问题，乞题问题以及不确定性存在于对我们可以获得知识的古代怀疑论挑战中。参见：Annas J, Barnes J. The Modes of Scepticism: Ancient Texts and Modern Interpretations. Cambridge University Press，1985：19-30.（讨论了 Aenisidemus 的"十个模式"。）

② 波斯纳（Posner）法官用典型的质朴的声明来描述古怪因素："［证人的证言］要么古怪，要么更像是谋求一种在交通事故案例中证明原告职业的人；在审判的时候他卷入了 10 起这样的案例。他的证据表明这个关于专家证人的由来已久的问题，他们通常仅仅是雇佣并支付给他们报仇那些人拥护者，和组织诉讼的律师一样。目前没有什么东西是不能被所谓的'专家'证明的，而表面上却并不那么荒谬。" Chaulk V. Volkswagen of Am. Inc.，808 F. 2d：639，644（7th Cir. 1986）.（引用：Keegan V. Minneapolis & St. L. R. R.，78 N. W. 965，966（Minn. 1899）.）某人思考在何种程度上波斯纳的观点受到对专家证人的认知能力所驱动，是没有受到在专家的观点上的规范的吸引力上和专家的观点的强烈的分歧的驱动更大，这是可以被原谅的。："在威斯康星或其他地方，照顾的标准是由价值 60 000 美元汽车的设计师来制定的，这并不是法律，所以在这个汽车中所发现的任何安全装置的省略都是失职……梅赛德斯 560 的购买者或许愿意为了安全性能上的微小改进（或许仅仅是理论上的）而额外买单，但是这样一个购买者在安全技术上的终极完善的医院并不能定义整个汽车工业的照顾标准。" Chaulk V. Volkswagen of Am. Inc.，808 F. 2d：644-45. 这或许是另一个例子，其中划分专家能力范围的分界线是模糊的并且需要监管。同样和不完全决定性问题相关，注意到 Chaulk 大多数将专家描述为"在汽车安全上有专长的工程师。" Chaulk V. Volkswagen of Am. Inc.，808 F. 2d：642.

在着认知上有价值的作用。那么这种作用是怎样的呢？科迪提供了一种谦虚合理的回答：

> 我们已经证明了团体和机构及他们各种各样的证书，典型的是，法庭要求（专家）证人表明从这些团体中取得了某些相关的证书。当然，可以怀疑这些假定的专家机构的证书……但是通常法庭并不怀疑这些证书。如果他们对每一个这样的提供证明的团体的证书要求某些证明，就很难看出即将到来的是什么，除了更多类似的证书之外。①

大学、学院及学术性协会乃是"提供证明的机构"的主要场所，它们起到了证书的作用。在我们日常生活和工作中，我们确实是在这些机构所提供的证书基础上做出判断的。并且许多人确实觉得这种证书主义的方式在那些领域内运作的非常好。我们的蛀牙被清除了；我们电脑的硬件被固定了（并且一开始就建立起来），并且运行程序表现奇迹——这些奇迹能被除了笛卡儿怀疑主义者之外的所有人证实；我们的微波炉能在几秒钟内就烹调好食物；我们的汽车和飞机能以高速或者在高空载着我们前进；我们的家庭娱乐系统能够通过越来越小的音视频信息系统来实现更为卓越的影音效果。我们的确意识到，经常提醒自己，在每一个技术奇迹背后都有着一系列得到认证的发明家、技术人员及理论家的强大支撑。所有这些都是有力的证据，证明在得到认证的认知权威的世界面前，事情并非那么糟糕。

不过，问题依然存在。科迪坦率承认这样的提供证明的机构存在着一个问题——他们具有"靠近知识的保守主义及靠近对被构想为一种商品的知识的社会控制的垄断的'内在的倾向'"。② 如果假定那种商品化的垄断具有认知上的扭曲效应，那么这显然是一个重要的问题，因为显然会发生这样的事情。（这实际上是一个关于竞争的问题，要么是学术内的，要么是学术外的，要么是现实的，要么是隐式的。）非专家如何能够意识到并且解决关于竞争的这个特定问题？科迪在一个具有说服力的回答中没有提供。他提出："在伪造科学的问题上，法庭应该对作为大学这样的团体的判断给予原初的信任，尽管他们应准备好来听取对是否能做出这样的判断的论证。"③ 但是他们应该准备好来听取何种类型的论证，并且在听取之后将如何进行评估呢？科迪假定非专家在这种评估中能够做的是——可以比那些相互竞争的专家们自身（包括那些自诩的垄断者及那些试图抬

---

① Fricker E. Telling and trusting: Reductionism and anti-reductionism in the epistemology of testimony. MIND, 1995, 104: 282.

② Fricker E. Telling and trusting: Reductionism and anti-reductionism in the epistemology of testimony. MIND, 1995, 104: 286.

③ Fricker E. Telling and trusting: Reductionism and anti-reductionism in the epistemology of testimony. MIND, 1995, 104: 287.

第三章 科学专家证言与理智的法定诉讼程序

高认知门槛的人)更好地进行判断?只要法官和陪审团缺乏相应的认知能力,我们有什么理由必须去相信他们能够为那些他们"打算听取的"但和公认的专家判断相抵触的论证做出得到辩护的判断?

在继续讨论之前,我先总结一下作为对解决关于选择、竞争及不完全决定性相关问题的提议的证书主义所遗留下来的问题。科迪的解决方案是让非专家对证书有一个初步的权衡——主要的是那些有声誉的大学及学术团体中成员的证书。一方面,这个方案仅当证书的力量非常清楚的时候才有效;但是通常非专家有理由相信证书的力量并非如此清楚。关于证书的确定性问题的困难在于,当陪审团听取来自两个具有同等证书的专家的相矛盾的证言时,这些证书甚至连初步的效力都无法产生。科迪论证说,我们通过将这些证书标记为得到了顶尖大学或学术团体的认可从而赋予这些证书以初步的效力。但这种观点仍然有三个问题。首先,相关的倒退问题及乞题问题又回来了:通常成为一所著名大学,并不等同于在某一个专门领域成为顶尖(加利福尼亚大学旧金山分校或许不是一所"顶尖大学",但是我们知道它拥有顶尖的医学研究中心)。我们可以构造一个类比——加利福尼亚大学旧金山分校:医学研究::匹兹堡大学:哲学研究。我们的确可以找到许多这样的例证。为了让非专家以恰当的方式找出哪些机构是"顶尖的",必须找到一个已经得到某个机构所承认了的专家,因此要么就是将结论看作前提,要么就是从果到因的推理。另一个问题即使提出了证书主义方案之后依然存在,这个所谓的解决方案如何能够处理获得证书的专家之间学科内竞争的案例,这并不十分清楚。当处于相同领域的专家(例如,统计学、经济学、遗传学、流行病学)并且他们的证书对于相互矛盾的或不一致的主张具有势均力敌的证明的两组证人时,这样的竞争就发生了。证书主义如何能够处理获得认证的专家的学科外的竞争案例,同样并不清楚。当并不处于相同领域的专家但是他们的证书却具有同等效力并且提供了在某种程度上相互削弱对方力量的证言时候,这种竞争就会发生。肯尼提供了一个让人着迷的例子,论证了通过专业的精神病学证据将"不可抑制的冲动"的概念引入刑法,在哲学上是不融贯的并且因此在法庭上并不值得严肃的信任:

> 对这个事态的唯一的补救方法大概会是对于控方来说让哲学家证明不存在任何像不可抑制的冲动这样的状态,那么因此被告不可能如此行动,比谋杀一个已婚的单身汉或者偷窃一个拳击台(square circle)更不可能。我希望这个提议的令人绝望的本质让我们生动的明白法律当前状态的不可辩护性。①

---

① Kenny A. The expert in court // The Ivory Tower: Essays in Philosophy and Public Policy. Basil Blackwell, 1985: 56.

那么如果得到学术界认可的肯尼在精神病学领域能够抛出这样的学科之外的火焰弹，想象在学术界无可争辩的获得公认的保罗．费耶阿本德和理查德．罗蒂会做些什么来挑战在物理学、生物学及数学中生成 KJB 的能力，如果他们的专家证言在审判中被采纳。诸如这样一些得到公认的学者，他们作为学科外的挑战者在案件上或许并不正确，但是我们必须弄明白非专家，当他利用具有学术威望的证书作为自己的指南，能够做出一个得到辩护的判断来拒斥他们的论证（这类相互竞争的证言大多将必须是暗指的（implied），因为这样的证言几乎没有被采纳。但是作为非专家的法官就有理由拒绝它们吗?）

我们面临着辩证法的绝境，一个难题——那种教育获得的相反的直觉阻碍了我们的撤离。一方面的直觉是，证书对于使得从实践的认知遵从中生成 KJB 来说是充分的。另一方面（依我看），存在着同等强度的哲学"信念"，即如果没有认知的能力，证书在大量倒退、乞题及不完全决定性的许多未得到辩护的信念的审视下就迅速瓦解了。我认为，打破僵局的方式是通过小心谨慎的考察，以及合理的重构，在司法争论最终获得结论的过程中为了对专家科学证言进行评估，非专家的法官或陪审员必须利用逐步的推理过程。在我 1998 年发表的论文中，我展示了被人们称为溯因推理的这样一种推理过程在理性思考过程中如何起到了关键性作用。并且正是溯因推理的某些关键性特征可以带领我们走出我所确定的那种绝境。进而我展示了一种非专家用来对专家证言进行评估的推理过程模型，解释在此过程中溯因推理的作用。

尽管可能建构一个理论模型，在此模型下决策制定者可以解决刚才所讨论的那种辩证法的绝境①，但是决策制定者在实践中通过他们在专家证言和证书的基础上对专家们之间做出决定的那种理性能力的缺失，使得他们成为有缺陷的。并且这种独断性伴随着复杂的科学理论在诉讼中变得越来越普遍与突出而不断增长。

独断的决策违背了法定诉讼程序，无论它们乃是基于种族的仇恨、不可能的法律标准或者在这里是基于对做出明智的判断所需要的必要背景的无知。正如我在别处所详尽论证的那样②，决策制定者评估专家证言的方式违背了"理智的法定诉讼程序"的原则，如果没有写入宪法（enshrined in the constitution），但是仍然激励我们的法律制度并且反映了我们基本的公平观念。

我所看到的唯一的解决方案（实际上，是一组解决方案）规定了，正是同一

---

① Brewer S. Scientific expert testimoy and intellectual dual process. Yale Law Review, 1998, 107 (1535): 1634-1672.

② Brewer S. Scientific expert testimoy and intellectual dual process. Yale Law Review, 1998, 107 (1535): 1672-1679.

第三章 科学专家证言与理智的法定诉讼程序

个法律决策制定者身兼两职,一边是认知的能力,一边是实践的合法性。也就是说,无论法官或陪审员或者行政官员是否受过科学训练,正是这具有法律权威的同一个人在相关的科学学科中必须同样具有认知的能力。在这样一个文化日益利用科学的大量理智力量的时代,对于司法系统来说,要满足它自身的理智上的愿望,这种代价是值得的。

(戴潘译)

第四章 专家有什么问题？

斯蒂芬·特纳*

关于专家意见专家权力的典型讨论都带有"政治意味"，但是，赋予它们这些政治意味的潜在的政治思维却很少得到阐明。① 下面，我将把专长的问题分解为它在政治理论中的诸要素。

第一个问题来自社会理论，关系到民主与平等。有人担心，专家知识的存在会对民主构成政治威胁，在这些人的作品中，专长被看成是一种占有，这使得拥有者具有了人们不能成功控制和不能获得或分享的特权。

按照这种理解方式，专家意见是成问题的，因为它违背了由民主问责制预设的大致平等条件。某些活动，比如，基因工程，明显超出了民主控制所能企及的范围（即使当这些活动由于其危险特征应该受到公众的监督和调控时），恰好是因为知识的失衡，简单地说，是因为"公众"，作为平民百姓，无法理解这些问题。这不是说，无法采取民主的行动来反对这些活动，而是民主的行动必定是超越了那些行动者的真正胜任能力的行动。这样，我们面临着两难困境：向"专家统治"让步，还是向平民主义的民主统治让步——也就是说，即使"人民"是无知的，并且基于恐惧和谣言来起作用，也要维护人民智慧的价值。

第二个问题来自规范的政治理论。把知识差异看成是平等问题导致了一些令人

---

* 斯蒂芬·特纳（Stephen Turner）：南佛罗里达大学哲学系研究生指导教授，在政治与科学关系及专家知识的社会政治意涵方面有大量论述，这方面的作品包括一部学科史，《不可能的科学：对美国社会学的建制分析》（与乔纳森·特纳合著），以及《相应纳粹主义的社会学》（与德克·凯斯勒合编），近著有《自由民主3.0：专家时代的市民社会》。本章是一个较大项目的一部分，标题暂定为《自由民主3.0：专长时代的政治学》，已收入塞奇（Sage）出版社的"理论、文化和社会"丛书出版。本项目的研究得到了国家科学基金伦理与价值研究和科学技术研究项目的资助。

① 对此也有例外，如史蒂夫·富勒的《科学的治理》 (Steve Fuller. The Governance of Science, Buckingham, UK; Philadelphia, PA: Open University Press, 2000). 在政治科学自身的领域内，也应该提到阿伦·威尔达弗斯基（Aaron Wildavsky）(Wildavsky A. But Is It True? A Citizen's Guide to Environmental Health and Safety Issues. Cambridge, MA; London: Harvard University Press, 1995.)、查尔斯·林德布洛姆（Charles Lindblom）和爱德华·伍德豪斯（Edward Woodhouse）(Lindblom C E, Woodhouse E J. The Policy-Making Process. 3rd ed. Upper Saddle River, NJ: Prentice Hall, 1993). 每一位都反映了罗帕特·达尔对市民能力的担忧。

第四章 专家有什么问题?

困扰的趋向。如果我们认为知识是定量的,或者,是一些人已经获得而另一些人不能获得的商品,那么,确实受实践限制的一种解决方案是,通过消除教育差别或消除行使专长权力的差别,例如,通过对专家的政府津贴和对他们的知识与忠告的宣传,达到平等化。①但是,如果把这些差别更好地理解为观点的差异,而不是知识量的差异,那么,我们又面临另一个问题。保罗·费耶阿本德②坚持认为,广泛的公共"科学教育"计划只不过是国家宣传一个派系(即,"专家"这一派)的一种形式。因此,它违背了国家的基本中立性,违背了自由国家为了确保坦率、公正和公开讨论的可能性,在面对有争议的意见时,必须呈现的公平性。第二个问题似乎是只有狂热者才感兴趣的一个边缘问题,但它越来越成为一个实践问题。

这个问题的抽象形式是这样的:如果自由国家应该保持意见中立——这就是说,既不促进也不特别重视任何特殊的信仰、世界观、派系立场等——那么,专家的意见会怎么样呢?专家的意见具有派系意见所缺乏的某类特性吗?如果没有,政府为什么应该比如说通过科学资助来给予它们特殊的考虑呢?或者,例如,在环境破坏的问题上,对待专家的意见,不同于对待土地所有者或污染者的意见。如果专家的意见确实有特殊的地位,那么,是什么呢?承认宗教意见的特殊地位,导致了它被排除在国家行动的范围之外。宗教要么不是国家行动可接受的主题,要么被赋予有限自主的被保护地位,像英国所建立的教会的情况那样,以教会退出政治为交换条件。宗教的地位经常被举荐为国家与科学关系的一种模式。③但这是一个特殊的类比,因为国家不仅保护和资助科学,即国家听取科学的意见,这就是说,授予科学一种权威性,而且,通过下列两种要求重申这种权威性:一是要求把规章制度建立在科学发现或科学共识之基础上;二是要求促进作为事实的科学发现。

就宗教而言,如果只有通过政教分离和授予教会在某些特殊议题上拥有权威或某些特殊权力,那么,国家才能尝试某种形式的中立性。在科学方面,更一般地说,在"专家"意见方面,正是这些意见本身被看成是"中性的"。诚然,当"教派"信仰与"专家"意见相冲突时,这种特殊地位就成为问题,而且,对专家意见非教派的中性特征提出质疑。这类问题已经产生了,例如,在美国,整个20世纪都与神创论的教学有联系。但是,这里的这些问题遭到讽刺攻击比得到解决更容易。关于像"'创世学'之类的问题真的是'科学'吗"?原则上根本

---

① 美国的农业"推广教育"系统是这方面的一个例证。这很快在早期的被收养者和落后者之间创造了一种新的不平等。

② Paul F, Science in a Free Society. London: New Left Books, 1987: 73-76.

③ Polanyi M. Faith and Society. London: Oxford University Press, 1946: 59; Price D K. The Scientific Estate. London; New York: Oxford University Press, 1965.

没有非常令人信服的答案，也没有无法被攻击为意识形态所依赖的"原则"。这个问题也不限于教派信仰。对犯罪的基因背景的研究被谴责为"种族主义"，而且，政府机构吓得撤销资助。同样，种族和智力研究被攻击为固有的种族主义，也就是说，是"非中性的"。写给《新闻周刊》一封信的作者写道："智力理论、智力测试和实现其预言的社会结构都由富裕的白人男子为了他们自己的利益所开发和控制的。"① 科学本身由于热衷于量化、预言和控制，只不过是种族主义和性别主义的一种智力表现——换句话说，是非中性的——这种观念不只是普遍的，在女性主义理论中，通常被看成是既定的。由此产生的自由主义存在更一般的问题：如果自由国家在意识形态上应该是中立的，那么，如何确定作为不同于知识的意识形态是什么和不是什么呢？

一、两个不可分割的问题

如果平等和中立这两个论题都有各自的主张，那么，这两个问题能被以世俗的政治方式来讨论：解决不受民主控制的专家问题的方法是设计一些控制，比如，丹麦开始成立了市民技术委员会；解决公众没有能力跟上现代世界需求的方法是让大家接受更好的教育，这也是科学家、经济学家等人的一个传统目的，对这些人来说，"公众理解"是核心。由专家知识产生的自由民主问题不需要一个奇特的解决方法：我们能够延续我们现在的做法，也就是说，"蒙混过关"。例如，我们可以只声明科学是非教派的，并且，根据司法命令处理像神创学那样的怪事，或者，谢绝设立科学基金，或者，谢绝允许或拒绝可能引起争议的技术，或者，基于舆论和政治的权宜之计，唤醒"公共利益"群体的敌对情绪。然而，把这两个问题放在一起产生了一个更困难的问题：如果专家是公众知识的来源，而且，这种知识在本质上并不优越于纯粹舆论，那么，不是真正专家的"公众"本身此时不只是不如专家有胜任能力，而且或多或少受到在专家的文化或知识的控制之下。

这种理念，得到了迈克尔·福柯（Michel Foucault）的鼓励，也许是当前"文化研究"的主旋律，并贯穿于它的编史工作：文化的普通消费者被看成是约束他们以种族的、性别的和"阶级的"方式来思考的神秘力量的产物。可以说，这些约束和文化产品一起都是受到熏陶的结果。在堂娜·哈拉维（Donna Haraway）著名（但有争议）的例子中，在一个自然历史博物馆里，更高级的人具有（比如）类似于现代欧洲人的特征，如果一个人在这个博物馆里，接触到"专

---

① Jaffe N. Newsweek, 21 November, 1994: 26.

第四章 专家有什么问题？

家"陈述的人类进化史，那么，他就会变成一位种族主义者和性别主义者①。现在，被普遍认为理所当然的观点是，这种专长效应真的属于"政治学"的领域，而且，传统意义上理解的政治学从属于文化的假定，因为它是在由文化假定所定义的框架内进行的，这些文化假定本身部分地来源于过去"专家"的意见，比如，博物馆里介绍的立体模型。我这里希望从自由政治理论的视角考察的正是这种一般的论证形式，因为它所挑战的正是自由政治理论，甚至可以说是自由政治学。

自由主义的一种标准观点，也许是卡尔·施密特（Carl Schimtt）最尖锐地表达的观点，把自由主义看成是吸取近代欧洲初期宗教战争教训的产物。自由政治在它确实有了进展的地方，发展成为采纳某种约定的结果：宗教问题被认同为外在于政治领域的。政治领域事实上被降低为人们能够求同存异、同意容忍的意见领域，以及人们能够进一步同意接受议会争论的结果和面对分歧时投票表决的结果的意见领域。一些问题，比如，事实问题，被潜在地理解为不会引起"争论"的，在公众讨论的过程中，各方共同拥有和能用来作证的问题。施密特提出的观点是，议会民主取决于"某人通过对某事的真相或公正性的论证来说服反对者的可能性，或者，允许说服自己把某事看成是真的或公正的"可能性。② 如果没有这种要求——假如这些意见通过讨论不发生改变，而且，说服只是既定利益之间的折中协商的一种形式——那么，议会机构会是无意义的空壳。施密特在魏玛时代的议会政治中所看到的是，这种议会制的假设已经不成立。关于什么是真的或公正的理性劝说已经停止。然而，魏玛政治的党派不只是利益党派。他们是"极权化"的党派（totalizing parties），即从意识形态上解释世界，安排其成员的生活经验和社会生活，而且，拒绝其他党派的世界观和依赖于这些世界观的所有论证。

施密特相信，有可能展开真正辩论的议会讨论的前历史领域已经完全消失了。在极权化的党派的统治下，拉开了极权主义世界的帷幕。他不是说，议会政府（即通过讨论的政府）的自由思想原则上是错误的。但是，当前存在着一种有影响的论证，这种论证来自具有相同结论的原则。斯坦利·费什（Stanley Fish）最近声称，自由主义"打上了一种信仰（一个谨慎选择的术语）的烙印，这种信

---

① Haraway D. Teddy Bear Patriarchy: Taxidermy in the Garden of Eden, New York City, 1908 – 1936. Social Text, 11: 20-64. Reprinted in Haraway D. Primate Visions: Gender, Race, and Nature in the World of Modern Science. New York: Routledge, 1989: 26-59; Schudson M. Cultural Studies and the Social Construction of "Social Construction": Notes on "Teddy Bear Patriarchy" // Long E, ed. From Sociology to Cultural Studies. New Perspectives. Oxford: Blackwell, 1997: 379-399.

② Kemmedy E. The Crisis of Parliamentary Democracy. Schmitt C, trans. Cambridge, MA and London: The MIT Press, 1985: 5.

仰有理由作为一种能力，独立于任何一种特殊的世界观发挥作用。"[1] 费什否认，这可能不只是一种信仰，而且，得出结论说，这意味着，自由主义是不存在的。这事实上是取消了现代国家的核心成就和没有从宗教战争中吸取教训的一种论证。但尽管如此，如果它与现代自由国家的主要产物是种族和性别的不平等和不公正的思想联合起来，就是一个奇怪的引人入胜的论证。

专家知识容易受这个论证的一个变种的影响：专家知识冒充为争论的各方都容易获得的中性事实，但它只不过是另一种意识形态。尤尔根·哈贝马斯在谈及"专家文化"时，潜在地提出了这个指责。在福柯的影响下，对过去的专家提出批评的其他许多人，更详细地证实了这一主张。他们的观点通常是，"专家"的主张或专家对现实的描述，产生了被普通人和政治家无意中接受为事实的话语结构——"意识形态"，但实际上是家长制、种族主义等的表达。今天的"专长"提出了同样的问题：区别在于，我们缺少历史间隔来看到专家主张的更深层次的含义。

如果专家知识真是被当做事实的意识形态，那么，自由议会讨论的观念起码是虚假知识。基于议会有可能进行讨论的这种事实性主张，原来是意识形态的主张。因此，自由主义真正的意识形态基础是隐藏着的：它实际上是所认同的事实，并且，所认同的事实有时不是公开争论的产物，而是专家权威的产物。议会的实际讨论和之前的竞选是在很有限的范围内进行的，而这个有限的范围是由所认同的事实规定的，因而也是间接地由专家意见规定的。接受科学或专家的权威就是接受权威的意识形态的宣言。因此，自由政体与其他政体一样都是意识形态的。更确切地说，教条的自我欺骗掩盖了意识形态权威中的自由政体的基础。

因此，这两个问题——削弱了自由主义基础的专家知识的特征问题和民主控制无法接近的专家知识问题——以引人注目的方式结合在一起。留给我们一幅被认为是虚假的现代民主制度的图景，一群其文化和生活世界被专家所控制或"引领"的公众，而专家的所作所为超出了公众理解的范围（因而超出聪明的公众讨论的范围），但他们的"专家"知识只是意识形态，即借助于掩盖了其特征的事实更有力地提出的意识形态。这种掩盖是自由主义的核心遗产。公众确实是它的可怜而无能力的受害者。

尤尔根·哈贝马斯给出了一种版本的社会理论的论证，这种论证表明了通常解决中立与民主这两个问题的方法为什么失败的原因所在。这一论证指望刻画普通人的观点，哈贝马斯称为"生活世界的内在视角"。他断言，这种视角受到三

---

[1] Fish S. There's No Such Thing as Free Speech and It's a Good Thing, Too, New York: Oxford University Press, 1994: 134.

第四章 专家有什么问题？

种虚构的约束：行动者是自主的人；文化不受外在限制的影响；交流"清晰易懂"，据此，他的意思是说，人与人之间原则上能够相互理解。① 但实际上，他认为，生活世界至少在某种程度上是外在控制的产物，他称为由专家操纵的"控制机制"，而在成为生活世界的一部分并有助于构成生活世界的传统中，专家的思想是不可理解的。简而言之，在普通的公众成员操纵的幻想世界和"专家文化"的世界之间，存在着一条不可逾越的文化鸿沟。② 生活世界本身的虚构阻止了它的居民掌握控制它的方式。

罗伯特·默顿（Robert Merton）根据专业人士和科学家拥有"认知权威"的概念以不同的方式表达了一个相关的看法。可以推测，当哈贝马斯提到"专家文化"时，他想到了许多相同的人，但是，对这个问题的两种设想方式之间有着重要的不同。哈贝马斯的专家不是通过劝导，而是通过利用社会存在的条件（特别是利用一种未经思考的满足）来施加他们的影响，哈贝马斯称为"使生活世界殖民化"。默顿的模型与权威相关，也更加熟悉。默顿补充说，这种权威被感觉为一种反对人们有时造反的外来权力——他称为"矛盾心理"的接受和造反的共存。③

权威，在它最普通的形式中，是一个政治概念，并且，它指出了根据民主理论的专长所提出的问题。专家不是在民主的意义上负有责任，但尽管如此，他们使用行使了像权威一样的超越真信念问题的权力。哈贝马斯的图像则有点不同：他似乎关注的专家不是我们通常以面对面的方式对待的那些专业人士，而是隐藏在官僚政治壁垒背后的决策者。这种差别是否有意义，是我暂且不予解决的一个问题。不过，它指出了有必要更详细探索的专长概念的一些困难。

因此，专长是比我原初设想的阐述更为复杂的一个问题。认知权威，不管是什么，似乎都会有抵抗和服从，而不是通常的民主政治的妥协。它不是一个能够分配的对象，也不能简单地被授予——例如，结果人人都会因为能为风险评估委员会提供服务的缘故而被看成是"专家"。诚然，法律虚构的平等会被扩展为像市民监督委员会之类的政治发明，而且，法律虚构具有很有说服力的非虚构的结果。但认知权威可能避开了这样的团体，原因是哈贝马斯准确地指出：局限于生活世界的视角排除了专家和非专家之间的平等交流。

用另一种方式来解释，专家意见对自由主义来说也是棘手的。如果专家拥有

---

① Habermas J, trans. Thomas McCarthy, The Theory of Communicative Action Vol. 2. Boston, MA: Beacon (1985), 1987: 149-150.
② Habermas J, trans. Thomas McCarthy, The Theory of Communicative Action Vol. 2. Boston, MA: Beacon (1985), 1987: 397.
③ Merton R K. Sociological Ambivalence and Other Essays, New York: Free Press, 1976: 26.

默顿式的认知权威,他们提出一个中立性的问题:例如,国家在面临专家的权威性主张时,能够保持它的独立权威吗?即能够保持它担当中性判断的权力吗?或者说,国家必须把专家看成是本质上无教派的或中立的吗?官僚政治中的专家提出了一个稍微不同但同样棘手的问题。如果我们把德国人对自由主义的贡献有区别地认为是应该尽可能限制官方自由裁量权的观念——理想的法治国家,而不是人治国家——那么,显然,恰好在存在自由裁量权的国家机器的那些地方,"专家"具有一种明显不可减少的作用。确实,专家意见和自由裁量权是两个相互促进的概念。

二、认知权威及其合法性

"权威",在与"知识"联系起来使用时,是一个独特的概念:在政治理论中,人们通常认为,权威与真理相反,例如,像施密特所做的那样,把霍布斯的观点释义为,比如说,是权威(而不是真相)制定法律。施密特所说的权威是指做决策和强化决策的有效权力。据此,认知权威是一个自相矛盾的说法。如果你有知识,人们本来不需要有权威。不过,这非常类似于"道德权威"。当然也有更早的也许是更基本的作为作者身份的权威(auctoritas)概念。潜在的思想是,这种"权威"拥有一手材料,其他人——读者或听众——持有二手材料。而且,这也是专长概念的一部分:专家相信事实或他们相信的其他同类专家的知识断言的有效性的基础,不同于非专家相信专家的基础。例如,核物理的事实,只有对于那些受过技术训练、能把事实辨认为事实的人来说,才是真正意义上的"事实"(例如,人们能够有效地使用的事实)。非专家没有受过这种使事实有意义的训练:把物理学家预先消化的观点接受为权威性的,这差不多是大多数没有受过尖端训练的读者所能做的。根据施密特提供的术语,可以很简单地得出这种观点:一些专家的断言的真理性论证,可能说服另一些专家,这是专家意见的特性;就这些断言而言,我们其余的人把它们接受为真,另一些专家也把它们接受为真,但接受的基础不同。

关于科学的认知权威现象的文献[①]集中在科学家用来保持和保护他们的认知权威的社会控制机制方面。可以说,科学家的认知权威与公众的关系是法人关

---

① Gieryn T F. Boundaries of science // Jasanoff S, Markle G E, Pinch T, et al., eds. Handbook on Science, Technology Studies. Newbury Park, California: Sage/4s, 1994: 393-443; Thomas F. Gieryn and Anne Figert, "Scientists Protect Their Cognitive Authority: The status Degradation Ceremony of Sir Cyril Burt" // Gernot Bühme and Nico Stehr (eds.) The Knowledge Society, Dordrecht, Holland: Reidel, 1986: 67-86.

第四章 专家有什么问题？

系。当科学家作为科学的代言人时，他们拥有自己的权威。而且，公众的科学判断是法人现象的科学，是科学家以科学家的身份在说话。所以，这些社会控制机制对科学的认知权威是至关重要的，因为他们是专业人士，即默顿当初的主体。但是，这些文献一般情况下所忽略的是，与权威的政治概念相联系而产生的问题，即，权威的起源问题。首先认知权威是如何确立其权威的呢？他们又如何维系其权威的呢？

如果我们把物理学家的范例情况考虑为认知权威，就相对直接地回答了这个问题，于是，这个论题很少被作为问题的来讨论，就不足为奇了。我们大家都知道（或者，有来自用户或接受者的证言）我们确实接受的物理学成果的效力，比如，核武器，而且，我们被告知，这些结果源于物理学原理，也就是说，物理学家相互证实为拥有的"知识"。结果，我们为了拥有这些问题的知识，确实有根据接受物理学家的断言，而且，在这种意义上，我们在物理学中的"信仰"不依赖于单独的信仰——尽管，重要的是补充说，这些不是物理学家们在评价彼此的认知断言时运用的根据，或者说，只是这些根据的一小部分。

如果我们接受由科学认知权威的这种讨论所建议的这个模式，我们就有这样的情况：专家意见是拥有一种被检验为有效的知识，不管是否得到证明，其中，这种证言也被相关的受众广泛地接受。但如果对专家意见来说，仅此而已，那么，就很难明白，为什么有人认为，声称的专家意见或行使专家权威是对民主的一种威胁。专家正确地声称所拥有的知识是有效的，权威被设想为在某种意义上取决于（至少在相关的受众中）广泛接受这种知识的有效性的证言，这种权威本身就是一种民主的权威，因为这种接受是一种民主的合法化。

人们可能会继续建议，这些权威主张本身具有与一般的民主政治权威一样的缺陷。公众的意见可能是错误的和错误地接受本不该被接受的权威。人们可能以神学权威和他们的信徒之间的关系为例，说明特殊知识的欺骗性的（或至少是神秘的）断言如何开始被认为是权威的，很成问题的深奥知识如何被赋予与科学知识一样或类似的那种遵从。但是，在神学知识的情况下，我们确实看到了在科学认知权威的情况下也许是不很清楚的问题，即权威主张的受众可能确实是非常特殊的，并不对应于作为一个整体的公众。而且，所限定的受众做出的主张和接受的主张本身可能是错误的，结果会遭到相同受众的拒绝或他们的后继者的拒绝。

专家的受众是这样的：对于他们来说，专家是合法的，他们的接受使她声称的专家意见合法化，对这些受众的思考，举例说明了在论述专长和民主问题时，存在的困惑。默顿和哈贝马斯似乎讨论的不是同类专家。对于默顿来说，专家的范例是医生，比如说，我们带着矛盾的心理接受少吃高脂肪食物的医生专家的忠告。① 对于哈贝马斯来说，从超越生活世界的文化视域的观点来控制社会并依照他们自己的专家文化来这么做的"专家"②本身是一个法人团体或作为专家根本没有公共合法性的受众，而且，确实多半不会被公众觉察到。这种模式不适合物理学。如果我给出的科学认知权威的解释或多或少是真的，那么，物理学的权威本身或多或少得到了民主的公认，因而是合法的，在这方面，隐藏的专家的权威并非如此。简而言之，物理学不仅主张权威，而且，体现在物理学家的共同体的法人形式中，但是，这种法人的权威达到了一种特殊的合法性：这种合法性不仅超越了物理学家的派系，而且或多或少是普遍的接受。

如果我们从这种作为特殊类型的合法的认知权威的理想类型或范式情况出发，称为"I 型专家"，那么，我们也可以列出具有不同合法性特征的其他类型的专家。在这张列表上，我们会囊括哈贝马斯讨论的那类专家，他们似乎没有物理学家的民主合法性。根据受众和合法者，不难做出这种区分。正如我所建议的那样，神学家是有认知权威的专家。像物理学家一样，神学家的权威通过受众的接受得到合法化——受众只不过是有限的，但是预先确定的。神学家的认知权威只能延伸到特殊的教派受众。我们可以把这些"有限受众"的专家称为"II 型专家"。

如果前两类专家是预先确定了受众的专家，比如，物理学家的共同体，或者，预定义的教派信徒的共同体，那么，第三类即"III 型专家"，是创造了自己的追随者的专家。这种类型逐渐地变为下列这类人的范畴：他们因成功的服务表现而获得报酬。按摩理疗师因知识或知识的运用而赚钱，但是，收入多少取决于受益者对这种知识产生的疗效的判断。这些受益者的证言为更广泛的受众确立了声称的专长。但是，有些人没有通过按摩治疗获益，并没有发现按摩治疗实现了承诺。所以，按摩治疗师拥有所谓创造的受众，即一组追随者，对于这些追随者来说，他们是专家，因为他们通过自己的行动向这类受众证明了自己。"专家"之所以被认为是专家，是因为他们出版了对受众有用的畅销书，例如，露丝·韦斯特海默博士（Dr Ruth Westheimer），这类专家也是这种意义上的专家：他们拥有自己创造的追随者，但这些追随者不是普遍的。他们拥有原始意义上的权威。

三类专家——其认知权威是被普遍接受的那些专家，其认知权威是被教派接受的那些专家，以及其认知权威是被一组追随者接受的专家——每一类都在自由民主的框架内占有一席之地。物理学家的专长本身被认为是中性的；国家对另外

---

① Merton R K. Sociological Ambivalence and Other Essays，New York：Free Press，1976：24-25.
② McCarthy T. The Theory of Communicative Action Vol. 2. Habermas J，trans. Boston，MA：Beacon（1985）1987：397.

第四章　专家有什么问题？

两类保持中立，但方式不同。一类专家可能进入政治——例如，露丝博士为参议院奔走；或者，促进一些政治动机，如小学的性别教育——但另一类专家普遍认为被排除在外。宗教派别为了自由国家的中立性概念而被排除在外：政治领域是限定的，像第一修正案所指出的那样，根据协定，阻止国家确立一种宗教。但是，真正"确立"宗教，同时，也约束宗教（如关于欧洲国家建立教堂的模式），能够为两个相同的目标服务：政教分离和保证政治领域的边界是由政治决定的，而不是由宗教专家决定的。像伊朗那样的宗教政体是以宗教专家决定宗教权威的领域为前提运行的，因此，代表了 II 型专家的权威。但这是一种有意识的和"公众的"选择。

当然，在物理学家的权威和政治权威之间或多或少可能有暂时的冲突——克努特国王试图控制沃什湾潮汐，反对他的物理学家们的忠告。在专家级的经济学家和非专家级的经济意义上的政治思想家（如约瑟夫·熊彼特所关注的那些人[1]）之间较长久的冲突，可能会构成威胁。这是因为，经济学家的专长系统地与政策相关，而物理学家的专长只是暂时如此。但是，如果经济学家称得上是具有一般公众的合法的专家，这大概是因为，像克努特那样，如果政治家忽视他们的忠告，就达不到他们的目标。

经济学家的合法性是不完备的，这提出了一组有趣的问题。声称的认知权威并不总是被接受。经济学家之间确实在很大程度上一致同意构成基本胜任能力和合格分析的要素是什么。有一个意见共同体，而且，这个共同体以外的那些人——也就是，经济学的"公众"——接受共同体声称的专长。但是，这门学科声称的合作权威是脆弱的：它声称，使每一位经济学家，以高中老师讲物理学的方式，"讲"经济学的基本问题，比如，自由贸易在其他条件不变时的恩惠。由几百名经济学家签署广告的景象是对在物理学中和经济学中分别达到的声称的演说之间的差距的一种活生生的证明。经济学中，在专业共同体内部早已确信的基础上达成一致，仍然不得不通过古老的集体仪式来签订一份请愿书（本身在大多数古老的政治文件之中）加以证明。即使这些几乎无异议的主张，也不是经常被接受为真：教派主义者、纺织品的利益集团或持怀疑态度的公众都会对它们提出异议。[2]此外，"专家"知识的大约每个核心都是较为模糊的，即核心的胜任能力是有帮助但不明确的一个范围，在这个范围内，称职的专家可能意见不一致，而且，不一致是因为，这个范围内的问题不能根据定义胜任能力的那些核心问题来

---

[1] Schumpeter J. Capitalism, Socialism and Democracy, New York: Harper and Row, [1942] 1950: 251-268.

[2] 令人惊奇的是，对于写信给《新闻周刊》遭到拒绝的那些人来说，关于智力本性的主张产生了由许多杰出的心理学家签名的类同的集体信件，企图纠正他们看到的由记者和评论员提出的关于智力的公认的心理学研究成果和心理学家事实上所接受的研究成果之间的令人担忧的差异。这里的问题是不同的：记者们不只是知道这些得到公认的事实，他们好像假设，这些事实与他们的偏见相符合。

决定。向一般受众确立认知权威并非易事：像核武器、抗生素、新化学和新技术之类的主要成就是这个领域的财富。决策方针很少有这些成就的透明，而且，决策失败也很少像克努特掌控潮汐的主动权一样明确。

三、两类新兴专家

现在，考虑下列"专家"类型：这些人由于获得资助而被说成是专家，而且，他们声称专家的意见抱有这样的希望，他们提出的观点将说服广泛的公众，因而推动他们的观点渗透到某种政治行动或选择之中。这是我们列表中的第四种类型，出现于19世纪末的美国，与慈善基金会共同发展起来。下面讨论的第五种类型是第四种类型的一个变种，或更确切地说，是第四种类型的历史发展。当创建和资助公认的"专家"的努力失败后——通常因为他们的专长没有被广泛接受，或者，不像投资者所希望的那样有效——有时，做出的一种努力是，使目标职业专业化，并且依据特殊专家群体的认知权威的可接受性来定义专业素质。现在，这两种类型都存在，而且，在某些领域内，两者之间没有明确的区分。区别在于受众的类型，在许多情况下，也许像心理医生之类的"专业性的"受众，在有关他们的信息和智慧的现实来源方面，与公众没有太大区别。

社会工作史提供了一个尝试失败的好事例：试图确立通过在获得专家地位的过程中的自我觉醒进一步分辨出的专业知识的主张。当拉塞尔·塞奇（Russell Sage）的遗孀把塞奇的遗产用于慈善目标时，她的顾问们本来就是财富共同体的积极分子，这些人创建了一个尝试说服公众接受各种改革的机构。改革的范围从创建"游乐场"到制定租房政策和区域规划。有些参与者是"委员会"里经验丰富的人，比如，纽约的公寓委员会，另一些参与者来自慈善机构协会，还有一些参与者来自社会运动，比如"游乐场"运动。① 基金会所做的事情是，向在这些不同领域内的各部门被雇佣为专家的那些人提供资助。他们中的一些人，比如，玛丽里·查蒙德（Mary Richmond），经验丰富，撰写了几部著作，而且，名声显赫。另一些人不出名，但能够干中学，对于各种自愿者群体来说，起到了顾问的作用——比如，试图促进在她社区建造游乐场的妇女，需要得到如何提出要求的建议。

拉塞尔·塞奇基金会对怎样施加影响有一种特殊的模式，即，其他基金会将采用的一种模式。他们反对"零售的"慈善事业，并希望影响其他基金会把他们

---

① "游乐场运动"是1906年由美国游乐场协会发起的，在每个城市建立供孩子游戏的游乐场的运动，游乐场的目的是使孩子们暂时脱离城市严峻的环境，并且在游戏中学习礼貌、道德和体育精神。至1910年，已有55个城市和113所高校参与其中。——译者注

第四章 专家有什么问题？

的资源投入这一事业。例如，游乐场就不是基金会直接出资的，像卡内基资助图书馆那样。基金会为地方集团提供能用得上的专业知识，从而保证为这项事业的发展调动各方资源和正确使用资源。充其量只有示范项目才能得到直接的经费资助。因此，施加影响的手段是靠创造公众的需求；这需要有办法接近公众，同时，也需要劝说公众接受需求的有效性。

基金会认为，追求这么做的理想方法是："社会调查"。调查确实是有力的方法，有关环境卫生、教育、住房、种族关系、儿童福利、犯罪、青少年犯罪等的数百份书面调查都是在20世纪初到30年代经济萧条之间这段时期进行的。基金会最青睐的一种特殊调查是综合的社区调查。他们有一项很成功的社区调查——匹兹堡调查——和少量不太成功的调查。匹兹堡调查所做的工作是，考察社区生活的方方面面，特别关注19世纪改革运动的社区生活，然后"公布"调查结果。例如，为了影响修建更好的供排水系统，他们在社区举办公共展览（他们发布调查结果的主要方法之一），在展厅的顶部用彩图说明了匹兹堡每年死于斑疹伤寒症的人数。他们的一些努力奏效了；改变确实发生了。

当这种成功如日中天时，支持"调查理念"的有才智的领军人物保罗·凯洛格（Paul Kellogg）全面阐述了这些调查的意义和"社会工作者"（正如他们自称的那样）的鉴定结果在说服他人时遇到的困难。最主要的需求是说服人们为专家的知识买单。正如凯洛格所抱怨的那样：

> ……当许多更明显的社会状况能够被外行揭露出来时，社会调查所能企及的范围依赖于我们与每个专业的专家取得联系的那些素质；例如，说明环境卫生技术的知识和其他城市这样和那样的改革方式的知识。如果城镇居民认为，根本无需向县城工程师支付一笔可观的费用来修建路边围栏，他们就必须接受教育，直到最后，他们能够看到，在社会和市政建设中，投资培训服务的经济费用。[①]

凯洛格自己说，如果有像泰坦尼克号灾难这样的事件，说服的任务就更加容易。泰坦尼克灾难使救生艇的需求引人注目并证实了造船工程师的警告。无论如何，设计调查及其宣传是服务于同样的目的：

> 使那些不是如此惊人又同样真实的需求形象化……把这些需要纳入人类生活的条件，以及使政府、社会机构和工业设施的运作接受个人生活的检验；使科学家和专家的知识与发明成为发挥常见的想象力的家

---

① Kellogg P U. The spread of the survey idea // Kellogg P U, Harrison S M, Palmer G T. 2nd ed. Reprinted from The Proceedings of the Academy of Political Science. Vol. II., No. 4 (July, 1912). New York: Russell Sage Foundation, 1985: 13.

园,并达到他们动态地支持坚信民主的目标。①

结果,几乎没有社区通过教育达到这一点——起码接受凯洛格和他的同行主张的那种一般改革的鉴定结果。不过,策略令人震惊地奏效了,特别是在像游乐场和青少年司法之类的领域。主要的改革在所谓专家知识的基础上进行,而专家知识是以略高于有组织的改革者们提出的高度成熟的意见为基础的。

在某种意义上,这种专业知识证明是美国政治的永久特征,现在也是世界政治的永久特征,尽管形式多少有点不同。像塞奇俱乐部那样的机构在政策问题上支持"专家",这些专家的专长至多是科学专长的模糊领域的一部分。这些"专家"与拉塞尔·塞奇基金会早期资助的那些人并无天壤之别。他们的角色是让公众相信他们的专长,当然,也在政策问题上说服公众。

对这两类专家所进行的区分是,支持者、受众以及他们的作用具有的合法性这三者。第四类专家的受众是公众,这类专家不赞成,他们自己直接说服公众相信,他们的服务或忠告的品质是有价值的,就像露丝博士所做的那样,而是说服潜在的资助者相信,把他们的信息传递给公众并被认作合法的专家是重要的。所以,就像设法被公众接受为是专家的经济学家那样,他们也设法使公众认可他们的专长。但是,他们声称的专长本质上是面向政策的,而不是偶尔这样。凯洛格作为调查运动的宣传员,发挥了带头作用的,他经常把"社会工作者"比作是工程师。但是,他拒斥这样的想法:在某类社会科学中,需要有工程知识的基础——"社会工作者",即工程师,已经知道如何正确地做事和如何利用正确的标准,对于制定公众政策来说,这些能力是足够的。调查的目标不是推进知识,而是向公众证明,他们的社区标准有多低,因此而刺激公众采取行动。

一些人之所以成为"专家",事实上,是由于他们得到了资助,因而是出资者偏爱的专家,对由这些"专家"所引发的讨论有一种威胁。资金来源通常被掩盖了,这是资助背后的动机和产生资助的过程。掩盖可能起到了以专家的主张为借口支持假公正的作用。但是,这些是利用自由民主进行考察的祸根,实际上,在拉塞尔·塞奇基金会的例子中,富兰克林·吉丁斯(Franklin H. Giddings)是哥伦比亚大学社会学的领军人物,不亚于他的人物一开始就提出了利益问题,在创立洛克菲勒遗产时,国会议员们也著名地提出了利益问题。简而言之,这个问题变成了大众讨论的一部分,但基金会有办法处理对他们的活动产生的怀疑,尤其是真诚地把对金钱的许多控制权委托给名人董事会。

第五类专家由于在这三者中的一个重要区别而著名:事实是,主要的受众不

---

① Kellogg P U. The spread of the survey idea // Kellogg P U, Harrison S M, Palmer G T. The Social Survey. 2nd ed. Reprinted from The Proceedings of the Academy of Political Science. Vol. II., No. 4 (July, 1912). New York: Russell Sage Foundation, 1985: 17.

第四章 专家有什么问题？

是公众，而是通常在官僚机构中拥有自由裁量权的个体。这些个体所运用的认知权威的合法性，通常至少不是公众直接讨论的问题，因为他们处理像管理之类的问题，这些问题只成为制度事实后，才会在报纸上讨论，而且，确实很少能被记者所理解，也可能属于某种管理机密。第五类专长的一个范例是公共管理，包括了三类独特的要素："专业人士"成为独特的受众；这样的专家：他们的合法性取决于是否得到这些专业人士的接受，而不是被公众接受为专家（通常甚至不被公众所知）；以及这些作为"专业人士"的受众（或最多在某种程度上）不被公众认可为拥有"专长"。

调查主要的国家管理传统，有助于更好地理解这类专家知识在每一类要素中所起的作用。我猜想，这么做将指出与深层历史根源的尖锐分歧。但是，也有一些是共性的，这种共性一部分来自这样的历史事实：公共管理本身是一种策略的产物，这种策略创造了具有美国根源的专长。接下来，我将简要描述这种策略及其起源，并根据我一开始的基本政治理论，考虑这种策略的政治意义。

公共管理是20世纪初的改革者的主要目标——纠正改革者所反对的情形的主要障碍是腐败和不称职的城市官员，这些官员的工作被认为是任免干部职务系统的一个组成部分。但是，政治改革家——例如，改革市长——来来去去，不称职和腐败的潜在问题依然存在。在很大程度上，由洛克菲勒家族（他们以前也为社会工作的专业化巨额出资）赞助的公共管理的专业化运动改变了这种情况。

专业化策略是植根于亚伯拉罕·弗莱克斯纳（Abraham Flexner）在医学教育改革中的成功经验和洛克菲勒在中国开创医学职业的努力。它的目标是从业者，并力图使他们转变为有专长的受众。医学教育改革的支柱之一是使医学教育成为"科学的"，并且，这意味着，在某种程度上开创了明确地区分作为祖传技能的医学和医学科学家传授和证实的医学，并淘汰前者。医学教育改革的主要目的之一是淘汰业余的临床专科：这成为提供改良资助的一个条件。[①]

洛克菲勒慈善家们在这个领域和其他领域利用的专业化策略，除了教育一般公众区别专业人员与非专业人员之外，在极大程度上，忽略了"一般公众"。这种教育被法律要求和所设计的下列认证框架所补充：驱使非专业人员离开先前勉强专业化的职业。那时应用于公共管理的这种策略，经受了很好的考验，也是成熟的，并且是已经受洛克菲勒的创始人控制的执行机制。洛克菲勒慈善家们特别通过像罗伯特·梅里安姆（Robert Merriam）之类的个人和像社会科学研究委员会之类的组织，已经与社会科学建立了良好的关系，也与某些主要大学建立了长期合作关系——其中的一些大学是"主要的"，多半是因为洛克菲勒的慷慨捐赠，

---

① Brown R E. Rockefeller Medicine Men: Medicine and Capitalism in America. Berkeley: University of California Press, 1979: xv.

其中之一的芝加哥大学就是洛克菲勒基金会创办的。20世纪30年代，在洛克菲勒基金离开"纯"社会研究进行重新定位——社会科学本身的专业化是在20世纪20年代的洛克菲勒项目，并且，社会科学机构仍然依赖于洛克菲勒基金——和许多大学陷入了可怕的财政困境时，洛克菲勒慈善家通过使用他们的财力，催生了几所关键的大学，比如，北卡罗来纳大学，确立了公共管理训练项目。①

20世纪30年代见证了许多公共管理学校的创建和公共管理专业机构的创建，而且，逐渐涌现出一批受过特殊训练的公共管理者。那些洛克菲勒最初努力的幸存者仍然坚持各种公共管理学校和公共管理专业协会之类的形式。市政人员在传统上被指定为政治恩惠的"业余爱好者"，专家对他们的培训，导致了开始在受过训练的管理者和没有受过训练的管理者之间做出区分，在政党的管理者和专业的管理者之间做出区分。公共管理教师的专长与市政研究机构的研究者的专长没有区别。体制结构是新颖的，但并非采取培训学校的形式，而是采取最终产生专业学院的公共管理者的大学形式。于是，这些人变成了专家，他们的受众变成了专业的公共管理者。

这种发展的一个惊人特性是，它通过为专家创建受众，并间接地确保这位受众能够与业余爱好者成功地竞争，来解决专家的受众问题。这种类似的发展发生在第二次世界大战期间和之后的关于外交政策、区域研究和与战后美国的统治权相关的类似领域。例如，像哈佛的俄罗斯研究中心之类的机构，就是类似策略的产物，也包括某些相同的参与者——洛克菲勒基金过去的接受者。后来新创建的福特基金，对外交政策专家的培养，发挥了重要的作用。在这个案例中，专业雇员的主要顾客是联邦政府，通常是间接的：培训外交服务官员、军事官员等，是这些专家的主要任务。确实，哈佛对区域研究的投资开始于二战期间签订的培训军官的合同。②

四、官员的判别权与教派的专长

正是由于这一步，民主和专长的问题才变得突出出来。如果专家的专长是被雇佣的，那么，这些专家是下列意义上的专家：他们拥有受众，但这些受众凭借这些专家提供的培训来认可他们的专长。在某种意义上，受众是专家的产物。在

---

① Johnson G. Research in Service to Society: the First Fifty Years of the Institute for Research in Social Science at the University of North Carolina. Chapel Hill: University of North Carolina Press, 1980: 111-112.

② Buxton W, Stephen T. From education to expertise: Sociology as a "profession" // Halliday T C, Janowitz M, eds. Sociology and its Publics. Chicago, IL: University of Chicago Press, 1992: 373-407.

第四章 专家有什么问题？

这方面，专家更类似于神学家，神学家的专长是通过他成功地使教派相信他的神学专长而得到认可的。然而，在神学家的例子中，自由政府撤销了（或者基于撤销）公众对这些教派"专家"的专长的认可。在我这里讨论的几类专家的例子中，相比之下，在他们的受众的教派特征和他们与政治权威相关的作用之间有不一致之处。既然现代民主政体中的大量政治权威存在于官员辨别的行动中，所以，由教派控制的官僚机构可能相当于否定了自由政体当初的前提。

这些"教派"的类似物，就像我对它们的刻画那样，存在于所有现代官僚主义的传统中：英国的精英公务员，法国的精英院校的毕业生，以及德国具有独特内部文化的官僚机构。德国的例子可能确实符合哈贝马斯的"专家文化"的范畴。这些组织根据既不被理解也不能说明的独特"文化"行使权力，在这种程度上，他们违反了平等和中立。但是，人们也可能声称，对他们的专长有一种默许。

在我们开始列举的物理学的例子中，对下列根据有一种普遍的许可和接受：物理学家声称的专长的间接证据的根据，声称行使自我调节权的根据，以及一般说来应该被公众尊敬的证书的根据。在专业的官员和管理者的例子中，也有点类似。在公众管理者和区域研究专家创建受众的过程中，确实有一阵子反对"专业化地培训"员工的提议，允许坚持过去的业余主义。同样，在美国，也可能存在一种强大的公民服务核心，这个核心发挥着对国家的某种普遍的准代表的功能，可以说，例如，在法国和英国，也是这种情况。在那里，专业管理者确实取代了"业余人士"，并且，这种情况可能发生在一种民主同意中。

专业化是求诸于下列改革者的一种改革机制：他们没有充足的业余政治伙伴填补所存在的工作岗位，或者，满足所产生的人员需求。这里同其他地方一样，在对军事专长的需求紧接着是对外交专长的需求的地方，战争是这些变化的一个重要的催化剂，特别是在外交政策领域。这类专长更类似于教派的专长，而不是物理学的专长，这应该是显而易见的。这种区分不是指，思想家和神学家的声明是意识形态的，而物理学家的声明则不是。这种区分是在下列两类受众之间的区分：最好被描述为是一般公众确认的受众和与一般公众不一致的特殊确认的受众。外交政策专家没有义务通过提供明显的成功来证明他的外交政策的观点是有效的，像治疗癌症或建造原子武器一样。确实，下列两个方面相差悬殊：一方面是专家的观点和宣称成为这些观点之基础的事实类型，另一方面是政治家的观点和成为一般公众对这些观点的接受或确认之基础的事实与结果类型。①

在外交政策的情况下，基于机密信息的意见获得了特定的威信，而且，一位

---

① 这是开创了专业外交和外国政策分析的文献资料中的主要论点。例如，汉斯·摩根索（Han Morgenthau）强调了这样的观念：对于领导来说，违反关于外交政策的民主共识，是必要的。（Han J. Morgenthau, Scientific Man vs Power Politics. Chicago, IL: The University of Chicago Press, 1946.）

外交分析家，如果他接触不到公众没有的信息，那么，在专家——即，基于一般公众没有的信息进行管理的政府官员——的目标受众的眼里，就会降低他的可信度。这种悬殊的含义是明显的。民主和专家意见之间的冲突是不可避免的，更多的不是因为专家总是掌握机密信息（尽管这可能是有关外交政策的情况，而实践中，是有关一般的官僚机密的情况），而是下列事实的一个简单后果：产生知识的过程和受众确认知识的过程是分离的，正像教派确认神学专长的过程区别于获得公众确认的过程一样。

这种特殊"宗教"的专家知识与民主意见之间的冲突，如果不可避免，就是系统性的，而且，在系统意义上，是确认专长本身的过程的产物。可以说，当教派位于官僚政治之内，并且，他们的教派信仰对官员们判别的活动产生了主要影响时，拒绝判定教派问题的一个国家的自由理想就不会很好地起作用。[①] 它是允许这类冲突的那些情况的这种特殊结合，而且，它无法通过普通手段来补救。官僚选择和训练的整个过程是发挥这种影响的手段；肃清教派主义包括肃清官僚专业化的现有体制。对这种专业管理体制有一种实际取舍，是否是一个问题，我作为一道习题留给读者。当然，在特殊情况下，政府是"去专业化的"：专业的外交官被其他背景的人所替代，原先官员的职位变成了"政治任命"或当选的职位，政府"像商业一样"，由商人等来经营。

我这里建议，关于专家知识作用的民主理论家所关注的那些困难，必须被理解为不是由专家知识本身（及其假定民众达不到）的特性引起的，而是由取决于

---

① 关于自由裁量权概念的详细的理论阐述，参见，施密特著作中，对决策概念的讨论，施密特聚焦于异常国家（或围困国家）的宣言之谜，即，根据定义，它不是通过全面地界定了决策者能够权威性地行动的那些条件的规则来管理。这种现象当然与行政裁量权的现象一样：法律不是，或也许不是，书面上涵盖所有的偶然性，因此，官员或者法官有权应用他或她认为是合适的法律。Schmitt C. Political Theology: Four Chapters in the Concept of Sovereignty. Schwab G, trans. Cambridge, MA: The MIT Press, 1985: 31-34.

| 第四章 专家有什么问题？|

官员决策的那些类型的专家知识的教派特性引起的。[①]在科学的情况下，对在威胁民主决策过程或与民主决策过程相竞争的这类专家的情形中缺乏的专家知识的主张，存在着一种重要的检查：对于一般公众来说，科学家需要使自己合法化。如果专家是一种威胁，那么，他们是这样的专家：通过培训和确认专业人员信心的秘密途径施加影响，而且，他的忠告是被其他官员，而不是被一般公众，当做是权威的。如果专家的专长不是由公众的成就来确认的，那么，这些专家的权威是与民主过程相冲突的权威。当然，在某种意义上，有一种检验：没有履行承诺的政府，可能受到它们的公民的蔑视。但是，这同检验科学不一样，因为它是相当间接的。如果我们知道，青少年的公正体系失败了，那么，这同知道在这个体系谁来承担责任不一样，或者，同声称有专长的许多同行，哪一位应该被看成是专家不一样。"公众"可能表示不满，并寻找如何发泄其不满，但是，官员不是被直接选举出来的，也不诉诸合法化的一般公众，正是这一事实意味着，公众和官员之间没有直接关系。

五、调和的专长与自由民主

到目前为止的讨论区分出五类专家：一类专家是，他们是群体成员，他们的专长是被普遍认可的，例如，物理学家；一类专家是，他们自己的专长得到了个人的检验和接受，例如，心理自救书的作者；一类群体成员是，他们的专长只被特殊的团体所接受，例如，神学家，他们的权威只被他们的教派所接受；一类专家是，他们的受众是公众，不过，他们得到的支持，来源于有兴趣把他们的意见接受为权威的政党的资助；还有一类专家是，他们的受众是掌握着判别权的官员，例如，公众管理的专家，他们的观点被公众管理者接受为权威性的观点。前两类专家不会对民主或自由提出任何实际问题：物理学家是大家一致同意的专

---

① 在其他地方，我曾讨论过与权力相关的专家知识的某些其他方面的问题。在《资助的形式》(Turner S. Form of patronage // Cozzens S, Gieryn T F, eds. Theories of Science in Society. Bloomington：Indiana University Press.）一文中，我讨论了科学家和政府资助者在决定是否资助科学时所面临的问题，而且，我建议，存在着由下列事实导致的一个一般问题：政治家和官员如何能够判断科学家向他们做出的承诺，在这一方面，他们都没有受过训练。例如，就像他们所做的那样，在同行评审决定准予申请时，科学家是否能够足以判断这些承诺，也悬而未决。我在那篇文章中指出，科学专家所拥有的知识，过于专门和零碎，以至于根本没有对作为一个群体替代民主的科学家或专家造成普遍的威胁。在《真理与决定》(Turner S. Truth and decision // Chubin D, Chu E W, eds. Science off the Pedestal：Social Perspectives on Science and Technology. Belmont, CA：Wadsworth, 1989：175-188）一文中，我讨论了在面对决策者和政治家实际上面临的那些结构不良的决策时，专家知识的局限性。我注意到，在典型的意义上，具有不同背景的专家表达问题的方式是有冲突的，结果，在这些决策中，就不存在意义明确的专家意见。从这种观点来说，"专家文化"的概念是某种统一的整体：显然，并非如此。

家，他们的权威之所以是合法的，是因为人们理性地相信，他们拥有的知识发挥了效用。心理自救书的作者的专长是私人的，并且，国家本身不必卷入忠告的买卖双方的关系中。神学家和公众管理者提出了一个不同的问题。中立性完全是自由国家对待神学家的立场，因为授予他们合法性的受众是有派性的。国家不应该资助他们，或者，使一个教派比另一个教派获得优待。第四类和第五类提出了更严肃的问题。他们通常都得到了国家的间接基金的资助——这些基金的钱来自税式支出。如果向洛克菲勒的财产征收房产税，就不会有基金会；或者，如果有，基金量也很小。

这种细目清单确立了什么呢？它不要求对专长分类是完备的。但是，它确实包含了在传统想象的问题上扮演着专家角色的所有类型。这里有哈贝马斯预示的专家文化，但形式不同：它们之所以出现，不只是因为存在有专家共识，而且还因为存在着分享这种共识并受其引导的具有自由裁量权的官员。伊恩·哈金（Ian Hacking）有关虐待儿童的经典文章①就是这种论证的一个例子，它涉及这种意义上的专长：这里，扩展虐待儿童概念的巨大成就被看成是成功地强加了为某些专业群体利益服务的一种定义。这里所讨论的专家完全体现了我所说的第五类专长。政治问题在这里不是专家知识本身，而是判别权：虐待儿童之所以是一个问题范畴，其理由是因为以国家名义行动的社会工作者和医生用了这一概念，并且，根据对这一概念的共识来运作。

如果我们根据这一清单来重新考虑那些传统问题，也重新考虑费什/福柯对问题的"文化研究"形式，那么，一些困难就消失了，或者，缓和了许多，而且，问题的某些特征显得更加明显。先从这样的专家开始：他们的种族偏见被冒充为科学，然后，通过重复和通过提出掩盖了偏见但强加于公共接受者的"事实"，成为文化的一部分。这些专家显然有两个问题：①他们的专长不只是被赋予的，也是不得不以某种方式挣来的或创生的——用现在讨论的语言来说，是被合法化的；②他们的专长通常在科学的边缘领域起作用——也就是说，这样的一些话题：既没有一致同意的结论，也没有一致同意的适当方法，或者，话题本身是否完全是"科学的"没有形成定论。诚然，在公众眼里，许多问题被误认为科学。科学的观点和科学的共识当然是变化的，公众可能使科学共同体合法化并接受科学共同体，但科学共同体的观点后来似乎是错误的。"公众"不只是科学家的科学、偏见和错误的被动接受者，而且，还在他们的合法化过程中发挥作用。达尔文主义走过的艰难的接受之路应该足以提醒我们，尽管公众更容易接受的是，奉承公众的自我形象或偏见的那些观点，但公众不是被动的接受者。通过公

---

① Hacking I. The making and molding of child abuse. Critical Inquiry, 1991, 17: 253-288.

第四章 专家有什么问题？

众实现的合法化，可能比专业共同体实现的合法化，滞后几十年。并且，公众并不很擅长把专家知识的核心与边缘区分开来：这是在专家共同体内部做出的一种区分，并且，他们可能会做出错误的区分——在这种意义上：共同体通过回顾性分析可能得出结论说，只有之前所被认为是真的一个片段，事实上，才是真的。所以，专家是可错的，公众在判断声称的专长时，也是可错的。但这不意味着，公众没有权力做出判断。

然而，更重要的是，"专家"的这类主张不是永久地或固有地占有"科学的"地位。当问题是在有理由质问专家主张的合法性的过程中产生的时，它们可能同专家的合法性一起要受到公众的详细审查，并且，可能失去合法性。确实，这个过程称为"政治化"，是政治生活中常有之事，它从两个方面进行。一方面被接受为专家真理的问题，或者，被公众理所当然地当做是真的，因而也被自由国家看成是中立的观点，这可能不再被当作是中立的真理。另一方面迄今为止是一个适当的"政治"问题，或者，利益集团谈判的问题，或者，"公众"讨论的问题，这可能被认为是一个"专业的"问题：只有被他们的适当共同体所证实的专家，才能进行真正的权威性的商谈。我们没有把立法者看成关于物理学的专家，并且，对于反对特定的物理学理论或物理学教学的人来说，我们将认为是不适当的行为——正如向往国家应该是中立的"政治化"一样。

这是一个典型的"学术"问题——在贬义意义上的学术。但有时，它也不是学术的。众所周知，自由政体不接受这些区分，导致像伊斯兰教科学、雅利安物理学和社会主义遗传学之类的事情，每件事都得到了国家赞助的，与被定义为是敌人的意识形态的专长相反。但是，除了（例如）医生促进CPR的普通专长之外，显然存在着非常不同的情况。然而，使所有这些专长和科学本身的情况都划归为意识形态的范畴，仍然很常见。"意识形态"这一术语本身是这些问题的好起点，因为它出现在费什对自由主义的攻击中。费什把自由主义看成是虚伪的，因为它取决于一个伪造的推理概念——那就是假定，存在着像中性"推理"之类的事情，那是外在于世界观之间的较量的推理。[①]这样，费什认为，自由主义是建立在一种被认为是理所当然的意识形态之上的，一种不是中立的意识形态，因此，在悖论的意义上，自由主义无法存在，因为作为中立的自由主义的观念代表了一种自我矛盾。它只有通过掩盖了自己基础的不真实性，才能存在。

这种批判有负面影响，这种负面影响源于自然权力思维的自然主义，而自然权力思维是自由主义生长的历史背景。美国产生的自由主义往往把与政治相关的真理看成是永恒的和自明的，相应地能够把它们看成是中性的事实。似乎在科学

---

① Fish S. There's No Such Thing as Free Speech and It's a Good Thing Too. New York: Oxford University Press, 1994: 135.

家专长的联系中，也有相同类型的主张。正是在这一点，科学研究（science studies），特别是争论研究，像科学的规律建构之类的话题，也成为相关的。人们可能把这些研究解读为提出了类似于费什的观点：科学家的自我描述是应用了完全相同类型的思想意识，即，中性推理的思想意识。科学研究提供的对这类科学活动的详细描述与这些自我描述相冲突。因此，这些研究通过表明科学是被建构的、历史的等，意味着科学实际上是意识形态，破坏了政治与科学之间的区分。

不然，它是下面所说的意思吗？无疑，科学研究文献中的"争论研究"有时已经致力于专长的问题，以便使专家的主张问题化[1]，表明公众建构的科学是错误的[2]，或者，科学的规律建构是错误的，或者，最起码是武断的和误导的。[3]但是，难道这些研究的含义是，专家的意见是意识形态的，因而是非中立的吗？或者，这些研究可能被以不同的方式来接受吗？

当柯林斯和平奇[4]讨论科学研究对公民权的贡献时，他们全力应对自己重新描述科学意味着什么的问题，是毫无结果的。他们传递的信息是，"科学家仅仅是专家，像政治舞台上每一位专家一样"，正如他们指出的那样，像管道工一样，但是，碰巧有完美的自我概念的专家，就与管道工不一样。他们建议，如果没有这个概念，科学家和公众的状况都会更好。加萨诺夫（Jasanoff）关于这些判断得出同样的观点。但在这两个例子中，论证游戏的结论是什么，并不清楚。这类专业的意识形态，是科学家具有的，而管道工却没有，当然可能被揭露为错的，或者，用施密特的术语来说，使这种观点成为政治或非中立的。但是，根据需要进行认真辨别的这种论证，最起码有两种可能的推理方式。

这两种方式之间的不同类似于人们可能根据费什解释的自由主义做出的两种推理方式之间的不同，费什把自由主义解释为一种自以为中立的信仰。如果我们像费什那样推理，把自由理论的赠予纳入信仰的范畴（也就是，推理范畴之外），那么，我们就否认了自由主义的基础。把科学和专长以费耶阿本德的方式普遍地从中性的范畴纳入意识形态的范畴，这导致了与把科学看成是毫无异议的真理来源的实践相冲突，或者，当科学家的自我描述包含了绝对的要求时，例如，目前

---

[1] Timmermans S. Sudden Death and the Myth of CPR. Philadelphia, PA: Temple University Press, 1999.

[2] Collins H, Pinch T. The Golem: What Everyone Should Know About Science. Cambridge & New York: Cambridge University Press, 1993.

[3] Jasanoff S. Science at the Bar: Law, Science, and Technology in America. Cambridge, MA & London: Harvard University Press, 1995: 60.

[4] Collins H, Pinch T. The Golem: What Everyone Should Know About Science. Cambridge & New York: Cambridge University Press, 1993: 145.

| 第四章 专家有什么问题？|

科学家成功确立关于宇宙真理的形而上学主张，或者，科学家拥有这么做的方法的形而上学主张——我把这看成是，柯林斯和平奇用"完美概念"这个短语时心理所想到的部分。但还有另一种选择：我们能够用不同的方式接受这些推测为绝对的概念。施密特有一个有关这个问题的口号是说，什么是政治，是一个政治问题——注意：一个政治问题，而不是科学问题或哲学问题，而且，对于施密特来说，这意味着是一个决策问题，而非真理问题。像信仰和推理还有科学之类的术语，也可能在这个意义上被认为是政治的，确实，这正是施密特关于这些术语的想考方式。① 但是，在"元"层次上把这些术语看成是政治的，与拒绝相信它们、消除它们，或者，把它们归入"意识形态的"范畴，不是一回事。相反，我们能够把它们辨认为是政治的，把自由主义的基础辨认为不是绝对的，并在实践中仍然把它们当做政治需要来接受。为了指出这点差异，考虑柯林斯、平奇和加萨诺夫做出的论证。一种结果的游戏是把科学的规律建构之类的问题看成是意识形态的；另一种结果的游戏是把两个范畴都看成是政治的。如果把某种想法称为一个专长问题，这是一项政治决策，把某种观点称为"意识形态的"，也是如此。两者都不是，也不需要是，中立的或绝对的范畴。

六、作为自由主义的结构主义

对费什的回答是，把自由的中立原则不看成是关于信仰本性的绝对断言，而看成是一条核心的规则，它的应用是有历史变化的，它的要点是确立使政治问题的讨论，也就是说，政治决策的讨论，条理化的手段。我们能够把这应用于下面的专长问题：为了在施密特的意义上展开真正的讨论，某些问题需要暂时被认为是事实，或者另一种选择是，把某些问题留给专家来解决，这是不足为奇的。使一切"政治化"，使一切成为制定政治决策（或者，看成是类似于制定政治决策）的主题，会失去智力劳动分工的优势，并且，使得有理由的说服成为不可能的。为了展开真正的政治讨论，需要认为某些事实是理所当然的，而且，确立事实的某些工作完全委派给专家。确实，想象一个没有发生这种委派的世界，就是想象一个更简单的社会，最好是杰斐逊（Jeffersonian）的自由人社会，在这个社会里，大家都很清楚，其他所有人所知道的东西，都与公共决策相关。

为了维持这些社会确立的政治讨论的可能性，有必要委派给专家并授予他们认知权威。但是，授予他们认知权威，与授予他们超越我们的某类绝对的和无异议的权威，不是一回事。专长经历了合法化的过程，这一事实也意味着，合法性

---

① Schmitt C. The Concept of the Political. Schwab G, trans. Chicago, IL: University of Chicago Press, 1996: 31.

可能会被撤销，专家的认知权威会崩溃，并且，这暗示了完全不同于自由主义是一种自我矛盾这一理念的某种观点，也暗示了更令人感兴趣的某种观点。我们，即非专家，决定是否需要认知权威，用政治术语来说，要求认知权威拥有作为中性的事实来对待的结论，我们为此深感荣幸。而且，从历史上看，我们已经改变了自己关于谁是"专家"和把什么作为中性的事实来对待的看法。

可以说，这是关于专长的一种"自由"论证。它承认，在当代条件下认知权威和专长的可接受性是真正的公众话语的一个条件。中立原则形式中的自由主义是结束创立公共话语条件的一种手段。然而，它也是并非由上帝或法庭或"推理"给予的一种手段，但存在于我们把断言看成是否让大家讨论的政治决策中。从历史上看，自由主义通过驱逐宗教派别的"专长"，确立了公众讨论的空间。目前的挑战有一部分是处理非宗教的专家声称的认知权威问题。根本没有办法应对这一挑战。但是，有一个合法化和去合法化的过程。并且，这一过程已经开始比过去任何时候都占有了更多的公众话语，这应该是不足为奇的。但是，讨论的真正活力和公众判断哪些主张是合法的决策能力，证明把自由公众想象为受害者是虚假的。

这样就够了吗？或者，对下列问题的公共讨论提出了更高的标准：在公众可接受的专家主张中，哪些主张应该被保留？追随哈贝马斯和福柯的反自由主义者通常会说，这样还不够。对于他们来说，批评专家意见的切入点恰好是表明，我们在公共讨论中形成的推理如何源于专家的无争议假设。具体来说，以无争议形成的假设为前提条件。①

在许多科学研究中实践的这种社会建构论有不同的特征，也有不同的含义，

---

① 像福柯和哈贝马斯这样的思想家，当他们抨击公众做出判断的能力时，提出了比费什更加严峻的挑战，因为这削弱了民主概念或自由的合法性本身的基础。例如，对于哈贝马斯来说，无异议的观点和有争议的观点的合法性是建立在交流的基础之上的，这种交流可能被"歪曲了"，因此，交流的结果是捏造的。福柯甚至更加直接。我们广泛地共享或接受为真的信念，以及（对他来说）发生了政治争论的小领域，本质上完全是未经同意的操纵的产物，更确切地说，是这样一种霸权的智力影响：它不需要有意识的操作者，换一种稍微不同的语言来说，而是阻止普通市民对迫使他或她生活的安排提供知情同意。

对福柯来说，市民以非自愿的方式意识到了宗教信徒的条件，也就是说，自愿接受不能被理解的权威特征：宗教信徒自愿地接受神秘的权威；使普通市民神秘化为接受无异议的假设，通过这些假设，剥夺了他或她对于公民身份所需要的意志力和认知力。福柯对能够摆脱这种"控制"感到失望，而且，不准备免除它的效果，也许，能够承认和反抗其命运、但与政治无关的知识分子除外，因为他们对这种命运别无选择。在福柯的作品中，专家和公众同时沉浸在建构其精神世界的话语形式的奴役中。相比之下，在哈贝马斯的作品中，有一类专家是免责的。真正的操纵者不会在他们操纵的有限的生活世界中陷入困境。然而，这不是说，他们不会受到歪曲的交流效果的限制。而是，他们受到的限制不同于受他们管理的那些人受到的限制。他们的控制不可能是真正合法的，因为他们依赖的一致性不是真正的"知情"。赞同的那些人被阻止他们真的知情或提供信息的神话所统治。

正如我在结论中所建议的那样，两种论证思路都依赖社会建构论削弱的知识特征的一种乌托邦主义。

| 第四章　专家有什么问题？ |

因为它关注的不是揭示一些讨论形式包含了社会建构，另一些讨论形式没有包含，而是揭示甚至科学也有它的特征。就像我所建议的那样，科学哲学家试图使一些区分绝对化，也就是说，使科学家不太完美，更像是管道工，在关心确立这些区分的许多特征是约定的和可变的程度上，社会建构论与自由理论中的一个时期相类似。这一时期是这样的：承认自由主义的历史是"通过其他手段来延续"的一个问题，实际的自由民主的"基础"是约定的、习惯的、灵活应用的和通常有点含糊的"原则"，而不是严格的教义或信仰行为。承认这种政治实现的一个推论是，尽管是可变的和多变的，但是，约定足以维护施密特所描述的观点：通过对某事的真相或正义的论证，真有可能"说服"某人的反对者，或者，允许某人自己被某事的真相或正义所说服。

什么算是"专家"，是约定的、可变的和多变的，而且，人们通过可变的、多变的约定被声称的专家知识所说服，这种类似的断言，使接受或拒绝专家权威的决定在适当自由讨论的意义上同样是合理的。承认专家知识的作用，不要求我们接受完美的专长概念。社会建构论的第二种教训是，这些条件，即可变性条件——不是哈贝马斯的理想话语情形的某种类似——是科学共识本身产生的条件，并且，别无选择。这是一个消极的消息，但尽管如此，却是一个重要的消息，因为它排除了关于专长的某种乌托邦主义和通过某种更高级的推理对它的"控制"。排除这种乌托邦主义是对我们开始提出的问题的一种解答。只有当我们设想，存在着某种更高级的推理标准，阻止了把专家判断为管道工的平淡无趣的过程时，专长才是自由理论的一个深层问题；如果没有，只有当这种平淡无趣的过程超越了普通人的能力时，专长才是民主理论的一个深层问题。

（成素梅、邬桑译）

第五章 道德专家

彼得·辛格*

最近的道德哲学受到了下列立场的影响：根本没有道德专长（moral expertise）这样的事情；特别是，道德哲学家不是道德专家。领袖哲学家们往往把这些问题说成是这样的：

对于任何一类哲学家来说，充当美德斗士是愚蠢的，也是冒昧的。于是，这也是为什么许多人发现道德哲学是一门不能令人满意的学科的一个理由。因为他们指望道德哲学家给予指点。

（A. J. Ayer. The Analysis of Moral Judgments. In: Philosophical Essays）

或者，这么说：

告诉人们应该做什么或不应该做什么，并不是道德哲学家职业的一部分……道德哲学家本身没有一般公众无法获得的有关对错的特殊信息；他们也没有任何理由保证起到由牧师、政治家、领袖作家如此适当地履行的那些劝告作用……

（C. D. Broad. Ethics and the History Philosophy）

像这些断言都是普通的；支持它们的论证也是如此之少。有人告诉我们说，道德哲学家的作用不是传教士的作用，但为什么不是呢？正如布罗德（Broad）似乎建议的那样，这种理由无疑不可能是传教士在"如此适当地"做工作。这是因为，被百姓看成是"共同体的道德领袖"的那些人，行为如此恶劣，以至于在百姓心目中，"道德准则"已经成为一个禁止某些形式的性享受的一个制度。

坚信道德哲学家不是道德专家的另一个可能的理由是这样的观念：道德判断完全是情绪化的，那种理由在形成道德判断中不起作用。历史地看，这个理论在形成我们今天的道德哲学概念时可能是重要的。显而易见，如果任何一个人的道德观与

---

* 彼得·辛格（Peter Singer）：普林斯顿大学德坎普生物伦理学讲席教授，墨尔本大学桂冠教授，著作有《动物的解放》《实践伦理学》《我们如何生活：反思生命与死亡》《伦理生活随笔》《同一世界》和《推开时间》；与雷纳塔·辛格合编有《故事中的道德：文学中的伦理文选》，曾起草了《大英百科》中关于伦理学的解释。

第五章 道德专家

其他人的道德观一样好，就不可能有道德专家。然而，少数哲学家持有这样一种原始版本的情绪论，果真如此，它曾经受更广泛的赞成。甚至斯蒂文森（C. L. Stevenson）的观点并不意味着，任何一个人的道德观与其他人的道德观一样好。

反对道德专长可能性的一个更加貌似合理的论证是在莱尔（Ryle）的《论忘记对错之间的差异》一文中找到的，这篇文章收录在梅尔登（A. Melden）主编的《道德哲学文集》中。莱尔的观点是，知道对错之间的差异包括担心这种差异，所以，事实上这真的不是一个知道的事例。例如，人们不可能忘记对错之间的差异。人们只能对它的担心。因此，根据莱尔的观点，最诚实的人"甚至根本没有专家的派头"[①]。

有意义的是，莱尔指出，"最诚实的人"不是专家，后来，他又说，"仁慈的人"也一样。如果他说"道德君子"的话，他的结论还不如最初可信，诚实和仁慈通常——尽管也许没有莱尔似乎认为的那样经常——是比较简单的事情，如果我们大家在乎它们，就都能做到。比如说，正是在诚实与仁慈相冲突时（如果一位有钱人多付给了我钱，我应该告诉他吗？或者，捐赠了这些钱吗？），才需要有思想与论证。道德君子一定知道如何解决这些价值冲突。就像历史上大量好心但误入歧途的人的事例所表明的那样，关心做什么是对的当然是基本的，但还不够。

仅当人类社会的道德密码是完美的和无可争辩的时，才没必要使道德君子成为有思想的人。因此，他只能无反思地根据道德密码来生活，然而，如果有理由相信人类社会没有完美的准则，或者，如果在整个议题范围内没有一致的准则，那么，道德君子必须努力思考自己应该做什么的问题。这种"思考"是一项困难的任务。它首先需要信息。例如，我可能担忧吃肉是否是对的。如果我知道许多关于动物能够患病的事实，关于现在用来饲养和屠宰动物的方法的事实，我就有较好的机会做出对的决定或至少是有可靠基础的决定。我可能也希望知道素食对人类健康的影响，而且，考虑到世界食物短缺，放弃肉品生产来产生食品是多还是少。一旦我得到关于这些问题的证据，我就必须对它进行评价，并使它与我所坚持的道德观结合起来。依靠我用的道德推理方法，这可能包括对行动方案产生更多幸福和更少苦难的一种计算；或者意味着，把我自己置于受我的决定影响的那些立场中；或者可能致使我企图"掂量"相冲突的责任和利益。无论我用什么方法，我必须意识到，在我们慎重考虑中，我自己吃肉的愿望可能导致偏见的可能性。

这个过程并不容易——不论是收集信息、还是选择相关信息、还是把信息与基本的道德立场结合起来、还是排除偏见，都不容易。我们可以合理地预计，有

---

① Ryle G. On forgetting the difference between right and wrong // Melden A, ed. Essays in Moral Philosophy. Washington：University of Washington Press，1958：157.

足够的时间收集信息和思考信息、熟悉道德概念和道德论证的某个人，比很少有时间、不熟悉道德概念与道德论证的人，更经常会得到有可靠基础的结论。因此，道德专长似乎是可能的。问题与其说是知道"对错之间的差异"，不如说是决定什么是对的，什么是错的。

  如果道德专长是可能的，道德哲学家有权否认道德专长吗？在刚才所说的基础上，似乎道德哲学家比普通人更有某些重要的优势。首先，在论证和察觉无效推理时，他作为哲学家的一般训练应该使他比普通人更有胜任能力，其次，他在道德哲学中的特殊经验使他能理解道德概念和道德论证的逻辑。如果一个人对所用的概念没有清楚的理解，就从事道德论证，而产生的严重混淆的可能性在最近的道德哲学中得到了充分的强调，不需要这里加以证明。清晰本身并不是目的，而是有助于阐明论证，清晰的需要是道德哲学家认可的事情。最后，存在着这样的简单事实：道德哲学家能够（如果他愿意）专职思考道德问题，而大多数其他人追求的职业干扰了这样的反思。更多地强调这一点，可能听起来真傻，但我认为很重要。如果我们使道德判断基于某种基础之上，而不是我们的无反思的直觉，我们就需要时间收集事实和思考这些事实。

  那么，道德哲学家拥有能使他们成为道德问题专家的某些优势（相对于没有这些优势的那些人而言）。当然，成为道德专家，对于道德哲学家们来说，有必要就他们所考虑的议题进行事实调查。倘若准备处理规范性问题和评判相关事实，如果道德哲学家一般说来不如非哲学家更适合得出对的或有可靠基础的道德结论，那么，这是令人吃惊的。确实，如果不是这种情况，人们可能担忧道德哲学是否有价值。

（成素梅译）

第二部分 专长和实践知识

导　言

本部分的五篇论文代表了对专家呈现出的唯一一类实践知识的理论化的不同进路。在《作为实践知识的道德知识》一文中，朱莉娅·安纳斯（Julia Annas）提醒我们，这个主题深深地扎根于哲学史中。她主张，柏拉图建立了实践专长（techné）的特殊特征和更一般的认知标准之间的挑衅关系。安纳斯写道："在苏格拉底寻找道德知识时，那时，人们只是预计，这将被看成是实践专长的典范，因为这是一般知识的典范。"安纳斯通过说明为什么实践专长被理解为一般知识的典范的原因，批评性地调解关于如何最好地描述在不同时期的哲学史中所表达的真知灼见的争论。她不仅旨在纠正关于古代哲学的某些占有主导地位的现代的错误概念，而且她在这么做时希望暴露"道德认识论的现代进路的弱点"和揭示"我们实际上向古人学习"的地方。

休伯特·德雷福斯（Hubert Dreyfus）的文章《远程学习离传统教育还差多远》代表了他最近用现象学描述下列问题的企图之一。这些问题是：①对典型的新手学习者为了成为专家必定经过学徒的发展阶段进行了分类。②用这种分类作为批评这些人的基础：他们由于用与身体无关的术语描述专长而歪曲了对专长的正确理解。过去，德雷福斯（有时与他人合作）求助于他的专家技能获得模型，为了：①去除与人工智能项目特别是为模拟人的专长所设计的"专家计算机系统"相联系的夸张断言的神秘性；②评价通过强加"合理化的"约束，"危机到"职业专家（比如，护士、医生、老师、飞行员和科学家）的社会偏见；③说明在美国的商业管理风格中的主导趋势错在哪里；④详述政治行动小组的专长。在这里包括的这篇文章中，德雷福斯通过对下列建议的评价，审查"远程学习"的教育潜力，这个建议是，传统的课堂经验能够被自动化的运用网络的技术能力有效地取而代之。这个建议嵌入许多语境，每个语境都建议一系列二元对立：

- 技术控制与传统方法论。
- 面对面的互动与无人化。
- 真实体验与虚拟体验。
- 面向身体的体验与面向心智的体验。
- 赢利驱动的动机与教育驱动的动机。

- 怀旧的渴望与幻想的渴望。
- 教育的目标与训练的目标。
- 社会的塑造与高等教育的塑造。

德雷福斯坚持认为，这个提议最终所关注的是专长，专长的现象学进路足以呈现出对它的深刻评价。他因此通过提出下列两个问题来评价远程学习的教育潜力：有代表性的学习者通过远程学习能够成是一位专家吗？以及指导老师的教学专长通过远程学习能够得以传播吗？德雷福斯对这两个问题给予了否定的回答，断言"专长不可能在无身体的网络空间中获得"。

下一篇论文《德雷福斯论专长：现象学分析的局限性》是我们试图评价德雷福斯的专家技能获得模型。我们认为，这个模型在哲学上是重要的，因为它把远离其在科学技术研究中的社会与技术外在化，以改降格为经典科学哲学中发现的历史与心理语境的专长的关注，转向有身体的认知与情感的普遍结构。在这么做时，我们相信，德雷福斯对专家权威为什么不可简化为意识形态或技能性的网络系统提供一个引人入胜的说明，此外，我们证实，因为德雷福斯从第一人称视角剖析专长，所以，他求助于现象学是为了揭示源于从第三人称视角审查专长的局限性及有时的表面处理。然而，我们坚持认为，德雷福斯的描述模型和他的规范的主张都有缺陷，因为缺乏解释学的敏感性。他假设，使专家的知识具体化，超出了语境敏感和经验的范围，专家在训练过程中摆脱了任何偏见、意识形态、潜藏的议题，或者，人们一开始就可能拥有的其他形式的文化嵌入。人们从德雷福斯的解释中无法设想社会有可能受到专家的危害，只能设想社会的预期与行动如何能危及专家。我们主张，虚构的故事和围绕专家争论的历史解释证明，事情并不以德雷福斯声称的方式进行，如果是，也不太有益。

对德雷福斯的批评性评价在埃文·赛林格（Evan Selinger）和约翰·米克思（John Mix）的《论互动型专长：实用和本体论的考虑》一文中继续。在评价哈里·柯林斯（Harry Collins）对第三种知识形式（即"互动型专长"）展开调查的语境中，有人宣称，当柯林斯纠正了德雷福斯对"可靠的"专家语言的站不住脚的分析时，他提出了使专长和实践知识理论化的新问题。根据赛林格和米克思的观点，三种缺陷弱化了柯林斯的解释：①过分地限制了互动专长的"起作用的"潜力；②误解了体知（embodiment）的本性；③歪曲了体知与互动专长之间的正确关系。既然柯林斯企图辨别所有类型的互动专家——活动家、评论家、社会学家、新闻工作者和某些科学管理员——的得体的社会作用，所以，读者应该考虑，赛林格和米克思坚持认为，柯林斯潜在地削弱了更严格地解释互动专长概念可能具有的价值，是否是正确的。

体知和实践知识的论题在海伦·米阿莱（Hélène Mialet）的《天使有身体

导　　言

吗——科学中关于主体性的两个故事：威廉 X 和 H 先生》一文中继续被加以探讨。米阿莱特运用人类学家和科学社会学家提出的某些分析方法提出了如何形成和维持专长的具体阐述。基于对两个案例研究——一个是围绕威廉 X（在法国最大的石油公司工作的一位研究者），另一个是围绕对著名物理学家霍金的剖析，她提出传统的划界问题的一个变种：这些科学家如何把他们自己与创造天才区别开来？她的挑衅回答是更多论证的一部分：她提出，专家级的认知者需要根据被分配的身份来概念化——与特殊的工具、实践和社会网络密切联系在一起的一位"认知主体"。她因此设法表明，个别专家如何使他们自己适应他人和集体操作如何是一位专家的特征的独特构成要素。当试图理解在一种制度语境（即包括弥漫着技术、经济和组织制约的一种语境）中创新如何可能时，她以与大多数现象学家和社会学家截然不同的方式审查了实践知识。

（成素梅译）

第六章　远程学习离传统教育还差多远？

休伯特·德雷福斯[*]

每一年，知识几乎都在翻倍地增长，"专家知识"（expertise）的保质期，如今也只能以天来衡量，每个人必须既是学习者又是传授者。这一彻底的挑战，或许只有诉诸一张环绕全球并串起所有心智和知识的网络才能得以应对。我把这一新技术浪潮称为超学习（hyperlearning）……它并不指某个单一的设备或过程，而是包括了各类具有智能和强化了智能的新技术的全部领域。超学习中的"超"，并不仅仅指新的信息技术在知识传播上所具有的非比寻常的速度和广度，更是指那种把知识、体验、媒介和大脑——无论是人类的还是人造的，以前所未有的程度链接起来的整合趋势。……现今，我们已经拥有了这样的技术，它能在实质上使得任何人在任何地点任何时候学习任何东西，并达到"A"等的水平，只要其在智力上不是患有残疾。

(Lewis J. Perelman. School's Out. Avon Books, 1993: 22-23)

不要花大价钱去购买机器，仅仅是因为现有的机构无法履行其职能。举例来说，因特网并不能替代学校。或许因特网可以属于一个更为宏大和复杂的替代学校计划的组成部分，但仅仅安装因特网本身几乎肯定是浪费钱。

(Phil Agre. Building an Internet Culture. In: Telematics and Informatics, 1998, 15 (3): 231-234)

1922年，爱迪生曾预言："电影注定要对我们的教育体制产生变革……今后若干年内，如果不是全部，它起码在很大程度上将取代教科书的使用。"23年后的1945年，克利夫兰公立学校广播台台长威廉·利文森（William Levenson）声称："在教室中，便携式收音机的使用将和黑板一样普及，这一时代也许就要到来。"那之后又过了40年，当著名的心理学家伯尔赫斯·斯金纳（Burrhus

---

[*] 休伯特·德雷福斯（Hubert Dreyfus）：加利福尼亚大学伯克利分校研究生院哲学教授，著作包括：《计算机（仍然）不能做什么》《在世界中存在：海德格尔〈存在与时间〉第一部分评论》《心灵胜过机器：人类直觉的力量与计算机时代》（与斯图亚特·德雷福斯合著）、《论因特网》。

第六章 远程学习离传统教育还差多远？

F. Skinner）谈起20世纪50年代末和60年代初所谓的"教育机器"刚出现的时代，他写道："我很快就宣称，在标准的教育条件下，有了教育机器和程序指令的帮助，学生的学习效率将事半功倍地提升。"①

从迄今20多年前开始，计算机就一直被吹嘘为将赋予教育以活力的新技术。20世纪80年代，它们被建议可以充当教师、学生和教练，但似乎没有一种设想得以确立。② 如今，最新的一种建议认为，通过某种方式互联网将足以成为21世纪的新型教育途径，每个学生只要待在家里就可以受教于来自世界各地的名师。

在美国，包括像艾尔·戈尔（Al Gore）在内的许多有影响力的人都相信，因特网的发展将解决现有教育体制中存在的问题。③ 在中学阶段，我们不再需要担忧拥挤的教室、基建的乏力、或是教育标准的降低；在大学阶段，我们可以摆脱过多的学生、最昂贵大学有限的录取率及由技术性变革而不断引发的再培训的需求，这类人口统计学层面的麻烦事。他们坚持认为，如果新技术得以恰当地应用，那么每一个人，只要掌握必要的信息技术，就得以在任何地方享受到第一流的教育。

这种观点现正在被积极地贯彻当中。里德·亨德特（Reed Hundt）先生，对于网络改变教育的能力，不持任何怀疑或是保留性的意见。亨德特曾于1993～1997年任联邦通讯委员会主席，主持了1996年通过的《电信法案》的实施工作，并参与拟定了《世贸组织电信协议》。显然，他是积极和乐观的。他自诩在他的领导下：

> 国家开始了一场有史以来最大规模的行动来改善幼儿园至12岁儿童的教育——即贯彻斯诺和洛克菲勒等对1996年电信法案的修正案。截至目前，该法案已新增40亿美元，用于在每一个教室中建立因特网链接。

他又得意地说：

> 费城市长告诉我，这一特殊的事件，是他有生以来所见的联邦政府对教育所做的最重要的事情。鲁迪·吉奥兰尼（Rudy Giuliani）告诉我这将改变纽约的教育。所有市长们都向我表达了同样的意思，这类消息很快也会从乡村地区传来。

是怎样一种对网络改变教育力量的自信观点产生了上述的兴奋之情，也许有点难以理解。而且技术层面的满足将导致教师和学生去做些什么，亨德特对此的

---

① Oppenheimer Todd. The computer delusion. The Atlantic Monthly, 1997.
② Dreyfus H, Dreyfus S. Mind over Machine. New York: Free Press, 1988: Chapter 5.
③ 似乎在中国这种乐观主义也很有市场。据路透社2000年8月22日报道，星期一江泽民主席发布了一项关于互联网的声明，他明确表示电子邮件、电子商务、远程学习和远程医疗将改变中国。

专长哲学

解释更是增加了疑惑。

> 这将给幼儿园至12岁儿童的教育带来转变。我们以前总是得出这种观点：老师应该被孤立于学生之外……我们永远不会掌握关于孩子的最新信息……家长和老师们交谈孩子们正在做什么，这几乎无法办到。信息应该被藏起来、掩盖住或是消除掉。它不该被产生、分享、传播和获悉。我们应该把远程学习想象成极为昂贵且难以实现，技术上不够成熟，推广起来经济上也难以承受……

无疑网络将改变上述所有，这意味着：仅就公立学校而言，40亿美元所能带来的是一个有效的电子邮件系统，它可以把教师、管理者和家长链接起来，对于学生而言则是能获得大量的在线信息。（某些形式的远程学习也被提及了，但没有进一步的解释。）但在中学阶段教育中，上述通信方式的改变对于现实中教育有什么影响还不好说。那么，到底是哪些设想中教育方法上的改变，能引起上述的兴奋之情呢？

设想中对于大学教育产生的改变要具体得多，但就如我们将要看到了，这同样无关要旨。亨德特又说道：

> 我回到了母校耶鲁，某个专业学院的院长告诉我：首先，大学存在的首要目的或说历史意义在于有一个图书馆，因而学者们能聚拢在那里做研究。其次，学者们可以在那里相互结识和交流。再次，有一个大学认证体系，聪明人会被标识出来。如耶鲁毕业，A等；威斯康星大学麦迪逊分校，A等——诸如此类。最后，大学是一个安静地沉思问题的好地方。

> 但在信息时代，大学的所有这些目的不仅是在式微，而且很可能将无效。当世界各地的图书馆在指尖唾手可得时，看不出有什么理由要专门跑到某处，仅仅因为那里有个图书馆；同样没有什么理由，学者们必须面对面地与其他学者结识。在现实中的高等教育界，学者团体都是在网上进行互动，并不需要亲历亲为……就认证而言，当因特网在根本上超越了所有认证系统时，某个具体的认证系统还会维持多久？最后关于沉思，应该没有什么地方会更比你想待在那里进行沉思的地方更为安静。

> 于是院长说，就他所能提出的理由而言，耶鲁大学的存在理念受到了威胁，起码在他看来如此……

值得关注的是，亨德特所提到的上述院长的观点中，竟没有对大学应在教育学生中承担的作用提一个字。当大学教育被定义成为了学者们收集信息、相互结识或独自沉思而存在时，确实他们不需要亲自到场，而且网络也可以轻易替代大学，如其所言那样。

第六章 远程学习离传统教育还差多远？

当亨德特试图把院长忽略的学生也纳入谈论范围时，他将其视为信息的消费者：

> 当因特网……替代了所有事物。那么，作为服务于知识消费者（学生）的知识零售商大学而言，其自身也将被替代。所有那些使得人们信任新的互联网教育系统的理由，都将导致旧教育系统的瓦解。①

假定，教育主要包含了拥有大量信息的人向缺少信息的人传输事实而言，那么网络已能很好做到这点，同样录像带或其他信息的存储媒介也能做到。但在远程学习中必定包含比信息消费更多的东西，或者说把因特网和其他事先录制好的讲课相提并论是没有意义的。亨德特继续鼓励个体学者施教于大众，取消精英大学存在的必要。但当网络替代了所有之后，教育应该被期待成为什么样子，亨德特对此没有提供任何有益的设想。②

当然，其他许多教育者持有相反的观点——例如，主张各类大学是教育密不可分的一部分，大学教育要求的是师生间面对面的互动。奥柏林学院院长南希·戴（Nancy Dye）确信，"学习是一个深入的社交过程，需要时间和面对面的接触。那意味着教授和学生间的互动"③。同样，《纽约时报》报道称："美国教师联合会对于远程学习持批评态度，因为'身为教育者的经验告诉我们，在一个与人共享的校园中教授和学习知识，这种经历对于本科生教育具有本质的重要性'。"④

不过上述辩论双方并没有给出任何接受其主张的理由。当面对这种双方都缺少论证的对峙时，鉴于远程学习将带来的各种新的可能，我们应对于教育进行仔细的分析，并提出如下问题：远程学习能否使得学生获取其所需的技能，以使其在不同领域成为技能熟练的公民？或者，学习是否真的需要面对面的参与，如果是，理由是什么？到底在教室中、在演讲厅内、在研习班上发生了什么？究竟是那种技能被习得了？

但首先，我们要弄清技能到底是什么，它们是如何被获得的。⑤ 因此，在尝试对关于远程学习的矛盾双方的结论做出评价前，对于日常生活中，学生跟从指

---

① 这一讲演是 1999 年 5 月 29 日在华盛顿召开的网络 99 会议上所做的，发表于 Educom Review，Volume 34, Number 6, 1999，网络版网址 http://www.ducausc.edu/ir/library/html/erm9963.html。

② 以下是亨德特关于最后一点做的评注："因特网也是对精英文化的反击。前几天，一所位列常春藤盟校前三甲的学校表示，在生源上体现出的基于家庭收入的偏向性，值得引起担忧。数据如下。这所顶尖的常春藤学校中 85% 的学生来自高收入的或更富有的家庭。国家的高等教育民主化，是时候了。"

③ "The Paula Gordon Show", Broadcast Feb. 19, 2000, on WGUN. WGUN 指美国亚特兰大地区的调频广播。——译者注

④ Gabriel T. Computers can unify campuses, but also drive students apart. The New York Times, 1996 - 11 - 11.

⑤ 更多细节参见拙著 Mind over Machine。

令、在实际中操作、最后是通过见习而成为某方面专家的过程,需要做一个简短的分阶段的解说。由此,问题将转换为:这些阶段能否在网络上实施和推广?

一、新手阶段

通常,指导者把任务的情景分解为语境无关的几个特征,就算是毫无相关技能的初学者对此也能辨认,这样指令跟从阶段便开始了。在了解这些特征的基础上,初学者被给予某些规则以决定其行动,这类似于计算机跟从指令来运行。

为了便于阐明,我将考虑三种不同的例子:汽车驾驶技能、智力技能和经由课堂所传授的东西。驾驶学习者要学会辨认速度(速度表上的显示)这类情景无关的要素,同时被告知当速度指针指向10时换二挡的规则。象棋新手,则学会了先给每种棋子赋予一个数值而不去考虑具体的对局,以及"当吃掉棋子的总数值大于损失棋子的数值时进行兑换"这样的规则。或者还会学到,当没有可占优的棋子兑换时,要寻求对中心地带的控制,以及什么是中心方块和如何计算控制程度等规则。

在教室和讲堂中,教师提出了一些需要学习的情景和过程,以使学生对某个特殊的领域有所理解。学生学着去辨别某些特征,并在练习和实践过程中跟上程序。如果学生像在这阶段一样,仅仅是信息的消费者,那么亨德特的主张也不错;他们确实不需要在教室中和别人一起跟老师来学习。每个人可以随时随地根据自己的方便在电脑终端前进行学习。显然在这种情形下,互联网提供的是一种改进版本的函授课程,但这并不能产生互联网的热情拥趸所呼吁的结果。

任何情况下,单纯的跟从规则只能在现实情景中导致糟糕的表现。如果在上坡或重载的情况下过快地换挡,汽车可能熄火。一个只知道按兑子数值最大化来弈棋的选手,必定会成为对手诱饵策略(故意放弃一个有价值的棋子而获取策略性优势)的牺牲者。理解一门语言,要比仅仅记住某些原理和规则包括更多的东西。学生需要的不仅是各种事实,还应理解各种信息产生意义的语境。

二、高级初学者阶段

新手在现实情景的实际应对中获取了经验,开始形成了对相关语境的理解;经由指导者提醒,或他自己注意到了那些相关情景和领域中具有额外意义的要素。在理解了足够多的事例后,学习者开始学着去辨认这些新的要素。存在着指令性的行动准则(maxim),对应于这些在经验基础上辨认出的新的情景要素;也对应于新手能辨认出的、客观设定的且非情景的特征。

| 第六章 远程学习离传统教育还差多远？|

作为高级初学者的驾驶者，运用了（情景中的）引擎声音以及（非情景）的速度来决定何时该换挡。他学到了：当发动机听起来像在空转时加挡，或听起来负荷过度时减挡，这样的准则。一张特征表不足以囊括所有各种引擎声音，因而对特征的掌握，并不能替代通过有选择的运用实例来学习相对的各种区分。

有了经验后，象棋初学者知道了辨识多风险对局及如何避免它们。同样，尽管可能缺少某种精确的情景无关的定义，但他还是能开始辨认对局中的情景性要素，例如弱势的国王的侧翼，或是强势的兵卒结构。然后，棋手可以遵照攻击弱势国王侧翼这样的准则来行动。与规则不同，准则需要当事人具备对适用准则的领域的理解。①

在学校中，只有信息语境化后，学生才能开始形成对其意义的理解。指导者扮演的是教练的角色，帮助学生分辨和识别出组织和赋予材料以意义的相关要素。虽然，这些要素也可以通过电脑终端显示给被动接受的学生，但主动运用这些被给予的准则进行尝试，将更有益于对学生的掌握；在现实情景中当这些要素展现时，指导者可以向学生指出。这里，在现实的思想或行动的情景中，教师需要陪同学生一起。

仍然如此，这一阶段的学习，无论是远程的还是面对面的发生，都可以在一个分离的和分析性的心智架构中施行，因为学生还是跟从指令并被给予实例。但要取得深入的进展，需要一种特殊的投入。

三、胜 任 阶 段

随着经验的增多，在可能意义上，学习者所能识别的相关要素和跟从的步骤的数量，变得十分庞大。这时，由于对确定特殊情景中什么东西是重要的感觉尚缺失，执行变得令人很伤脑筋且精疲力竭，学生可能十分怀疑是否曾有人掌握了这门技能。

为了应对这种过重的负荷并达到胜任，一般人通过指导或经验设计出某个方案，或是采取某个视角，以决定情景或领域中哪些因素重要，哪些可以忽略。当学习者把大量可能的相关特征和要素限定在某几个上后，理解和决策变得相对简单了。

自然，为了避免错误，胜任的操作者寻求各种规则和合理的步骤来决定采取哪个方案或视角。但这种规则并不容易获得，不像新手在操作手册或课堂上教给的规则和准则那样。当然，在任何技能领域中，操作者都会遇到大量彼此只有细

---

① Polanyi M. Personal Knowledge. Routledge and Kegan Paul，1958.

微差别的情景。事实上,存在着更多的情景远在那些能被命名和详细定义的之外,因此没人能为学习者提供一张包含各种可能情景及其相关应对的表格。所以,面对每一情景时,学习者必须自己决定采取何种方案或视角,而不能确定其产生结果是否恰当。

考虑到这种不确定性,应对将变得相当可怕而不仅仅是令人精疲力竭。在这一阶段前,如果操作者按规则行事而不奏效,他并不会对错误感到自责,而是推断认为没有学到足够多的规则。但在这一阶段,结果依赖于学习者所选择的视角,因而学习者感到要对自己的选择负责。通常情况下,选择会导致困惑和失败。但有的时候也会产生好的结果,这时胜任的学习者就会体验到一种初学者所不知的欢欣鼓舞。

胜任阶段的驾驶者,当他驶离高速公路进入下行匝道时,会学着去注意车速,而不是要不要换挡。当考虑过速度、路面状况和时间的紧迫性等因素后,他可能判断开得太快了。于是他又要决定是否是稍松开油门还是把脚从油门上挪开,或是踩下刹车,以及何时去执行这些操作。当他没有因刹车而打滑或是产生碰擦顺利地通过了匝道后,会觉得松了一口气。

A等的棋手,这里意味其胜任,在研究对局后或许会断定:对手国王的防御已经薄弱,对之发起进攻是一项切实可行的方案。如果她选择进攻,则可能会忽略自己由进攻而暴露的弱点,以及对进攻不甚要紧的棋子的损失。因为攻击对方国王的棋子的重要性变得突出了。由于没有参与进攻的棋子正在遭受损失,时间变得很紧迫。如果攻击执行得过快或过慢,那么损失的棋子将白费,而她也将确定输掉比赛。成功的攻击会带来兴奋,而错误则令人纠结于心头。

如果我们是脱离了肉身的存在,心灵便能免于纷繁的情感扰乱,对于自身的成功和失败的反应将不会呈现如此的关切和紧张。那样,我们就会像计算机,设定一个目标,完成这项任务,要么成功,要么失败。但是,就像约翰·豪格兰(John Haugeland)曾说的,弈棋机器注定是为了获得胜利而设计编程的,它们向着目标而去,但就算获得胜利,它们也不会说出"太棒了"。而像我们这样情感化的肉身存在,成功和失败关系重大。所以,学习者很自然地会因自身所选择的立场而感到害怕、得意、失望或泄气。不过,当胜任阶段的学习者对其工作在感情上投入得越来越多,他会越来越难以置身事外,或者说回到高级初学者那种超然的"跟从准则行事"的状态。

但为什么要使得学习沾染上所有各种情感性的紧张因素呢?身在西方传统中的我们,自从斯多各学派尤其是笛卡儿以来,学习的难道不是尽量用超然的和客观的态度来控制我们的情感和我们的存在?难道理性的动机、客观性的超脱、正直的评价及辛勤的工作不是获得专长的最佳途径?

第六章 远程学习离传统教育还差多远？

虽然，有时情况好像表现为，情感投入只能对超然的规则尝试造成干扰，并不可避免地导致非理性的决定和阻碍技能的进一步发展。但事实上，上述的反命题才是实际情况。帕特里夏·本纳（Patricia Benner）曾研究了护士技能获得的各个阶段。她发现，除非受训者保持情感上的投入，享受工作成功后的喜悦，承受犯了过失后的自责，否则她不能获进一步的成长，直到最后，完全不再依赖现代医学中各种特征、要素、规则、准则等设定的操作程序。通常，对于情感投入和敢冒风险有抵触的人往往止步不前，最终会感到无聊和产生退步。[①]

由于学生倾向于把教师作为模范来效仿，因而在学习过程中，学生是保持置身事外脱离肉身的心灵，还是越来越多地情感投入，教师扮演了一个关键角色。如果教师是超然的并像计算机那样，学生也将如此。相反，如果老师表现出情感的投入，例如追求真理、大胆假设和解释、乐于接受学生的建议和反驳、对结论和研究的选择无怨无悔等，学生也将更倾向于十分在意成功和失败，反复回想检讨得出结果的选择。

在教室和讲演厅中的情形，比起充满意外的驾驶或输掉一场重要比赛这样的风险来，可能缺少一些戏剧性。然而，提出或者捍卫某个观念，并验证其是否奏效，同样会承受一定风险。如果每个学生都待在家里向电脑学习，那就没什么情感投入的可能性。远程学习的推动者们鼓吹任何人在任何地点、任何时间都能获得课程内容；他们这么说时，心里所指的是那些匿名接受函授课程的

[①] 帕特里夏·本纳在著作 From Novice to Expert: Excellence and Power in Clinical Nursing Practice（Addison-Wesley, 1984）第164页描述了这一现象。进一步看，害怕承担风险将导致某种僵化而不是专家所具有的那种灵活性。当一个讨厌冒风险的人做了一个不恰当的决定并使自己陷入了麻烦中时，他往往会制定一条规则希望以后能避免类似情况。举一个极端的例子，如果一个驾驶员匆忙地驶出停车位，一辆车迎面驶来，他以为车速不快不会造成威胁，但还是被剐蹭了一下。于是他制定一条必须遵守的规则：有车开近时，不要起步开车。这种僵化的应对在某些情况下可以获得安全，但它会阻碍进一步的技术提升。这种情况下，就等于拒绝获得灵活地驶出停车位的技巧。通常，如果仅追求跟从一般规则行事，学习者将不会超越胜任阶段。只有当驾驶者通过不同的反应来加深对行动结果的感知，无需置身事外地问哪儿出错和为什么时，进步才是可能的。如果他做到了这点，他以后就不会起步时太快，而且他获得的将是一种更大的可能，即经过了大量担惊受怕后成为一个富有经验的、灵活的、技能高超的驾驶员。有人或许会反对这种理解，认为情感在其中所起的作用被颠倒了。初学者对学习投入的情感越多越好，而专家通常应该是冷静和超然的态度，并在实践中保持理性。这无疑是正确的，但初学者的任务是跟从规则和获取经验，而且他是否投入了仅仅是一个动机问题。此外，就算新手对行动的结果是关切的，但在选择如何行动上他是不带有情感投入的。只有在胜任阶段，对行动进行抉择是才有情感投入。而且，在从一般所谓的左半脑分析思维方式向右半脑整体思维方式转换中，情感的投入也起到了关键性的作用。当然，不是任何情感性的反应，例如，狂热、害怕出丑、获胜的狂喜等能起到这样的作用。真正有效的是对成功或失败的抉择承担责任的心态，或者甚至是为事情感到牵肠挂肚；不仅是对胜负感到高兴或糟糕，而是在心里一步一步地反复回想自己的操作过程。但是，这里的关键不是去分析错误或见解，而使得这些东西得以沉淀。经验表明只有到那种程度才算成为了专家。成为专家后，你才能免于情感的困扰而坐享其成，但如果要成为那种不断学习的专家，那就要不断地为关键性的抉择及其后果而情绪激动。

信息消费者，这种函授模式也证明情感的投入是不可能的。但就算把"任何时间"这一条件排除，并假设学生们通过互动电视正在实时地收看教授讲课，也能听到其他学生的提问，但每个学生仍是匿名的，这里还是不存在"班级"，学生不能在其中表现自己，或因弄巧成拙而当众出丑。教授的赞许或是反对可能带有感情的分量，但这远不会使学生形成恐惧而不去发表评论并得到教授的回应；如果学生从未见到教授或走到教授近前，那么这一切都不会发生。所以，类似前述奥柏林学院戴院长和美国教师联合会的观点是正确的。考虑到人是肉身的存在，网络的局限在于缺少面对面的学习机会，这将使学习者在达到胜任阶段后就止步不前了。

四、熟练阶段

只有当新手、高级初学者或远程学习者的超然的、消费信息的立场被情感投入的立场替代后，学习者才算是为进一步的提高做好了准备。随后，由结果导致的积极或消极的情感体验，会激励成功的应对措施，并抑制那些失败的。操作者拥有的由规则和原理表征的技能理论，将逐步被情景区分和情景应对能力替代。当且仅当，经验以非理论的方式体知合一地得到积累时，熟练阶段才是达到了。那时，直觉的反应将替代由推理得出的应对。

通常，是否达到熟练，在行动的实例中可以看得很清楚。当操作者拥有了区分各种不同情景中的能力，并投入地开始执行后，解决方案油然而生，某些要素也作为重点关注对象突显出来。当学习者完成这些时，并不是采取旁观的立场来选定某个方案或决定采纳何种视角。行动变得更简单，也不令人紧张，学习者只需知道要完成什么，而不是在几个候选方案中，通过按部就班地计算确定选哪一项执行。当目标是简单而明晰，并不像那种错综复杂的竞争中的目标，那么在完成什么任务才是适合的问题上也就更少有疑惑了。

要理解这一阶段的技能获取情况，我们必须记住，经验丰富且情感投入的操作者只关注目标和突出的要素，而不关注要做什么来达到这些目标。这是必然的，因为较之能付诸行动的应对方案来，对发生着的情况进行观察的角度要多得多。至此，熟练的操作者已可以区分各种不同的情景，并自如地应对，但对于大量不同的应对将导致的各种结果，却还没有足够的经验。因此，当熟练的操作者本能发现了现实情景中的重要因素和目标后，他必须决定做什么。为了做出决定，他必须退回到超然和准则跟从的原则上。

当熟练的驾驶员在雨天驶进一段弯道时，会本能地觉得速度已快到会产生危险。随着他必须决定是踩刹车，还是仅仅减少一定量的踩油门力度。宝贵的时间在决定中流失了，但熟练的驾驶员的处理方式更像是在与弯道进行着有把握协商，而不像胜任阶段的驾驶员，花费额外的时间在速度和角度和重力等因素中考量，以决定是否速度太快了。

熟练的棋手可以被归为象棋大师，他能立刻辨认出大量的常备对局形态。然后她从容地去决定哪一步是达到目标的最佳选择。例如，她会知道该进攻了，但还是要计算一个最佳的时机。

熟练阶段的学生能看出需要解答的问题所在，但不得不去计算答案是什么。

五、专家阶段

熟练的操作者沉浸在他技能活动的世界中，知道需要做什么，但仍要决定如何去做。专家则不仅是看到了应完成的目标，受益于其巨大的情景识别能力，专家立刻明白了如何做才能达到目标。因此，能否做出更多细微和精确的情景区分，是熟练操作者和专家间的差别所在。基于某种方案或视角，所有情景可能看起来都类似，但专家已具备了在众多情景中区分出哪些情景需要这种回应，哪些则需要另一种。对于大量的不同情景有了足够的经验后，虽然仍用一种视角来观察，但可得出不同的策略抉择。专家在大脑中逐步把某类情景继续分解为子情景，每一种需要一种特殊的应对。这促成了对情景的即时的直觉性反应，这是专家阶段的特征。

大师级的棋手，能体验到一种对于对峙态势和最佳走法无法抗拒的领悟力。杰出的棋手，能以每5～10秒走出一步甚至更快的速率比赛而不会出现严重有失其技能水准的败招。这一速度下，他们必须几乎全部依赖直觉，基本上完全不用在候选方案中进行分析比较。据估算，专家棋手能大致区分出5万种对局。从大多数专家的弈棋表现来看，其在经验基础上形成的可辨别情景类别的数量，必定是相对很大的。

专家级的驾驶者不仅凭本能对过快的速度做出感知，他也知道如何执行一个恰当的操作无需计算和比较各种可能。在下匝道上，他的脚离开了油门并适度踩下刹车。所有应该完成的，都完全做到了。正如亚里士多德所说，专家"立即"在"恰当的时机、以恰当的方式、完成了恰当的操作"。

掌握了课程内容的学生，立刻知道了眼前问题的解答所在。

在这一阶段，教师扮演的是什么角色呢？学生通过操作中随意的小变动来学习，他会去检查自己的操作是否由此得到了改进。但当这些随意的小变动并不是随意的——而是可察觉的偏离时，那么学习的效果会更好。如果学习者观察熟练者的操作，这会把学生随意的尝试限制在更有可能成功的范围内。因而，学习和模仿专家的行为，将替代任意的探求来改进操作的努力。一般而言，这就是成为一个学徒的好处。它的重要性在职业学校中表现得尤为明显。

职业学校中必须教的一件事，是把学生已学到的理论应用到现实世界中。对学校来说，有一个不用成为学徒而同样能达成这种应用的方法，即模拟学生在今后职业生涯中将要面对并发挥作用的环境。商业学校提供了一个有益的例子。在美国的商业管理学校中有两种支配性的教学模式。一种在实施所谓分析型教育的学校执行，其大部分教育注重于传授理论。这类学校很少培养出有能力的商业人才，即那种具有直觉的专家。另一类教育传统是基于案例研究，它们向学生描述现实生活中的情景并加以讨论。这样产生的效果会好一些。

但是，要成为一个专家，仅仅大量案例的训练还是不够的。正如在讨论从胜任到熟练阶段的提升中所提到的，学习者对于这些案例必须是引起重视的。这就像飞行模拟器的训练，只有在受训者在其提供的情景中感到紧张并承受压力，而不仅是靠着椅背坐好并算计该去做什么，这样才能起到训练的作用；也就是说，案例训练要奏效，学生必须对此有情感投入。同样，在商业学校的案例教学中，学生接触到的不应是客观的情景描述，而更应被教导形成一种资深经理的自我认同，以体验其苦思冥想的决策和随之而来的喜悦或失望。如果学生的身体和情感能够被吸引，而不仅是心智，那么模拟——尤其是计算机模拟——才能起作用。但是，最可靠的产生投入效应的方法是要求学生在相关技能领域中进行工作。于是我们又回到了学徒问题上。

就算学习的题材是纯粹理论性的，成为学徒也是必要的。因此，在科学研究中，博士后需在一个成功科学家的实验室中工作，来学习如何把他们理论的（体知未合一）的理解向现实世界中的运用转化。通过模仿导师，他们学会了那些没有规则可循的能力，例如当工作似乎没有进入正常运转时还要坚持多久，在不同的研究情景中应该寻求怎样的精确度等。为了能把理论和现实联系起来，成为学徒被证明是必不可少的。

甚至在人文学科，那里的理论往往没有取得公认，但研究生还是需要个人性的指导。因而通常学生成为一名助教，以便在工作中与研究者或教师进行互动。教师则是展示某种风格，表明其如何理解文本或是某个难题，或是如何提出疑问，除此并不能起到其他的帮助。教师可以展现出某种永不认错的挑战型风格，或是对待反对意见虚怀若谷和从错误中汲取教训的态度。正是教师的风格而不是其他东西，是被学生们沾染和模仿的；虽然如此，但学生往往并未意识到自己正在被耳濡目染。维特根斯坦是具有鼓舞效力的传授者，他教导出了数代后继者，他们不仅模仿了他发问的方式，甚至连他表达困惑和绝望的手势也学了去。

| 第六章　远程学习离传统教育还差多远？ |

六、大师阶段

　　为了延续一种风格，成为学徒是唯一可行的方式。但是，如果专家培养出的学生仅仅是自己风格的克隆者，那么学徒的经历就等于白费了。如果认真对待学徒概念，必须要问在既定的框架内，如何形成新的风格或创新的能力？音乐家的培养为此提供了一个线索。如果你想被训练成为一名演奏家，你必须跟从一位业已被认可的大师。成为学徒的目的，除了模仿这位大师外无他。当你仰慕某大师并花时间跟从左右后，他的风格会变为你的风格。但随之而来的危险是，成为学徒导致的仅仅是复制大师的风格，想成为演奏名家要求形成自己的风格。

　　从音乐家的经历中可以知道，较之先后跟从过数位大师的人，那些仅仅跟从过一位大师的往往并不是具有创新能力的演奏者。① 因此，学徒必须离开最初跟从的大师，再去和另一位不同风格的大师合作。事实上，他需要游学于数位这样的大师。中世纪时的熟练技工，甚至现在的表演艺术家，在其变得足够优秀而形成自己的风格前，必须各处游历并在不同的工作团队中见习。在音乐界，教师鼓励学生在跟从自己一段时间后再到其他老师那儿去。类似，研究生通常要协助好几个教授，年青的科学家也要在数个实验室中工作。

　　现代人很容易对这种跟从数位老师的学徒经历产生误解。例如，我们往往会认为学徒就学于某位大师，是因其擅长演奏的指法，跟从另一位是因其长于乐句演奏，还有一位或许是精于力度的运用。这暗示出一种技能可以被分解为几个部分，但这是一种错误的态度。相反，一个大师拥有的是整体性的风格，另一位的风格则是根本不同的。② 跟从数位大师对学徒起到的是破坏和混合的作用，使其不再仅仅复制某位大师的风格，并不得不形成自己的风格。这样他才能达到技能的最高水平，称为大师级。达到大师的程度，似乎是远程学习者力不能及的。

---

　　① Nielsen K. Musical apprenticeship, learning at the academy of music as socially situated. Nordic Journal of Educational Research, 1997, 3.

　　② 如果仔细审视学徒经历，我们会发现，这种训练不仅在技能传授方面而且在用所学进行尝试方面促成了重要的领悟。通过模仿大师，学徒成为大师。他逐步学习如何完成整个任务。由于技能不是通过部分来习得的，而更是通过整体上小步的改进来实现的，因而缺少在相关技能的每个组成部分上对学生进行测试的方法。当需对大师阶段做出判断时，考试这种在大部分大学中采用的形式是不怎么有用的，当然也包括网上的考试，相反还可能弄巧成拙。大师不会用定期考试这种形式来判断学徒的学习，这只能用来测试学生在其学习阶段上的所掌握的技能的组成部分，大师要判断的是学徒是否学会了技能，他会要求学徒做这一专长领域中的专家所要做的事情。假设学徒学习的是乐器制作，他可能被要求去做一把小提琴。那么如果不采用对标准的雕刻曲线打分的方法，谁能来决定学徒是否做了一把好琴呢？只有专家才能判断。大师聚集起来，试着演奏小提琴。如果学徒做的是一把好琴，师傅会让他再向另一位大师学习。如果没有，学徒只能在工作中继续积累更多经验。

|专长哲学|

七、实践智慧阶段

　　人们不仅通过模仿某个具体领域中的专家来获得技能,而且还要获取某种属于自身文化的风格以形成亚里士多德所说的实践智慧。小孩子,从他们来到世界之时,就开始学习成为实践自身文化的专家。在这项任务中,他们从一开始就是父母的学徒。

　　文化的风格是如此的体知合一和无处不在,以至于它对我们而言是视而不见的。因此把自己的文化和他人的文化及其习得做一对比是有益的。社会学家指出,不同文化背景的母亲照料宝宝的方式各不相同。① 例如,美国妈妈通常让宝宝趴在小床上,并鼓励他在上面爬来爬去。相反,日本妈妈让宝宝仰卧,这样就能安静地躺着,所有宝宝听到的和看到的东西都是抚慰性的。美国妈妈鼓励孩子充满热情地摆出各种姿势或发出声音,日本妈妈更多的是去安慰和抚慰。一般情况下,美国妈妈用激发积极主动和挑衅性行为的方式来摆放孩子的体位,或是对其行动做出反应。相比之下,日本妈妈更寻求对于平静和睦氛围的接受和感知。因而,促使美国宝宝之所以为美国宝宝的是其风格,促使日本宝宝之所以为日本宝宝的是另一种截然不同的风格。

　　一般意义上的文化风格决定了宝宝是如何发现自我、他人和其他事物的。一种风格,决定了各类实践并赋予其意义,这类实践逐步成为主流,其他的实践则流于边缘化或是被根本遗忘。因而举例来说,宝宝绝不会遇到一个不包含任何意义的拨浪鼓。美国宝宝的拨浪鼓,是作为他发出各种噪声,或是任意丢到地上让爸爸妈妈捡起来的玩具出现的。日本宝宝很少会这样做,个人觉得,通常拨浪鼓的作用应是安抚镇静,类似于美国印第安人用的雨棒(rainstick)。

　　当我们理解了风格决定了事物成其所是后,也会理解文化的风格决定的不仅仅是宝宝。各种文化中的成人同样是完全被其塑造成的。例如在各自文化背景的预先决定下,日本成年人寻求的是知足和融入社会,美国成人则是任意的为了满足个体的愿望而做出努力。我们对这些应该不会觉得惊奇。同样,日本的企业和政治组织的风格寻求的目标是形成和加强凝聚力、忠诚度和共识;美国企业和政治欣赏的是放任自由的体制产生的获得进取的干劲和活力,每个人都努力表达自己的个性,国家、企业及其他组织的功能是尽可能地满足各种各样的愿望,同时确保破坏性的不稳定状况不致发生。

---

　　① 为了表达文化风格产生影响的方式的要点,我把社会学家们的结论做了简化。更多细节可参见:Caudill W, Weinstein H. Maternal care and infant behavior in Japan and America // Lavatelli C S, Stendler F, eds. Reedings Child Behavior and Development. New York: Harcourt Brace, 1972: 78.

第六章 远程学习离传统教育还差多远？

与体知合一的常识性理解相似，文化风格太具身体化了，以至于不能通过理论来获取或在课堂中来传授。它只是潜移默化地从身体到身体的传递，然而它却又是人之为人的根本，各种学习只有以它为背景才得以可能。只有通过跟从父母和老师来学习，才能学到亚里士多德所谓的"实践智慧"——即在恰当的时间、以恰当的方式、做恰当的事情的普遍性能力。假如未来发展到人能抛开身体生活在赛博空间中，我们选择如此生活，那么通过传递各种变化丰富的文化风格来培养孩子将变得不再可能。

结　　论

在超越前三阶段的后面各阶段，投入和关注对技能的获得具有本质的重要性。和专家系统仅仅跟从指令和步骤运行类似，汉斯·莫拉维克（Hans Moravec）等未来学家想象出来的不朽的纯粹心智，最多只能达到胜任阶段。[①]

亨德特这类远程学习的热衷者们必须意识到，只有情感化的、投入的、体知合一的人类才能达到熟练和专家阶段。因而，当传授具体的技能时，老师必须是现实中具体的老师，同时他也鼓励学习上要投入。进一步说，学徒的学习需要专家的现场指导；同一文化中共同生活风格的习染，需要和老一辈们为伍。在这一基础性的层面上，正如叶芝所言："人可以与真理体知合一，但不能对此获得知识。"[②]

当仔细分析教育——从训练到必要的情感投入，到如何把专门理论应用到实际情景中，再到形成自己的风格——会发现为什么大学不可能被超越。亨德特主任援引的论点被证明是肤浅的，还有大量的工作留待像耶鲁那样的大学去做。

所以，当面对在某一技术领域中教授专长，或在生活中传授实践智慧这类不得不做的事时，最终我们会遇到一个根本重要的问题，这也是哲学家针对那些确信以互联网来发展教育会有美好前景的人，要问的一个问题：各领域中技能的习得，以及文化被传承所要求的切身参与，是否能通过互联网实现？

远程呈现技术的预言者，将充满希望地对此问题做肯定回答。如果远程呈现技术能以某种方式使人分身出现在遥远的地方，并能实现切身参与所能实现

[①] 深蓝计算机的弈棋程序是现今的国际象棋世界冠军，但它并不是一个按照从专家那里获得的规则进行操作的专家系统。专家最多能预见 200 种可能的走法，但深蓝凭借其强大的运算能力在一秒内能预见数十亿步走法，即提前考虑七步棋内的所有可能走法。但这并不需要它对国际象棋有任何理解。

[②] 选自叶芝生前的最后一封信，写给伊丽莎白·佩勒姆（Elizabeth Pelham）女士。参见：Allen Wade, ed. The Letters of W. B. Yeats. New York: Macmillan, 1995: 922.

的所有基本要素,那么在技能获得的所有阶段上,远程学习的梦想便基本上可以实现。但是,如果教室中的练习或演讲厅中的听讲,以及由认真负责的老师培育出来的学习上的投入,以及日复一日地跟从模仿大师并习得其风格的学徒生涯,如果所有这些方面远程呈现技术尚无法模拟,那么通过远程学习最多只能达到胜任阶段,专家和实践智慧仍遥不可及。超学习还将停留在仅仅是超前的宣传层面。因而我们的问题就转换为:远程呈现技术到底能把现实呈现出多少?

(计海庆译)

第七章 德雷福斯论专长：现象学分析的局限性

伊万·赛林格，罗伯特·克里斯*

引　言

专家的看法对当代生活来说是极其重要的，在当代生活中，许多经济、政治、科学和技术的决策都常规性地托付给专家。① 市民不仅在涉及技术的问题上，而且在"所有类型的普通决策"中，都听从权威专家。② 一方面，常规性地听从专家会有政治后果，有些学者甚至建议，由于允许意识形态代替批评讨论，因而阻碍了合理的民主程序，破坏了交往行为。③ 另一方面，有关科学技术方面的论题的反复争论，可能导致把常规性地听从悬置起来，增加对专家的怀疑。因此，在政治语境和法律语境中，就辨别专家意见的本性和正确标准展开激烈争论，就不足为奇了。比如，在法律语境中，要提供证明专家证人的正确标准，就经常会带来判断专家意见的恰当标准是什么的问题。④

---

* 伊万·赛林格（Evan Selinger）：罗切斯特理工大学哲学系助理教授，近著有《追寻技术科学：物的源头》（与唐·伊德合编）、《后现象学：伊德批判指南》。罗伯特·克里斯（Robert P. Crease）：石溪大学哲学系教授，布鲁克黑文国家实验室历史学家，近期著作有《三棱柱与钟摆：十大最美的科学实验》《制造物理学：布鲁克黑文国家实验室传》《自然之剧：作为表演的试验》。

① Barbour I. Ethics in an Age of Technology. San Francisco：Harper Collins，1993：213-223.

② Walton D. Appeal to Expert Opinion：Arguments from Authority. University Park：Pennsylvania State University Press，1997：24.

③ 特纳（S. Turner）讨论了斯坦利·费什（Stanley Fish）、尤根·哈贝马斯和米歇尔·福柯凭什么担心专家的看法会破坏自由民主的根据。他认为，这些担心"取决于社会建构论破坏了的关于知识特性的一种乌托邦的理想"。Turner S. What is the problem with experts? Social Studies of Science No. 31. 2001：147，n. 7.

④ 讨论证实专家鉴定人的问题经常关系到"垃圾科学"（junk science）的论题。Black B，Ayala F，Saffran-Brink C. Science and the law in the wake of daubert. Texas Law Review，1994：72；Jasanoff，Caudill D，Redding R. Junk philosophy of science? The paradox of experties and interdisciplinarity in federal courts. Washington and Lee Law Review，2000，57（3）；Huber. Galileo's Revenge：Junk Science in the Courtroom. New York：Basic Books，1991.

|专 长 哲 学|

从哲学上澄清有关专家评价的论题，似乎是适当的，乃至是基本的。美国最高法院关于使用专家证人的里程碑式的裁决，即达伯特诉麦热里·杜药品公司（Daubert v. Merrell Dow Pharmaceuticals）案件，诉诸了一些具有哲学渊源的概念，还特别关注卡尔·波普尔的"证伪"概念。① 当医学伦理学家就人类基因组计划和干细胞研究之类的政治敏感项目向医院董事会、政治家和美国总统提出忠告时，他们号召哲学家本人充当专家级的法律鉴定人。②

抛开其社会意义不说，关于专家评价的论题由于几种原因在哲学上也是重要的。第一个原因是，它与心灵哲学有关。专长的经典载体（classical locus）或"专家级的认知者"（expert knower）是主体，并且，专家理解和适应与世界的方式与主观性、意向性和理性主义者的本质及意识的表征概念相关。例如，专长的本性是转变下列争论的焦点：在人工智能（AI）的框架内、专家系统和以计算机为基础的远程学习项目中，能否成功地使智能（intelligence）脱离肉体（disembodied）的争论。③

关于专家评价问题具有哲学重要性的第二个原因是，它使经典科学哲学与科学技术研究（science and technology studies，STS）*这两种传统之间的矛盾具体化。经典的科学哲学把专家的看法看成是理所当然的，并假定，区分专家与外行是合法的，而STS则把怀疑专家看法的进路视为理所当然的，预示着有必要探讨专家意见的非法性问题。④

最后一个原因是，讨论专家评价的问题促进了现象学与各门学科之间的联系。尽管有人争辩说，现象学的描述只能捕获到体验（experience）的主观维度，

---

① Huber H, Foser K. Judging Science: Scientific Knowledge and the Federal Courts. Cambridge: The MIT Press, 1999: 37-68.

② 当理论家们假定，专家的社会作用是建立在他们的研究视角之基础上时，就出现了温纳（Winner）所称的"评价专家"的问题。Winner L. Citizen Virtues in a Technological Order // Feenberg A, Hannay A, eds. Technology and the Politics of Knowledge. Bloomington: Indiana University Press, 1995: 65-67. 温纳认为，从事应用研究的理论家不仅对"无休止的"争论提出忠告，而且往往把他们称呼的群众误解为过分概括的"我们"，茫然不知社会变化是如何开始的，有时也不利于制定合法的政治决策。

③ Collins H, Humans M. Machines, and the structure of knowledge. Stanford Humanities Review, 1995, 4 (2).

* 对于"science and technology studies"，国内有多种译法，现在通常译为"科学技术论"，这里译为"科学技术的人文社会学研究"，是为了把科学技术的哲学研究分离出来。即"科学技术论"的译法中可以包括科学技术的哲学研究，而"科学技术的人文社会科学研究"的译法中则不包括这种研究。这种译法在意思上较为准确，但用词上有点繁琐。——译者注

④ Mialet H. Do angels have bodies? Two stories about subjectivity in science: The cases of William X and Mister H. Social Studies of Science, 1999, 29 (4): 552-553.

第七章　德雷福斯论专长：现象学分析的局限性

因而用来试图理解科学，是不适当的①，但是，科学实践需要开发、训练和协调值得做出现象学澄清的各项专业技能。

然而，哲学家很少明确地讨论这个主题，尽管潜在的没有经过考察的专长概念通常蕴含在像"权威性""殖民化""权力"和"理性的争论"之类的标题中②。休伯特·德雷福斯（Hubert Dreyfus）是明确讨论这个概念的少数人之一，本文致力于对他的解释做出批判性的评论。对德雷福斯解释的这种分析分五步进行。我们将：①把他的专长模型（the model of expertise）置于体知型语境（embodied context）中；②勾勒出他的一般的技能观；③总结他描述的专长模型；④提出他期望专家的言行是可辩护的规范性理论；⑤提出他的解释中存在的某些问题。德雷福斯建议，不依赖文化与历史的考虑，也能具体说明专家的基本特征。我们认为，他根据这个建议，通过令人信服地表明社会学分析、历史分析和人类学分析不可能详尽地考察专长问题，证明了现象学对这个主题的重要性。但我们在德雷福斯的解释中也发现了某些描述性问题和规范性问题。当德雷福斯在现象学的意义上表明，不能把专家降低为意识形态的拥护者和社交网络的人造物时，从文化嵌入性的视角来看，他由于高估了专家和专家决策的独立性，因而也缺乏解释学的敏感性。

一、专长和身体

只有回溯上面提到的经典科学哲学和 STS 这两个传统如何回避提出这个论题，才能突出德雷福斯的专长解释的意义。每一种传统实际上都把创造性的专家级的行为表现（expert performance）看成是某种特别的东西："就这么发生了"，没有提出任何哲学问题。例如，传统科学哲学的目标是，从科学的有效性和客观性的根源上，对科学组织的特征进行理性重建，特别强调反常如何只是暂时扰乱其运行。传统科学哲学把创造性当做是占主导地位的精神活动，为此，只有对其产品，才能进行真正的哲学讨论。在区分发现的语境和辩护的语境的框架内，创造性的观念从哪里来的问题，没有被认为是一个恰当的认识论问题，而是被归属于心理学或历史学。③

另一方面，当代的 STS 把专家意见看成是"分布式的"外化到像实验室和

---

① Latour B. Pandora's Hope：Essays on the Reality of Science Studies. Cambridge：MIT Press，1999：9.

② Turner S. What is the problem with experts? Social Studies of Science，2001，31.

③ Mialet H. Do angels have bodies? Two stories about subjectivity in science：The cases of William X and Mister H. Social Studies of Science，1999，29（4）：552.

社交网络之类的特殊设置中,是标准化的技术、判断科学性的标准、评价证明的协议,以及吸纳同盟者的修辞手段。① 按照 STS 的拥护者的观点,其他做法所冒的风险是使专长"自然化"、赋予专家不当的权威性、导致抑制外行的知识、价值与兴趣。STS 的拥护者通过关注专家在整个仲裁过程中如何变得过分尊贵的问题,把专家意见的非分配式的意义置于"黑箱"之中。②③ 当 STS 的理论家在他们的工作中偶尔求助于意会知识时,这些求助未必就是任何体知的理论(theory of embodiment)。④

尽管传统科学哲学和 STS 希望去掉专长的神秘性的动机有所不同,但他们产生了相同的结果。就他们所有的明显分歧而言,传统科学哲学和 STS 都避免讨论专长与身体之间的关系。他们双方都同意,为了去掉专长的神秘性,对科学提供一种精确的解释,需要忽略身体实践的不变特征。

这种对体知的忽视建议讨论传统的现象学主题:鲜活的身体的实践参与,最

---

① Mialet H. Do angels have bodies? Two stories about subjectivity in science: The cases of William X and Mister H. Social Studies of Science, 1999, 29 (4): 552.

② Mialet H. Do angels have bodies? Two stories about subjectivity in science: The cases of William X and Mister H. Social Studies of Science, 1999, 29 (4): 553.

③ 在科学研究中所用的"黑箱"是一个工程术语,类似于马克思主义的霸权(hegemony)概念。"黑箱",像霸权一样,涉及通常被认为是自身显然为真并且不需要进一步研究的背景假设(Feenberg A, Hannay A, eds. Technology and Politics of Knowledge. Bloomington: Indiana University Press, 1995: 7.)。打开科学的专家评价的"黑箱",是透过严密的经验分析和理论分析表明,专家意见看起来自身显然为真、得到了文化上的认可并且不需要进一步研究的观点,是错误的,潜藏着文化的审视,迫切需要批评分析。当这种专家意见的"黑箱"被打开之后,STS 理论家主张,专家并不是作为他们的知识是不可错的、确定的和客观的自立性天才出现的。反而揭示出,科学专家是平凡的、有偏见的人,他们的成败来自他们工作在被分配知识和声望的竞争性网络中。从 STS 的视角来看,正是主要因为很少明确地描述和从理论上考查这个网络的运行机制,非专家才错误地把科学专家视为比实际情况更博学、更有权威和更值得信赖。

④ STS 偶尔关注产生科学结果时涉及的意会知识。例如,哈里·柯林斯(Harry Collins)最近在可证实的经验案例中,超越技能,把波拉尼的意会知识扩展应用到科学结果的产品中去,试图通过这种扩展,阐述波拉尼的意会知识的分类(Collins H. Tacit knowledge, trust, and the Q of sapphire. Social Studies of Science, 2001, 31.)。波拉尼断言,为了理解如何运用机器,人们需要知道它的零部件如何一起发挥功能,他把这举荐为普遍的论点(Polanyi M. Personal Knowledge: Towards a Post-Critical Philosophy. Chicago: University of Chicago Press, 1974.)。基于美国的现场考察和在格拉斯哥大学进行的实验观察,柯林斯断言,意会知识的问题说明了,为什么 20 年前俄罗斯人对蓝宝石的品质因数的测量只能在美国得到重复。柯林斯对意会知识的关注使他强调科学家之间的个人接触和信任的重要性,也使他建议,应该补充当前在实验报告中不包括的信息,来增加复制科学发现的可能性。柯林斯和德雷福斯关注的事例,尽管有些重叠,但也有一个关键的不同。在柯林斯关注的事例中,意会的认知者产生了主体间性意义上公认的结果;他强调了这些结果的常规产生和妨碍他们轻易复制的障碍。柯林斯并没有提出说明认知者如何能意会地掌握设备的体知合一的理论。

第七章 德雷福斯论专长：现象学分析的局限性

终确立了他们具有的关于世界的知识，包括抽象的科学知识在内。① 对于现象学家来说，所有的实践活动和理论活动，不管它们的结果多么抽象，都需要在基本的生活世界实践的连续性之基础上来理解，德雷福斯通过把专家的判断和行为严格地看成是体知的人类行为表现的一个实例，继承了这一传统。像经典的科学哲学家和STS的拥护者一样，他试图去掉专长的神秘性——但他这么做的方法是，把专长置于生活世界活动的连续体中，而不是把专长从生活世界活动中分离出来。专家在完成世俗的任务时，只不过扮演了像我们每一个人那样的角色："我们在完成许多任务时是专家，我们每天都顺利而明显地复制技能的功能，使我们自由地意识到我们生活中不太熟练的其他方面。"②

德雷福斯明显地把他的技能模型与现象学传统联系起来，明显地发展了梅洛-庞蒂的经验身体（le corps vécu）的概念、"意向弧"（intentional arc）与"极致掌握"（maximal grip）的观点。③ 通过密切注意"我们与世界的关系问题如何被转化为我们获得一项技能的问题"，德雷福斯断言，他打算比梅洛-庞蒂更全面地提出如何获得、改进和使用技能的问题。④ 德雷福斯旨在把专家作为体知型的定位主体（embodied, situated subjects）来研究，即力图注意"在什么条件下，出现慎重考虑（deliberation）与选择"，以便避免"使得对慎重考虑与选择结构的典型的哲学误读，成为［他或她］对日常复制的解释"。⑤ 但德雷福

---

① 只有抽象的语境，不可能使科学家对世界进行数学化、模型化和形式化。对于科学家来说，为了控制和解释现象，需要运用面向技能的身体，来操作稳定现象的技术仪器。伊德再三认为，就技术的日常用法而言，在科学实验中所用的技术仪器，通过"体知的关系"，扩大到和转变为身体实践；它们就像海德格尔的锤子或梅洛-庞蒂的盲人的拐杖一样被兼并或合并到对世界的身体体验中，科学家能够产生的现象随着体知的形式的变化而变化（Ihde D. Expanding Hermeneutics: Visualism in Scienc. Evanston: Northwestern University Press, 1998: 42-43.）。

② Dreyfus H, Dreyfus S. What is morality? A phenomenological account of the development of ethical expertise // Rasmussen D, ed. Universalism vs. Communitarianism: Contemporary Debates in Ethics. Cambridge: The MIT Press, 1990: 243.

③ 德雷福斯对"意向弧"和"极致掌握"的定义如下："意向弧确定了能动者（agent）和世界之间的密切联系。"即当能动者获得技能时，这些技能是"被存储起来的"，不是被看成内心的表征，而是被看成倾向于对世界的诱惑做出回应。极致掌握确定了身体趋向于对这些诱惑的回应，以这样一种方式，使当前的情境越来越接近能动者最理想的格式塔的意义。这两种能力都不需要心理或大脑操作。Dreyfus H. Intelligence without representation. Network for Non-Scholastic Working Paper. Department of Philosophy, Aarhus Niversity, Denmark, 1998; How Neuroscience Supports Merleau-Ponty's Account of Learning. Paper presented at the Network for Non-Scholastic Learning Conference, Sonderborg, Dennark, 1999a.

④ Dreyfus H. How neuroscience supports merleau-ponty's account of learning. Paper Presented at the Network for Non-Scholastic Learning Conference, Sonderborg, Dennark, 1999a: 1.

⑤ Dreyfus H, Dreyfus S. What is morality? A phenomenological account of the development of ethical expertise // Rasmussen D, ed. Universalism vs. Communitarianism: Contemporary Debates in Ethics. Cambridge: The MIT Press, 1990: 239.

斯也争辩说，中立的网络研究者，特别是沃特·弗里曼（Walter Freeman）在他的潜在知觉的脑动力学研究中，从经验上证实了他的专家是如何活动的模型。①

德雷福斯的解释提供了所谓的专家意见的形而上学（尽管他喜欢"本体论的"术语胜过喜欢"形而上学的"术语）。这与传统科学哲学和STS形成了强烈的对比。对于前者而言，缺乏形而上学解释的内容；对于后者而言，专家意见是一种依赖于文化的现象，其定义的改变是相对于历史变迁的，这种历史变迁支配着如何感知专家意见。

二、专长与技能

当德雷福斯被兰德公司聘为顾问来评价他们在人工智能方面的工作时，德雷福斯与他的弟弟斯图亚特·德雷福斯（Stuart Dreyfus）一起于20世纪60年代首先提出了对专长的描述性解释。他的研究在文章《炼金术与人工智能》②和著作《计算机不能干什么？》③中达到了高潮。④ 在《心智高于机器：计算机时代人

---

① Dreyfus H. How Neuroscience Supports Merleau-Ponty's Account of Learning. Paper presented at the Network for Non-Scholastic Learning Conference, Sonderborg, Dennark, 1999a；The primacy of phenomenology over logical analysis. Philosophical Topics, 1999b, 27 (2)：6-10；Intelligence Without Representation. Network for Non-Scholastic Working Paper. Department of Philosophy, Aarhus University, Denmark, 1998. 尽管我们相信，德雷福斯转向"大脑话题"的主题，简单地确立了能与他的现象学进路相一致的另一种视角，但席斯-约翰斯顿（Sheets-Johnston）认为，所提到的神经网络和大脑功能与他的现象学的抱负相矛盾："[我们] 发现，我们具有的现象学主题，已经从过去的理解让位于神经学的理解，然而同时，我们也发现，现象学的主题表面上完全在场，但已经变得与我们的体验完全无关，我们的体验'大概理解了'它自己的'脑动力学'。"（Sheets-Johnston M. Kinetic tactile-kinesthetic bodies：Ontogenetical foundations of apprenticeship learning. Human Studies，2000，23：357.）此外，她认为："它们 [神经网络] 不仅能区分开形式的学习与非形式的学习，而且，它们据此运行的词汇不是对后一种学习的有用模拟，因而对后一种学习的描述是不适当的，对它的理解也是有偏差的。" Sheets-Johnston M. Kinetic tactile-kinesthetic bodies：Ontogenetical foundations of apprenticeship learning. Human Studies，2000，23：357-358. 我们相信，席斯-约翰斯顿忘记了，有些人仍然把现象学看成是一种主观的分析形式，也忘记了，德雷福斯对待神经网络的可能态度，为什么是证实现象学能揭示身体实践的客观结构的理由。

② Dreyfus H. Alchemy and artificial intelligence. Rand, Paper, 1967.

③ Dreyfus H. What Computer still can't do：A Critique of Artificial Reason. Cambridge：The MIT Press, 1992.

④ 20世纪60年代，当德雷福斯第一个表述他对人工智能及其虚假广告宣传的批评时，在麻省理工学院人工智能实验室里的学术氛围显然是，对承认他所说的意义很有敌意，结果，他差一点失去自己的工作。相比之下，威诺格拉德（Winograd）注意到，今天，"实验室里做的某些工作似乎受到了德雷福斯的影响"。Winograd T. Heidegger and design of computer systens // Feenberg A, Hannay A, eds. Technology and Politics of Knowledge. Bloomington：Indiana University Press, 1995：110.

第七章　德雷福斯论专长：现象学分析的局限性

的直觉与专长的力量》①一书中，兄弟二人提出了一个专家级的技能获得（expert skill acquisition）模型，他们声称，这个模型的范围是普遍的。② 他们的目的是，根据涉及熟练操作的所有领域的使用说明书，对成年人如何获得技能提供一种现象学的解释③，不管是智力型的熟练操作，还是运动型的熟练操作。④

在德雷福斯的生涯中，这种专家级的技能获得模型，相当于一块试金石。比如，他用此作为下列工作的基础：①去掉与人工智能项目相关的渲染式广告的神秘色彩，特别是去掉为模拟人类的专长而设计的"专家计算机系统"的神秘色彩⑤；②判断通过强加"合理化"约束"危及"职业专家（如护士、医生、教师和科学家）的社会偏见⑥；③说明在美国式的企业管理中的主导趋势错在哪里⑦；④捍卫梅洛-庞蒂对意向性和行动的非表征解释的准确性⑧；⑤揭示尤根·哈贝马斯的新康德主义伦理观的实践界限⑨；⑥说明政治行动小组的专家意见⑩；⑦澄

---

① 原书名是 Mind over Machine: The Power of Human Intuition and Expertise in the Era of the Computer，国内有人译为"机器心智"或"机器思维"，这些译法都不符合原著的论点，该书论证的观点是，人的心智能力是机器无法模仿的。另外，我在与本文作者讨论译名时，他对书名中的关键词"over"提供的两个替代词是"governing""ruling over"，这里根据本书讨论的核心观点和这两个替换词的意思，认为译为"心智高于机器"较恰当。——译者注

② Dreyfus H, Dreyfus S. Mind over Machine: The Power of Human Intuition and Expertise in the Era of the Computer. New York: Free Press, 1986.

③ 根据德雷福斯的观点，现象学首先迫切需要的永远是适当地描述专长（即使像胡塞尔、海德格尔和梅洛—庞蒂之类的历史现象学家也没有在他们的分析中运用"专长"这一术语），因为实际上，现象学旨在识破妨碍如何理解人类经验的偏见（Dreyfus H, Dreyfus S. Mind over Machine: The Power of Human Intuition and Expertise in the Era of the Computer. New York: Free Press, 1986: 2-5）。

④ 席斯-约翰斯顿完全认为，德雷福斯由于忘记了，对于智力技能（intellectual skill）来说，身体技能是多么的基本，所以，他在分析上把智力技能与身体技能分离开来，假定了身心之间的一种"有害的""笛卡儿式的分裂"（Sheets-Johnston M. Kinetic tactile-kinesthetic bodies: Ontogenetical foundations of apprenticeship learning. Human Studies, 2000, 23: 355-356）。

⑤ Dreyfus H, Dreyfus S. Mind over Machine: The Power of Human Intuition and Expertise in the Era of the Computer. New York: Free Press, 1986; Dreyfus H. What Computer still can't do: A Critique of Artificial Reason. Cambridge: The MIT Press, 1992.

⑥ Dreyfus H, Dreyfus S. Mind over Machine: The Power of Human Intuition and Expertise in the Era of the Computer. New York: Free Press, 1986.

⑦ Dreyfus H, Dreyfus S. Mind over Machine: The Power of Human Intuition and Expertise in the Era of the Computer. New York: Free Press, 1986.

⑧ Dreyfus H. Intelligence without Representation. Network for Non-Scholastic Working Paper. Department of Philosophy, Aarhus University, Denmark, 1998.

⑨ Dreyfus H, Dreyfus S. What is morality? A phenomenological account of the development of ethical expertise//Rasmussen D, ed. Universalism vs. Communitarianism: Contemporary Debates in Ethics. Cambridge: The MIT Press, 1990.

⑩ Dreyfus H, Spinosa C, Flores F. Disclosing Worlds: Entrepreneurship, Democratic Action, and the Cultivation of Solidarity. Cambridge: The MIT Press, 1997.

清马丁·海德格尔和亚里士多德的技艺与实践智慧的意义，并且在这么做时，纠正了他在单行本中对海德格尔解释的称赞①；⑧说明了齐克果（Kierkegaard）的主体发展的规范阶段与把互联网的价值评价为交流媒介的相关性②；⑨批判了"远程学习"项目的教育潜力③。

德雷福斯的解释的一个最关键要素是，他拒绝接受把专家定义为信念源的普遍倾向。专业技能主要是"知道如何去做"（know how）而不是"知道是什么"（know that）的一个实践推理问题。"知道是什么"是通过反思和有意识的判断获得的关于问题的命题性知识。"知道如何去做"涉及实践知识，比如，走路、说话和开车的能力，实践知识是对日常事情的不假思索的掌握，不需要对成功实施进行有意识的慎重考虑。④ 在许多事例中，知道如何去做，涉及人们无法完全给予解释的无言表达的技能训练，尽管人们不应该把这与波浪尼的"意会知识"概念相混淆。⑤⑥

有人可能会提出暗示和准则，即平稳操作的近似要素，但明白这些暗示点和有能力遵守这些准则，在很大程度上，预设了应该解释这些暗示与准则的技能。此外，德雷福斯坚持认为，人们一旦获得技能，就往往不再遵守初学时用到的那些准则。

---

① Dreyfus H. Could anything be more intelligible than everyday intelligibility? Reinterpreting division Ⅰ of being and time in the light of division Ⅱ // Faulconer J, Wrathall M, eds. Appropriating Heidegger, Cambridge: Cambridge University Press, 2000.

② Dreyfus H. On the Internet. New York: Routledge, 2001.

③ Dreyfus H. On the Internet. New York: Routledge, 2001.

④ Dreyfus H, Dreyfus S. What is morality? A phenomenological account of the development of ethical expertise // Rasmussen D, ed. Universalism vs. Communitarianism: Contemporary Debates in Ethics. Cambridge: The MIT Press, 1990: 244.

⑤ Dreyfus H, Dreyfus S. Mind over Machine: The Power of Human Intuition and Expertise in the Era of the Computer. New York: Free Press, 1986: 16.

⑥ 尽管从表面上看，德雷福斯与波朗尼在意会知识的问题上有许多相似之处，但也存在着重要的差别。德雷福斯认为，当波朗尼承认拘泥于形式不能说明骑自行车的意会的行为表现时，他仍然相信，这样的行为表现是受"潜规则"支配的："有关潜规则的参考文献表明，波朗尼像柏拉图一样没有在行为表现和胜任能力之间、说明与理解之间、人们遵守的规则与被用来描述正在发生的情况的规则之间做出区分。"Dreyfus H. What Computer Still Can't Do: A Critique of Artificial Reason. Cambridge: The MIT Press, 1992: 330-331. 德雷福斯也不同于库恩对意会知识的分析，因为这种分析主要是使知识的意会维度处于一般的范式结构中（Stengers I. The Invention of Modern Science. Smith D. trans. Minneapolis: University of Minnesota Press, 2000: 6.）. 关于意会知识的其他文献参见：Rawls J. Two concepts of rules // Thomson J, Dworkin G, eds. Ethics. New York: Parper & Row, 1968; Reber A. Implicit Learning and Tacit Knowledge: An Essay on the Cognitive Unconscious. New York: Oxford University Press, 1995; Searle J. Intentionality: An Essay in the Philosophy of Mind. New York: Cambridge University Press, 1983; Searle J. The Rediscovery of the Mind. Cambridge: The MIT Press, 1992.

第七章 德雷福斯论专长：现象学分析的局限性

德雷福斯追随海德格尔认为，当应对环境能力的前主题风格（pre-thematic styles）证明不足以实现普通目标时，实践的能动者（practical agent）往往只反思，在"分解"方案时如何整理他们的体验；当人们的所作所为不能有效进行时，他们才对自己付诸实践的方式做出反思。对反思的这种派生用法的辩护也是在能动者反思人们的所作所为基础上的实践，而且，做事的规则通常导致了人们随心所欲的实践问题。在特殊的行动中，从对遵循规则的前意识行为到有意识的鉴赏，标志着能动者从实践推理转向了理论推理，从"知道如何去做"转向"知道是什么"①。对于德雷福斯来说，完成要求熟练操作的大多数基本任务的最高标准是，人们不用有意识地关注他当下的所作所为。

最后，德雷福斯争辩说，技能就是做出各种灵活的回应，乃至不能把身体技能降低为重复一系列的动觉运动。他主张："技能，与一种固定回应或一组回应不同，能够以许多不确定的方式加以传承。"② 约瑟夫·劳斯（Joseph Rouse）在讨论德雷福斯的观点时阐述了这一点。他写道，在学习传球时，所涉及的不是一系列重复运动，"而是能对传来的球做出各种反应。学习投球意味着，人们也能侧投球，尽管这项运动是不同的。我学会模仿很有限的句子，就能写出无数个各种不同的句子"。③ 因此，学习做出各种灵活反应，不是熟记"实际动作"或打算重复的"思考模式"，而是掌握运动场上的各种可能性④。然而，德雷福斯无疑还会说，尽管技能是灵活的，但也有极限、边界区域和边缘空间；知道如何上投球不能使人掷标枪、下投球或侧投垒球。

在《心智高于机器》之后，德雷福斯的专长模型几乎一字不差地出现在大量的文章中。在这些文章中，他没有对在《心智高于机器》一书中阐明专长的描述和核心论点提出挑战，而是扩展了这个模型所能应用的范围，评价了专家的行为表现的认识论特征和形而上学特征，在此之前，他只是应用但没有充分阐述专家的行为表现。⑤

---

① Dreyfus H, Dreyfus S. Mind over Machine: The Power of Human Intuition and Expertise in the Era of the Computer. New York: Free Press, 1986: 7.

② Dreyfus H. What Computer still can't Do: A Critique of Artificial Reason. Cambridge: The MIT Press, 1992: 249.

③ Rouse J. Knowledge and Power: Toward a Political Philosophy of Science. New York: Cornell University Press, 1987: 61.

④ Rouse J. Knowledge and Power: Toward a Political Philosophy of Science. New York: Cornell University Press, 1987: 61.

⑤ 德雷福斯在最近反思互联网时追加了——驾驭和智慧——两个阶段，这是他对五阶段模型的唯一一次修改（Dreyfus H. On the Internet. New York: Routledge, 2001）。

|专长哲学|

三、描述的模型

德雷福斯描述的专长模型有几个关键特征。一个关键特征应该是具有现象学的辩护。在传统意义上,辩护概念把命题与这样一个公共领域联系起来:它能够在可论证的意义上证实或拒绝陈述的内容,或者,陈述中的逻辑或推理关系。从现象学的视角来看,当命题详述了所有学科都能确定与其经验相一致的经验不变性时,这些命题就得到了辩护。在德雷福斯向他的读者提出的下列请求中发出了这个信号:"你不必只接受我们的世界,而是应该检查一下看看你自己获得各种技能的过程是否揭示了类似的模式。"① 德雷福斯断言,他的专长模型是建立在不变模式之基础上的,这种不变模式是在以第一人称证言的形式转述"飞行员、下棋者、驾驶员和学习第二语言的成年人"在讨论他们如何学会做出"非结构化"决策("unstructured"decisions)时对技能获得的描述中发现的。②③ 因此,

---

① Dreyfus H, Dreyfus S. Mind over Machine: The Power of Human Intuition and Expertise in the Era of the Computer. New York: Free Press, 1986: 20.

② Dreyfus H, Dreyfus S. Mind over Machine: The Power of Human Intuition and Expertise in the Era of the Computer. New York: Free Press, 1986: 20.

③ 德雷福斯把专心于制定"非结构化"决策的目标群看成是"典型的学习者"的典范,并且,他把"共同的模式"界定为在他们的行为中是可观察的(Dreyfus H, Dreyfus S. Mind over Machine: The Power of Human Intuition and Expertise in the Era of the Computer. New York: Free Press, 1986: 20)。"典型的"这个形容词意指"很有天赋"也有"机会获得足够经验"的一类学习者(Dreyfus H, Dreyfus S. Mind over Machine: The Power of Human Intuition and Expertise in the Era of the Computer. New York: Free Press, 1986: 20)。"非结构化"与"结构化"在信息管理理论中是讨论的标准术语。它们被用来分类决策范围内的组织差异,通常伴随有看起来像是这个范围内的中点的"半结构化"。当德雷福斯提到"结构化"决策时,他指的是做出的决策的类型,即当"明确了目标和相关信息时,就会知道这些决策的效果,并能推论出可证实的解决方案"(Dreyfus H, Dreyfus S. Mind over Machine: The Power of Human Intuition and Expertise in the Era of the Computer. New York: Free Press, 1986: 20)。换言之,"结构化"的决策需要很好地了解情况,为应对这些情况提出标准的程序。"结构化"的决策能够在下列情况下获得:这些情况是可重复的、常规的以及拥有非常可靠的相关证据。在"语境无关"占有绝对优势的情况下,能够找到"结构化"决策的例子,比如,"数学运算、猜谜语以及在现实世界中送货车的路径和石油调和"(Dreyfus H, Dreyfus S. Mind over Machine: The Power of Human Intuition and Expertise in the Era of the Computer. New York: Free Press, 1986: 20)。与"结构化"决策相比,德雷福斯把"非结构化"决策描述为是:直觉的、常识的、试探性的,并涉及试错法。他声明,"非结构化"决策往往是持设性的,不是程序化的,"含有无数个可能相关的潜在事实与特征,而且,这些要素相互联系和决定其他事件的方式是不明确的"(Dreyfus H, Dreyfus S. Mind over Machine: The Power of Human Intuition and Expertise in the Era of the Computer. New York: Free Press, 1986: 20)。需要"非结构化"决策的情况在典型意义上是难以捉摸的情况:在该情况下,不可能事先指定接下来的大多数决策程序;决策制定者不可能准确地辨认出问题定义的参数,必须对这个问题定义做出判断、评估和洞察;无法量化的因素是最重要的;根本没有取得共识的制定决策的程序。这些类型的决策通常是由从事"管理、护理、经济预测、教学和所有社交社交"工作并且要求有"相当多的关于真实情况的具体经验"的人做出的(Dreyfus H, Dreyfus S. Mind over Machine: The Power of Human Intuition and Expertise in the Era of the Computer. New York: Free Press, 1986: 20)。

第七章 德雷福斯论专长：现象学分析的局限性

他的解释不应该轻易受到这样的指控：把异质专家（idiosyncratic experts）错误地刻画为示范性的，或者，回避了人们如何知道什么是一个领域内的模范专家的问题。由于坚持现象学的方法及其辩护机制，所以，他的解释也不意味着受到下列反例的困扰：这些反例驳斥了他的解释对有意设法获得技能的那些成年人的适用性。可以推定，他的解释之所以不受这类批评的影响，是因为所有的专家都能重新发现和证实他的技能模型的基本要素，这样，他的模型被预期为有意义的。

另一个关键特征是，他的模型是发展的，而且，把技能获得预想为通过五个上升阶段相继发生的：①最初的"初学者"阶段；②"高级初学者"阶段；③"胜任"阶段；④"精通"阶段；⑤最终达到"专家"阶段。在第一阶段，"想把事情做好"的初学者学到了一组"语境无关"的"决定行动的规则"，常常在记住如何应用这些规则的过程中缓慢地行动。① 在高级初学者阶段，此刻有了更多"具体情境中的实践经验"的学生，开始通过辨认这种情境的"有意义的其他方面"，即不能用规则编码的那些方面，进行"一点点地"改进。②

德雷福斯的解释特别有趣的是，学习者不仅经历认知转变和实践转变，而且也经历情感转变。他断言，初学者和高级初学者典型地感受到，他们投入的实践被看成是"分离的"，而能胜任的执行者则觉得"已经参与到"他或她的表现的结果中。③ 在胜任阶段，学习者频繁地感到"激动不已"，好像他或她的"情绪在激烈波动"，不得不处理"极度紧张和筋疲力尽的"实践问题，而且，由于面临着要记住许多潜在的相关要素而深感"超载"。④ 结果，能胜任的学习者缩小了那些要素的范围，即为了有选择地提出这种情境的"相关特征和问题"，设计了一个"计划"和选取了一个"视角"。⑤ 通过这些变化，能胜任的执行者体验到了"初学者无法懂得的一种得意"，包括"骄傲和惊吓"在内。⑥ 承担责任意

---

① Dreyfus H, Dreyfus S. Mind over Machine: The Power of Human Intuition and Expertise in the Era of the Computer. New York: Free Press, 1986: 21.

② Dreyfus H, Dreyfus S. Mind over Machine: The Power of Human Intuition and Expertise in the Era of the Computer. New York: Free Press, 1986: 22-23.

③ Dreyfus H, Dreyfus S. Mind over Machine: The Power of Human Intuition and Expertise in the Era of the Computer. New York: Free Press, 1986: 26.

④ Dreyfus H. On the Internet. New York: Routledge, 2001: 35.

⑤ Dreyfus H, Dreyfus S. Mind over Machine: The Power of Human Intuition and Expertise in the Era of the Computer. New York: Free Press, 1986: 26-27.

⑥ Dreyfus H, Dreyfus S. From Socrates to Expert Systems: The Limit of Calculative Rationality // Mitcham C, Huning A, eds. Philosophy and Technology Ⅱ: Information Technology and Computers in Theory and Practice. Boston: D Reidel Publishing Company, 1985: 117-118.

味着,"打心里觉得有错"。①

在精通阶段,学生超越了德雷福斯所谓的"决策的哈姆雷特模型(Hamlet model)",即"分离的、慎重考虑的、有时是令人烦恼的替代选择",这代表了技能获得的头三个阶段。② 这里,履行者对需要达到的目标的规则和原理的依赖在很大程度上被"知道如何去做"(即对情境的一种"无理性的"把握,德雷福斯称为"直觉行为")所取代;尽管熟练的履行者必须仍然深思和慎重考虑如何实现他或她的目标。③④ 当熟练的履行者"只明白需要做什么,而不是运用计算程序在几种可能的替代者中选择其中之一"时,"行动变得更容易和更从容"。⑤

在最后阶段,专家不仅明白需要做什么,而且明白如何实现,用不着马上慎重考虑,就能"无意识地"承认,"新情况"类似于所有能被记住的情况⑥——尽管有趣的是,德雷福斯在1988年的简装本中去除了所有涉及能被记住的案例。因此,专家,像"悠久的禅传统中"的大师一样,或者,像在对欧比旺·肯诺比(Obi-Wan Kenobi)"用武力"的忠告做出回应时的卢克天行者(Luke Skywalker)一样,超越了"尝试"或"努力","只是做出回应"。⑦ 德雷福斯把专长的"易变的行为表现"总结为:"当事情规范地进行时,专家没有解决问题,没有做出决策;他们做的工作是规范的。"⑧ 他甚至断言,在专家层,区分主体与客体的能力消失了:熟练的司机与他的车成为一

---

① Dreyfus H, Dreyfus S. From Socrates to Expert Systems: The Limit of Calculative Rationality // Mitcham C, Huning A, eds. Philosophy and Technology Ⅱ: Information Technology and Computers in Theory and Practice. Boston: D Reidel Publishing Company, 1985: 118.

② Dreyfus H, Dreyfus S. Mind over Machine: The Power of Human Intuition and Expertise in the Era of the Computer. New York: Free Press, 1986: 28.

③ Dreyfus H, Dreyfus S. Mind over Machine: The Power of Human Intuition and Expertise in the Era of the Computer. New York: Free Press, 1986: 27-36.

④ 德雷福斯写道:"尽管在一般情况下应该避免非理性的行为,但并不能由此推断出,应该把理性的行为看成是最终目标。大量的领域存在于理性和非理性之间,可以称为无理性的(arational)。理性的这个词,来源于拉丁语 ratio,意思是估计或计算,相当于是计算思维,因此,含有'把部分结合起来得到一个整体'的内涵;那么,无理性的行为是指无意识地分解和重组的行为。能胜任的行为表现是无理性的;精通是过渡期;专家在无理性的意义上采取行动。"Dreyfus H, Dreyfus S. Mind over Machine: The Power of Human Intuition and Expertise in the Era of the Computer. New York: Free Press, 1986: 36.

⑤ Dreyfus H. On the Internet. New York: Routledge, 2001: 40.

⑥ Dreyfus H, Dreyfus S. Mind over Machine: The Power of Human Intuition and Expertise in the Era of the Computer. New York: Free Press, 1986: 35.

⑦ Dreyfus H. The primacy of phenomenology over logical analysis. Philosophical Topics, 1999b, 27(2): 22, n. 13.

⑧ Dreyfus H, Dreyfus S. Mind over Machine: The Power of Human Intuition and Expertise in the Era of the Computer. New York: Free Press, 1986: 30-31.

第七章 德雷福斯论专长：现象学分析的局限性

体，他只体验到自己只是在驾驶，而不是驾驶一辆车。① 当专家体验到最佳表现的"流畅"（flow）时，他或她就不会担心未来，而是会制订各种计划。② 由于沉迷于这一时刻，专家能够体验到"精神愉悦"，运动员把这描述为"忘我"的玩儿。③

然而，德雷福斯模型的另外一个特征必须与初学者和专家之间的划界相关。某些 STS 的研究者认为，决定性地把专家与非专家区分开来是站不住脚的，因为他们之间的明显差别是社会错觉，相比之下，德雷福斯主张，能以三种不同的方式划出专家与初学者之间的界线。④ 第一种方式基于专家的"沉浸于体验和语境的敏感性"。专家不同于初学者，因为他或她不再主要关系到通过无语境特征（即不需要体验就能承认的特征）的解析实践。相反，他或她通过植根于经验中的灵活行为，把重要特征辨别为语境敏感的。⑤ 在专家的判断中，这种情境约定导致了一种变化："新手和高级初学者只练习，不判断……而精通者或专家基于他们先前的具体体验，以蔑视说明的方式，做判断。"⑥ 第二种划界方式集中于行动与决策之间的暂时联系。当用缓慢地遵守规则和慎重考虑刻画初学者的行动时，专家的行动是直接的和直觉的情境反应。最后一种划界方式是关于情感的转变。在经过整个发展阶段之后，专家的主观性和与世界的关系发生了质的转变，能够同初学者与世界的关系区分开来。在早期阶段，学习者是"挫败的"和"不知所措的"，而在最后阶段，专家了解做有风险的事情会带来的后果，因此，他们打消这些情绪，享受"易变"和"顺利"的表现。德雷福斯批评了约翰·塞尔（John Searle）的背景解释及其与意向性的关系，在他的批评中，他把专业网球选手描述为能全神贯注地沉浸于"流畅"的比赛中，以至于他或她不再觉得有获

---

① Dreyfus H, Dreyfus S. Mind over Machine: The Power of Human Intuition and Expertise in the Era of the Computer. New York: Free Press, 1986: 30.
② Dreyfus H, Dreyfus S. Mind over Machine: The Power of Human Intuition and Expertise in the Era of the Computer. New York: Free Press, 1986: 30.
③ Dreyfus H, Dreyfus S. Mind over Machine: The Power of Human Intuition and Expertise in the Era of the Computer. New York: Free Press, 1986: 40.
④ 因为米歇尔·卡龙（Michael Callon）指出这种观点："从事实地考察工作的研究者（researchers in the wild）对我们视为理所当然的甚至是关键的对比（如区分专家与外行）提出了挑战，从而参与颠覆了现代的制度框架。" Callon M. Researchers in the wild and rise of technical democracy. Paper presented at Knowledge in Plural Contexts, Science and Technology Studies. Université de Lausanne, Switzerland, 2001.
⑤ Dreyfus H, Dreyfus S. Mind over Machine: The Power of Human Intuition and Expertise in the Era of the Computer. New York: Free Press, 1986: 35.
⑥ Dreyfus H, Dreyfus S. Mind over Machine: The Power of Human Intuition and Expertise in the Era of the Computer. New York: Free Press, 1986: 36.

胜的压力，只是对球场上的整个紧张局势做出回应。①② 除此以外，从初学者到专家的情绪变化符合意义的变化。初学者的态度基本上是一种兴趣或好奇，而专家则完全是投身于他或她自己的存在。德雷福斯引用了象棋大师鲍比·菲舍尔（Bobby Fischer）的话——大意是"下棋就是生活"——对德雷福斯来说，下棋是作为范例的智力技能。③

尽管给出这些划界，德雷福斯的解释还涉及连续性问题。甚至最抽象的实践也保持与生活世界的基本关系，尽管有时是潜在的。这就是他避免用对比性的反义词"非专家"和"外行"的原因所在，反而用术语"初学者"向人们提供了可能性范围的一个端点。④

德雷福斯的模型具有基本的意义。按照不同类型的基本技能组建不同的领域；不过，他的解释是一个技能获得模型，这个模型能从形式上加以阐述，不用提到任何一个特殊的领域。当然，不同的领域以不同的方式定义专家，因为代表不同领域的内容，有不同的类型。例如，用是否获胜，来定义专业象棋选手，而用是否能达到目的地，来定义专业司机。尽管如此，专家基本上被定义为直觉的、投入的、超越规则的主体，"专家的技能在很大程度上已经成为他的一个组成部分，以至于他应当了解技能与了解自己的身体一样"，这个基本定义适用于这两种情况。在现象学的层面，专业象棋选手和小车司机在功能上相当于专家的身份。⑤

---

① Dreyfus H. The primacy of phenomenology over logical analysis. Philosophical Topics，1999b，27（2）：4-5.

② 就德雷福斯对所谓的"专家"计算机系统的批评而言，如此强调情感是重要的，他认为，"专家"计算机系统能够近似计算胜任的人类的行为表现。对于德雷福斯来说，技能获得不仅包括主体的认知获得，而且包括计算机不能体验到的一种情感的转变。在用来突出德雷福斯的现象学背景时，这一点是特别重要的。现象学家长期以来一直认为，成为一个主体就是意味着拥有与世界的意向关系，这样，主体的改变与主体世界的改变是相互关联的。通过专业学徒训练的发展过程的主体与刚开始进入这个过程的主体不一样，对于后者而言，世界同样是没有意义的；专家和非专家确实是不同的主体。他们是不同类型的人，他们的考虑和感觉都不一样，而且，对世界的回应也不同。专家不仅比初学者做的事多，而且，他们的整个情感态度发生了变化。专家对他们的实践活动的关注方式是从他们刚入门时变化而来的，从相对分离进步到积极介入。这就是德雷福斯把五个发展阶段描述为对什么是一项任务和用什么样的决策模式完成这项任务"在定性意义上的不同感性认识"的原因所在（Dreyfus H，Dreyfus S. Mind over Machine：The Power of Human Intuition and Expertise in the Era of the Computer. New York：Free Press，1986：19）。

③ Dreyfus H，Dreyfus S. Mind over Machine：The Power of Human Intuition and Expertise in the Era of the Computer. New York：Free Press，1986：33.

④ 尽管并不是每一种实践都能使每一位初学者有机会达到专业水平的驾驭。但许多实践是如此："不是所有的人在技术上都能达到专业水平。某些领域的技能的特点是，只有极少部分的初学者能够精通这个领域"（Dreyfus H，Dreyfus S. Mind over Machine：The Power of Human Intuition and Expertise in the Era of the Computer. New York：Free Press，1986：21）。

⑤ Dreyfus H，Dreyfus S. Mind over Machine：The Power of Human Intuition and Expertise in the Era of the Computer. New York：Free Press，1986：21-35.

第七章 德雷福斯论专长：现象学分析的局限性

最后，德雷福斯的解释提供了一种实践的专家的观点。以他的模型的普遍范围为基础，他试图描述所有专家都共享的与世界的共同认知关系和情感关系，之所以这么做，是为辩护专家的诺言提供基础。当其他理论家试图勾勒这种"专家的观点"时，他们大多数人都是从理论整体论的视角进行的，指出专家对一个领域的概要式的展望。例如，斯科特·布鲁尔（Scott Brewer）认为，非专家只能知道与一个领域相关的特殊的、真实的事实和方法，只有专家才能知道，一个领域的相关特征（比如，"事业"和"价值论"的特性）如何关系到为下列问题提供共享的意义：这个领域内的实践者把什么断言为真的，如何断言为真的，为什么断言为真的。[①] 布鲁尔注意到，他对理论知识的系统性的关注有点柏拉图式

---

① Brewer S. Scientific expert testimony and intellectual due process. The Yale Law Review, 1998, 107 (4)：1568-1593. 布鲁尔（Brewer）像其他许多哲学家和法学理论家一样，要求把"观点"作为表达视角想法与辩护如何相关的一种分析手段。Brewer S. Scientific expert testimony and intellectual due process. The Yale Law Review, 1998, 107 (4)：1568-1570. 他利用观点来阐述适用于所有科学专家的共同的理论视角，可以认为，对于所有的专长领域内的所有专家来说，这都是普遍的，不管实践者是哪个特殊的科学领域内的专家。他写道："人们用一种观点来辩护某种断言。为了服务于这种辩护功能，假定观点是达到某一理性事业的（显在的或潜在的）目标的可靠方法。"Brewer S. Scientific expert testimony and intellectual due process. The Yale Law Review, 1998, 107 (4)：1575. 布鲁尔的推理思路是，人们利用观点，为我们应该相信什么的理论主张或应该如何行动的实践主张做出合理的辩护。这类证实的独特之处是，它把对一种主张的辩护与一种不同的然而是"可靠的"方法相联系，选择这种方法来达到特殊的认知目标。所有"合理的"观点共有的"可靠"方法是根据两个特征来定义的，即"规划"的理念和"价值论"的设想。一种"规划"被定义为，为了服务于某些特殊的认知目标，选择和运用一种特殊的分析方法。他承认，即使在"相同的通用规划"中，实践者也会对"完全明确的规划目标"持有异议。Brewer S. Scientific expert testimony and intellectual due process. The Yale Law Review, 1998, 107 (4)：1571. 但这样一种歧义将会在涉及"价值论"分量的"整体"网络中发生。当布鲁尔讨论辩护的"价值论"维度时，他是在劳丹（Larry Laudan）用语的意义上这么做的。劳丹在分析推理情况时，他在"事实的""方法论"分析层次和"价值论"分析层次之间做出了区分。对于科学家来说，事实分析关注世界上存在着什么，包括理论的和不可观察的实体在内。在方法论层次上，特定领域内的实践者共享着既精确又模糊的规则。就科学家而言，相对于精确规则（比如，根据标准"y"来校准仪器"x"）来说，这可能包括模糊规则，比如，回避特设性说明。通常以规则形式加以说明的价值论层次指明了认知目标。布鲁尔像劳丹一样认为，事实、方法和价值论目标之间的关系不应该被理解为"简单的线性层次关系"，而是被理解为在目标、方法和信念的整体论的目标网络中是多方向的"错综复杂"的约束。Brewer S. Scientific expert testimony and intellectual due process. The Yale Law Review, 1998, 107 (4)：1575. 事实、方法和价值论的目标在"多方向的"意义上是相关的，因为它们三者之间彼此约束，具有同样的价值。事实、方法和价值论的目标在"整体论的"意义上是相关的，因为它们共同构成的观点把三种特征联系在一起。换言之，一种观点就是一个完备的和系统的视角，不可还原为孤立的观察。最后，由于观点的整体论本性，布鲁尔把观点的认知地位描述为"理解"，而不是"知识"。本尔耶特（Miles Burnyeat）断言，布鲁尔也重申："知识与理解之间的重要差别是，知识可能是零碎的，可能是一个接一个地掌握单独的真理，相反，理解总是包含有看到已知项之间的连接和关系。"Brewer S. Scientific expert testimony and intellectual due process. The Yale Law Review, 1998, 107 (4)：1591.

的。①相比之下，德雷福斯经常把他的技能模型看成是反柏拉图式的。他对实践理解的共同特征提出了一种描述，而不是从理论上对"专家的观点"提出一种整体论的解释。专家的实践理解不是来自信念或理论承诺，而是来自获得的体知型技能（embodied skill）。因此，德雷福斯写道："五阶段模型的教益是，智能行为不只是计算的合理性。"②

四、规范的意义

德雷福斯的解释描述了对专家的服务抱有哪些期望是正当的，提出哪些要求是合法的，哪些要求是不合法的。因此，德雷福斯的解释具有规范意义，他以弹道学主考人、雏鸡雌雄鉴别师、市民、法官、护士、医务人员、医师、科学顾问和教师等人为例，从经验上讨论了这些规范意义。③德雷福斯建议，我们可以通过某些手段来实现牵涉到专家的某些社会目标和政治目标。比如，出于个人、制度和法律的原因咨询专家，对专家决策本性的现象学理解，有必要成为辨别这些手段的基础。尽管从描述性的基础上推断规范责任，可能意味着，德雷福斯犯了自然主义的错误推断：从只陈述实际情况的前提，推断出应该做什么的责任。他主张，现象学与规范性之间的关系是一个"优先权"的论题。④

这些规范的意义之所以重要有几种理由。第一种理由是，专家很难与他人沟通，是出了名的。尽管有时把此归因于技术语言与日常语言之间的差异，有时归因于像傲气之类的心理因素，但德雷福斯的解释提出了更深刻的原因，我们后面会返回这个论题。他的解释的规范意义之所以重要的另一种理由是，当专家充当个人顾问、制度顾问和法律顾问时，他们的动机与偏向不断地受到挑

---

① Brewer S. Scientific expert testimony and intellectual due process. The Yale Law Review, 1998, 107 (4): 1591.

② Dreyfus H, Dreyfus S. Mind over Machine: The Power of Human Intuition and Expertise in the Era of the Computer. New York: Free Press, 1986: 36.

③ Dreyfus H, Dreyfus S. Mind over Machine: The Power of Human Intuition and Expertise in the Era of the Computer. New York: Free Press, 1986: 196-201; Dreyfus H, Spinosa C, Flores F. Disclosing Worlds: Entrepreneurship, Democratic Action, and the Cultivation of Solidarity. Cambridge: The MIT Press, 1997: 106.

④ 德雷福斯认为，"优先考虑"能动者实际上如何回应具体情况的现象学家弄清了规范的责任，在这种意义上，现象与规范性之间的关系涉及"优先考虑"问题。根据德雷福斯的观点，黑格尔的伦理学传统中的那些人也有这种"优先考虑"的问题，比如，威廉姆斯（Bernard Willams）、泰勒（Charles Taylor）、吉利根（Carol Gilligan）。相比之下，德雷福斯认为，康德的道德传统中的那些理论家，比如，哈贝马斯、罗尔斯（John Rawls）和柯尔伯格（Lawrence Kohlberg），"优先考虑"分离的原理：详述如何做正确的事情，超过了对允许做出某些决定的经验条件的理解。Dreyfus H, Dreyfus S. What is morality? A phenomenological account of the development f ethical expertise // Rasmussen D, ed. Universalism vs. Communitarianism: Contemporary Debates in Ethics. Cambridge: The MIT Press, 1990: 237.

第七章 德雷福斯论专长：现象学分析的局限性

战，这可能关系到：①他们的职业训练，这会影响到专家如何概念化和约束他们处理的问题；②他们的老板，这会在政治上影响到专家得出的结论；③经济利益，这会使专家变成职业杀手，他们的推荐被以适当的价格购买；④渴望得到认可和美名——我们下面将要返回的另一个论题。相比之下，德雷福斯建议，有些社会势力有时影响了专家所做的断言，在不考虑这些社会势力的前提下，也能够确定围绕专业行为表现的基本的规范限制——在我们的批评中，将要返回的又一个论题。

这些规范意义源于这样的断言：不管社会环境是多么的可怕或紧迫，在任何一个领域内，新手都不能超越规则来达到专家能够练出来的直觉。① 按照德雷福斯的观点，期望他们以命题陈述的形式描述他们的决策过程，是不合法的，因为他们的决策是在默默地运用直觉的基础上做出的。不仅象棋大师凭直觉采取行动，而且弹道学专家也是如此，他不可能以真实的方式用命题来表达，在一次特殊的枪击中他或她如何确定一发特殊的子弹是否能发射出来。② 然而，在假定专业的法定证人的角色时，将期望弹道学专家这么做，把结论与规则联系起来，只有在这么做时，他或她才有可能相信评审委员会。但德雷福斯认为，这种说服力是以"形式"优先于说明的"内容"为代价得出的。③ 的确，专家在基于规则说明他或她的决策过程时，甚至"丧失了"专长，因为那会牵涉放弃引导决策过程的直觉体验。④ 德雷福斯认为，专家决策的理性重建不能准确地代表原则上不可描述的过程。当非专家要求，专家领着他们一步一步地走向他们的决策过程，以便他们能遵守专家的一连串演绎和推理（也许希望为他们自己提供这些一连串的演绎和推理）时，按照德雷福斯的观点，他们不再允许专家起到专家的作用，而是相反，使专家对他或她的专长产生了派生的极其错误的表达。因此，德雷福斯认为，对于非专家来说，不应该给专家施加太多的压力，以使他们的"直觉"

---

① 例如，这对费耶阿本德来说是一个重要的修正，他没有看到这一点。他认为，当科学权威不需要过分复杂时，社会情况是，不能过分地尊重专家，比如，在战争年代，人们能够有效地简化医药程序。他断言，就此而言，在那些新兵身上就能找到证据，历史已经证明，这些新兵只接受了半年的训练，就能被委任为医生（Feyerabend. Science in a Free Society. London：Verso, 1987：307）。费耶阿本德错过的观点是，新兵可能很快就被指定为胜任不同方面的医药工作，如验伤，但这种训练不会产生出专业医生，或者，削弱了规范训练方式的基础，规范训练方式使专业医生比急训医生能做更多的事情。

② Dreyfus H, Dreyfus S. Mind over Machine：The Power of Human Intuition and Expertise in the Era of the Computer. New York：Free Press, 1986：199.

③ Dreyfus H, Dreyfus S. Mind over Machine：The Power of Human Intuition and Expertise in the Era of the Computer. New York：Free Press, 1986：199.

④ Dreyfus H, Dreyfus S. Mind over Machine：The Power of Human Intuition and Expertise in the Era of the Computer. New York：Free Press, 1986：196.

的决策过程"合理化"。①

这样，德雷福斯的规范立场相当于是道格拉斯·沃尔顿（Douglas Walton）所说的"不可及论点（inaccessibility thesis）的强形式"（下面简称 IT）："专家的结论不可能被追溯到为专家判断提供基础的一组前提和推理规则（已知的事实与规则）。"② 根据 IT，当专家根据他们的专长给出一种裁定时，专家不可能以命题的形式表达，"通过逻辑推理的演绎（乃至归纳）步骤，将会显示结论（即专家所得出的结论）的意义的一组定律和初始条件（原理和事实）"，在这种意义上，对非专家来说，他们的判断是不可及的。③ 由于专家依赖于难以表达的直觉维度，IT 建议，"一个领域内的顶尖专家，即出色地掌握了所属领域的技能之人，最不能传播他的知识"。④ 专家不仅不能向非专家传播他们的知识是如何获得的；对于他们自己和其他专家说来说，他们的知识同样也是难以理解的。

因此，德雷福斯的主要的规范关注牵涉非专家能危害到专家的方面，而不是专家如何能危害到非专家。"专家是一个濒危物种（endangered species）。"⑤ 他把这刻画为美国面临的一个问题，特别是："要求其专家能够说明，他们做的工作如何很不利于像我们的文化那样的理性文化，这种文化与像日本文化那样的直觉文化展开竞争。"⑥ 此外，德雷福斯认为，历史变化加速了专家的当下危机。他主张，近来计算机技术的进步和官僚主义的社会组织的发展，使这种文化的问题更加恶化："如果不是发明了现代数字计算机，使社会合理化的欲望依然只是一个梦想。未来，由于对合理性的过分信赖，将会丧失技能和专长，社会的官僚主义本性的日益增加，正在强化着这种危险。"⑦ 为了解决专长消失的问题，德

---

① 通常的愿望是，专家捍卫他们的提议，反对其他的专家，或者，反对某一方面的盘问，结果，这些情感会质疑他们的预设。如果接受这一点意味着，专家必须阐述他的价值、规则和事实性假设，那么，考察就成为在抛弃专长和浪费时间的理性化中的一种无价值的练习。Dreyfus H, Dreyfus S. Mind over Machine: The Power of Human Intuition and Expertise in the Era of the Computer. New York: Free Press, 1986: 196.

② Walton D. Appeal to Expert Opinion: Arguments from Authority. University Park: Pennsylvania State University Press, 1997: 110.

③ Walton D. Appeal to Expert Opinion: Arguments from Authority. University Park: Pennsylvania State University Press, 1997: 109.

④ Walton D. Appeal to Expert Opinion: Arguments from Authority. University Park: Pennsylvania State University Press, 1997: 113.

⑤ Dreyfus H, Dreyfus S. Mind over Machine: The Power of Human Intuition and Expertise in the Era of the Computer. New York: Free Press, 1986: 206.

⑥ Dreyfus H, Dreyfus S. Mind over Machine: The Power of Human Intuition and Expertise in the Era of the Computer. New York: Free Press, 1986: 196.

⑦ Dreyfus H, Dreyfus S. Mind over Machine: The Power of Human Intuition and Expertise in the Era of the Computer. New York: Free Press, 1986: 195.

第七章 德雷福斯论专长：现象学分析的局限性

雷福斯试图再次教导人们关注"知道如何去做"和"知道是什么"之间的差别。德雷福斯所说的未来并不遥远。他建议，"在一代人当中"，我们就可能失去"我们的职业专家"。① 目标是动员人们去鉴赏直觉和理性考虑的极限的价值。②

德雷福斯既从无社会的视角分析专长，也从社会的视角分析专长。在无社会的层面，他在现象学意义上研究了全人类是如何获得技能的，不管他们是谁，不管他们是哪个领域内的学徒工，也不管他们何时和在哪里学习他们的技能。在社会的层面，他提出了一种规范的立场来决定，当请专家担任顾问时，应该如何对待专家。社会的论证与无社会的论证的这种特殊结合的安排，是基于德雷福斯的这个基本假设：专家应该做什么的社会预期应该与限定他们事实上能做什么所体现出的限制（embodied limitations）相一致。这个假设是支持他的下列观点的辩护机制：拥有专业水平的技能，是成为一名专家的充分必要条件；而且，把这种能力合理化为专长的标志是错误的。

五、德雷福斯的描述性解释的问题

无论如何，德雷福斯的解释允许使不属于专家的几种人作为专家，并且，遗漏了属于专家的几种人。比如，德雷福斯断言，在走路和说话时，成年人是"专家"——正如我们所看到的那样，这对他的解释来说是基本的，因为他的解释把成年人放在与传统的专家行为一样的生活世界中——这与日常用法相矛盾。我们不是把只会走动或言语的人称为"专业"步行者或说话者，而是为经历了特殊训练的那些人保留这个形容词，提出职业忠告等。我们不是把有驾照的司机都称为"专家"，甚至也不把爱好者或有竞争力的业余爱好者称为"专家"，即使他们对自己开的车很有直觉。更确切地说，我们为属于职业驾校、参加某类竞赛等的司机保留这个词。

同时，德雷福斯的解释也从属于专家的人中排除了几种人。比如，我们之一已经把"专家级的X"和"在X方面的专家"区分开来，"专家级的X"是把"专家"作为形容词来使用的，源于拉丁语"expertus"（内行的）；"在X方面的专家"实质上是把"专家"当作名词*。用德雷福斯的术语来说，"专家级的X"

---

① Dreyfus H, Dreyfus S. Mind over Machine: The Power of Human Intuition and Expertise in the Era of the Computer. New York: Free Press, 1986: 206.

② 德雷福斯写道："社会……必须鼓励其孩子培育他们的直觉能力，以便他们可以获得专长，不是鼓励他们成为人类逻辑机器。而且，专长一旦获得，就必须得到承认，并认识其价值。把专家的常识、智慧、成熟的判断与今天的人工智能相混淆，或者，降低它们的价值，真的很愚蠢。"Dreyfus H, Dreyfus S. Mind over Machine: The Power of Human Intuition and Expertise in the Era of the Computer. New York: Free Press, 1986: 201.

对应于"知道如何去做",而"在X方面的专家"对应于"知道是什么"。一位专家级的X可能会是"专家级的农民",而一位"在X方面的专家"则可能会是"在种田方面"的专家。"在种田方面"的专家能有效地传递、协调和综合关于种田的准确的建议性信息——能够成为农业部长——即使非常害怕犁耕和开拖拉机。把运动员的过去行为与当前的情况关联起来的一名"运动方面的专家",可能是跛子,并丧失了运动能力;一位"音乐方面的专家"可能是一位极差的音乐家。尽管如此,德雷福斯否认,"在X方面的专家"定义的命题性知识是专业知识(expert knowledge)。

  倾听……至少把一半时间花在博学的谈话节目中的评论员,与倾听表达力强的象棋观众一样,这位观众对每步棋都有看法,并诉诸大量的原则,但他没有致力于承担象棋锦标赛的压力与风险,因而没有专家的资格。①

  德雷福斯把"在X方面的专家"("评论员"或"乱出点子的人")的知识与"削弱了源于实践合理性的承诺基础"的"公共领域"的定论的"闲聊"联系起来。②"在X方面的专家"的推理"不是基于地方实践",而是基于"抽象的解答"和不能体现"智慧的""千篇一律的原则"。③ 此外,德雷福斯认为,一位"在X方面的专家"缺乏真正的"专家级的X"拥有的肢体投入;只有一位"专家级的X",才能从情感上关心一种情况的后果,并体验"冒险的"表现。但这种描述并不准确。可以推测,一位"艺术史方面的专家"不是滔滔不绝地说出抽象概念和概括性的话,而是有助于指导他人,有时甚至本身就是艺术家,能鉴赏作品的意义和艺术过程本身的意义。乔治·斯坦纳(George Steiner)曾经提出了相当于是一种有效的反驳,降低了德雷福斯在这里的地位:他试图设想一个没有批评家和评论员的社会,在这个社会里,"禁止所有关于艺术、音乐和文学的讨论……被认为是一种不正当的空谈"④。当斯坦纳发现他自己渴望这样一个"反柏拉图式的共和国"时,像柏拉图一样,他也承认,他的思想实验是不可能的。最终,斯坦纳意识到,这种结果不仅会扼杀艺术和人的富有创造的想象力,而且会扼杀生活世界本身。可以推测,德雷福斯可能同意,他的头三个阶段需要达到言语表达的程度,因此,专长不可能是在这样一个世界里获得的——但斯坦纳的思想实验的精神是,即使艺术家、音乐家和作家,也只能在对他们付诸的实

---

  ① Dreyfus H, Spinosa C, Flores F. Disclosing Worlds: Entrepreneurship, Democratic Action, and the Cultivation of Solidarity. Cambridge: The MIT Press, 1997: 87.

  ② Dreyfus H, Spinosa C, Flores F. Disclosing Worlds: Entrepreneurship, Democratic Action, and the Cultivation of Solidarity. Cambridge: The MIT Press, 1997: 86.

  ③ Dreyfus H, Spinosa C, Flores F. Disclosing Worlds: Entrepreneurship, Democratic Action, and the Cultivation of Solidarity. Cambridge: The MIT Press, 1997: 87.

  ④ Steiner E. The Paradox of Expertise. Ph. D. Dissertation. Stony Brook University: 4-5.

第七章 德雷福斯论专长：现象学分析的局限性

践做出高层次讨论的海洋里兴旺发达。

德雷福斯对技能获得的解释，所忽视的另一个专长范畴，是"教练"。德雷福斯的解释把指导教师设想为是以标准化的方式对许多人同时宣布规则和命令——在经过学习的头三个阶段之后，指导教师不见了。即使德雷福斯稍微作了修改的七阶段模型，包括模仿"师傅"在内，但师傅不是教练，只是以某种无法详述的方式，列举一个形成"风格"的例子，帮助学习者发展他或她自己。① 但即使是从语言上仲裁，也是错误地把训练刻画为以标准方式分配规则；更确切地说，这关系到模仿和示范，并关注体知的学习者的特殊表现。既然这些表现因身体而异，所以，不能把训练中的体知的知识降低为经验规则。在头三个阶段之后，它也不会消失；总之，它变得越来越重要。许多职业运动员、音乐家、演员和各种类型的表演者——包括德雷福斯的典范性专家菲舍尔在内——都会发现，没有教练帮助评价和强化他们的演技，就去表演，是不可想象的。因为教练不止是纠正不好的表演；教练也促使好的表演变得更好。

诚然，专家级的表演者与教练或"在X方面的专家"发挥着不同的作用。然而，他们是密切相关的，足以意味着，德雷福斯依赖的二分法是错误的：即在"做"的那些人与评论员（那些乱出点子的人）或最好作为预备教育指导"做"的那些人之间的二分法。（有人故作对地想知道，在这里，对明白地讲授抱有偏见，是否并不是学者的职业病）。一位有生活阅历的体知的表演者，对自己的表演过程，缺乏客观的评价。虽然德雷福斯显然不会同意，但那位表演者的演出因而总是在原则上更好地对外行公开，外行的仲裁就有助于表演者演得更好。当然，这不是说，由于一种客观的态度，成就了外行的见识；更确切地说，这是因为，对外行有不同的定位。此外，训练不仅要理解表演者在做什么，什么是好的表演，而且为了促进学生的表演，还理解如何调整到最好。因此，训练是第一人称过程，需要不同类型的语境敏感性；它有自己的技巧、自己的意向弧及自己对最佳掌握的追求（在这种语境中，这意味着，有能力使条件最优化，允许学生超越他或她当前的表演能力，教练也是如此）。简而言之，训练不仅是使人能成为专家的一个实践过程，而且是专长本身的一种形式——即用德雷福斯自己的术语来说。即使专长不等同于专家级的表演者的专长，但两者密切相关，共享着共同的目标：达到好的表演效果。

德雷福斯的解释求助于"知道如何去做"和"知道是什么"之间的不同，这种错误的二分法不仅暴露了这种求助带来的一个问题，而且也暴露了他的解释中的更深层次的缺陷。德雷福斯假定，获得技能的身体与人生经历、基因、种族或

---

① Dreyfus H. On the Internet. New York: Routledge, 2001: 43-46.

年龄无关。① 他确实承认，"文化风格"影响了如何学习技能，例如，注意到，在美国人和日本人之间，他们"对待"婴儿的方法是不同的。② 然而，超越未经证实的普遍性，不可能提出"文化风格"这个概念，而且，"文化风格"概念也假定了，共享一种文化的个体，会有文化经历的差异，是无意义的。从德雷福斯的视角来看，人们只要沉浸在实践中，就能开发出专家的情感态度和直觉能力；假定了技能的身体至少原则上能成为直觉的中心所在，处于学徒期的人，不受外在于实践力量的影响。

席茨-约翰斯通（Sheets-Johnstone）对这种"成年人行为歧视"（adulist）的态度提出了尖锐的批评。她认为，把成年人的身体看成是现象学的起点是一种方法论的错误，因为它忽视了"我们的知识、我们的能力、我们的存在的发源地"。③ 成年人身体的行为不是简单地发生，而是幼年时"学徒训练"的结果，学徒训练使得成年人的身体充满了意义和体验，对他们所有的未来行为（甚至包括他们继续学习和应用的技能在内）来说，这些体验都是基本的。"不管成年人学习的技能有多么特殊，弹钢琴、开车、下棋、做裤子——这都是由沉淀技能的体验和我们的历史自然形成的概念构成的"。④

诚然，席茨-约翰斯通所意指的学徒训练不同于德雷福斯的意思。对于她来说，学徒训练涉及全然不知的持久体验和起因于它的规则——即使是经验规则——而不是先于它的规则。另一方面，对于德雷福斯来说，学徒训练是一个明确的经过慎重考虑的过程，而且，遵守形成的规则。尽管如此，她指出了德雷福斯解释中所忽视的某种东西：学习的身体总是已经被嵌入（embedded），不是使身体脱离技能获得的过程。比如，为了学习像跳舞之类的技能，我必须已经能够活动我的身体。跳舞的每个身体已经嵌入活动的方式，学习跳舞不是学习简单活动的问题——正如学习一种语言在很大程度上不同于学习说话一样。成年人的身体绝不是以一般的方式去活动，而总是以这种方式或那种以反映如何教育人和培养人的方式去活动。

因此，不能说学习跳舞举例说明了技能获得的德雷福斯式的进展，其中，学习

---

① Young I. Throwing like a girl // Welton D, ed. Body and Flesh: A Philosophical Reader. Oxford and Maiden, MA: Blackwell Publishers, 1998；Sheets-Johnston M. Kinetic tactile-kinesthetic bodies: Ontogenetical foundations of apprenticeship learning. Human Studies. 2000, 23.

② Dreyfus H. Could anything be more intelligible than everyday intelligibility? Reinterpreting division Ⅰ of being and time in the light of division Ⅱ // Faulconer J, Wrathall M, eds. Appropriating Heidegger, Cambridge: Cambridge University Press, 2000: 46-47.

③ Sheets-Johnston M. The Primacy of Movement. Philadelphia: John Benjamins, 1999: 232.

④ Sheets-Johnston M. Kinetic tactile-kinesthetic bodies: Ontogenetical foundations of apprenticeship learning. Human Studies, 2000, 23: 359.

第七章 德雷福斯论专长：现象学分析的局限性

者从遵守规则开始，在高级的初学者阶段，了解到了破例的规则，在更高级的阶段，学会自发地和流利地制定直到"称之为"情境的规则等。学习跳舞作为一项技能几乎总是需要接受某人的训练，这位教练对个人身体的演技之间的差别和通过模仿与示范调整这些演技的方式，很敏感。学习者没有丢弃这种嵌入性，从人们已有的活动方式和形成新的活动方式出发，而不是进一步发展和改变这种嵌入性。① 因此，即使实践的情感态度和直觉能力，也与技能实践最没有直接关系的更广泛的社会影响分不开。这些主张有时是被从菲舍尔的人生经历中提出的，比如，他独特的咄咄逼人的下棋风格并不只是通过玩儿许多美国式的象棋游戏养成的，而在某种程度上是通过童年时代的亲身体验形成的，这一点是有道理的，更有说服力；如果真是这样，他的"专家级的回应"，即对特殊行动的选择，不完全是通过语境敏感性和体验来锻造的，而且，下棋比德雷福斯的推测更有生命力。

奇怪的是，已知德雷福斯的哲学评论，他的解释缺乏解释学的敏感性。他假设，有技能的行为明确地超越了语境敏感性和体验，个人或文化的经历并不起作用，他这个假设中的缺陷能被追溯到无法说明这样的事实：体知的主体，即使行为表现很老练，也面临着从历史上和文化上传承这种情况，甚至主体不可能马上在认知意义上掌握一切。结果，专家级的个体表演者，没有完全获得他或她自己的专业行为。因此，与德雷福斯相反，对于一位专家级的表演者来说，从另一个语境敏感的人获得自己的演技，原则上将总是可能的——再一次，虽然这不是因为他人设法获得了一种客观的立场，而是因为他人的处境不同。

六、德雷福斯的规范性解释的问题

缺乏解释学的敏感性也影响了德雷福斯的规范解释，因为他的解释假设了专家训练的自主性，这个假设建议，告诫新手要"信任专家"。当一位初学者进入在文化或情境意义上嵌入了偏见、意识形态或隐藏动机的一种训练程序时，在他达到专家阶段的时候，这些都会被丢弃；正如我们看到的那样，对于德雷福斯来说，一位专家的知识明确地超越了语境敏感性和体验。但如果人们不能拒绝解释学的循环，那么，他们最多只是转变自己的嵌入性，而不是摆脱它。专长的获得不是对嵌入性和语境的一种超越，而是深化和扩展人们与嵌入性和语境的关系。② 这也意味着，专家将不能使他们自己先验地摆脱这样的怀疑：偏见、意识

---

① Crease R P. Compromising peer review. Physics World, 2002, January.
② Crease R P. Hermeneutics and the natural sciences: Introduction // Crease R, ed. Hermeneutics and Natural Sciences. Dordrecht: Kluwer, 1997.

形态或隐藏的动机潜伏在刻画专长的前反思性关系中。① 这种怀疑不仅是可以料到的；它的缺乏将造成社会危险。这导致了认可问题（recognition problem），在涉及需要专家建议的许多与技术相关的实际争论中，认可问题扮演着这样一种重要的角色。但在德雷福斯的解释中，这个认可问题无从谈起。他没有给出理由来理解，专家如何合法地受到挑战（或接受教育，就此而言，像在敏感性训练、非专家评审组等事例中）。根据德雷福斯的解释，人们根本想象不到社会有可能受到专家的危害，只能想到社会的预期和行动如何能危害专家。我们将会认为，实际争论的故事不仅表明，事情并不像德雷福斯所说的那样发展，而且，如果真是这样，也不太有益。我们断言，这些故事，对于德雷福斯的规范主张来说，相当于是反例，并指出了他的论证中的严重缺陷。

让我们回忆一下，德雷福斯从一开始就假定，拥有专业技能的人同样也应该在社会上被公认为是专家的人。对于他来说，在特定的社会情境中，谁"算作"是专家，是不成问题的；他假定，不存在认可问题。从他举的例子来看，这是显而易见的。另一方面，他提到的人，是得到社会公认的专家，比如，飞行员、外科医生、象棋大师，目标是举例说明体知的专业行为表现是如何起作用的②。他举的这些事例从叙述上看是有负载的，因为它们用社会上承认的专家作为对专长的无社会的现象学描述的证据。另一方面，他把世俗的日常活动的例子，比如，开车、走路、说话和交谈，描绘为专家如何表现的范例，即使在社会意义上，也

---

① 有一次，德雷福斯建议，如果专家提供某类叙述，就能合法地得到信任。当他提出这个建议时，德雷福斯似乎缓解他的IT论题。他建议，只要专家不需要对他们制定决策时遵守的规则做出演绎说明，他们就可能是有效的交流者："在直觉文化中对职称专家的盘问可能会出现相互冲突的解释形式，其中，要求每一位专家产生和捍卫一种一致性的叙述，这种叙述致使自然地接受他的观点"（Dreyfus H, Dreyfus S. Mind over Machine: The Power of Human Intuition and Expertise in the Era of the Computer. New York: Free Press, 1986: 196.）。这一段是有趣的，因为它意味着，专家不仅能产生而且能"捍卫"所谓"一致性叙述"的东西，可以在直觉文化中评价这种叙述，没有危及专长。这一段是成问题的，因为德雷福斯没有说明，什么是"一致性的叙述"，为什么它是如此的有效，以至于"致使自然地（另一个未定义的短语）接受一种观点"。这种含义是，在某种程度上，专家能够回避IT问题，这与我所说的"实践的观点"相关，由于在他们的"一致性的叙述"中，提出了另一种观点。"一致性的"这个词可能被认为意味着整体论，德雷福斯想到的观点，就像布鲁尔的"理论整体论的"专家观点一样。但如果德雷福斯正在唤醒理论整体论，那么，他并没有说明，他如何能指望专家有能力提供这样一种作为专家的叙述，根据IT观点，专家在产生命题内容（原文"prepositional content"有误，这里应该是"propositional content"——译者注）时"放弃了"他们的专长。这种引导性预设是，这个"一致性的叙述"无论是什么，专家无疑只是在像日本文化之类的"直觉文化"中生产。这种预设不仅以不受支持的文化本质主义为依据，而且这对RT（recognition problem）产生了质疑。在演绎程序步骤的基础上，非专家可能无法认可专家，但德雷福斯表明，认可可能在对"一致性的叙述"内容的自然回应之基础上产生。没有说明存在着什么，至于为什么非专家应该信任专家的直觉，德雷福斯回避了问题的实质。

② Dreyfus, H. and Dreyfus, S. Mind over Machine: The Power of Human Intuition and Expertise in the Era of the Computer. New York: Free Press, 1986: 30-35.

第七章 德雷福斯论专长：现象学分析的局限性

不能规范地把这些活动辨认为是由专家完成的①。社会上公认的是，在专家层次上，只出现高超的技能表现，不会出现世俗的技能表现，但在这两种技能表现中，有相同类型的专家资格，通过这种论证，德雷福斯促进了他实现去掉表面上有迷人力量的专家评价的神秘性的目标，确立了专家和每天的生活世界活动之间的连续性。对于他而言，在这两类事例中，专长是技能与环境之间的一种前反思关系："专家的技能已经成为他的很大一部分，以至于他需要对技能的觉察与对自己身体的觉察一样。"②

从德雷福斯的视角来看，当社会的能动者无法承认由现象学的研究者明确地提供的专长的基本品质时，就会产生社会问题。这些社会问题的来源与专长的来源不同；它们是由政治、社会和文化参与的干预导致的。但这种解释学循环将会把这一点抛在脑后；这些参与首先致使承认和信任专家。即使人们听从传统的"专家"，那种听从也是人们的特殊背景和生活世界参与的结果。因为专长是一种双向关系：对专长本身的认定涉及社会需求；这种认定不只是中立的识别标志，而且是他人应该听从专家判断的一个声明。因此，专长现象最终与其社会效用有着千丝万缕的联系；专家不仅"在"一个领域内，而且"代表了"群众。

一个显而易见的例子是专家的"选择"问题。在许多事例中，支持同一领域内的不同结论的专家可能与另一些被认为是"反对的专家"相抗衡。"反对的专家"的共同策略在于要求主张，专家提供的判断没有信任度，归因于存在着偏见、意识形态或隐藏的动机。"反对的专家"在司法界是特别普遍的，在那里，专家鉴定人发挥的作用符合为原告和被告提供证言的抗辩系统的逻辑。③

---

① Dreyfus H, Dreyfus S. Mind over Machine: The Power of Human Intuition and Expertise in the Era of the Computer, New York: Free Press, 1986: 30.

② Dreyfus H, Dreyfus S. Mind over Machine: The Power of Human Intuition and Expertise in the Era of the Computer, New York: Free Press, 1986: 30.

③ 正如希拉·加萨诺夫（Shelia Jasanoff）指出的那样，选择真专家的问题在法庭上是如此之困难，以至于最初1923年在美国的弗赖伊案件中不得不提炼"普遍接受"的使用标准，因为它"关于在多大程度上或在多少人中间达成共识是足够的，并没有提供指导"。Jasanoff, S. Science at the Bar: Law, Science, and Technology in American. Cambridge: Harvard University Press, 1995: 62. 普遍接受是RT的一个潜在预设，没有起到合法的作用，因为它不能：①澄清在多大程度需要建立普遍接受的共识；②为应该分析边界工作的变化为何会产生矛盾结果确立指导原则；③决定如何权衡相对于现有科学的边界所产生的结果。Jasanoff, S. Science at the Bar: Law, Science, and Technology in America. Cambridge: Harvard University Press, 1995: 62. 既然在司法系统中，把普遍接受作为判断专家共识的标准，证明是模糊的和无效的，因此，德雷福斯把它延伸到使IT与RT潜在地关联起来，是成问题的。通过表明，一个问题是如此之复杂，以至于专家无法对如何解决问题达成共识，就产生了感觉主义，在这种情况下，新闻界也惯例地使用普遍接受的标准。但对于德雷福斯来说，这并不是问题。德雷福斯总的来说高估了专家的可信赖性，因为他把专家解释为普遍范畴，在这方面，无法承认专家的共识是特定领域的。既然专家共识的层次是特定领域的，由此推出，在德雷福斯的一般术语中，专家直觉的可信赖性是不能被阐述的东西。

特纳认为，某人为了成为一名专家，他或她不仅需要有技能，而且需要有群众，群众在社会意义上承认他或她的技能类型为有技能的专长，他的专长解释通过指出这一点，提出了认可问题。①② 特纳主张，尽管默顿所说的"认知权威"既不是一个"能被分配的对象"，也不是能被"简单转让的某种东西"，然而，它基于不同群众的评价"通向反抗和屈服"。③④ 相比之下，德雷福斯只在技能获得与运用的基础上定义专家，在方法论上，他把群众排除在专家与专长的描述之外，把专家定义为对情境具有正确情感态度和直觉回应的人。

这种方法论的策略比德雷福斯的现象学有许多优势。它说明了为什么：①专长不是一个稳定的特性，但能被获得和失去；②专长的讨论为什么往往不仅集中于认识论问题，而且集中于政治问题；以及③专长的感知为什么能被建立在历史转型的基础上。在把专长与这些联系起来时，特纳放弃了揭示普遍结构和超验的特殊性的哲学目标（即只能讨论与局部特征相关的专长）。例如，他提供了说明大致把专家区分为五种类型的下列"分类"：

> 一类专家是，他们是群体成员，他们的专长是被普遍认可的，如物理学家；一类专家是，他们自己的专长得到了个人的检验和接受，如心理自救书的作者；一类群体成员是，他们的专长只被特殊的团体所接受，例如，神学家，他们的权威只被他们的教派所接受；一类专家是，他们的受众是公众，不过，他们得到的支持，来源于有兴趣把他们的意见接受为权威的政党的资助；还有一类专家是，他们的受众是掌握着判别权的官员，如公众管理的专家，他们的观点被公众管理者接受为权威性的观点。⑤

这样，特纳的解释就使专长现象关系到变化的历史感知和社会感知。德雷福斯很可能反驳道，没有理由应该把他的现象学模型理解为与特纳的模型不一致——特纳只是扩展了德雷福斯的模型，因为德雷福斯描述了什么是专业技能，特纳描述了不同的群众如何最终辨认出这些技能是专家水平的技能。但批评的方法论的不同之处是，特纳没有把技能的拥有看成是专长的充分必要条件，遗漏了

---

① Turner S. What is the problem with experts? Social Studies of Science，2001，31：138.
② 这并不意味着，比较群众规模的大小认可每个专长领域。例如，物理学中的专家具有的专业技能比神学家拥有的专业技能得到了更广泛的认可，神学家只被某一特殊教派所认可，特纳称之为"有限制的群众"。Turner S. What is the problem with experts? Social Studies of Science，2001，31：131.
③ Turner S. What is the problem with experts? Social Studies of Science，2001，31：128.
④ 例如，在讨论按摩师与认可之间的关系时，特纳注意到，有些人觉得，他们从按摩疗法中获益，而另外一些人并不觉得履行了按摩疗法的承诺。因此，只有前者，才会把按摩师看成是专家："这样，按摩师已经……创建了群众、一群追随者，对于这些人来说，他们是专家，因为他们通过自己的行动向这群人证明了他们自己。" Turner S. What is the problem with experts? Social Studies of Science，2001，31：131.
⑤ Turner S. What is the problem with experts? Social Studies of Science，2001，31：140.

第七章 德雷福斯论专长：现象学分析的局限性

提到的群众，而德雷福斯正相反。①

下列悖论突出了德雷福斯为什么没有提出认可问题的原因。一方面，他认为，只有专家，才能把另一个人认可为真正的专家，因为非专家在评价某个人是否有技能时，不知道寻找什么。② 只有专家，才能懂得这个人。这被称为差异性主张（difference claim，DC）：专家"与我们不一样"。DC是相当无害的，乃至特纳坚持一种看法："专长的特性是，只有论证了专家的断言是真理，才能说服其他专家；我们大家必须把专家的断言接受为真的根据，与其他专家把专家的断言接受为真的根据，是不同的。"③ 另一方面，德雷福斯也提出了相似性主张（similarity claim，SC），据此，"他们"——专家——"与我们很像"。他们的行为方式与我们大家在每天活动中的行为方式相类似。在每天处理日常事务的最基本的层次上，每一个人都值得被刻画为一名专家："公民都有讲话的专长，不管他们是善于根据外交文化与政府做交易的大学教授，还是议论需要立法来解决具体问题的农民或小店老板。"④ 这样，我们能在影射意义上认同专家，理解在他们的判断中所运用的那种知识。问题不仅仅是，德雷福斯需要促进这两者，到最后，他需要SC胜过DC。否则，非专家将没有任何根据承认、接受和信任专家拥有的那种知识。

这一点能够参照易卜生戏剧《人民的敌人》中描绘的情境得到最直接的揭示。核心角色托马斯·斯托克曼（Thomas Stockmann）是一位温泉疗养医生，他家乡的人以温泉为生。他认为，一种无形的毒物正在污染泉水，他把水样送给大学里的一位专家化验后，得到了确认。他企图通知乡镇人员，提醒他们注意危

---

① 然而，人们可能担心，特纳通过坚持认可专长的本质主义维度，削弱了专长的客观性的基础。历史上充满了在一个瞬间被公认为专家在另一个瞬间被声讨为江湖骗子的人的例子。特纳承认："所谓的'专家'是约定的、易变的和多变的，通过可变的、多变的约定，说服人们相信专家的断言。"Turner S. What is the problem with experts? Social Studies of Science，2001，31：145. 尽管如此，他声称，纠正错误判断的特权是民主生活的一个关键部分，而且，坚持一个高标准是"不切实际的"。Turner S. What is the problem with experts? Social Studies of Science，2001，31：146.

② 再一次，考虑德雷福斯的例子是有益的。在德雷福斯描述的一个实验中，能够找到DC的一个例子，在这个实验中，学生、有经验的护士和CPR（cardiopulmonary resuscitation，指心肺复苏术——译者注）教师观看为病人提供的六个模范人员（五个学生和一个有经验的护士）的录像带，这样，向目标群提出的问题是，他或她将选择哪一位模范人员来拯救他自己的生命。德雷福斯写道："结果是有启发意义的。在护士人群中，十个人中有九个人选择有经验的护士。十个学生中有五个人选择学生。教师试图寻找一位护士，方法是，看一下知道规则的哪一位护士严格遵循规则，结果，他们没有能找到这位专家，因为一位有经验的护士已经超越了遵循规则的阶段！"Dreyfus H，Dreyfus S. Mind over Machine：The Power of Human Intuition and Expertise in the Era of the Computer. New York：Free Press，1986：201.

③ Dreyfus H. On the Internet. New York：Routledge，2001：129.

④ Dreyfus H，Spinosa C，Flores F. Disclosing Worlds：Entrepreneurship，Democratic Action，and the Cultivation of Solidarity. Cambridge：The MIT Press，1997：107.

险，认为他们会因此而感激他。但一位朋友警告他说，并不能这么肯定他们会做出怎样的回应。"你是一位医生，一位科学家，对你来说，这种水的生意是可以单独考虑的事。我认为，你也许还没有意识到，这与其他事情联系在一起。"斯托克曼引证了专家的化验结果，坚持认为，"机灵聪明"之人将会"被迫"接受这个消息。镇长却指出，对于市民来说，事情从经济角度考虑比从科学角度考虑更重要；的确，市民们把斯托克曼谴责为一位"人民的敌人"。这种基本冲突因此而涉及科学家和市民，科学家把专家的技术忠告接受为权威的，而市民没有发现专家忠告的权威性，却发现它威胁到了他们的世界，并寻找其他人的指导。

易卜生虚拟的情境像是这样一个范例，剥去非基本的细节，来澄清一种情境的基本势力。这种情境涉及对有关科学技术方面的一种反复无常的争论，在这方面，人们已经对传统的"专家"失去信心。站在群众的立场上，我们看到，这两个故事能从两种不同的视角来谈论这样一种情境。从专家的视角来看，即从斯托克曼和大学化学家的视角来看，关于下列问题的论争根本就是不确定的或没有根据的：谁是专家、人们需要什么类型的训练，以及什么类型的信息（水质的技术问题）与那种特殊社会情境的利益的最大化相关。专家像市民一样希望使乡镇利益最大化；他们根据他们的特殊知识这么做。市民不认可专家，也不听从专家的忠告，是由于受到了外围的乃至有害的和腐蚀的经济与政治动机的影响，以及市民与政治家、媒体和其他非专家权威的参与的影响。另一方面，从市民的视角来看，情事更混乱。市民的背景和生活世界的卷入意味着，经济和政治动机的作用似乎比斯托克曼和化学家动机的作用大的多，而且建议，他们为了寻找促进他们的福利，应该听从不同的人的忠告。从这个视角来看，所谓的"专家"——斯托克曼和化学家——确实与其他市民不一样，因为市民有不同的动机（而且，这位化学家真的是一个外行）。

我们从第三人称视角，即代表群众的视角，看到了这两种定位视角之间的差别。这种第三人称视角也不是中立的，其效果是突出了相似性主张；我们承认，斯托克曼和市民有共同的人性，他的知识与他们的福利相关。正当人们完全重视这种冲突的严重性及其解决方案的不可能性的时候，人们才能意识到，市民的福利要求他们听从专家。但我们在群众中没有怀疑谁是真正的专家和在基本的外围参与之间的差异。群众没有站在某种立场上，即没有站在与这方面相关的立场上；简而言之，这种第三人称的立场在解释学意义上不是一种敏感的立场。

然而，在任何一种真正的争论中，没有人站在群众的立场上；每个人事实上都是"在舞台上"占据某一位置，即根据对剧情提供一种特殊理解的特殊的参与，采取某种观点，并据此，倾向于把某人而不是其他人接受为权威。事先并不

第七章 德雷福斯论专长：现象学分析的局限性

清楚，那些参与是基本的，哪些参与是特殊的；谁的行动抓住了偏见、意识形态和隐藏的动机，谁的行动对社会最有利。与此同时，专家也持有一种特殊的立场，即站在某种立场上，有某种特殊的参与，而且，专家评价的要求是应该听从某人的一个命令、一种心理效价、一种需求。在真实生活中，涉及专家评价的每一种争论，都采取了在下列两类人之间做出调节的形式：一些人是提高对专家意见的要求，来提高他们的权威；另一些人是寻找要听从的正确权威。这是解释学的困境：没有从对一种特定情境的特殊参与中解脱出来。专家评价没有也不可能有护身符。

这个问题在关于涉及技术维度——特别是涉及公共安全——的反复无常的公共争论中是最明显的，在那里，传统的权威来源已经失去信任。在这些情况下，提出谁是权威的问题，即谁是专家的问题，是有争论的。每一位市民和被提升为专家的每一个人，都有一组特殊的参与，没有任何安全的群众立场，能用来挑选出专家的判断是否是非常重要的参与。

比如，考虑关闭国家氚标记设施（NTLF）的案例——碰巧，德雷福斯的妻子在那里工作。这种设施通过把氚放入特殊分子的适当位置，独特地创造了加标记的分子，即生成一种在基础研究和应用研究中用来研究生化转化机制的追踪剂。但反核积极分子反对这一事实，因为此过程会把一些氚释放到环境中。科学家、当地州政府和联邦的公共卫生专家，在认真考察了这种情况之后，说排放物是安全的，环保局的一部分人建议限量排放，限量排放反过来是一部分本底水平的辐射。但反核积极分子企图怀疑那些主张，说它们要么是由那些一线工作人员或在某种方面与这个设施相关的机构提出的，要么是由太了解氚以至于是有私心的科学家提出的。这些反核积极分子对正常的社会谈判程序的干扰是有效的，因为他们权威性地讲到了安全问题，最后，关闭了这种设施。①

或者再一次考虑围绕 1976 年从布鲁克黑文国家实验室的高能反应堆运输用过的燃料棒的争论。② 这场争论是反核积极分子与科学家之间的对立，反核积极分子把研究反应堆与动力反应堆/核武器/军队联系起来；对于科学家来说，做出这样的联系根本没有意义。这种情境产生了特纳的分类所描述的那类一连串的专家。在牵涉布鲁克黑文实验室的另一个争论中，下列项目也遭到了攻击：这个项目在追查研究马歇尔岛民的健康状况发现，岛民偶然受到核武器试验的辐射微尘的辐射，同时，一个复杂的因素是，这个项目涉及工作在第三世界国家并不熟悉

---

① Crease R P. Compromising peer review. Physics World, 2002, January.

② Crease R P. Conflicting interpretations of risk: The case of Brookhaven's spent fuel rods. Technology, 1999, 6.

其语言和风俗的美国科学家的典型的殖民情况①。

这些争论中每一场争论都是复杂的,牵涉很大的利益关系。每一场争论都与科学技术问题相关,因此,有必要求助于专家意见。然而,谁是"真正的"专家被视为,人们依赖于谁,站在谁的立场上。要理解涉及专家和专家意见的这些争论,要求超越实践的专家的观点。

结　　论

德雷福斯的专业技能获得模型在哲学上是重要的,因为对于体知型认知和情感来说,它把焦点从它在 STS 中的社会的外在化和技术的外在化,以及在经典科学哲学中排除发现的历史语境和心理学语境,转向了专长。在这么做时,他说明了为什么把专家描述为意识形态的拥护者,不是最恰如其分的,为什么他们的权威性不是一概建立在社会网络的基础之上。此外,他通过从第一人称视角对专长的现象学分析,揭示了从第三人称视角研究专长的局限性和有时造成的表面论述。因此,他表明,基本的科学问题,只有借助于现象学的工具,才能得到全面阐述,专长就是这种问题的最典型的一个事例。

然而,德雷福斯的描述性模型和他的规范性要求,由于缺乏解释学的敏感性,因而是有缺陷的。也就是说,他假定,专家的知识在语境敏感性和体验范围之外是明确的,而且,专家在训练过程中已经摆脱了人们开始时拥有的任何偏见、意识形态或隐藏的动机。这个假设不仅在德雷福斯的描述性解释中是有缺陷的,而且在他的规范性解释中也是有缺陷的。

现象学的目标是揭露潜藏在自由态度中没有被捕获到的预设。现象学的体验揭示了,要揭露和控制的最困难的预设是最接近事实的那些预设。本着这种精神,虽然可能带有刚愎自用的痕迹,但人们可能通过提出下列问题揭露这种局限性:"为什么吉纳维夫·德雷福斯不再在国家定氚标记设施处工作呢?"

从德雷福斯自己的解释来看,这是因为损坏和腐蚀了一种合法的和在现象学意义上可辩护的权威。一个反核改革小组设法操纵社会谈判过程,说服管理部门监督强健的科学和专家的忠告,并做出一种纯粹的政治决定。但从另一个很普通、很重要且很可能强有力的具有解释学敏感性的观点来看,人们可能会讲述一个相当不同的故事。个体不是赤裸裸地接受信息项,即使是科学信息。重要的是谁传递信息和在什么语境中传递信息。伯克利反核积极分子与科学家相比,生活

---

① Crease R P. Fallout: Issues in the study, treatment, and reparations of exposed marshall islanders// Figueroa R, Harding S, eds. Exploring Diversity in the Philosophy of Science and Technology, Routledge, 2002.

第七章 德雷福斯论专长：现象学分析的局限性

在一个不同解释的世界里，支持一套不同的行为、价值和风俗习惯；他们用来解释事实、原理及其应用的产生意义的过程是很不同的。① 因此，不能把科学家与反核积极分子之间的差别看成是认知者与破坏或出卖那种知识的那些人之间的差别，而更像是一种文化的成员与另一个文化的成员之间的关系。无疑，对这种解释学困境的描述，适合于对专长的任何一种解释，德雷福斯自己的解释中没有这种困境。

最后，我们相信，当从内在的视角评价时，德雷福斯的专长解释，按照他自己的哲学标准来说，是失败的。在许多出版物中，德雷福斯更加捍卫海德格尔的现象学进路，而不是胡塞尔的现象学进路。他甚至认为，海德格尔在《存在与时间》第二部分中对可靠的Dasein（此在）的解释需要，Dasein是一名"专家"。② 然而，由于作为一种静态的方案来接近信任（其中，非专家恳求专家的忠告），所以，德雷福斯诉诸隐含的胡塞尔的主体间性的框架。SC的本质是类推：正如我不指望自己能明确阐述如何开车或骑车的规则那样，我不应该指望诸如弹道学的主考官、护士和生态学家之类的专家，来辩护他们参照规则作出的决定。德雷福斯潜在地认为，即使信任是以专家的业绩为基础在社会层面确立的，但在现象学层面，信任是通过胡塞尔所说的"主体间的配对"（intersubjective pairing）确立的。通过从我的行为到专家的行为进行前反思的类推，我承认，专家的行为基本上类似于我自己的行为。这位专家是一名专家的"另一个我"（alter ego）。在德雷福斯的框架中，我应该信任专家，因为：①我相信我自己以类似于直觉的方式做决定；②我相信我的决定是好的决定，即使我，像专家一样，以命题的形式根据规则辩护这些决定。即使专家比我有更多的训练，我们在认知上的相似性超过了我们在技术上的差异性。

德雷福斯在这里对主体间性的解释，由于缺乏解释的敏感性，使人更多地想到的是胡塞尔，而不是海德格尔。的确，他描绘的专家画像，使人想起海德格尔的漫画，据此，可靠的Dasein被赋予了太崇高的自由，在这幅专家画像中，专家在通过所有的发展阶段之后，掌握了他或她自己的相关专长，并且，专家觉得不需要寻找对他的能力的外在认可。但海德格尔对世界性（worldhood）的解释学维度的敏感性不得不把专家描绘为参与一个更加脆弱的易受攻击的过程，在这个过程中，专长似乎不像是最终目标，最终目标是，个人在那个世界中超越了人

---

① Crease R P. Conflicting interpretations of risk：The case of brookhaven's spent fuel rods. Technology，1999，6：498.
② Dreyfus H. Could anything be more intelligible than everyday intelligibility? reinterpreting division Ⅰ of being and time in the light of division Ⅱ // Faulconer J，Wrathall M，eds. Appropriating Heidegger. Cambridge：Cambridge University Press，2000.

的嵌入性。专长总是一个逐渐形成（becoming）的过程，至少在原则上，有些人自己的专长与专家的专长"部分重叠"，揭示了专家没有注意到的专业行为表现的某些方面，对于教练员、评论员和这些人来说，这个过程总是可能的。

（成素梅译）

第八章 天使有身体吗?——科学中关于主体性的两个故事:威廉 X 和 H 先生

海伦·米阿莱*

正如本章的标题所示,我有两个故事要讲:威廉 X 的故事和 H 先生的故事。前者是威廉·蒙特尔(William Montel),一个在应用热力学领域全球知名的专家。之所以称为"威廉 X",是因为至少在一般的公众读者当中,没有人曾经听说过他。我曾在他的研究室做过几个月的人种学研究,而此文的第一部分正是基于这些研究。① "H 先生"即斯蒂芬·霍金(Stephen Hawking),他大概在全球都很知名,在英格兰肯定很有名气,而在剑桥则是毫无疑问的。在剑桥除了我之外,似乎每个人都至少见过他一次面。② 在这两位科学家之间有着诸多不同之处,但他们在这一点上却是相同的:二者均被认为是天才。但问题是,谁这么认为,以及为什么?

---

* 海伦·米阿莱(Hélène Mialet):加利福尼亚大学伯克利分校访问助理教授,曾在康奈尔大学、牛津大学担任教职,也是马克斯·普朗克研究所和剑桥大学博士后。新著《发明的主体》将由格兰诺博大学出版社(Presses Universitaires de Grenoble)于今冬出版,正在撰写一本关于霍金的专著,题为"具身化的霍金",将由芝加哥大学出版社出版。本章第一部分来自本人 1994 年博士学位论文,完成文于巴黎矿业学院(The Ecole des Mines);感谢我在那儿的伙伴们,特别是布鲁诺·拉图尔(Bruno Latour)、米歇尔·卡隆(Michel Callon)、玛德琳·阿克里奇(Madeleine Ackrich)、安托万·亨尼恩(Antoine Hennion)和沃罗洛纳·瑞博哈利苏(Vololona Rabeharisoa)。我要特别感谢西蒙·沙费尔(Simon Schaffer),我在为这篇文章做研究和写这篇文章时都与他进行过讨论。也要感谢罗宾·普罗施特(Robin Boast)、伊夫·科恩(Yves Cohen)、约翰·弗雷斯特(John Forester)、让·保罗·高迪利(Jean Paul Gaudilliere)、弗朗索瓦·雅克(Francois Jacq)、约翰·劳(John Law)、克里斯蒂安·利科普(Christian Licoppe)、雅克·迈雷罗维兹(Jacques Mirenowitz)、多米尼克·佩斯特(Dominique Pestre)、吉姆·西科德(Jim Secord)和迈克尔·温秋卜(Michael Wintroub)。另外,感谢迈克尔·林奇(Michael Lynch)、哈里·科林斯(Harry Collins)、伊夫·科恩、迈克尔·布拉沃(Michael Bravo)、洛兰·达斯顿(Lorraine Daston)和奥托·西本(Otto Siburn),他们给了我在他们的研讨班上宣读和讨论这篇文章的机会。最后,威廉·克拉克(William Clark)的评论,《科学的社会研究》(Social Studies of Science)上的三位匿名审稿人,以及马尔科姆·阿什莫尔(Malcolm Ashmore),对本文都非常有帮助。

① 海伦·米阿莱,(Hélène Mialet)《发明的主体,关于一项全新概念的经验性研究:社会学与哲学方法的比较》(Le sujet de l'Invention, Etude empirique de la Conception d'une Idée Neuve: Comparaison des méthodes Philosophiques et Sociologique)(未发表的博士论文, Sorbonne Paris I and CSI École Nationale des Mines de Paris, 1994 年 6 月 28 日)。

② 完成这篇文章后,我有幸遇到霍金,并采访他关于受聘为剑桥大学卢卡斯数学教席教授的事情。

| 专 长 哲 学 |

一、寻找具有创造性的主体

起初引导这项研究的问题可以概括如下：新的科学创意（idea）是如何构思出来的？为什么是这个人而不是另一个人发明它们呢？这些问题——正如它们目前被提出的那样——在很大程度上是受了哲学传统的影响，这个传统使我们习惯于把科学知识看做是新创意的产物。在法国，这个传统由克劳德·贝尔纳（Claude Bernard）[1] 所开辟。在同一个传统里，我们还发现了加斯顿·巴什拉（Gaston Bachelard）[2]，以及卡尔·波普尔（Karl Popper）[3] 所代表的以英语为母语的学者，波普尔似乎要在与逻辑经验主义的斗争中融入知性论者（intellectualist）[4] 的传统。尽管大家一致认为科学受创意所哺育，但当我们为了发现创意是如何起源的而去考察这些作品时，答案却总是一样的：这个问题是不得要领的。因此，尽管具有创造性的头脑被认定为新创意产生的基础，但这种看法却被哲学研究所排斥——因为，在科学中存在变化的东西不属于科学本身。这就是认识论学者不对这个问题感兴趣的原因。只有心理学家和历史学家才有权利去解决这个问题。[5]

---

[1] Bernard C. Cahiers de Notes. Paris：Gallimard，1965；Bernard. Introduction à la Medecine Experimental. Paris：Flammarion，1984.

[2] Bachelard G. La Formation de l'Esprit Scientifique. Paris：Vrin，1983；Bachelard. Le Nouvel Esprit Scientifique. Paris：Presses Universitaires de France，1984；Bachelard. L'Intuition de l'Instant. Paris：Stock，1992.

[3] Popper K. The Logic of Scientific Discovery. London：Hutchinson，1972；Popper. Conjectures and Refutations：The Growth of Scientific Knowledge. London：Routledge & Kegan Paul，1969；Boyer A. D'où Viennent les Idées Justes？H. Simon et K. Popper et l'Heuristique//Demailly A. Lemoigne J L，eds. Sciences de l'Intelligence Sciences de l'Artificiel. Lyon：Presse Universitaire de Lyon，1986：501—513.

[4] Schlanger J. L'Invention Intellectuelle. Paris：Fayard，1983.

[5] 参见：Claparede E. Genese de l'Hypothese：Etude Experimentale. Genève：Librairie Kunding，1934；Hadamard J. Essai sur la Psychologie du l'Invention en Mathématique. Paris：Gauthiers-Villars，Collection Discours de la Méthode，1945；Feuer L S. Einstein and the Generations of Science. New York：Basic Books，1974；Holton G. The Scientific Imagination：Case Studies. Cambridge：Cambridge：Cambridge University Press，1978；Arthur Koestler. Le Cri d'Archimède. Paris：Calmann Lévy，1965；Gruber H E. Darwin on Man. Chicago，IL：The University of Chicago Press，1981；Kohn A. Fortune or Failure：Missed Opportunities and Chance Discoveries. Oxford：Blackwell，1989；Poincare H. Science et Méthode. Paris：Flammarion，no date；Polya G. Comment Poser et Resoudre un Problème？2nd ed. Paris：jacques Gabay Dunod，1989；Quin Y，Simon H. Laboratory Replication of Scientific Discovery Processes. Cognitive Science，1990，14：281-312；Nowak G，Thagard P. Newton，Descartes and Explanatory Coherence：The Conceptual Structure of the Geological Revolution // . Shrager J，Langley P，eds . Computational Models

第八章 天使有身体吗？——科学中关于主体性的两个故事：威廉 X 和 H 先生

另一方面，社会学家或科学史家们，要么是在实验室中，要么是通过紧追争论的方式，确实也研究了科学知识如何产生的问题，即"实践中的科学"，但他们也拒绝回答我们在这里感兴趣的问题。通过一点一点地废除科学性的所有标准——经验的复制（哈里·科林斯）、结果的阐释（布鲁诺·拉图尔、史蒂夫·伍尔加（Steve Woolgar）、马丁·鲁道威奇（Martin Rudwick）和西蒙·沙费尔）、评价证据的标准（安迪·皮克林（Andy Pickering））等，他们挑战了传统中认为的科学所依赖的基础性区分：发现的语境还是辩护的语境，属于认知的还是属于社会的，主体还是客体。[1] 通过重新定义科学被建构的方式，他们对发明的概念——正如我们可能会说的，发明与科学知识的关系被"消极地"构建起来——提出了质疑。由此，科学变成了和任何其他活动一样的实践活动；同样，由科学家发起的认知活动也被理解为普通智识过程的一部分。这就是为什么社会学家不对科学家的心理感兴趣，而对他们的研究对象、用到的技术和得出的结论

---

of Scientific Discovery and Theory Formation. San Mateo, CA: Morgan Kaufmann Publishers, 1990; Gordon W J J. Synectics: The Development of Creative Capacity. New York: Collier Books, 1968; Moles A. Créativité et Méthodes d'Innovation. Paris: Fayard Mame, 1970; De Bono E. Lateral Thinking: Creativity Step by Step. New York: Harper & Row, 1973. 这些关于科学发现的历史学家和心理学家的阐述表明了一种与认知学家完全不同的看法。但最后他们有一点却是相同的：认为发现是一个确定无疑的事实。发现——即新观念的出现——对于他们而言仍然有着确定的边界。它被用于重建理性方法的一个出发点，"它使得我们可以决定什么时候发现成其为发现"（波普尔语），或者是某种终点，从这一点我们可以知道发明者是如何发明的；然而，无论是哪一种情况，一个根本的问题仍然没有回答——即事情（即发现活动）可以是另外一种情况吗？由这种观点而出发的模型称为"传播主义的"（diffusionist）——它以下述二者的区分为基础：对于一个新观念的阐述，与这个观念一般地被接受为新观念的时间。因此，发明在新观念产生的时刻变成现实刺入这个机制的核心的目标，只能通过平凡化（banalization）过程才能完成。另外一条路径，即实验心理学，以概述经验的规定为目标，通过这个规定，人们可以理解在解难题过程中为主体所采纳的不同方法。另一方面，认知科学家试图模仿启示法。在上述两种情形下（即"传播主义的"与实验心理学），知识的问题、科学知识的特异性问题却被抛弃了。所以，发明变成了一种智能活动，我们每次要解决一个问题时都会动员起来的智能活动。对于 Georges Polya 来说，发明变成了启示规则的应用；它变成了可阐明的、可分解的和可复制的。因此，这些操作都能够被计算机所模拟（Simon, Thagard），或明确地培养（Gordon, Moles, de Bono）。因而，新观念的出现变成了可阐明的——的确，平凡的——智力过程的产物。只要这些作者试图根据平凡的智力机制来解释创造力，那么，进行创造活动的个体的非凡性也就消失了；由此出发，这些研究背后的目的也就是消除科学知识与非科学知识之间的区别。

[1] Collins H M. The Seven Sexes: A Study in the Sociology of a Phenomenon, or the Replication of Experiments in Physics. Sociology, 1975, 9: 205-224; Latour B, Woolgar S. Laboratory Life: The Social Construction of Scientific Facts. Beverly Hiss, CA: Sage Publications, 1979; Latour. La Science en Action. Paris: La Découverte, 1989; Rudwick M. The Great Devonian Controversy: The Shaping of Scientific Knowledge Among Gentlemanly Specialists. Chicago, IL: The University of Chicago Press, 1985; Schaffer S. Glassworks: Newton's Prisms and the Uses of Experiment//Gooding D, Pinch T, Schaffer eds. The Uses of Experiment. Cambridge: Cambridge University Press, 1989: 67-104; Pickering A. Against Putting the Phenomena First: The Discovery of the Weak Neutral Current. Studies in History and Philosophy of Science, 1984, 15: 87-117.

感兴趣,并在这些上做文章以产生知识。① 如果科学的确生产不同的客体,那么这是与科学家的认知过程不相关的,但是与他们所操纵的对象有关。因此,创造性明显变成了一种集体的和物质的过程。在这个意义上,创新的源头是不能局部化的。与此相应,通过在著作《实验室生活》中重构发现的过程,拉图尔和伍尔加断言,"个人的思考""发明的行为"及著名的"某天我构思出了这观念",全部是对"一系列物质和集体条件的特定形式的表述与简化的结果"。② 最后,对于社会学家和历史学家来说,如格斯·布兰尼根(Gus Brannigan),发明者是任意归因(attribution)过程的产物。③ 那么,我们怎么看待孟德尔(Gregor Mendel)的实践?为什么他提出了不同的观点呢?这难道仅仅只是一种碰巧或投机取巧的选择?然而,布兰尼根没有处理这个问题:他仅仅对个体如何可以成为发明者感兴趣;因而,对他来说问题并不是观念是如何来到头脑的,而是那些观念是如何来到社会的。

因此,以科学的对象的哲学研究者给发明活动定性,或者说指出它发生在哪里,但没有提供研究这些发明活动的途径,因为它们是神秘的,与正式的科学不沾边。另一方面,科学社会学家给我们提供了研究发明活动的途径,但是却把非凡的(singular)创造性思想贬低为神话解释。发明活动的非凡时刻及行为消失了,而发明者(在发明活动中)的地位也仍然是成问题的。仿佛是"某个天才拥有某个新的科学观念"的黑匣子现在打开了。之前凝结在个体身上的东西:天赋,智识能力,观念和科学,现在向环境开放并注入其中了,而且以掏空科学家的内在特性的方式,消解了个体的非凡之处。正如拉图尔所描述的,巴斯德不再是一个拥有灵魂的身体了。

> 或者,他远不只是一个可以与其他身体相互作用的身体了。他是数目巨大的多种因素的混合物,通过这些因素的相互联系,产生了"伟大的研究者巴斯德";因而,他并不自外于这个网络,严格地说,这个网络构建了他的身体和灵魂。④

正是这个问题:发明活动的行动者的本质是什么,是我将要关注的。

---

① 关于此可参见 Gooding D. Experiment and the Making of Meaning: Human Agency in Scientific Observation and Experimenting. Dordrecht, MA; London: Kluwer, 1990.

② Latour B, Woolgar S. Laboratory Life: The Social Construction of Scientific Facts. Beverly Hiss, CA: Sage Publication, 1979: 171.

③ Brannigan G. The Social Basis of Scientific Discoveries. Cambridge: Cambridge University Press, 1981; Latour B. Is It Possible to Reconstruct the Research Process?: Sociology of a Brain Peptide//Knorr K, Krohnb R, Whitely R, eds. The Social Process of Scientific Investigation, Sociology of the Sciences Yearbook. No. 4. Dordecht, Boston, MA; London: Reidel, 1981: 53-77; Schaffer S. Making up Discovery//Boden M, ed. Dimensions of Creativity. Cambridge. MA: MTT Press, 1994: 13-15.

④ 这段引文来自于一篇论文的草稿,最后出版为:Callon M, Law J. After the individual in society: Lessons on collectivity from science, technology and society. Canadian Journal of Sociology, 1995, 22 (2): 165-183 (169). 出版后的文章与原来的草稿有点不一样;我更倾向于那篇草稿。

| 第八章　天使有身体吗？——科学中关于主体性的两个故事：威廉 X 和 H 先生 |

的确，在理性主义的传统里，如果知识的驱动力铭刻在主体身上，那么这个主体是缺乏主体性的：对笛卡儿来说这个主体是明晰的，对康德来说主体的非凡之处是要消解的，或者，主体在波普尔那里是要被清空的。① 至于科学社会学，它重新把有血有肉的科学家引入知识生产的过程，但他或她（科学家）是一个主体，同时属于"集体"身体（的一部分）。在相对主义社会学那里，主体性直接就是社会性的，② 在行动者网络理论中，主体成为一个行动者集合的发言人。再次引用拉图尔的例子：

在巴斯德网络中，我们的确发现了一个实验室，一些菌株，一些笔记本，一些统计数据，普利堡农场，见证了由巴斯德组织的惊人实验的新闻工作者，死在感染田里的母牛，以及他试图说服的法国选民，等等。就他或她可以同步地分布在组成他或她的所有元素之中，以及在任何时候这些元素都可能重新获得独立性而言，一个人类个体就是一个包膜（envelope）。③

因此，由于相互冲突的原因，哲学和社会学都否认科学家寄寓其中的身体的必要性。④

---

① Descartes R. Meditations Metaphysiques. Paris：Flammarion，1979；Descartes. Discoms de la Methode—Pour Bten Conduire sa Raison et Chercher la Vérité dans les Sciences，[plus] la ioptrique—les Météores et la Geometric qui Sont des Essais de cette Méthode. Paris：Fayard，1987；Kant E. Critique de la Raison Pure. Paris：Presses Universitaires de France，1986；Karl Popper. Objective Knowledge：An Evolutionary Approach. Oxford：Clarendon Press，1972；参见：Keller E F. The Paradox of Scientific Subjectivity//Megill A ed. Rethinking Objectivity. Durham，NC，London：Duke University Press，1994，313-331；Michel H. Généalogie de la Psychanalyse. Paris：Presses Universitaires de France，1985，at 61：Une subjectivité privée de sa dimension d'intériorité radicale，réduite à un voir，à une condition de l'objectivité et de la représentation；Megill A. Introduction：Four Senses of Objectivity//Megill ed. Rethinking Objectivity. op. cit. 1-20，at 10. "就强调范畴的一般性而言——它被所有理性个体所共有——我们看到康德是关于绝对客观性的理论家；这个客观性来自于所有个人的和特质的事物。"

② 参见：Collins H M. Changing Order：Replication and Induction in Scientific Practice. 2nd ed. Chicago，IL：The University of Chicago Press，1992；Barnes B. Scientific Knowledge and Sociological Theory. London：Routledge & Kegan Paul，1974.

③ 参见第 216 页，注④中引文原书的第 169 页。同样，我的引文来自于那篇论文的草稿；出版的版本有点不一样。

④ 某些人在听到下面的说法时可能会吃惊：作为主要贡献之一的科学的社会与文化研究（我将在这篇文章中强调和展示），其主要的工作就是把科学的智识"重新包含进"其环境之中去时，科学社会学家"否认科学家处境中的身体的必然性"。最近的例子参见：Lawrence C，Shapin S，eds. Science Incarnate：Historical Embodiment of Natural Knowledge. Chicago，IL：The University of Chicago Press，1998。然而，我想要强调的是，就科学智识被重新包含进社会之中而言（例如，作为科学的理性主义/个人主义概念的解药），被赋予了特异能力的身体的"处境化的和非凡化的"特征，要么倾向于消融于"集体"之中，要么成为一个"黑箱"，比如"默会知识"。参见：Mialet H. Une Nouvelle Figure du Sujet. Les Cahiers de Philosophie. 1999. 关于默会知识像"黑箱"的批评参见科学史家 Otto Sibum，他还处理了生产性身体的力量的问题。Sibum O. Les Gestes de la Mesure：Joule，les Pratiques de la Brasserie et la Science. Annales Histoire，Sciences Sociales，1998，(4-5)：745-774.

|专长哲学|

二、威廉 X 的案例：人种学研究

通过运用科学社会学家的工具——即那些要取消我所感兴趣的问题的人所利用的武器——我试图去刻画发明活动。因此，我的注意力不在实验室研究上，而是工作于法国某大公司的科学技术研究中心的一位科学家（位于阿基坦（Aquitaine）的法国埃尔夫石油公司（ELf））。他的研究领域是石油流体及性质，主要任务是解释石油或气体矿床的起源与活动。理解流体进化的方式及确定它们的不同状态（油可以变成气体，反之亦然），对于处理它们的方式有着直接的影响。这位研究员的专业领域是热力学；他的操作工具是计算机模拟。

通过选择这个研究领域，我想要满足以下"最低"条件：

（1）在一个科学家的日常工作中观察他，而不是在"虚拟的"问题解决[①]情况下（实验心理学就是这样做的）；

（2）避免观察太出名的科学家的活动，以避免产生"到达现场太迟了"的印象；

（3）选择一位应用领域的非基础领域的科学家，以此来避免与科学性标准相关的问题，以及被科学社会学家广泛讨论的真理问题。主要的问题是发现（也即所指问题），而非发明。

在这些关于威廉 X 的人种学研究的"最低条件"引导下，我重新考虑了激发我的创造性主体研究的相关问题。相应地，在这项研究过程中，关于"一个孤独的科学家，在某天获得灵感"的"文学"层面的全部细节呈现了出来；但是这次并不是科学家本人称自己为创新者（许多科学家自传都是这么宣称的），而是他的周围环境使他有资格成为创新者。因而，在一个奇怪的倒置中，我开始研究一个作为专家来评价其他人的工作的个体，但发现我所遭遇到的这个个体正在不断地被其他人评价——就是说，他被他的合作者及下属称作创新者，即重要的新观念的创始者。他同时被认定为创新者和具有创新性。的确，他可以不断产生新观念的事实正好把他与其他人区分开来。然而，我们真的可以说一个工业研究员就是一个创新者甚至发明家吗（尤其是当所说的发明家不断地将发明过程分配给其

[①] 我也制作了一份实验计划，它不是关于在虚拟情况下的（在其中我会定义可以实现我想要的结果的限制条件，例如，从以下原则开始：发明是一种心理学现象，观察这种现象是为了解决问题的目的，某个个体将会完成为他或她所选定的功能）。在某项人种学的研究当中，正是那个为他或她的机构的、个人的与技术的条件所缠绕住的个体，将会划定问题的主要特征。

第八章 天使有身体吗？——科学中关于主体性的两个故事：威廉 X 和 H 先生

他人的时候)？这就导致我们追问：一个孤独的天才科学家的神奇技能与局部的（科学）实践的等同关系是如何建构起来的。换言之，一个个体是如何变成一个从"体内"（invivu）来定义的指称的？

我的研究的挑战就在于从一个集体的语境下，分析环境（同事之间的关系，实验的仪器与规则）和逐渐将其自身从群体"内"脱颖而"出"的个体的非凡化过程之间的波动关系；他之所以与群体区分开来，是根据他在发展实验工具、组织性结构及人际关系时的创造性才能。简言之，我没有发现在一个被决定了的集体中可以完全掌控自己命运的孤立的个人；相反，我试图去理解个人是如何适应他者的，集体的行为是如何建构了个体的性格和发明的非凡性的。[1] 我同样想知道，在一个具有高度的技术、经济与组织限制的制度语境下，发明与创新是如何可能的。换言之，什么样的技能是作为一个创新者，以及在一定的位置上进行创新所需要的呢？

1. 从实验室到个人

威廉 X 是油田部热力学处的主任，而油田部是位于阿基坦的法国埃尔夫石油公司科技研究中心研究与发展司的一部分。威廉 X 所在的处拥有四名工程师和三名技术人员。威廉主要负责三项工作：研究项目的发展与管理、内部服务，以及子公司研究。大部分工作都在他的办公室内完成。偶尔他也会去参加会议或讲课，但他从不参观石油钻塔。相似地，与处内同事之间的交往，与其他处的同事的交往（称作"递送内部服务"），与子公司的交往（在刚果、挪威或俄罗斯，与布桑（Baussens）或波城（Pau）的实验室），与大学的交往在波城和图卢兹（Toulouse），或者与巴黎的法国石油研究院（IFP）的交往，都发生在他的办公室或经由他的办公室发出（通过电话、写信或通过这些不同机构的代表）。因而大部分情况下，都是别人去找他（除了 IFP 的成员；他在那儿讲课），而当他四处走动时，则是以顾问的身份去参加当地的会议。任何时候当信息遗失了或不连贯，或者询问不清晰，威廉总是被要求去解决或提炼发送给他的问题。[2] 有时候他的同事会跑过来讨教意见。他们认为威廉是专家："我们去找他是因为他可以在三个小时内解决我们三天才能解决的问题。"（阿瑟）[3] 在另外一些时候，他们

---

[1] 在这个"集体"中我也包括了那个个体自身，他也参与到了关于他的非凡化操作过程。因为我的两个研究对象都是男性，因此我往后都会使用"他"、"他的"和"他自己"。

[2] 在我的研究过程当中，我为威廉对其他同事的有用性，以及那些来自于不同事务的（不像他的同事，威廉在这些事务中居于核心地位）正式的或不正式的请求的数量所震惊。有时候他也会把这些事务分配到别处。

[3] 引自与威廉及其同事阿瑟与帕特里克（Arthur and Patrick）的访谈。这些录音谈话与访谈是我在研究威廉的研究团队（在阿基坦的法国埃尔夫石油公司）时完成的——当机会出现的时候。

来征得威廉的同意,因为他是这个处的主人。所有的文件每天或每周都"经由处主任的办公室"循环传递;当这些文件从一个办公室到另一个办公室时,威廉明确它们的作用,并且记录公司中每一个人的状态和活动。最后,威廉还被看作仲裁人:"当我不太确定我在我的研究中说的是什么时,我就去问威廉,而他会帮我决定。"(帕特里克)

在办公室,威廉用计算机不停地工作,模拟石油流体。他对曲线做评估,计算误差,阅读报告。他借助存储在计算机里的模型熟练工作。那就是我初次见他的情形:他的眼睛全神贯注地盯着显示器上面的蓝色图表。那个图表与之前的有点不一样。"那是包络相位"(phase envelope),他说:"它相应于流体的组成,对应于每一压强与温度水平。一个新的曲线意味着对于流体的一个新的定义。"那些知识似乎与应用直接相联系:"我算错了",他说:

> 我出售了这项研究。他们肯定已经损失了数百万吨……在这个开发计划之前,有评估小组……之前有过一些损失惨重的计划。(石油流体)的量并不总是如你所预计的。所有盈利都可能化为灰烬。因为对界面张力的估计失误,可能导致油田无法产油。例如,(石油流体的)黏度可能比预计的要大十倍多。问题是石油对气体的比例:油井底部每1立方米液体可以在表面产生 X 量的石油。如果液体中渗透有气体,那么油井可以扩展到4000万米^3。你将获得20万米^3 红利。三分之一强。这就是400亿法郎中的经济利润。150亿法郎要么进入你的口袋,要么仍然停留在你的脑海中。

尽管我们的注意力完全集中在威廉这个个体身上,但是在阿基坦的法国埃尔夫石油公司热力学处所发生的(在这个人机"徒手的"遭遇战中),却对几千公里以外的油田开采有着直接的影响,同时对威廉来说,也对仅仅几米远的同事们对他的判断有着直接的影响。通过好的或坏的计算机模拟,一些看法会转化进石油中,或者回复为"在你脑海中"的状态。当我走进热力学处,接近那些房间的空间排布时(它们装饰为无菌的工作界面和贴砖环境),我所寻找的实验室仿佛坐落在别的地方,它被镌刻进计算机之中。我被告知那就是转变世界所发生的地方,要感谢数学模型。

为了接近这些数学模型的核心,我必须对那些使用它们的人对之的认可方式保持关注。因此,我选择了阿瑟的解释;他是威廉的密切合作者之一。阿瑟通过热力学引导我进入他的世界。热力学在石油开采中的应用只是最近的事情,他说道,它是一门抽象科学。每一个人都受挫了,因为热力学似乎是不给回报的。不像威廉——他对热力学可以说是得心应手,阿瑟是不关心热力学的。而且阿瑟说,威廉是第一个运用热力学的人。

第八章 天使有身体吗？——科学中关于主体性的两个故事：威廉 X 和 H 先生

他曾在 PVT 实验室①，他被热力学所哺育并且主动提出应用热力学。在长达五年的时间里，他都是独自坐在那儿研发他的模型，现在却穷于应付工作。②

热力学处的独特性是什么呢？阿瑟解释说，任何碳氢化合物被发现的时候，都是热力学处被召唤的时候。必须描述流体的初始状态，以及开采它们时它们的变化方式。为此目的，必须要用到数学模型，它们都是些状态方程。之后，阿瑟描述了介入环境的特点，而这对于理解热力学处的工作是必要的。因此，我也跳进了技术性的细节之中：

包藏有碳氢化合物的岩石矿藏可能要么仅仅含有同质相位的碳氢化合物——也就是说，只有气体或只有液体——要么压强和温度是如此这般，以至于同时包含二者。热力学与流体的临界性是相关的——即挥发态的石油（液体）或凝聚态的气体③，它对于相位之间的变换是非常重要的。

他补充道：

我们常常根据相位来推理，那就是我们的标准。我们的问题是去弄清楚在哪一点上我们可以获得最大量的石油，因为可以算作是一立方米的流体的量，也就是在地面所采得的。

对于流体动力学不完备的知识可能会导致很低的石油抽取率，并因此而导致经济损失。阿瑟打开一份报告，向我展示了一幅曲线；那是包络相位。它的形状取决于流体的构成。

某天威廉说道，流体的构成可以根据那些测量而计算出来。因为石油是由不同的分子所构成的，它们有的是重分子，有的是轻分子……不同种类的分子可以根据它们的密度而区分开来。这意味着，油田中的重石油在底部而轻石油在顶部。起初是同样的流体，后来不同的种类则相互分离。威廉所描述的模型使得计算它们成为可能。他是世界上辨识了这种现象的第一人。

让我们暂时歇一会，反思一下阿瑟的解释。我们留意到，不援引威廉，阿瑟无法解释热力学模型的应用。他的名字在讨论的过程中不断跳出来；对于热力学

---

① "PVT"是指"压强、体积与温度"。这个首字母缩写词包含了一系列的操作与分析，它们用来定义油田流体的热力学值。布桑（在法国）的 PVT 实验室负责这些测量。

② 阿瑟在我待的那段时间的最后再次提到："无论如何我们都会同意，你接近的是一位伟大的科学家。在他的闲暇时间，他会阅读科学哲学的著作。他真是个全才。若干年前，我们这里有一次裁员，威廉过来对我说：'我没有一点用'。他必定会成名。他有想法，他研发了工具，你看到现在他是多么地被大家所需要。他是世界上研发 GER 模型的第一人……能与这样的人共事真是件幸事。"

③ "凝聚态气体"（condensed gas）是一种流体，它很可能富含石油。

模型的出现，威廉似乎不是外行。甚至，他算得上是热力学模型应用的鼻祖，并且在这项研发中孤军奋战。他是世界上辨识了某种现象的第一人，并且描述了相应的模型。但是今天，人们的推理却不同了。[①] 推理已经被这些模型的应用影响了："现在，我们根据相位推理"。因此，我们发现神话般的创新才能居于工业的核心地带："某天威廉说道"，"他是世界上的第一人"，"他独自一人"，"他确定了不同种类（石油）的分离现象，并研发了相应的程序，即 GER"。[②] 对于我们来说，这种说法就是一种叙述性的故事，就像儿童故事一样。其中，"典型的"词汇标示着我们改变了世界："从前"、"某天"。因而，通过这些言语的操作者、指定及归因，威廉在某一故事中与热力学及那些模型相联系；而且，在一个我们必须认可的相似步骤下，人们把威廉看作"专家"，被这些行动标识了出来，现在又得到了这个故事的支持。

威廉具有关于这个模型的创意这一事实，用他同事的话说，加强了这个个体的伟大性：一个创意、"他的"创意，改变了环境并且影响了他的同事们的判断。然而，如果我们留意这个指派操作就会发现，正是通过那些模型的应用，那个故事才得以形成。环境的重新评定——通过他的计算机模型的操作，要再次归因于第一个创意的新颖性，以及归因于它的创始人的智识和创新能力。这个归因的过程重新定义了创始人的位置——因此，在某种意义上，这个过程也就融合了威廉的能力与他的存在条件这二者。

事实上，那个模型对于油田流体的评定的确是不同的。在它的应用之前与之后，人们对于流体的认识是不相同的。这是一种新的谈论方式："我有轻石油；所有我所获得的都是焦油"，威廉说道，边注视着那些图表边操纵着他的模型。或者正如阿瑟所说："那些模型告诉我们，在距矿藏底部十米远的地方可能有石油。"

阿瑟向我展示了一份报告和一张图片。报告上是一些圆柱与数据：在某一给定的时间地点上流体构成的转变。在那张图片上，流体被大量分布状的点所表征。钻孔意味着流体在地面上各处的存在。但它们是相同的流体吗？点、数据和判断——这就是我们所拥有的一切。正是通过应用威廉的数学模型——它们居留在每一台计算机之中，我们才能计算流体的性质，描述它们的演化：

> 我们拥有饱和压……我们使用数学模型和公式，它们使得我们可以断言，在某个给定的温度和压强下，所获得的是石油液体还是气体。为了利用这些模型，我们必须键入流体的构成和它们的热力学性质。流体

[①] 这与文献（Kuhn T. The Structure of Scientific Revolutions. 2nd ed. Chicago, IL: The University of Chicago Press, 1970）中所详细阐述的"范式转换"并无不同。

[②] GER（gravitation effect reservoir，引力效应库）是威廉模型的名字。

第八章 天使有身体吗？——科学中关于主体性的两个故事：威廉 X 和 H 先生

的构成可以分解为 15 个部分。为什么？——因为它包含有许多组分。C_{12} 是有着 12 个碳原子的分子。我们把那些拥有相同碳原子的组分归为一类。对于每一个组分及假组分，都有 M（分子量）、T_c（临界温度）、Ω（离心因子）、V_c（关键解）、和 P_c（压强）。那个模型可以计算所有的性质。例如，在某个给定的温度和压强下，可以找到能压（bull pressure）。

阿瑟坐在他的电脑前面，使那些模型开始工作。当他工作的时候，他的工具就被物化了："威廉的模型"变成了"GER"（见前注）；GER 有能力说"石油就在那儿"。一台计算机工具能够改变距办公室数千里之外的油田流体的性质。而这个改变要归功于某个人的才能。① 狂暴的大海的恐怖，石油爆炸的猛烈，以及所用的巨大的机器，都可以被安静地被工作于电脑之中的某个模型所控制。阿瑟坐在他的机器前面，用他的电脑安静地工作着。威廉已经被转变为某种流体：

总之，我们的模型被用来修复流体的性质……瞧，我通过密度而应用威廉的分离模型，并且，我根据测量结果而模拟流体的推定组成。它们是一些实验点，来自于抽取流体样品的复杂操作。与实验点相关的是一条曲线，和反映了石油—气体转变的拐点。另一个例子，看这儿，是一个非常清晰的点……有了 GER，我们可以看到从顶部到底部发生了什么。

在这儿我们看到了导致这种归因的第一个因素。某个个体的才能通过某个模型的特性而被重新定义。这个个体被认为是那个模型的创造者：那个模型有着计算流体的性质，能预测最大量的石油将被发现的地点。有了这个模型，或者有了威廉，那么就可以看到"从顶部到底部发生了什么"。当阿瑟利用这个模型工作、应用它、寻找它的新功能的时候，我们看到某个个体变得无比重要，因为"某一天"，他想到了这个模型。

我的第一个要点是强调归因过程的决定性角色和功能，它既展现了被认定为是新的客体的性质，又展现了被认为是创造者的行动者的才能（在这里是威廉X）。正是通过不断地采访工作于这个实验室的不同研究人员，并且询问他们——不是去问他们是如何看待威廉的，而是去描述他们工作的内容，我才逐渐发现他们是如何不约而同地评价他们所使用的模型（"它们预测的能力"，"它们生产知识的能力"，"它们变复杂为简单的能力"，"它们的可操作能力"），以及威

---

① 此观点，见唐纳德·麦肯齐（Donald MacKenzie）对西摩·克雷（Seymour Cray）的魅力的分析。他解释道，这个工程师的魅力必然体现于机器之中、他的成功（或光荣的失败）之中、那些与他共事并有助于他的成功的人们之中。"他们（他的同事）以及更为广阔的世界，都很乐意为这个富有魅力的工程师的机器发明与成功做贡献，然而如果没有他们，他的机器和成功将不复存在。"MacKenzie D. Knowing Machines: Essays on Technical Change. Cambridge, MA: MIT Press, 1996: 131-159 (156).

廉的能力的（"这些东西是史无前例的"，"这是他的想法"，"他很孤独"，"他是做这个的唯一一人"，"他的脑袋总在运转之中"，"他的专长是他的智识能力的产物"，等等）。

因此，大量的故事都是围绕着这个个体及那个被认为是他所研发的客体。这就通过客体而展现了主体的某种才能；一个的性质被附加在了另一个上面，这就使得通过他所创造的客体（一个非中立的客体，因为它就是所谓的"智能"计算机程序！）观察主体成为可能。相似地，当发明者自己评价他所研发的客体时，他就在重复其他人对他所做的评论。

但是，这些大量的故事决不会使我们撇开发明活动。说"X先生拥有某种创意"，并不意味着发明活动就发生在他拥有那个创意的时刻；然而，通过使得人们按照一定的方式行事，发明活动确实发生在某个特定语境下人们谈论那个故事的时候。用约翰·奥斯汀（John L. Austin）的话说，通过同时展现客体与创造主体的非凡之处，这个谈论活动"演示了"发明。① 因而，当威廉的同事操纵威廉的模型的时候，他也就创造了他自己关于研发了这个模型的人的观念。他（威廉的同事）越是使用这个模型，越是改变这项发明，创造者就越是变得重要。在这位同事的眼里，威廉拥有关于这个模型的创意这一事实，使得他的伟大品格更加引人注目。威廉（关于模型）的创意改变了某个环境，并且影响了他的同事的判断。因此，这些故事持续地将自己的印记留存在实践中，并且重新评定了发明者及其发明。在这个意义上我们可以说，没有（舞台演出的）"场面调度"，也就没有发明。我们没有必要去援引（事情发生的）重大原因，因为它的起源和意义已经在上述解释中建构起来了。② 我们目睹了一个故事情节的创造，而大量这样的故事情节就有了根本的重要性，用伊萨贝拉·斯腾格（Isbelle Stengers）的话说就是：

> 在其所有属性都是相对于我们的故事而言的意义上，科学致使其存在的存在物都是被"发明的"……但那就是为什么它们的存在要依赖于我们繁多的故事的原因，而这些故事又反过来与它们相联系，并且指定了它们的可能性的必要条件（如果不是独特条件）。③

最后，这里有一些并非任意的叙述性故事，它们指定并且允许个体变化的存在。通过一系列相互联系的叙述，个体化过程的操作者使得个人被分离开来，并且因此而被个体化了。这个个体化过程体现为某个人拥有各种创意，做不同的事情，一个对某个机构来说不可或缺的人物。正如法国埃尔夫石油公司科学技术

---

① Austin J L. How to Do Things with Words. New York: Oxford University Press, 1965.
② 布兰尼根，第216页注③、第167-171页。
③ Stengers I. L'Invention des Sciences Modernes. Paris: La Decouverte, 1993: 113.

| 第八章 天使有身体吗?——科学中关于主体性的两个故事:威廉 X 和 H 先生 |

研究中心的主任所说,"我们需要威廉"。这些故事告诉我们,某种独特的事情正在这个个体的身上发生着。换言之,我们不能说那项发明完全出自于威廉(那个天才),也不能说来自于威廉作为其中一部分的那个社会环境;而是说,为了使威廉承担发明者的冠冕,他必须做了——并且正在继续做——某件独特的事情。

2. 科学家的身体:分布(distribution)与聚合的地点

(标题所做的)这个断言使得我能够引出我的第二个观点,这对于理解"知识过程"是非常重要的,即科学家的身体所起的作用。在这个意义上,行动者并非构成了他的肉体和灵魂的异质因素的复合体的产物(正如行动者—网络理论所认为的)。换句话说,威廉不仅仅是合成过程的结果,这个合成物与实体的网络是不可区分的(威廉既作用于这个网络,又通过这个网络发生作用)。威廉之可以与这个网络区分,在于他在这个网络中活动的独特方式——它融合了他的研究计划,转换并连接了那些本来不相联系的东西。他可以同时扮演多个角色,其作为个体的独特性来自于他可以与其他许多因素互换的能力。[①] 的确,就威廉来说,如果我们去理解某种性质是如何变换的,以及某个创新性过程是如何持续发挥作用的,那么发明者身体的存在就是不可避免的。我们看到,有血有肉的发明者在两个特定的时刻介入(网络)。

第一,每当他所开发的设备出故障的时候。正是在这些解决问题的时刻,我们目睹了主体化的过程。他一次次解决了摆在他面前的问题这一事实,使他无愧于一名发明者。我们观察到,这个认定资格的过程从一个被重新评定的环境转移到了主体。借由计算机和他们所操纵的不同模型,研究者的技能得到强化,并使得某些操作及简单化处理成为可能。在执行完某项操作之后,这些又要重新归功于某一个体的才能(而不是归因到那个网络,那个网络使得他能够去执行那些操作)。

第二,他开发了解决这些问题的特定技术:能够识别研究对象自身的特定才能。当研究人员坐在计算机面前操纵他的公式的时候,他必须掌握他的模型,分析曲线,必须知道曲线的变化对应于什么,必须表征自身及他所操纵的流体,并且知道所有从属的操作。这样之后,他就会与他的研究计划共享他的身体的属性。然后以某种特定的方式,他自己就变成了石油流体。他说道,他"渗透进了石油流体",他"察觉到了不一致","承受了变化",他被"搅乱了"。有人可能会说,他触碰到了他延展了的身体,正如某人通过引擎的声音知道了问题所在的

[①] Goffman E. The Presentation of the Self in Everyday Life. Garden City,NY:Doubleday,1959.

时候，会"变成他的汽车"。①

这种解决问题的能力，别人所没有的与事物的连接，是与他拓展其研究领域的能力相联系的。② 当描述这个"身体的转换"时，我愿意说这不是隐喻的说法，而是一个表达威廉X的身体是如何同时聚合与分布的努力（当这个身体被定义为它所依存的物质材料时）。的确，将他放置在不同研究领域的交叉处，他就能够将问题从一个领域转换到另一个领域，并且从而不断地增进他的创新性技巧与地位。其他相关部门的研究人员在遇到热力学方面的问题时总是咨询他。正如威廉所言：

> 我不用做任何特定的研究工作。我只需要用易于理解的语词进行转写，以便事情可以在别处完成。这是一份需要技巧的工作，因为我意识到某些事情并不能被彻底地理解。但是在转写及试图变换它们时，往往产生不仅仅是"知道如何（know-how）"的问题。那就是我喜欢做这个的原因；它总是向我们打开通往在我们的问题中还没有获得解释的现象的新大门——这些现象看起来相对不是那么重要，但会在它们置身其中的系统中变得重要。

通过从内部巩固他的研究团队——即通过使他的团队参与到创新中来，并且把他关于"知道如何"的知识传授给这个团队——威廉提升了他（在团队中）的认可。"当我把工作外包的时候"，他说，"我必须鼓励其他人，帮助他们获得我已经知道的东西。通过把他的计算机程序定位在解释石油流体的不同时期，他延伸了他（自身）的活动。通过把博士生安置在知名的研究实验室中——最终这些博士生会回到他的实验室，他为自己提供了用新信息武装自己的理论的可能，并且提供了扩展自己的影响范围的可能。简言之，正因为他占据了许多位置，并且因而据有了不同的空间，他才能够增进他"知道如何"的知识③，维系他在网络中的核心地位（他在其中已经占据了核心位置），并且提升他的认可度。因此我们看到——这是我的第三个观点，与发明活动完全是发生在一开始的看法相

---

① 参见：Polanyi M. The Tacit Dimension. Gloucester, MA: Peter Smith, 1983: 15-16; Polanyi. Personal Knowledge: Towards a Post-Critical Philosophy. Chicago: The University of Chicago Press, 1974: 55-63, 174-176; Polanyi. The Study of Man: The Lindsay Memorial Lectures. Chicago, IL: The University of Chicago Press: 25, 30-31.

② 根据霍华德·E. 格鲁伯（Howard E. Cruber）对达尔文的创造力那令人着迷的分析，"……思想在部分地独立的系统里的再组织——这些系统的发展并不均衡，并且每一个都遵循着多少有几分不同的定律——为不确定作用（chancy interactions）提供了环境，而后者则为每一个创造性过程提供了独特的风味。"参见：Gruber H E. Darwin on Man. Chicago, IL: The University of Chicago Press, 1981: 251; 另见第257页：个人的工作"……被组织进许多的企业中，并形成一个表达他的独特目的的总体。某些企业将会被或至少很容易被他的当下所塑造，其他一些则不然。但是无论如何，每一个单独企业的独特性并不是重点。个体往往是具有生命力的企业网络的独特集合"。

③ 格鲁伯说了一个相似的观点，见前引文第113页。

| 第八章 天使有身体吗？——科学中关于主体性的两个故事：威廉 X 和 H 先生 |

反，发明活动实则是在扩散控制力与保持控制力的过程中被建构起来的。①

3. 威廉 X：一个分散化——核心化的主体

重建科学家的身体在知识生产过程中的重要性（还有呈现物质的、人的，以及其他散乱的因素是如何围绕着科学家的身体分布、聚合的真相），使得我能为想回答的问题提供一些线索：当知识是行动而非沉思时，什么样的主体将会在这样的知识语境下被创造出来呢？通过反对把创造性过程表征为简单的心灵操作，我展示了智识在各种实践活动中的重新分配——通过这些实践活动智识才得以浮现出来（如果没有赋予其成员以力量的整个共同体，威廉及其发明是不会起作用的）。顺着这条分析思路，我想我可以说明，这个分配操作及对于实践的复归，与其说使我们失去了主体，倒不如说使我们能够理解他（威廉）是如何（通过归因过程）被非凡化的、他又如何非凡化自身及如何进行发明。因此，与布兰尼根或行动者网络理论似乎要主张的相反，这些归因过程并非任意武断的，而是操作性的。换句话说，与其说通过显示并没有发明及其发明者——有的仅仅是"关于发明的说法"："一切都是设计好了的"，要么是"随意的"，要么"目标是使得那个过程存在"——而消解了主体，倒不如说，我们所看到的是一个制造非凡的集体过程，所说的那个个体也参与其中；这个过程使得某一主体浮现出来，并且完成了发明活动。因此，这些解释使得个体的变化得以可能。我们目睹了非凡化与一般化（generalization）的双重活动。正是通过非凡化某个个体，我们才一般化了他的或她的支配力量。

这项研究的最终目的是重新引入富有创新性的行动者在发明活动中的作用。但这是一个被赋予了新属性的行动者。与经典的人文主义相比，这个主体更加接近于"没有主体的行动"的结构主义。与其说是一位纯粹依靠他的推理能力而改造世界的具有智慧的科学家，倒不如说——采用福柯对于创造者的理解——他是为我们的选择性操作构造起来的。与此同时，与结构主义的主体相比，这个主体更加接近于行动者网络。他不仅仅是结构令其所是的，因为他可以参与并融入系统之中，并且同时通过许多特征而使自己区分出来。② 最后，与行动者网络理论

---

① 这与传播论者模型相反，参见：Latour B. Les Microbes：Guerre et Paix suivi de Irréductions. Paris：Métaillé，Coll. Pandore，1984：281.

② 正如福柯所说："我想要知道个人是否不能（在某个其他地方）发现限制的规则系统——它使得科学成为可能，即使是在人类头脑之外、在社会形式之中、在生产关系之中及在阶级的斗争之中，等等。" in Arnold Davidson（ed.）. Foucault and His Interlocutors. Chicago，IL：The University of Chicago Press，1997：123. 而且"……在科学史或思想史中，我们过多地强调了个人的创造性，而把公共的、一般的规则搁置一旁，但它们却通过每一个科学发现、每一个科学创新、或者甚至是每一个哲学革新来隐晦地显现自身"见该书第 119 页。

中的行动者（一种立体派式的图景，其中的行动者丧失了所有的心理可能性）相比，这个主体也更加接近于有能力转换问题、使自己沉浸于客体中、经历着蜕变的心理学意义上的行动者。我称这个主体为"分散化—核心化的"主体。总之，我认为某个行动者越是被分散化、社会化、集体化和复合化，他就越显得非凡，越自负，越发是一个不可替代的身体。行动者越是与大量的因素相联系，他或她就越具有创新性，或越具有创新的潜能。

三、插　　曲

　　从以上第一个案例，我想要重新提出科学生产的平凡性问题（banalization），以及行动者如何呈现（对于这个行动者，我们可以把天才的专业知识和创造力归属于他）的问题。因此，我的研究就在于提示并描述一个作用的整体——通过这个整体，我们就能够理解非凡的行动者是如何被构造起来的。通过这些开发出来以助于理解个体是如何（在建构他自身的过程中）构建认知主体的工具和概念——即集体主体是如何被铭刻在了非凡的（个体）行动者的功能之中的——我想要把分析的焦点重新转移到纯粹的科学天才的问题上来，而科学史家与科学社会学家已经在这个问题上缺席了20多年。

　　选择研究"英雄"人物霍金，使我能够重新确定这项研究中的两个变量——世俗的及公共的维度——它们在归因过程中起作用，并且正如我已经表明过的，它们构成了创新路径的一个至关重要的部分。的确，对于威廉X的案例研究是完全限于一时的。我在他的研究室待了几个月的时间，但是如果我的研究计划在两年之前或者之后开始，那么我又将看到什么样的人物出现呢？跟随着霍金，就有可能分析在长达十五年的时期里的报道，并且追寻构成了天才的因素是如何及为什么变化的。（可能在20世纪70年代中期，一个好的科学家的形象是不同的？）而且，威廉是在一个世界知名的研究机构里被普遍认可的专家，也是在他的研究领域里为国际所公认的专家，但是在一般的读者群体中，就我所知，没有人听说过他。在霍金的案例中，每个人都知道他，但是这些流行于公众中的非正式的归因过程到底是如何发生作用的呢？最后，有了霍金，在一个消极的意义上，我们也就有了肉体的维度，正如我已经强调过的，这对于科学知识的生产是至关重要的。确实，作为一个完全瘫痪的人，他是如何可能开展他的研究活动的？对他的助手及同事做了一系列采访之后，我将试图来回答以上问题。

　　有了这个研究设想后，让我们看看已有的工具——分配、归因等——是否可以在分析其他类型的认知主体时起作用，他就是著名的卢卡斯数学教席教授、畅销书作者——霍金。

| 第八章 天使有身体吗?——科学中关于主体性的两个故事:威廉 X 和 H 先生 |

四、天才的解构:编造霍金

作为开场白,我将以约翰·洛克在其著作《人类理解论》①中所提出的思想实验为开端。这个实验以下面的谜语为基础:如果科学家眼窝中装的不是眼睛而是显微镜,那么将会发生什么?回答是:用这样的假眼睛武装起来,他们可以获得事物的本质,因为他们"可以发现物质微小部分的结构和运动,他们中的许多人可能会获得事物内部构造的观念",但是他们与此同时也会变成天使,因为他们将"处在一个与其他人十分不同的世界:(与以前相比)没有东西对于他们及其他人来说会显现为相同的样子:任何事物都可见的观念将会变得不同"。洛克补充道:"因此,我怀疑这些人是否会与其他人谈论所看到的东西,或者有任何关于颜色的交流,因为这些东西看起来完全不同了。"② 因而,他们在神性中所获得的东西将会在人性中失去,因为人类还没有能力与他们交流。所以洛克总结道:

> 因为我们有理由去想象,天使们能够为自身承担不同体积的、不同形状的及不同构造的身体——他们中的某些是否(与我们比较起来)拥有这个重大的优势,要依赖于这个,即他们能够如此这般地框定和塑造感觉与知觉的起源,以便使它们能够适应于现在的设计,以及他们将要考虑的客体的环境……至少某些时候,天使也有身体的猜想不会使我们吃惊;因为教堂里的某些非常年老、非常博学的神父们似乎相信他们也有身体,但我们并不知道他们的状态及存在方式,这是确定无疑的。③

由于错误或者偶然,我们认为我们已经发现了一个天使。他虽没有代替眼睛的显微镜,但他确实有用作发声的合成器;取代他的身体移动的是他的轮椅和计算机。

霍金在他的生命中经受了一系列的挑战,这些挑战开始于他 21 岁时,当时他患了肌萎缩性脊髓侧索硬化症(也称作路格里克氏病),这个病症的典型特点是肌肉萎缩。④ 1985 年时他又患上了肺炎,并且做了气管切开术,随后便确定无疑地失去了说话能力。在克服这些痛苦的折磨中,霍金变成了一个天使。然而,

---

① Locke J. An Essay Concerning Human Understanding. Oxford: Oxford University Press, 1988: Chapter 23, 160.

② Locke J. An Essay Concerning Human Understanding. Oxford: Oxford University Press, 1988: Chapter 23, 162.

③ Locke J. An Essay Concerning Human Understanding. Oxford: Oxford University Press, 1988: Chapter 23, 163-164.

④ 当霍金的病症初现的时候,医生告诉他只有两年生存时间;但是,他现在活了 30 多年。

尽管我们赞颂他那探得事物本质的能力——这要归功于他深刻的理解能力，但很矛盾的是，他仍然需要依靠某项技术——他的计算机——而与他的人类同胞保持联系。在轮椅中的霍金教授与宇宙之间并无媒介物——或者仅有一个媒介：他的心灵。正如大众媒体所报道的：

灵魂超越物质：在一个轮椅的局促环境内，斯蒂芬·霍金在宇宙中遨游着。①

斯蒂芬·霍金探测到了宇宙的核心：他的科学天才在他那残疾的躯体上空飞舞——以揭开宇宙最深处的秘密。②

宇宙中翱翔：物理学家斯蒂芬·霍金被局限于一个轮椅，一个事实上拘禁了他身体的牢笼，但他的智识却把他带到了遥远浩瀚的宇宙。③

阅读上帝的心灵：被拘禁于轮椅之中，甚至连说话都不可能，物理学家斯蒂芬·霍金却试图找寻那将可以解释宇宙的"大一统理论"。④

因此，霍金使孤独天才神话般的人物角色具体化了：一个想要——并且宣称能够——用自己的心灵把抓住宇宙的最根本法则的人。⑤ 虽然在威廉 X 的案例中，在理解他被构造出来的基础方面，我并不十分努力去主张那个天才（威廉）是社会建构的。但以下我的研究路径将会是一种大胆的建构主义——也就是说，在关于其自身伟大的集体性创作中，所涉及的科学家本人和他做了什么。

1. 隐藏的科学家：在分散的躯体之后

霍金教授工作于剑桥大学的应用数学与理论物理学系。他经常被他的四个学生所围绕，他会根据他们的能力和资质而布置不同的问题。约翰正在研究虚拟黑洞（以及它们的可预测性），马修在研究黑洞的产生，波布在研究广义相对论的数学公式，而皮特在研究弦真空（string vacuum）的稳定度。⑥ 这些学生之间只有为数不多的一些交流，但他们都直接与霍金交流。霍金教授是波普尔眼中的科

---

① Hornsby J, Ridpath I. Mind over matter. Sunday Telegraph Magazine, 1979：44-50 (44).
② Boslough J. Stephen Hawking probes the heart of creation. Reader's Digest, 1984：124：39-45 (39).
③ Jarroff L. Roaming the cosmos. Time, 1988：34-36 (34).
④ Adler J, Lubenow G C, Malone M. Reading God's mind. Newsweek, 1988：36-39 (36).
⑤ 西蒙·沙费尔（Simon Schaffer）展示了"天才"这个词是如何应用于 18 世纪末的自然哲学家身上的。他解释道，像自然哲学家这样的浪漫天才，他们拥有预测自然和发现它们的秘密的非同寻常的，甚至是神秘的力量。参见：Simon Schaffer. Genius in Romantic Natural Philosophy. in Andrew Cunningham and Nicholas Jardine（eds）. Romanticism and the Sciences. Cambridge：Cambridge University Press, 1990：82-98. 关于独говорит这个话题，可参见一篇有趣的文章：Shapin S. The mind is its own place：Science and solitude in seventeeth-century England. Science in Context, 1991, 4：191-218.
⑥ 这篇文章的研究完成于 1996 年。由于个人隐私的原因，我更换了霍金的学生的名字。

第八章 天使有身体吗？——科学中关于主体性的两个故事：威廉 X 和 H 先生

学的化身。① 正如他的一个学生所说的，他有着"可以做什么的直觉"、"创意"、"创造性的头脑"，而这些是他那疲于作证明推理的助手们所试图放置进数学公式中的。单单霍金一人是无法操纵这些计算的，原因很简单——但常常为认识论学家所忽略，那就是，为了做数学推理，你不仅需要一个头脑，你还需要十个手指来写公式，需要画图表及操作电脑。② 拘于轮椅，全身残疾，霍金仅仅能够使用他的一个手指——他的护士每天早上温柔地将它摆放在连通电脑的开关上。但是计算机本身并不会运算；它需要研究人员以敏捷的身手来操作。他们说，这就是其中的一个原因，为什么霍金发展出了以几何的形式把数学具体化的能力。他还会用可以把语词转换为符号的程序，因为虽然他不能计算，但他可以组织句子，尽管都很简单。因此，他的学生完成了他的大部分工作。

然而，计算机极大地改变了他的环境。在1985年，当他做气管切开术和失去声音之前，他在表达上存在着重大困难。只有少数内行可以理解和解释他想要说什么。他就是这样口授他的科学文章的。他的秘书或者他的学生常常把书籍或文章摆放在他的面前，或者用一个音乐架，当他的手指碰触底部时他的助手就翻页——因此他也能够阅读。他也能够利用墙上的幻灯片来查阅一系列文章。至于电话，那仍是无能为力的。今天，多亏了一整套智能系统——一个叫做"生活中心"的交流程序（这是沃特·沃特兹（Walt Woltosz）给他的，属于桑尼韦尔市的"沃兹·普拉斯公司"（Words Plus Inc.）），和一部合成器（由"司丕奇·普拉斯（Speech Plus）公司"提供），他才能够和别人交流（他现在可以与任何人交流），能够写作甚至阅读，因为许多文章都——或最终将——能够显示在电脑上。新的文章直接被发送到他的电子档案里面。因此，他就能够获得反馈，查明有意思的问题及可能的解，并且把它们组织起来以找寻新的答案。他也可以接听电话，因为电话就是一个麦克风和扩音器，因此他不需要手握听筒。仅仅通过一个开关——别人把它放在他的手里，他的手指环绕着这个开关——霍金就可以自己控制这整套系统。这个设备所有的不过是一个高度敏感的开关，它控制着一个（计算机）光标。因为光标可以自动上下移动，所以霍金可以通过按动开关来选择单词。那个合成器及个人电脑就安装在他的轮椅上，因此他的声音就可以跟随他到任何地方。每年都有一位新学生来负责这些"机械"装备：照看霍金教授的计算机，确保他的轮椅工作正常，甚至修理他儿子的自行车。

在这个环境下，霍金教授的秘书也起到了重要的作用。经过一段时间之后，

---

① 例如，正如在"发现的语境"与"辩护的语境"的著名的区分中一样——这个区分来自于莱辛巴哈，并且被波普尔应用于《科学发现的逻辑》与《辩护与反驳》这两本书中。第213页注③。

② 参见：Goody J. The Domestication of the Savage Mind. Cambridge: Cambridge University Press, 1977.

她发展出了一种与霍金交流的独特方式。她不用等到霍金开口说话；她只需要看着霍金的眼睛就知道他的回答，她解释道，就像一个小孩在学会说话之前一样。而且她回忆道，这种练习并没有什么特别的难处，因为她自己就有四个孩子。今天，她向霍金展示了一份邀请函，这是一位著名教授邀请他到智利去参加一个会议。她知道，霍金去的可能性不大，但"他是她的老板"，并且"我需要让他感觉到他就是老板"。但是，如果霍金教授用他的眼睛回答"可以"那又怎么样呢？她知道，这个简单的单词或符号"可以"，可能要花费她18个月的工作来组织一切——就是说，霍金通过他的合成器与大量热心的智利科学家们交谈，她则需要亲自把每一个单词转换给坐在轮椅中的霍金教授。对任何细小的技术细节的忽略都是不允许的，比如有关旅行及装配有计算机系统的轮椅所招致的所有麻烦（像安全性），再比如旅行的资金问题，尤其是旅行的科学性方面。她将不得不与霍金要与之谋面的所有知名人物取得联系，并且弄清楚他们将要问什么样的问题（以便让霍金事先对回答有所准备）。这样做的目的是尽可能地减少不可预测的干扰。因此，在某种意义上，霍金教授已经为所有他将参加的正式会议"预编程"了。最后，她还要处理好他的个人财务与法律问题（后者是指婚姻的问题，暗指他的离婚及与他护士的再结婚），以及诸如安排他的儿子出国或从学校接儿子回家这样的个人问题。她还要打理与媒体的关系，保存每天从霍金的崇拜者那里收到的成打的信件。因为他的著作《时间简史》是10年前出版的，如果他去阅读那些他从来没有读过或从来没有注意过的信件，那么这将花费他每天醒着的时候的所有时间。最后，一个由四人组成的护士团队几乎关照了霍金所有的身体需求，从帮他刷牙、喂他吃饭，到帮他梳头、为他穿衣服。

因而，在霍金教授的案例中，不为人种学家所见的运动的和认知的活动——这要么是因为它们关涉的是作为私人的科学家（他刷牙的方式与理解他是如何思考的基本上不相关），要么是因为它们通常被包含在了单个的身体之内（例如在一个健康的物理学家的躯体内，像威廉）——变得可见了。这些活动实际上外在化和包含在了其他的身体内。因此，与给定的形象相反，霍金教授比其他理论家更多地包含在了他者的身体内。相应地，"观看"他的技能是如何授予、复制、重新分配给人们及机器是可能的，而这对于理解他头脑的工作是必要的。[①] 正如上文所显示的，这个动员过程包括了他的计算机的性能，以及来自不同研究领域

---

① 关于分布化的身体（distributed body）的有趣的人种学研究，参见：Hirschauer S. The manufacture of bodies in surgery. Social Studies of Science, 1991, 21 (2)：279-319. 关于分布化的认知的概念，参见：Hutchins E. How a cockpit remembers its speeds. Cognitive Science, 1985, 19 (3)：265-288；Hutchins, Cognition in the Wild. Cambridge, MA：MIT Press, 1990；Suchman L A. Plans and Situated Actions：The Problem of Human-Machine Communication. Cambridge：Cambridge University Press, 1987. 参见：Reseaux (CNET), No. 85：Septembre-Octobre 1997. 它讨论了工作语境下的合作问题。

| 第八章　天使有身体吗？——科学中关于主体性的两个故事：威廉 X 和 H 先生 |

的学生，他们使得霍金能够整合多样的信息与问题的不同面相；它（动员过程）还包括了他的秘书的才能，她根据霍金的喜好及能力范围而分类、安置数据（她会把会议的邀请信给他看，但不会把他的崇拜者的信件给他看）。她也会像照顾霍金的私人生活方面一样管理他的专业领域，包括平稳地操作霍金的智能系统——这个系统以霍金与之有着特权关系为基础，以及某种宫廷社会式的秩序——在其中，皇帝个人的出现才能决定朝臣的行动。所有"纯科学"的基本方面——思想、证明、计算、发现及辩护的语境、科学家工作的接受——因此都被包含和分布在了整个实验室中。

然而，我所展示的霍金教授却是我自己建构的成果，它以"围绕着他"展开的采访所收集的信息为基础；至于霍金教授（本人）——至少在我写这篇文章的时候，他拒绝所有的书面采访——则是不可见的。

2. 把集体的身体转变为一个失去身体的大脑

那么，霍金将在什么地方及以什么形式出现呢？我上述描绘的社会认知网络或团队将会"神奇地"从媒体面前消失。[①] 所有留存的只是这个非凡的身体的形象。探究着、围绕着霍金身体的媒体网络，其功能是使这具身体可见并可移动，恰恰因为这身体注定是不能移动不可见、不必要的。简言之，正是因为这个身体的形象不再起作用，因此这个科学家的身体才变得可见。撇开表面的轻信来把握这个辩证现象，我们赞美他是因为他超越了他的身体条件的限制，但流行的观念则以他没有身体或自我意识而推崇他。[②] 对于认识论研究者来说，霍金并没有残疾：他已经成为了一个完美的科学家，一个没有声音的人，一台机器，一个天使。

因此，媒体及这个科学家自己——我们将会看到他是如何允许或禁止媒体探究他的身体的——把这个集体的身体转变为一个失去身体的大脑。因此，锚定的焦点就是他的残疾，所有的讨论都围绕着它展开：这是否定呢还是肯定，因为残疾他才成为了一位天才？关于如何理解这个"因为"，可以得出消极的和积极的评论。消极的评论：物理学家杰雷米·邓宁-戴维斯（Jeremy Dunning-Davies）试图解释"霍金现象"，并认为霍金教授并没有什么特别的——"除了他的残疾，他被媒体过分地吹嘘了，而且这些媒体把他放在牛顿与爱因斯坦的传统上，而事实上他的理论现在还没有被证明"；[③] 记者阿瑟·卢鲍（Arthur Lubow）认为：

[①] 他私人生活的某些细节与他的护士所扮演的角色则除外。一般而言，他的计算机更多地被看作交流的手段，而不是工作的工具。

[②] 参见：Schaffer，第 230 页注⑤。William Clark. On the ironic specimen of the doctor of philosophy. Science in Context, 1992, 5 (1): 97-137.

[③] Dunning-Davies J. Popular status and scientific influence: Another angle on "The Hawking Phenomenon". Public Understanding of Science, 1993, 2 (1): 85-86.

|专长哲学|

"霍金将不会革新物理学,但会给我们留下他的微笑面孔。"① 相反,其他人的评论要积极一些——或者,正如我们将要看到的,他们把残疾转换成了一个积极的因素。首先,在任何人眼里带病的身体都表征一种障碍——除了霍金本人,他把自己看成一个例外,并且欣然赞同下面的看法:

    35岁的时候,尽管身体上遭受了严重的残疾,斯蒂芬·霍金确立了自己作为世界上最重要的理论物理学家之一的地位。②

在其他的解释中,与其说霍金的残疾被看做是一种障碍,还不如说是看做他的表现与创造力的源泉。因为他不用再为日常的和俗世的事务所打搅——他的人类同胞却仍需分担,所以他就可以完全投入思想的事业。他变成了一个与广袤的宇宙交流的纯粹的大脑生物。③ 人们对他那不同凡响的记忆力印象深刻,并且把他与可以在脑海中创作交响乐的莫扎特相比;一位记者补充道:"任何一个在最近一次研讨会上见到像乐谱一样布满了整个黑板的、一行行复杂的数学运算的人,都会赞同那个(与莫扎特)对比。"④

不仅仅是简单地追随着伽利略、牛顿和爱因斯坦的传统,单单是在霍金的头脑中就有着一些历史上最伟大的脑袋所累积的知识;正如一位记者所注意到的,(他的)头脑几乎是被并不存在的身体所支撑着。⑤ 最后,可以通过霍金的研究课题而看见他。他自己变成了一个黑洞:

    有一个称作时间膨胀的相对论现象——物体趋近光速,时间减速直至几乎停止。霍金在他的一本书中提到,当宇航员加速到趋近黑洞时,当所有的不朽都在时间中的一瞬间消逝时,将是什么样的情形呢?在某种意义上,霍金本人也经历了某种时间膨胀——一种难以言明的自然过程的放缓,为他那预期中的生命期限延长了几十年。他所找寻的答案可能就在他的视野中。但是,那可能就是黑洞的表面(event horizon)。⑥

---

  ① Lubow A. Heart and mind. Vanity Fair. 1992,44-53,paraphrasing from 53.
  ② Ian Ridpath. Black hole explorer. New Scientist. 1978:307-309 (307).
  ③ 对(霍金)的技能的分析,"对于要么有助于要么有碍于真知识获得过程的身体情况的讨论"。参见 Lawrence,Shapin,eds. 第217页注④中引文,特别是:Shapin S. The Philosopher and the Chicken:On the Dietetics of Disembodied Knowledge. 21-51;Browne J. I Could Have Retched All Night:Charles Darwin and His Body. 240-288.
  ④ 里德帕思,见本页注③第308页。但这是科学这个事实仍然是至关重要的。正如另外一个科学记者告诉我的:"如果霍金是创作音乐的作曲家,我并不认为你还会做同样的项目。如果霍金真在他的头脑中创作音乐并且指挥其他人或电脑,那将非常有意思——那将是非常不同的。人们认为科学与文化的其他方面是有区别的。"(采访材料,1996年9月)
  ⑤ Appleyard B. A master of the universe. Sunday Times Magazine London,19 June 1988:26-30 (26).
  ⑥ Adler,Lubenow,Malone,第230页注④第39页。作者本人强调。

| 第八章　天使有身体吗？——科学中关于主体性的两个故事：威廉 X 和 H 先生 |

因而，我们目睹了围绕着心灵—躯体二分的天才的构建过程，以及从霍金这个人到无身体的纯粹大脑主体的转变过程——我们是以阅读他的研究对象来结束的。当我们通过威廉所发明的模型来试图领会他作为创新者的才能时，我们也就看到了在霍金病态的身体、他那失去身体的大脑和他所从事的物理学理论的内容之间逐渐形成的关联。

然而，尽管"卓越的霍金"是集体建构的产物①，但我们将会看到他自身如何介入这个建构过程。报纸都是以关于霍金的引文为料，并一定程度上围绕此来组织报道——这些引文从头至尾都是相似的，因为正如他的秘书所确认的，霍金的人生故事的所有篇章都保存在了他的计算机里。所有的答案都已经准备好并且在等待着被取用。从这个意义上来说，与霍金对话就意味着与他的计算机对话，后者为他的人生提供了一成不变的版本。因而，他的自传几乎是固定不变的。他是如何在他的作品中呈现自己的呢？

尽管他的母亲认为霍金并不觉得自己与别人有什么根本区别②，但他的前妻相信自己的主要职责之一就是提醒霍金他不是上帝。③ 在这两个极端之间，我们可以看到他是如何把自己摆放在那个最伟大的传统之中的。确实，霍金自觉地拥抱了斯蒂芬·格林布拉特（Stephen Greenblatt）所谓的"自我塑造过程"："把某种形象施加在自己身上的力量，是某种更为一般的控制身份认同的力量的一个方面——对于控制其他人的身份认同，至少和对于自身的一样频繁。"④ 然而，在马里奥·比亚焦利（Mario Biagioli）关于伽利略的研究中，他注意到：

> 通过强调（这个）自我塑造过程，我既没有假定一个业已存在的"伽利略"：他在不同的环境下使用不同的策略，但仍然保持"真实的自我"，也没有假定伽利略被包含着他的环境所消极地塑造。相反，我要强调的是，他是如何利用他从周遭环境中知觉到的资源来为自己构建一个新的"社会-专家"（socio-professional）身份、提出一种新的自然哲

---

① 关于天才的集体建构，参见：Cantor G. The Scientist as Hero: Public Images of Michael Faraday//Yeo R, Shortland M, eds. Telling Lives in Science: Essays on Scientific Biography. Cambridge: Cambridge University Press, 1996: 171-195; Yeo R. Genius, Method, and Morality: Images of Newton in Britain, 1760—1860. Science in Context 1988, 2 (2): 257-284; Heinich N. La Gloire de Van Gogh: Essai d'anthropologic de l'admiration. Paris: Editions de Minuit, 1991.

② 参见：Hawking S, ed. Qui êtes vous Mr Hawking? Paris: Odile Jacob, 1994: 204. 该书被作为读者的《时间简史指南》，由霍金主编，Gene Stone 策划。笔者引的是英文版，出版于美国：New York: Bantam Books, 1992.

③ Lubow, 第 234 页注①第 53 页。

④ Stephen Greenblatt. Renaissance Self-fashioning: From More to Shakespeare. Chicago, IL: The University of Chicago Press, 1980: 1.

学及为这种哲学发展出一批彬彬有礼的观众。①

我们看到,在把自己塞进那个伟大的科学家传统的过程中,霍金运用了相似的自我塑造策略。的确,他喜欢强调,并且已经把它包括进了在互联网上的他的自传里:他正好是在伽利略死后的300年出生的。这个最初出现在1987年的谈话中的说法,是以如下形式呈现的:

> 我出生在1942年的1月8日,正好是伽利略死后300年的时候。但是,我估计在那一天还有其他20万个孩子也出生了。我不知道他们随后有没有对天文学感兴趣。②

在1990年的《花花公子》杂志上,他的一个采访被逐字逐句地引用(题目是《坦诚的交谈》)。我们注意到了这位没有身体天才的谈话的传递效应,这个效应配有他一幅卷曲金发的富有魅力的照片。因此,有人可能会说引文被语境化了;通过这样一份突出了所有隐含意思的宣告,这个杂志的记者加强了(霍金与伟大科学家传统的)谱系关系,并同时强化了他的科学家地位及他理论的影响力:

> 记者:由于伽利略的异端邪说:宇宙理论,他被天主教会起诉并关进监狱。他和你有什么共同之处吗?
>
> 霍金:有的。但是,我估计在那一天还有其他20万个孩子也出生了。[微笑]我不知道他们随后有没有对天文学感兴趣。③

伯纳德·卡尔(Bernard Carr),霍金之前的一个学生,也喜欢强调霍金与伽利略的这种谱系关系。卡尔曾与霍金一起坐飞机前往罗马接受"因为杰出工作而颁给年轻科学家的""庇护十二世奖章(Pius Ⅻ medal)",奖章由教皇保罗六世(Pope Paul Ⅵ)亲自颁发。卡尔回忆道:

> 我记得,当我们去梵蒂冈的时候,他很热衷于跑去档案室查看据说是伽利略改变宗教信仰的文件——当时伽利略迫于天主教的压力而宣布放弃他的日心说理论……我觉得很有意思,天主教最后宣布他们错怪伽利略了,他实际上是对的。但我不是特别确定,如果教皇能够理解霍金的东西,那么他是否会赞许霍金的发现。④

这也是霍金的观点。他留意到,如果他与加利福尼亚大学的詹姆·哈特尔(Jim Hartle)在1982~1983年——在量子宇宙理论的框架下,计算宇宙的状态

---

① Mario Biagioli. Galileo, Courtier: The Practice of Science in the Culture of Absolutism. Chicago, IL: The University of Chicago Press, 1993: 5.

② 这个谈话来自于苏黎世的"国际运动神经疾病协会"(International Motor Neurone Disease Society)(1987年)。

③ Playboy Interview: Stephen Hawking—Candid Conversation, Playboy, 1990, 37(4): 63-74 (64).

④ 参见:第235页注②第119页。

| 第八章 天使有身体吗？——科学中关于主体性的两个故事：威廉 X 和 H 先生 |

是没有边际的——构想出的假说是对的，那么将会没有非凡性可言。科学定律将会适用于包括宇宙开端在内的任何地方。因此，他将成功地实现发现宇宙起源的志向，并且因而会违背教皇在 1981 年关于研究大爆炸理论的禁令，"因为那是大创造的时刻，因而是属于上帝的工作。"①

因此，霍金开始写他自己的宣判与执行（auto-da-fe）：出生在伽利略死后的 300 年，最后一次可见的"活着的"身体的痕迹以签名的形式附在了"黄金书"（golden book）上，这本书使他永垂不朽，并在 1979 年把他摆放在了"伟大的万神殿"（the Pantheon of the Great）里——那时他就任为卢卡斯数学教席教授，这把交椅之前为牛顿所占据（霍金很喜欢这样回忆）。② 那就是霍金最后一次签下自己的名字的时候：

> 1979 年我荣升为卢卡斯数学教席教授。这是艾萨克·牛顿曾经坐过的席位。他们有一本很大的书，每一位大学教学人员都要在上面签名。当我做了卢卡斯教席教授一年多以后，他们意识到我还没有在上面签名。因此，他们把那本书拿到了我的办公室，而我则非常费力地签了自己的名。那就是我最后一次签下自己的名字。③

在媒体探索霍金病体的描述中，也透露出他对自己著作所应有的功能的设定，即强调在他与其观点之间某种明确的关联。

> 我女儿露西出生后不久的一个晚上，当我进入睡眠的时候我开始思考起了黑洞。我的残疾使得这个过程相当缓慢，因此我花费了大量的时间。突然我意识到，黑洞表面的区域总是在随着时间而增长。我是如此的兴奋以至于那晚都没怎么睡觉。黑洞表面区域的增长启示了黑洞具有一个称作熵的量，这个量可以测量它所包含的无序度；如果黑洞存在熵，那就必须存在着温度。然而，当你在火中加热水壶时，它就会变得炽热并且发出辐射。但是黑洞却不能发出辐射，因为没有东西可以从黑洞中逃逸。④

在约翰·鲍斯罗特（John Boslough）1985 年出版的解释霍金的发现的传记

---

① 参见：第 235 页注②第 120、121 页。
② 正如格林布拉特所说："如此人物的自我塑造，牵涉将自己委身于一个绝对的权力或权威（它们至少部分地外在于那个自我），如上帝、神圣的经典，以及诸如教堂、朝廷、群落或军事部门这样的机构。"参见：第 235 页注④第 9 页。
③ 参见第 235 页注②第 151、152 页。
④ 参见：第 235 页注②第 92 页（这是我要强调的）。这段引文的前两句实际上重复了霍金在《时间简史》中的句子（London & New York: Bantam Books, 1998; 2nd edn 1996）第 113 页："然而，1970 年 11 月的一个晚上，也就是我女儿露西出生后不久的一个晚上，当我进入睡眠的时候我开始思考起了黑洞。我的残疾使得这个过程相当缓慢，因此我花费了大量的时间。"

中，没有提到霍金的疾病。① 但是自从霍金于 1988 年发表《时间简史》之后，霍金的解释就成了确定的版本。我们再次看到，霍金是如何被转换成一个没有身体的主体的；因而，如在《斯蒂芬·霍金致初学者》(Stephen Hawking for Beginners) 中，文章的前两句话就是上文我们引用的，几乎是逐字逐句：

> 1970 年 11 月的一个晚上，在我女儿露西出生后不久，当我进入睡眠的时候，我开始思考起了黑洞。我的残疾使得这个过程相当缓慢，因此我花费了大量的时间。

除此之外，某个记者补充道：

> 刹那间，他领会到黑洞的表面区域绝不可能缩小……他不需要笔和本子，也不需要电脑——画面全部在他的脑海之中。②

最后，他的残疾与他的研究课题的选择也是明显地关联着。在《时间简史》的引言里，他强调，尽管他很不幸地患有运动神经元疾病，但是他在其他任何方面却是幸运的——尤其是他选择了理论物理学，因为所有的东西都在脑袋中，所以他的疾病也并不是什么严重的妨碍。③ 因此，当一个记者问他，是否他的疾病影响了他对工作的选择时，他回答道：

> 其实并不如此。在我知道自己有这个病之前，我就已经决定了在这个领域工作。它唯一影响我的，就是使我避免于处理大量的公式，因为我不能很轻松地书写它们。我必须寻找捷径。④

然而两年以后，面对那本质上同样的问题：

> 记者：为什么会选择理论物理学作为研究领域呢？

霍金回答道：

> 因为我的疾病。我选择我的研究领域是因为我知道我患了肌萎缩侧索硬化症 (ALS)。宇宙学不像许多其他学科，它不需要上课。这是一个幸运的选择，因为它是少数几个领域之一，在其中我的言语障碍不成为妨碍。我很幸运，因为当我在 1962 年开始我的研究工作时，广义相对论和宇宙学还没怎么发展起来，也没有什么竞争，所以我的疾病并不是什么严重的障碍。还有许多令人兴奋的发现等着我们去完成，并且去

---

① Boslough J. Beyond the Black Hole: Stephen Hawking's Universe. London: Collins, 1985: 63-64.
② McEvoy J P, Zarate O. Stephen Hawking for Beginners. New York: Totem Books, 1995: 124（我所强调的）.
③ A Brief History of Time, 第 235 页注②。霍金告诉我们，当他得知自己患病后，也就是他作为博士研究生找寻研究课题的时候，他发现了彭罗斯 (Penrose) 关于物体引力坍塌的研究工作。
④ 第 234 页注⑤，第 29 页（我所强调的）.

| 第八章　天使有身体吗？——科学中关于主体性的两个故事：威廉 X 和 H 先生 |

这样做的人还不多。当下，却有了更多的竞争……（微笑）。①

部分地由于某些实际的原因，疾病因此成为了激励霍金选择研究领域的主要因素。这个版本的说法现在已经确立下来了。因而，下述事实：霍金出生在伽利略死后的 300 年、当他获知自己得了疾病后的反应（他听着瓦格纳并且喝醉了）、在生活中他的妻子所扮演的重要角色、造成了他的美国口音的计算机的笑话及他对自己的发现的解释，现在都被看做是"给定的"，而且一遍又一遍地拿出来用。他自己要么"遵循规则"并任由媒体去发挥他的解释，要么（某些时候）"叛变"并介入他自己的神话的构建：

记者：根据一些报纸采访，以及最近由 ABC 电台的休·道恩斯（Hugh Downs）主持的 20/20 节目，当你获得诊断结果时，你完全认命了并纵情饮了几年的酒。

霍金：这是一个不错的故事，但不是真的……我转而去听瓦格纳的音乐，但是报道所说的纵情酗酒却是夸大其辞了。问题是，只要一篇文章这么说，其他的都会这么说，因为这是一个不错的故事。任何在印刷品上反复出现的东西都会变成真的。②

在最终成为神话的一部分之前，上述这个说法相应地也被拿来用了无数次。相似地，当他参与到围绕着他的残疾的、对媒体（关于他的天才的）建构的集体否定时：

凯文·伯格（Kevin Berg）——西雅图太平洋大学的大一学生——（在一次会议上）问到："对于被称为世界上最聪明的人，您作何感想？"霍金迅速地挑拣出几个单词。他拼写出了"媒体"和"大肆宣传"这两个词，它们都不在他的计算机的 3000 个词汇内。他的反应"十分尴尬"。"那是些垃圾，不过是媒体的大肆宣传。他们只是想要一个英雄，而我则刚好适合他们的残疾天才的模板。最后，我的确残疾了，但我不是一个天才。"

这个宣言是说给一群残疾人听的，他们因此而被提升到了潜在的天才的行列，而与此同时霍金也被强化了。然而，霍金自己也是接受由媒体所实现的转变的，因为一会儿工夫之后他又对这群同样的观众做了如下的述说：

现在，肌肉的力量正在废弃。机器可以提供那些东西。我们所需要

---

① 引自：Hawking's Playboy interview，第 235 页注④第 68 页；参见：Hawking S. Black Holes and Baby Universes, and Other Essays. New York, London: Bantam Books, 1994：23.

② Playboy，第 236 页注③第 66～68 页。参见：Hawking，本页注①霍金书第 23 页。

的是心灵的力量,而残疾人在这方面与任何人都是一样的。①
所以,尽管霍金不再能够控制他自己的身体,但是我们看到了他是如何部分地控制了自己的形象,以及在他的身份建构过程中的身体的角色。他在自己的作品中完成了上述二者——因为即使他现在拒绝所有的书面采访,他的引文还是可以用到——尤其是在对残疾人的公众演讲中,在科学电台节目中,或者是在《星际迷航》(Star Trek)中(美国的科学小说系列)。

3. 你在哪儿,霍金先生?

因而,我们通过描述编织于科学家与他的同事、与他的工作及与他的研究课题之间的关系,勾勒了对于塑造身份、自我和主体产生作用的若干过程。这个过程部分地要依赖于这个科学家是如何呈现自身的——即依赖于他是否会利用他的残疾的相关性;依赖于他如何利用那些他会露面的场合(像《星际迷航》《花花公子》);以及依赖于他对公众(伙伴)、科学项目或残疾人的选择②——部分地依赖于他在关系网中的举动,无论如何这个网所具有的"意图"都会被归因到霍金。

然而,这个相对稳定的形式,这个以连续的谈话、表征和陈述所建构起来的身份,真的与那个"真正的、独一无二的霍金先生"、那个有血有肉的人有什么共同之处吗?仿佛越是接近他,则越使我们不能把握他的非凡之处;相反,接近他就是失去他!因为,通过使交流活动机械化,计算机导致主体从言语表达中消失了,并且创造了一个新的媒介。霍金教授同时是沉默的和发声的。因此,霍金把自己变换成了所有投射的映像——正如在所有的人类关系中一样——但同时放大了这个映像。机器并没有使他去人化(dehumanize),但倍增了他的主体性。没有人知道你是否是在与一个痛苦的、厌烦的或思考的霍金打交道:

"你不可能知道霍金是否被你的问题给惹恼了,是否认为你是一个白痴,或认为我认为霍金认为我是一个白痴,或觉得那只是一个笑话,或真的被惹恼了但仍想让我觉得那只是一个笑话",莫里斯沉思道,"那是有着镜子的门廊——就像你和其他任何人的关系一样,但是被放大了。"

或者:

在剑桥,霍金有时候会推着轮椅出现在(应用数学系)某个演说者

---

① 两段引文来自:Kremer L. The Smartest Person in the World Refuses to be Trapped by Fate. Morning News Tribune,1993-07-02. electronically published on the Web. In 1996. 我访问的网址:http://www.astro.nwu.edu/lentz/astro/hawking-2.html. 该网址已不存在,现为:http://weber.u.washington.edu/d27/doit/Press/hawking3.html.

② 参见:Moser I, Law J. Good Passages, Bad Passages, and Law. Making Voices: Disability, Technology and Articulation (未出版手稿). Law 教授(Department of Sociology, Lancaster University)允许我参阅。

| 第八章　天使有身体吗？——科学中关于主体性的两个故事：威廉 X 和 H 先生 |

进行了一半的报告会上。"他们绝不可能知道霍金是否是被惹怒了，是否认为这是一个无聊的演说，或者是否他只是想让身体透透风"，艾利克斯·里昂（Alex Lyons）说道。他是霍金现在的一个研究生。①

因此，我们越依赖于霍金的作品和研究项目，就越能获得了一幅稳定的图像和一个相对界限清晰的自我。② 越接近这个科学家的身体，就越多地涉足到他分布化身体的范畴中，即他的秘书、计算机和学生。最后，当我们碰触到他本人时，我们相信自己已经把抓住了一个个体，因为我们参与到了他的身体的存在之中，但这也是一个多重的霍金突然消失的时刻。简言之，越接近那个单一的身体，就越深地发现那个多重化的霍金；越是把注意力伸展到通过媒体而多重建构和表征出来的霍金，就更多拥有一个稳固的（关于霍金的）自我形象。然而，这个假设给我们留下了一个巨大的疑惑：那么，霍金先生您在哪儿呢？

五、联结：威廉 X 和 H 先生

最后，我将联结和对比上文所述的两个故事，并且强调业已展现出来的相似之处与不同之处。在威廉 X 的案例中，我们从内部研究了一个共同体，并看见了一个非凡个体的浮现。相反，在霍金的案例中，我是从一个非凡的个体开始的，然后再把他重新分布在了共同体之中。在这两个例子中，我的目标是表明：重新调动通常包含在某些科学家脑中的机制是可能的（比如发明的才能、专业知识、天才、创造力等）。在这个语境下，霍金更像是那个与上千个员工共同工作于同一家公司的发明家，而不像是他自己经常描述的那个孤独的科学家。并且，就他的残疾所导致的不能自己活动而使得更多的操作成为可能而言，他比威廉 X 更为分布化——（这个分布化）通过外在化与包含在他者身上（人类和机器）而变得可见，这通常具身化在某个健康的人身上。因此，尽管两个例子有所不同，但它们强调了我所相信的科学社会与文化学研究的重要贡献之一——即科学智识的再分配，以及能力重新包含于机器、工具、实践与社会关系中。

在这个意义上，我的工作是与分布式认知相联系的，因为我是通过聚焦于语境中的工作、聚焦于客体与人造物在知识生产中的作用，来试图理解认知过程的有效形态的。与其他相似的研究并无不同之处——正如路易·凯雷（Louis Que-

---

① 两段引文都来自 Lubow，第 234 页注①第 47 页。

② 埃罗尔·莫里斯（Errol Morris），改编电影《时间简史》的制片人，必须展示他所碰到的多面的霍金。他说，霍金将会以富有创新性的、谦恭的科学家形象而被人们所记住；电影中将会有多少个霍金呢？用莫里斯的话来说："电影提供了很少传记性的东西，但提供了一个传记的轮廓。"它使人们想起霍金的存在、他的研究领域以及他的创造力——自从他那逐渐恶化的疾病开始之后。第 234 页注①第 46 页。

re）所言——我的目标是"重新包含心灵、赋之以身体、放回环境中、重新将之插入它所包含于的系统中（客体、人造物及认知技术）"。[①] 如此，行动者将会与他的作用对象、人造物与工具共享他的或她的同一性的某些重要方面。如果认知的分布是下述意义上的——它出现于许多相关因素的联系中，或者，它是某种共同过程的产物——那么，我的计划则试图更进一步（记住认知能力的外在化的重要性），即通过把对认知有不同贡献的（多个）特定形态融合成为一个新兴的共同体。换言之，我试图表明实践、能力与行动者的（重新）非凡化行动，是如何起源于——以及实施于——"新"创意产生的集体过程之中的。在这个意思上，我试图阐明某些主体是如何居于非凡化过程及形成声誉与天才的分布过程的核心的。

在探讨的第二个阶段，我探究了天才构建中的操作性归因过程。两个案例都展现了孤独天才的神话。但是对于我来说，与其说"整个发明活动发生于某一天，它结晶于某个人的头脑中"，倒不如说那个神话在发明的建构中有着决定性的作用。在威廉的案例中，我们探寻了人们所讲的叙述性故事。在霍金的案例中，我强调了非凡化过程的其他一些机制（自传解释的标准化、媒体对科学家身体的表述、科学家在建构自身神话过程中的介入等），并且表明，天才并非旁观者事后的辨识，而是科学家自身有意利用的一个资源。最后，在两个案例中，我们都能通过他所利用或"发现"的客体而看到主体（通过专家系统而看到威廉X，通过黑洞而看到霍金）。因此，对于威廉与霍金来说，分布与归因都是对于解释博学的主体所必不可少的操作性概念。

当然，我所发展的"分布化—核心化主体"概念是与其他用以重新定义"主客二分"范式（这个范式的基础已经被科学社会学家和分布式认知现象所挑战）的概念相联系的。然而，还是有着重大的不同。正如我试图表明的，这样是可能的：通过利用那些工具与方法——它们由要么否认要么忽略它们（分布化—核心化主体概念与主客二分范式）的相关性的人所开发——我们可以理解博学的主体的构造。在这个意义上，我的目的是试图去理解正在形成中的主体；也即通过他的延展身体的分布与重新设定功能，他将成为富有效力的主体。的确，某一主体越是分布化、社会化、集体化，他或她将越显得非凡，越自负，越是一个不可替代的身体。相应地，与某一个行动相联系的因素越多，他或她将越是具有或潜在地具有创新性。因而，科学家的身体是至关重要的位点，工具、技术、人及叙述性故事都不约而同地围绕着它分布（扩展）与集中（非凡化）。而且，在这种情况下，一个不同之处的确在这两个案例中出现了。在威廉X的案例中，天才的非

[①] Quéré L. La situation toujours négligée? Reseaux, 1997, 85: 163-192 (177).

第八章 天使有身体吗？——科学中关于主体性的两个故事：威廉 X 和 H 先生

凡性（重新）归因于——以及集中于——个体的身体功能（把研究对象与科学家同一化的能力，以物的性质分享自己身体的能力）。相反，在霍金的案例中，天才的非凡性凝聚于一个可见的躯体，但是这个躯体却与这个科学家分离了；这个躯体由报纸、著作及陈述所构成，它成为了一个媒介，通过这个媒介他的同一性得以建立。在前一种情况，我们看到一个行动的焦点：一个有所坐落的身体。在后一种情况下，我们不再知道哪儿是"真正的霍金先生"。然而，如果我们询问那个"同一性"的观念——我们在本文开篇处就这么做了——那么，我们就签署了一个关于天才的棘手问题的死刑执行令：谁是——或曾经是——"真正的"他？

（方卫、计海庆译，文中法语内容由姜文涛先生翻译）

第九章 作为实践知识的道德知识

朱莉娅·安纳斯*

一、不同的视角

在道德认识论的领域，在我所从事的古代哲学领域内的人都会面对一个有趣的问题，希望撰写一篇会和我们当前哲学关注相关联的哲学史论文。不仅仅因为古代伦理理论在结构和关注点上都和当代理论差异很大（尽管当前美德伦理学的快速复兴使得这一点变得不那么明显），而且古代认识论的关注点和重点和当代关于知识的理论差异也非常大。某些人可能会认为它们之间的差异如此之大，以至于它们只能通过比较研究的方式才能对我们当前的讨论有益。我对此更为乐观，但我充分意识到这篇文章对当代争论的贡献并不属于对道德认识论业已确立了的当代讨论传统。

因为古代道德认识论和当代理论差异极大，所以当我们进行比较时会有两类危险。一方面，我们可能提出一种历史性的解释但同时却和当代关注无关；另一方面，我们可以用关于知识的当代假设的术语提出一个哲学问题，然后发现古代哲学对这个问题的回答看起来是相当幼稚或者离题的。

尽管这两种方式可能都没啥用处，但是第二种看起来要比第一种更好些。接下来，我将从一位当代作者的文章开始，他展示了对一种古代立场的戏剧性误解。接着我将试图将一种阻碍了获得更好理解的假设分离出来。然而，并且主要的，我将同时关注于将古代立场的某个方面显现出来，我认为不仅标记出在古代和现代道德认识论进路之间的显著差异，而且标记出现代进路的缺陷及我们实际上可以从古人那里学到些什么。

二、对假设的考察

约翰·麦凯（J. L. Mackie）在他那本影响深远的著作《伦理学：发明对与错》[①]

---

* 朱莉娅·安纳斯（Julia Annas）：亚利桑那大学哲学系校董讲席教授。发表成果涉及古代哲学、实践认识论和伦理学，近来的关注是现代美德伦理学，最新著作是《柏拉图伦理学：新与旧》，正在撰写一本关于美德伦理学的著作。

① Mackie J L. Ethics: Inventing Right and Wrong. New York: Penguin Books, 1977.

第九章 作为实践知识的道德知识

中论证,我们对他所谓的"客观价值"的一种在存在意义上的直觉确信乃是错误的;一个很简单的论证显示出,根本不存在这样的东西。① 因为,如果存在任何客观的价值,它们都将会是极端"古怪的"东西:

> 如果存在客观价值,那么它们要么是一种非常奇怪类型的实体、性质或关系,完全不同于世界中的任何其他东西。相应的,如果我们能意识到它们,必须是通过某些特殊的道德知觉或道德直觉能力,完全不同于我们了解其他任何事物的通常方式。②

因为我们认为这是不可接受的,我们归结为不存在客观价值——也就是说,不存在任何东西既可以指导我们的行动价值而且还是客观的。

我们立刻可以看到,过去的绝大多数道德哲学家在这一点上都错了,这种错误特别惊人的形式可以在柏拉图那里找到。

> 从柏拉图以来的欧洲道德哲学的主流传统都将道德价值是客观的这样一种观点和道德判断在一定程度上是约定俗成的或指示性的或可以指导行动的这样一种认识结合在一起。价值本身必须被看作同时是约定俗成的和客观的。在柏拉图的理念论中,并且特别是在关于善的理念中,是外在的、外在于心灵的实体。他们在世界的结构中是一种非常核心的结构元素。但是同时我们也认为,仅仅知道它们或"看到"它们将不只是告诉人们该做什么而是确保他们去做,否定了任何相反的意向……熟悉善、正义及美或其他的理念,(理想国中的统治者)将仅仅凭借这些知识而没有任何其他的动机来推动人们去追寻并促进这些理想。③

那么,接下来:

> 柏拉图的理念给出了一幅关于客观价值是什么样子的戏剧性图景。善的理念就是这样的知识,同时提供给认识者方向及高于一切的动机;某种事物是善的,就告诉知道这一点的人们去追求它并且促使他去追求。④

---

① 我意识到关于道德实在论的讨论自从麦凯以来继续发展,但是在我所希望考察的这一点上令人震惊的几乎没有什么进步。通常假设实在论者的选择要么是一种类型的极简实在论,仅仅做出道德话语的内在承诺(这类实在论的例子可以参见 Dworkin R. Objectivity and Truth:You'd Better Belief It. Philosophy and Public Affairs,1996,25(2):87-139. 要么是一种更为实质的实在论,做出外在于道德话语的形而上学承诺,并且这种选择贴上"柏拉图主义"的标签)。

② MacKie J L. Ethics:Inventing Right and Wrong. New York:Penguin Books,1977:38. 麦凯频繁地以贬低的方式指称"直觉"而没有加以解释。他假设我们知道什么样的直觉来自于"直觉主义者",但是这并没有太大帮助,因为称他们为直觉主义者的理论在将直觉看做什么以及将直觉的对象看作是哪类事物(如原则、价值的类型)的问题上有巨大分歧。

③ MacKie J L. Ethics:Inventing Right and Wrong. New York:Penguin Books,1977:23-24.

④ MacKie J L. Ethics:Inventing Right and Wrong. New York:Penguin Books,1977:40.

麦凯承认：

> 或许有人认为古怪性的论证给出了一个不公平的起点，如果我们因此将它关联到在哲学想象中更为广泛的公认观点——柏拉图的理念、非自然的性质、关于适当性的自明的关系、直觉的官能等。①

通过一种同样古怪的直觉能力用怀有敌意的方式将道德品质的理念描述为古怪的实体，很明显是对柏拉图的一种粗糙的、无知觉能力的解释。② 不过，在这里有趣的事情并非仅仅是专家们抱怨麦凯对柏拉图的解释是糟糕的，而是要试图将导致这种结果的预设分离出来，或者至少帮助我们发现它们。麦凯所忽略的东西是非常重要的——而且显然并非只有麦凯；我是因为将他看做关于道德认识论的可选的广为人知的观点中具有代表性（并且同样的，在某种程度上，对此负责）而关注他的。我认为这种观点是贫困的，并且这种贫困的一个显著的指示正是它关于在柏拉图和道德理念的例子中所发生的一切古怪观点。

麦凯所做出的大量的预设都是相当明显的。（接下来，我将集中于这个古怪性论证的认识论层面，而非形而上学的层面。）一个关键性的预设就是，我们对价值的认识论的通达乃是"完全不同于我们了解其他事物的通常方式"。基于这种观点，价值并非我们要么通过经验，要么通过推理获得的那个世界的部分。③ 第一个预设是，将价值从我们可以经验上通达的领域内轻松的排除出去，预设了我们对那个领域的通达在认识论上是毫无问题的，并且在区分那个领域内包含什么东西的问题上也没有什么较大的困难。第二个预设是，将价值从我们可以通过推理而通达的领域内排除出去同样也预设了对什么是理性和推理的高度确定的哲学解释，在这种解释中理性本身假定为没有任何动力。基于这样一种解释，例如，推理可以导致结论，但是需要一个完全不同类型的因素来让那些结论导致行动。第三个预设是，价值是通过"规定"而激发的；伦理学被设想为告诉他人（大概同时也包括自己）去做什么。麦凯因此假定，伦理学主要是关乎行动的，并且关乎使自身和其他人按照特定的方式行动。

麦凯认为，A. J. 艾耶尔和 C. L. 斯蒂文森对他的思考影响很大，尽管他拒

---

① MacKie J L. Ethics：Inventing Right and Wrong. New York：Penguin Books, 1977：41.

② 这个严厉的裁决是合理的，毕竟麦凯的确阅读了柏拉图的原文而非依赖于可能有误导的翻译版本。麦凯同样对柏拉图对这个论证的使用不敏感，通过提出了关于柏拉图自己的积极观点的方式粗略的阅读了对话。例如，麦凯将《普罗泰戈拉篇》中的论证看作是柏拉图自己试图提出一个积极的观点，并且通过愉悦的将"大量的诡辩"归属给柏拉图来处理明显产生的问题。MacKie J L. Ethics：Inventing Right and Wrong. New York：Penguin Books, 1977：187.

③ 更为全面的，我们不能通过"感官知觉、内省、构造与确认解释性假说、推理或逻辑构造、概念分析或者任何以上要素的组合"来通达它们。MacKie J L. Ethics：Inventing Right and Wrong. New York：Penguin Books, 1977：39.

第九章 作为实践知识的道德知识

绝用逻辑实证主义的方式来描述他的立场，而倾向于是经验主义的方式。① 同时也能，更宽泛地但可辩护地被看做是科学主义的，因为假定了我们对于无需任何论证就能将价值排除的那些观察和解释有一个清晰的观念。这样一种观念依赖于科学（用麦凯看起来并不将其看做有争议的方式来设想为一种统一的"科学"）能为我们划分这样一种观念的想法，并且这种划分将会由科学领域以外的人们恭敬的接受。②

在任何一个例子中，无论我们将这种立场叫做什么，麦凯的预设在当代哲学中都广泛共享（尽管在更广泛的文化中并不将其看做是理所当然的，并且特定的观点被广泛的拒绝，即对经验和观察不渗透价值的观念进行定义的过程中我们遵从科学）。分享了这些预设但是比麦凯更富有同情心的解释者可能会提出一个对柏拉图道德理念的不那么荒谬的解释；虽然如此，对于这个人来说，很难公平对待现在我试图展示的关于柏拉图对理念的论证中道德认识论的一个首要观点。这将贯穿第三部分到第四部分，并且我将在第五部分返回这些经验预设。

三、寻找道德知识

我将从对这个论证给出一个直接的（并且或许简单的令人尴尬）解释入手，在柏拉图的那些苏格拉底式对话中多次出现，让我们认识柏拉图（有时候）将什么叫做理念。③ 接着我将提出这个及相似的论证的重要特征；是我想要关注的特

---

① 在他对《伦理学》第一章的注解中，麦凯说他的观点最早是在1941年写就的，并且引用了艾耶尔的《语言、真理与逻辑》以及斯蒂文森的《伦理学与语言》来帮助确定他的观点的主要原则（MacKie J L. Ethics: Inventing Right and Wrong. New York: Penguin Books, 1977: 241.）。他拒绝描述为逻辑实证主义者，因为他既不承认证实原则作为描述意义的标准，也不承认道德判断缺乏描述意义的观点（MacKie J L. Ethics: Inventing Right and Wrong. New York: Penguin Books, 1977: 39-40.）。麦凯描述他的立场为经验主义者是一个错误因为许多立场都将自身描述为经验主义者都起源于远不那么严格的假设。同样的，尽管在《伦理学》中他认为道德必须是"制造出来的"并且我们"必须决定"要"采取"什么样的道德观点。（MacKie J L. Ethics: Inventing Right and Wrong. New York: Penguin Books, 1977: 106.）。他写了一整本关于伦理学的书，因此除了他的实践和他的理论观点隔绝了。我在"没有客观价值的行动：古代和现代策略"（Doing Without Objective Values: Ancient and Modern Strategies）一文中对这个问题做了一些评述，载：Everson S. Companions of Ancient Thought. Vol. 4. Cambridge: Cambridge University Press, 1998: 193-220, esp. 216.

② 对于关于这些主张的有价值的讨论可参见：Sowell T. Scientism, London: Routledge, 1991. 唯科学主义有很多表现形式：这里我仅仅关注那些在定义我们的认识论概念的时候给予科学首要位置的哲学家所提出的假设。这些假设并没有在更广泛的文化中共享，即使在那些包含了其他类型的对科学的敬重的文化中也没有。

③ 实际上，eidos 和 idea 这个术语并不经常出现。柏拉图并没有为一个他将赋予新的技术名称的新的概念论证太多，正如所提出的不论以何种方法求助过的思考的诸多方式的结论，并且更为精确地描绘了出来。

征。在一开始我就应该强调,这种解释并不是特殊的或者作为以任何方式独创的;可以合理地被看做是在古代哲学领域内哲学家们的一种标准解释。

在《拉凯斯篇》(Laches)中,两位毫无疑问都非常勇敢的将军正在展开关于勇敢的讨论。一种时髦的新的训练过程能否帮助年轻人变得勇敢呢?令人困惑的是,勇敢的将军们并不这样认为,而苏格拉底用他那通常令人恼火的方式,让他们考察勇敢是什么并且试图想出一个满意的答案(当然,因为我们知道这是一个苏格拉底式对话,是不会有答案的;这个对话的部分要点就在于让读者参与到这场对话中)。在这个对话中,价值的术语是一种美德的术语,这并不让人惊奇,因为美德是所有古代伦理学的核心观念。

《拉凯斯篇》是其中一名将军,试图通过指出在战争中对抗敌人并且不会解散军队而逃跑的人们就是对勇敢的诠释。苏格拉底指出,即使这并没错,但是那些做了看起来相反的事情(如有策略的撤退)的人们同样也表现出了勇敢。进而他展示了对勇敢的恰当理解的条件:

> 我不仅想要从你那里学到作为一名步兵,什么是勇敢(例如,站姿笔直),而且也学到作为一名骑兵,什么是勇敢(如有策略的撤退)或者是一般来说作为任何一个在部队中战斗的人;并且不仅在战争中学习勇敢,也在海上遇到危险时或者面临疾病和贫穷的时候,以及在公众生活之中;并且进而不仅仅在面临痛苦和恐惧时,而且在那些善于与欲望和享乐作斗争的人那里学习勇敢,无论是站姿笔直还是有策略的撤退……所有的这些人都是勇敢的,只不过人们是通过在享乐中、或在痛苦中、欲望中、恐惧中获得勇敢,而某些人在这些环境中却只学习到懦弱……这些都意味着什么——这就是我想要找寻的东西。(191c-e)

非常清楚的是,我们并不理解什么是勇敢,我们无法通过具有某些道德信念而为什么是勇敢给出一个恰当解释,也就是说,关于勇敢和勇敢的人的某些信念。值得提到的是,苏格拉底并不认为这些信念是错的。士兵们在战斗中坚守岗位并英勇斗争这确实是勇敢的。不过,如果我们依赖这些信念,我们会失望,这是因为,如果它们是真的,会因为缺少根据及不一致而不令人满意。这两个缺点是互相关联的。如果我们考察苏格拉底指出人们的勇敢的不同方式,我们会发现就好像一个大杂烩。在部队中坚守岗位和面对金融风暴保持冷静之间有什么关系呢?没什么明显关系。那么为什么我们认为在这两种情形中人们能勇敢面对?同样的,理由也不那么清楚。我们会合理的设想,除非概念混淆了,否则对于以勇敢的方式进行战斗和面对贫穷之间会有一些共通的地方。不过这些共通的地方是什么,这不能仅仅通过对勇敢本身的文本解读出来。关于勇敢的信念是从我们的经验中形成并学到的,但是我们的经验本身并不告诉我们如何统合信念,因此也

第九章 作为实践知识的道德知识

不会告诉我们如何理解这些信念的基础是什么。只有我们理解了对勇敢的理解意味着什么，我们才能理解为什么我们承认所列举的勇敢的事例。我们同样不能通过扩展我们对词语的使用来增进我们当前对勇敢的理解，因为我们如何能确定一个新的例子是否就是勇敢的一个例证呢？

因此，要理解勇敢是什么，我们必须运用我们的思想而非依赖我们的经验。（注意，这里和以后，"经验"是在日常意义上使用的，而不是在一个严格哲学意义上，比如局限在经验主义或其他理论之内——例如，感觉器官的输入。）我们仅从观察或从他人那里获悉从而学到某些类型的行动是勇敢的。[1] 尽管我们并没有错，但是如果我们没有用一种超越从经验中学习的方式凭借思想去思考从而得出勇敢是什么，那么我们仍然缺乏对勇敢的理解。因此勇敢是什么，勇敢的本质——或者如果你喜欢这样说，勇敢的理念——是某种仅能通过思想才能得以把握的东西。不过，无论你是否将其看作理念，所包含的表现是非常普通的。目前我们没有发现能够对关于神秘对象的奇怪直觉的谈论进行辩护的方式。我们仅仅对于在战斗中勇敢地斗争和勇敢地面对癌症之间具有哪些共通之处具有相当直截了当的想法，我们需要运用我们的思想去思考这件事，而不是仅仅依赖于我们的经验或从别人那里获知他们的经验报告。我们从这些经验中获得的信念必须通过我们的思考从而能够进行统合并进而理解它们。

道德信念与道德知识之间的差别是，道德信念是对某个特定事实或一系列事实的孤立把握，而道德知识是对构成不同类型的事实的基础及将这些事实统合成为勇敢（或其他理念）的例证的理解。这里并不考虑知识，因为在一些当代理论中，这样一种关于知识的概念对于古代哲学家来说并不陌生，并且甚至在柏拉图那里找到。不过，这里起作用的是某些不一样的东西：作为理解的知识。相比关注孤立的信念，对考察将大量可能的看上去孤立的信念统合在一起的东西的理解更为重要，使得它们能作为当前主题的例证而被把握。当你可以把握使得不同信念关联在一起从而能作为一个统一主题而被理解的那些东西时，理解也就在某个领域或主题内获得。这是柏拉图的更为支配性的关于知识的观念，并且确实更普遍的出现在古代认识论中。[2]

那么在《拉凯斯篇》中，我们可以看到一个通常很勇敢但是却很鲁莽的人认为自己具有关于勇敢的真信念但是却缺乏知识——也就是说，缺乏将他的信念统

---

[1] 注意到这正是从一开始就在场的行动类型。这个论证和对假定的特定行动的缺乏毫无关系。

[2] 作为理解的知识和作为改良的真信念的知识在古代认识论中都非常重要。正如柏拉图主要关注的是前者，尽管后者也在《美诺篇》和《泰阿泰德篇》的末尾被讨论过。对于在古代认识论中的这些不同的流派的很好的导论，可以参见：Everson S. ed. Companions of Ancient Thought. Vol. 1. Cambridge：Cambridge University Press，1998，特别是 Everson 的导论部分。

合为关于勇敢的信念的理解。一个具有这样理解的人（苏格拉底并不具有，因为在对话中尝试寻找这种知识的努力都失败了）将会具有道德知识。正如我已经强调的，在原则上这是一个在世俗上足够的成就，即使那些对话没能提供任何道德知识表明这项任务是艰难的。①

一些人可能会抱怨，我们刚才对于柏拉图通过把握理念所意味的，论述的太过于世俗了。的确在某些其他对话中柏拉图说了一些关于理念的不那么世俗的东西；它们有时候被描述为理智上渴望的对象（如在《斐多篇》和《理想国》中），并且被看作是永恒或不朽的。②此外，柏拉图在某些对话中提升了理解的层次，用来把握理念；稍后我会返回这一点。即使在理念被思考为提升至更为形而上学的方式，然而，依然没有什么可以为谈论奇怪的直觉进行辩护。把握理念总是需要你通过思考来运用你的心灵：在一些对话中，细致入微的并且具有复杂性与仪式性的思考。没有什么东西可以进一步从那种由直觉观念所提出的关于简单性与被动性的观念得出。③古怪的直觉这种观念乃是关于我们在麦凯著作中所诠释的那种经验主义者的假设的一种建构，并且一点也不符合柏拉图。

四、作为模型的专长

面对零碎的道德信念，为什么柏拉图认为我们应该做的就是试图通过思考它们的统一基础从而去理解它们这一点是如此的明显呢？为什么我们对道德知识的探求要采用这样的形式？

我们不能忽视的是，在一些更短的苏格拉底式对话中，苏格拉底在他对道德知识的探求中总是诉诸各种不同类型的技能。长笛演奏者、制鞋匠、洗衣工、医生及航海家通常被提到，作为在对我们使用的道德词项的理解的探索中的相关对比项。在一个对话中参与谈话的人确实对此有抱怨，站在精英的立场这些职业的

---

① 拉凯斯对苏格拉底的真实的要求看起来有争议性特别感兴趣；在抗拒愉悦与诱惑过程中我们真的显示了勇气吗，正如在抗拒痛苦和泄气的时候那样？我们的确愿意将勇敢思考为包含了隐忍的观念，认为这比抗拒令人不愉快或者危险的环境的观念更为核心。这是人们或许能合理的赞同的观点。

② 然而，我们要记住在《巴门尼德篇》的第一部分中柏拉图让苏格拉底提出了对理念的一种解释尽管它们在《斐多篇》和《理想国》中也找得到，并进而得到解释，这种解释易受到苏格拉底在其他地方针对他人立场的那种相同类型的持续的批评。此外，在这些其他的例子中，这些反对不再遇到。柏拉图显然意识到他对理念的解释中的一些理智上的困难，并且他继续致力于更为满意的描述。那些我们误导性称为理念的"理论"是一系列柏拉图致力于在不同的时间用不同的方式提出的观点。

③ 当柏拉图用语言来暗示直觉或领悟时，这并不是作为困难和费力的思考的替代选择，而是暗示了通过深刻思考来理解其事意味着什么。直觉对于道德思考来说是一种误导性的隐喻，如果是用来建议无需任何努力或者很容易和很显然就能正确获得。这样的观点几乎不能从柏拉图坚持道德思考是艰难并且需要努力的而大部分人却止于懒惰中再进一步，或者过于关注物质成功。

第九章 作为实践知识的道德知识

社会地位都低于他所要谈论的那些职业类型。①

这里的"技巧"(skill)指的是工艺(techne),有时候也翻译成"技艺"(art),或者最近翻译为"专长"(expertise);即某人具有某种技能就是这个领域内的专家。诉诸工艺性知识(techne knowledge)就是诉诸专家的自由知识——更准确地说,诉诸在实践领域中的专家知识。(在其他的对话中,柏拉图诉诸比如数学这样的领域内的专家知识,但是我这里只是关注他对作为实践知识类型的专家知识的诉诸。)② 当苏格拉底试图理解勇敢或虔诚是什么的时候,这种他所寻求的知识的类型——也就是说,理解——是通过实践的专家的知识所阐明的,因为实践性专长正是柏拉图的知识模型,至少在这些对话中是这样。③

作为知识模型的实践性专长令人如此心动之处在哪里?它可以将大量的特征整合起来,进而可以说明对已经提到的信念碎片进行的一种整合的理解。

首先,技能或者专长是可以传授的;学习者可以从教师那里学到可传递性的学问。④ 一种技能具有理智上复杂性因此需要思考从而获得;并不能仅仅从经验中因果性的获得。因此,可以和"熟练技巧"(knack)(经验(empeiria),字面意义"经验"(experience))进行对比,后者仅仅通过复制别人而无需太多思考就能获得。

其次,技能或专长要求对相关领域的全面理解。例如,成为一个法语专家要求能够对和理解法语相关的所有知识都有所把握,比如语法、句法、词汇,等等。这些领域是由与之相关的部分定义的;理解现代法语并不需要理解诸如中世纪法语或现代意大利语(尽管这些可能会有用处)。因此,这个要求可以看做是以下要求的扩展,即我们已经看到的那样,我们对某个主题的理解应该将我们对这个主题的各种不同信念统合起来。学习法语包括了对大量关于词汇、词序等的信念的获得;仅当对所有这些信念能够以某种方式综合起来使得学习者可以对法语进行控制的时候,才能说达到了理解法语的程度,以一种统合的方式理解整个主题。⑤(这个例子同样也带来了进一步的要点,即如果你已经获得了这个要点,那么这本书就不需要了;这种理解现在就是你自己的了,而不再依赖于其来源。)

最后,技能或专长要求专家对她所熟练的是什么能够"给出解释"(提供理

---

① Callicles//Plato. Gorgias,490e-491a.
② 诉诸特别是数学伴随着对将什么看作是具有对所寻找的这类型的理解的一个极大的提升的标准。
③ 这一点目前已经在二手文献得到承认一段时间了。参见:Woodruff P. Plato's Early Theory of Knowledge//Everson, ed. Epistemology, 1990: 60-84. 包含了许多问题的有用讨论。
④ 参见:柏拉图,《美诺篇》,89e ff. 柏拉图,《普罗泰戈拉篇》,319e ff. 当这些讨论聚焦于可传授性或者美德的其他方面时,就引入专长类型的明显和无异议的可传授性。
⑤ 在创造性技能的例子中,对技巧的练习产生了一个综合的对象,它的组织形式反映了专家对她的技巧的综合性领悟;参见柏拉图,《高尔吉亚篇》:503d-504b.

性解释),而并不要求糊涂人或是那些无需智力上的要求的掌握熟练技巧的人做到这一点。① 专家不像业余者,可以解释为什么她在做她所做的事情;她可以解释为什么此时此地在这样的环境中这样做是恰当的,而不会陷入口齿不清或者只能说"这样做感觉上是对的"。这样一种解释看起来是什么样子将会随着我们谈论的技能而变:"现在你必须使用虚拟语气,因为……""你不能在那里布电线,因为……""现在你必须将船转向右方,因为……"所有这些都诉诸不同类型的考虑,但是现在所诉诸的乃是专家对法语、电学或者航海的理解。

假定可传授性的前提,我们所期待的就是这种对清晰阐明理由的要求;教师将专长传授给学徒,首先是通过实例,然后通过对所做的事情进行解释。专家所教授和解释的就是对能够将相关主题统合起来的那种理解。不同的是其自身乃是一种综合性的统合。此外,他们给出了关于具有一种实践的专长是什么样子的合理的图景。关于这种观点并没有什么特定的时间限制,尽管显然柏拉图的例子是属于古代世界的。②

当苏格拉底寻求道德知识时,只能期待在实践专长的模型之上找到,因为这是一般意义上的知识模型。我们应该注意到,对于正在被寻求的特定道德知识的类型来说这是特别恰当的,即关于各种美德的知识,因为美德自身就具有关于技能的理智上的结构。柏拉图事实上将美德思考为一种特殊类型的技能,这种观点在古代伦理学中一直很有吸引力。例如,亚里士多德认为,美德就好像技能,而斯多葛学派回复到更为直接的观点,即美德本身就是一种技能。想要理解勇敢是什么因此就和想要理解任何有关专长领域的主题一样。③ 不过,尽管美德就像技能这样的观点的吸引力可以解释柏拉图及其他哲学家对此观点的热情,其自身并不能解释作为知识模型的实践专长的应用。这个模型自身作为一种好生活所表达的知识类型的模型是足够吸引人的,因为在道德的案例中尤其不依赖于美德作为自己的应用。

在特定的技能和被设想为技能的道德知识之间有一个非常重要的差异。特定的技能具有一个局域的(local)目标——掌握法语、修理汽车;这些目标当你处在其他环境中就可能不再具有,并且从这些目标你可以容易的在动机上独立,因

---

① 在这一点上,参见柏拉图,《高尔吉亚篇》:465a,501a。
② 一个通常的反驳就是,如果某人可以可靠的表现出一定的能力我们事实上就准备就叫他专家(即使古人不这么做),无论他是否表现出清晰的理解。因此我们准备称某人为一名园艺专家,即使他们固执的不愿意说出关于他们成功的任何基础,并且称比如知道许多关于1880~1885年西南地区大农场的事实的人为一名专家,尽管从不将这个和任何更丰富的语境联系起来。对这个问题有不止一种回应。首先,我们可能错误的将"专家"一词用在这些人身上,因为他们缺乏对于他们所做的事情的清晰的理解。同样我们假设所谈论的这些人的确对他们所做的事情有一种综合的理解,但是出于某些原因不能或者不愿意清晰的表达出来。如果我们认为园艺师真的不能将霜冻和早播联系起来,我会对称他们为专家感到怀疑。
③ 我的文章:Annas. Virtue as a skill. International Journal of Philosophical Studies, 1995, 3 (2):227-243. 跟随着某些将美德看作道德理论的概念的观点所蕴涵的结果。

第九章 作为实践知识的道德知识

为这个目标是由于拥有更为广泛的兴趣和需求而有条件的具有的。当道德知识被构想为一种技能，它的对象确是全局的（global）——也就是说，作为整体的生活。斯多葛学派了解这一点，因此称道德知识为"生活中的技能"。当你开始道德性的反思时，你就已经拥有了生活；你有你特有的家庭、国家、职业及道德教育的成果。如果你不满足于随波逐流而是希望活出自己的人生，你开始将这些环境思考为原始的材料，这些材料可以通过对反思产物及对你的生活和你对生活的领会的理解而构成，而不只是你周遭的环境。"生活的技能"的对象因此并非是可选择的，正如局域技能的对象那样。在随波逐流和在对生活全面理解的基础上试图活出自己的人生之间进行选择，因为你将活出自己的人生，无论你是否思考它；这不是某种通过兴趣的转移就可以在动机上独立的。[①]

因此道德知识被构想为基于专长模型之上的解释，因此两者都是实践性知识的例子，并且专长看起来还是道德人所拥有的理解类型的例证。一个生活得很好的并且做正确事的道德人被设想为和胜任工作及知道如何恰当做事的技巧熟练的工人相对来说是类似的。这里有两点是相关的。一个是将技能设想为对于道德理解来说的特殊模型。有许多因素使得这点看起来对于我们来说是异己的甚至是奇怪的，有一些来源于在古代和现代世界中技能的不同作用，一些是来源于现代对于技能的一些误解。[②] 在当前的文本中我忽视这些，因为它们和我在本文中的特定观点无关，即我更关注道德知识而不是技能观念的特定应用。这里我想要追寻的观点是更为普遍化的，实践的专长作为一种对道德知识来说有用的模型，因为两者都是实践性知识的例子，即在行动中所表达的知识。

为什么麦凯对柏拉图的诠释是如此怪诞的原因是——或许最主要是——古代人并不担心有着这样的制造麻烦的假定，即是否真的有道德知识这样的东西。因为这是一种类型的实践性知识——就像专长一样，事实上，是一种我们已经很熟悉的也很少善于鉴别的实践性知识。[③] 不同的哲学家只是在道德知识和专长之间

[①] 因此，否定道德知识不能被思考为一种技能这是毫无效果的，因为局域技能的目的很显然是可选择的。那个类比所引入的主张，即道德思考的对象已经是确定了的，正如局域技能一样，也是无效果的。显然，用一种好的方式活出你的人生并不是一种事先就可被清晰定义的目标，这不像比如说水管工程或者汽车修理。

[②] 对这些不同因素的讨论，参见：Annas. Virtue as a skill. International Journal of Philosophical Studies, 1995, 3（2）.

[③] 当我们首先开始获得道德知识的时候，我们如何能确定我们鉴别出了正确的道德专家？我们不能；我们看作专家并且跟随的那个人最初可能被证明是个骗子或者是有缺陷的。我们能够自信的鉴别出专家，仅当我们自己经历了相关的理解过程的意义上。这并不使得这种解释变成循环论证；尽管确实指出需要一种"步步为营法"的过程，在此过程中你变得更为确定你已经达到了这个目的，在你通达这个目标的技能的过程中正确的描述出来。这对于某些局域技能来说也同样是真的。如果关于道德知识这被发现是令人反感的，这就必须依赖于一个假设，道德考察必须对所有人来说都是有效的平等，不过要付出巨大（或者不付出）的努力来理解。

到底有多相似的问题上有分歧。但是他们从不怀疑这就是一种类型的实践性知识，并且我们对专长的这种熟知将帮助我们去理解它们。

五、实践知识

当面对实践性专长时，我们处于一个优势地位：我们有一些！事实上，我们有相当多。你或者我或许从个体来讲并不具有太多，但是没有人能合理的否认我们有一些。当我把电脑搞的乱七八糟，发现水池有一个漏洞，或者发现车子无法发动，我将把这些问题交给相应的专家。他们是实践的专家；我并不要一个理论上的电脑专家，而是需要能够调整软件的人，并不要一个工程学博士，而是一个能够修补漏洞的、修理油量表等的人。对这种类型的实践性专家的存在的严肃怀疑论还没有开始。（这是古代伦理学中对道德知识的讨论并非由怀疑论所构造的原因。）我也许想知道是否我的水暖工真的是一个专家，但是有这样的观念是极其错误的，即我可能对将列在黄页上的所有"水暖工"名下的任何人都叫来修理我的管道漏水感到犹豫，理由是如下的疑虑，即是否存在诸如关于水管装置的知识这样的东西。

当前，对显然存在水暖工和汽车修理工身上所体现出的实践性知识这样的观点和道德认识论问题，几乎没有哲学家认为两者有太大的关系。来自于主张在实践性专长和道德知识的讨论之间存在密切关联的这种道德传统的考察，我发现这点是值得注意的，并且我怀疑，更多的是通过来自于主体之外的假设的坚持，而不是通过基于道德知识自身本质的严肃反思从而得以解释的。毕竟，道德知识是实践性知识，无论我们给它们什么样的说明；这是关于做什么的知识并且通常是正在做某事的结果。对于理解什么是道德知识，一个明显的出发点是，看起来有一些实践性知识，存在事实上的一致意见，即这样的东西是存在的并且为我们所有，而且对于它的结构、如何获得的及如何要求我们对自己的经验进行反思等我们能说出一些有用的东西。在水管工程中的实践性知识的类型或许是平凡的，但是恰恰可以提供给我们这样的有利条件。因为我们可以接着去询问，是什么使得道德知识类似于或者不同于，那些更为简单的例子——即从柏拉图以来由古代道德理论家们所发展的任务。

或许这种有利条件并不是那么明显，因为诸如修理电脑这样的家常任务并不设想为等同于知识。这里我们只能问为什么。从前哲学的意义上来看，我们说修理工知道如何修理汽车这是没问题的——也就是说，如果他是一个专家；这就是我们如何在汽车修理的专家和不是专家的修理工之间做出区分。

当然，有可能引进一种特别的关于和"知道是什么"相对的"知道如何"的

第九章 作为实践知识的道德知识

哲学范畴,"知道是什么"的范畴带来熟悉的认识论问题,而"知道如何"被期望成为不同类型的。不过,给问题贴标签并不能有效地促进我们。要么"知道如何"包含"知道是什么",要么不包含。如果不包含,那么我们所设想的实践性知识就被解释为一种很难表达的实践性技巧类型、一种操纵世界的能力,但并非在充分理性从而能在认识上做出判断的层面上。不过,这将等同于认为,根本不存在诸如实践性专长这样的东西,而仅仅只有技巧——在无法表达的实践者和这个领域内的专家之间没有显著的差别。这是很荒谬的。不过,如果"知道如何"以某种方式确实包含"知道是什么",那么当我们谈论实践性知识的时候我们就没有逃避任何问题。

我们的确(我们中的某些人)拥有实践性知识——即专长。它对于道德认识论的重要性在当代的讨论中还没有得到充分的认识。

六、实践性知识和价值

这使我们回到麦凯及那个促使他将柏拉图道德理念解释为被期望能施加一种奇怪的力量使得人们按照和这些理念在直觉上相符的方式去行动的奇怪的实体的假设。麦凯没能看到关于对道德理念的理解根本不奇怪,一点也不比对法语或者计算机语言的理解更奇怪。他们都是实践性知识的例子。他们都包含使用你的心灵来理解一个主题,(特别是在学习它的时候)我们对它有信念,而这些信念本身是零碎的;要去理解它们,我们要综合我们关于这个主题的理解,并且能够不仅相应行动,而且能够解释为什么我们的决定和行动是其所是的那个样子。要去理解一个道德理念比其他情况要更困难,因为道德要比法语或者电子学更困难;但是仅凭借这些本身并没有理由否定它们都是实践性知识的例子。

我在前面曾经提过,麦凯对理念的讽刺是他的假设的构成部分,特别是价值无疑不能通过经验和推理而达到的假设。这些相应的又基于对经验和推理的非常强的和狭窄的假设。值得询问如果我们凭借这些假设所构造的来通达实践性专长将会发生什么。因为这个论证并不表现为针对能使得价值称为道德价值的特定特征,而是仅仅针对价值。① 正是"客观价值"应该是如此神秘的,因为我们需要它们来解释推理的模式的"权威性的规定性"(authoritative prescriptivity)是如何对于行动者来说是有效的。

以水管工程专家为例吧。当面对水管漏水时,他通过找出他要解决的问题在哪里来运用他的专长,并且进而在这样的条件下拿出最好的解决方案。通过对这

---

① 这个无结果的"来自于相对性的论证"旨在"道德代码",而"来自古怪性的论证"则旨在客观价值。

个问题的解决他得到了那个老套的结论,即他应该关掉漏水处最近的水龙头。这是他对这个问题的专业评估的一种回应,并且这诉诸成为在解决这个问题上接下来最好的一步的"权威性的规定性";他在那里关掉水龙头(而不在别处)。在麦凯看来,水管工有如此动机去做这件事(比如将这里的水龙头关掉而不是那里的)的这种观点有着很大的神秘性,因为这正是修理漏水的最好的方式(的一部分)。显然,通过感觉的正常运作和低层次的推理存在一种可获得的"自然的事实",由如下事实构成,即在这里关掉水龙头和漏水及进一步的行动之间存在如此这般的因果关系。然而,水管工的动机并不仅仅只有这种自然的事实,还有进一步的关于他此时此刻应该做什么的事实(假定在解决修理漏水的问题上这是最为直接的步骤)。这种自然的事实和他应该去做的"实践性事实"之间的关联是什么呢?必定是某种方式使得他应该去做这事,因为承担了与漏水相关的如此这般的因果关系。这是他在实践上深思熟虑的结论。"不过究竟通过这个'因为'意味着什么呢?"①

麦凯在他想要表明"在世界上"根本不存在客观价值的热情中,提出了一种论证,不仅揭露了道德知识对象的真相,而且提出通常的实践性专长来应对相同的反驳。如果道德知识和实践性专长都是实践性知识的类型,那么这就不令人惊奇了,正像我们前哲学所假定的并且对于那些并不在麦凯的假设框架内进行研究的哲学家(比如古代哲学家)来说看来似乎是很明显的。

因为道德推理和实践性专长相比好像是一样寻常的这样的观点很明显对于哲学家来说难以置信,因此这一点或许未被注意。(我将在结论部分重新回到这一点)或许同样至少部分是由于另一个假设,麦凯的第二个假设,这个假设在对实践性推理的当代讨论中非常常见。这个假设认为,对于任何类型的推理驱使我们去行动,有一个显而易见的问题。因为我们的确行动了,我们必须受到某些不同动机的驱动,并且这被假定是令人期待的。因此被认为能更简单的解释任何作为实践的理性所假定的例子,正如真正的愿望提供了实践的驱动力的情况一样,并且理性被约束在为了满足愿望所设想的手段-目的的任务框架内。② 如果我们有充分的理由支持这个假定,那么像水管工这样的实践性推理就不是一种例外。

不过,这种进路不成功,因为歪曲了实践性专家的推理过程。专家的思虑典型的是在问题解决领域内运用,在给出一种方案过程中弄清要做什么。面对漏水,水管工专家将其看做是要解决的一个问题,思考解决问题的最佳方式;当想出解决方案后,他就着手实施,因为这是他应该做的。这个故事中没有任何东西

---

① MacKie J L. Ethics: Inventing Right and Wrong. New York: Penguin Books, 1977: 41.
② 这个观点通常和"休谟式"推理理论相联系,但是我将不深入考察是否这和休谟有任何关系,或者深入考察那种现代理论被认为是休谟式的这种更大的问题。

第九章 作为实践知识的道德知识

要求我们引入水管工的愿望。水管工关掉水龙头是因为这是他以专业的方式修理漏水的部分所应该做的;他并非是为了满足愿望而关掉水龙头。这种观点有点怪异——首先,愿望通常是通过痛苦和挫折来显示自身存在的,直到愿望满足,那么我们没有理由将愿望归属于水管工。专家们思考他们专长的对象,而不是思考如何满足他们的愿望(当然他们也会执行后者,但是这和运用他们的专长没有关系。)

对此最为标准的回应就是诉诸常见的正统说法,即必定存在着欲望,否则水管工将不会关掉水龙头;因为行动必须是通过信念和愿望组合在一起而引起的,并且这里我们需要的是一个修好漏水的愿望和关掉水龙头是修理漏水的方法的信念并进而去满足这个愿望。

不过,这个例子使得关于这个回应的三个要点不那么令人满意的清楚。首先,很显然将愿望的概念贬低了,因为愿望被机械式的运用来解释行动,而没有任何别的独立基础。① 其次,说当前问题中的愿望概念是一个理论概念的理由并不充分(或许以对第一点的回应的方式)。如果我们将愿望仅仅看作在每个场合中理论所运用从而引起行动,就完全不清楚它如何去完成这项功能,如果不是通过具有至少某些真实愿望的特征——例如,迫使我们通过摆脱在愿望实现之前由它引起的痛苦和挫折的方式来实现愿望。为了提供所需要的动机来引起行动,对愿望的标准引用通常将以下两个观念模糊起来:对于真正的愿望,是能够合理地被看做是真实的,使某人去做某事,并且对于先验所假定的理论项来满足理论的要求,不论真实的愿望的条件被满足与否。

最后,关于这个回应的第三个问题是,在实践性专家的案例中,人们凭借信念去做他们所做的事情特别不可信——由理论所假定的真实愿望或者虚构愿望要求每一种行动都具有愿望。在用意大利语虚拟语气去翻译不包含虚拟语气的英语表达式的翻译专家,猜测一片纸莎草上的标记代表的希腊字母的纸莎草研究专家,或者对谋杀武器上的血迹进行鉴定的法医学专家,具有上述愿望中的任何一个,这看起来并非如此合情理。他们都解决了问题;但是说他们致力于满足他们

---

① 在讨论的这一部分,我试图使用出现于最近文本中的愿望的概念。不过我无法抗拒地指出在古代的讨论中,愿望是通过一种更为严格的方式来以理解的(事实上是比现代哲学概念更为符合当代民间心理学)。在古代伦理学中,愿望并不仅仅是目标导向的、进步的或者"心灵之于世界"的动机,而是这些特征的一个子集但同时具有显著的保守的成分,因为愿望预示了感知的缺乏或者需求。(正是因为这个事实使得愿望典型的具有它所具有的那种现象学,即产生挫折感直到满足。)例如,当世界让我产生因饥饿而恼怒的状态时,我通常会有吃饭的愿望,这是由某种痛苦和挫折感来表明的,并且愿望的满足将会移除这些感觉。作为动机的来源,愿望典型的是反应性的和短时的。假定这种图景,几乎没有任何诱惑来表现所有的如同由愿望带来的保守的动机。虽然我认为显示出甚至是广义的愿望概念是很有趣的,而不包含任何对需求的指涉并且也没有对愿望的现象学的解释,却不能恰当的说明水管工的实践的动机。

的愿望，这并不那么合情理。①

用纯粹的手段-目的推理的术语来解释实践性专长的观点要求我们错误的描绘专家是如何真实思考的，并且假定虚构的和不相关的愿望。当然水管工是有某些愿望的：比如首先承担工作。但是没有什么愿望能令人信服的归属于水管工出现在他修理漏水的专家实践性推理之中。

对正统观点的辩护者如此反驳，事实上，水管工要承担工作的愿望设定了他的思考所获得的结果。他所运用的推理过程导致了最初由愿望所设定的结果的获得（即使我们承认一旦这点被承认我们就不需要进一步的愿望，比如要关掉水龙头的愿望）。不过，这误解了专家的目的。作为一名专家他的目的是通过他对问题的反应来建立的。他有承担工作的愿望，如果他有这个愿望，给了他一个目的就好像某人要付账一样。翻译家、纸莎草专家及法医学专家毫无疑问都有赚钱、获得名誉等的欲望。专家的目的是通过他们对要解决的问题的反应而设定的：让英语能够被意大利人所理解，纸莎草文本上的缺失需要填入，等等。在某种程度上这就是能将专家推理区分出来的因素，因为赚钱的愿望，一个外行运用非专家的思考也能完全实现。如果所做的事情是按专家的方式来做的，那么这么做是为了达到专家的目的，这个目的是通过解决问题而对问题的反应而设定的；愿望并不构成目的的一部分，并且不实现目的。

"客观价值"既在日常的实践性专长领域发挥作用，又在道德与美学推理领域发挥作用（in play）。通过将前者看作不足够重要，从而不能和后者相比较，我们无法避免这个结论。我们也无法通过声称实践性专长仅仅是和纯粹的手段目的推理有关来避免这个结论。任何旨在做出这种改变的收益在价值上都极大地超越了制造出不合情理的、虚构的通过纯粹目的手段的方式来得以实现的愿望的成本。如果我们真诚地将日常实践性专长看作事实真相，我们将看到和麦凯或其他人如此类似的论证类型是对实践性知识的整体观念的攻击，而不仅仅是对特定道德知识的攻击：问题在于客观价值是如何起到促动作用的，并且我们谈论的正是实践性知识的实践性，而非道德的特殊要求。

七、怀疑论与实践性知识

我已经提到柏拉图和其他古代哲学家在他们探讨道德知识时的动机并非是怀疑论，即使他们在其他地方对其保持警觉。已经很清楚为什么情况就是这样。对

---

① 我并没有处在错觉之中，即对发展了关于休谟式与非休谟式的动机理论的大量的当代二手文献做出贡献。我只不过试图指出对于我所描绘的立场中什么是最主要的问题，并且从外在于当代正统学说的立场来做出某些评论。

第九章 作为实践知识的道德知识

于存在着诸如替换电池、恢复毁坏的硬盘或者建造房屋这样的专长我们通常并不怀疑。现在很清楚的是,关于价值的广泛传播的当代假设表明我们应该如此。我提议,很明显的,这将会使得我们对于这些假设保持更为批判的态度。

在大量场合下可能会合理的出现关于特定道德知识的怀疑论。我们并不确定我们已经充分理解了我们所拥有的道德信念;这些信念可能包含未解决的问题和冲突。① 并且存在由亚里士多德所强调的方式,通过这些方式道德知识看起来和专长不同。或许道德的特殊特征限制了运用专长来阐明它的有效性。(这个特定的问题在古代争论中深入探索过。)然而,这些问题在对专长是存在的这样一种一般性的非怀疑式的接纳的基础上正在解决。这显然反映了关于我们日常道德推理的某些重要因素。我们日常的道德话语认为我们拥有大量道德真信念这一点是理所当然的。而当我们试图对我们的这些信念是关于什么的给出清晰的说明的时候,问题就产生了。我们有关于实践性专长的模型;问题伴随着道德而来,因为想要理解道德要比理解电子学或工程学更困难。但是这就是我们所期待的,如果道德知识是一种类型的实践性知识;那么实践性知识的其他形式就仍然是理解道德类型的一个有用的起点。

如果我们通过非道德主义者的形象考察通常在当代讨论中扮演的角色,那么就可以看到关于道德知识的古代和当代进路之间的对比点。这是这样一种人,在所有其他方面都很寻常,完全意识到并且重视道德考察,但是在动机上却漠不关心。非道德主义者通常习惯于对不同形式的内在论进行破坏②,但是无论非道德主义者赋予论证的作用是什么,都有如下假定,即和这样一种人的观念在概念上完全没有不一致或混淆,这个人完全意识到所有相关的道德考察、完全意识到什么才是最重要的并且准备好接受作为她应该对其做出道德回应的结果(行动,回应,干涉,等等)但是却仍然没能做出这种回应,并非是无知、愚蠢、误导或推理失败,而仅仅是因为所有这些条件对于相关动机的失败的可能性来说都未解决。

存在一种叫做"非实践主义者"(apracticalist)这样的人吗?这将是对坏电脑问题做出回应的专家,完全认识到最好的解决修理电脑的问题的方式包含重装软件,完全认识到所有关于这项工作的因素,但仍然保持冷淡并且在动机上远离实际的去重装软件,但并非因为无知、推理失败等。我们对此应如何理解呢?就专家来说,没能实际的去重装软件表明,要么是没有完全理解什么才是继续工作

---

① 参见:第249页注①,关于对勇敢的理解。
② "内在论"被大量不同的理论立场所使用;这里我将它看作是这样的立场,即充分理解一个道德要求,就是指(在某种程度上)受到它的促动。参见:Brink D O. Moral Realism and the Foundations of Ethics. Cambridge:Cambridge University Press,1989:45.

的正确方式，要么就是在重新思考什么才是修理电脑的最佳方式。这只是以下观点的必然结果，即专长是在问题解决类型的思考中表现自身的。

面对一个知道要做什么但实际上没做的真实专家，我们一般不会感到困惑，因为我们认为局域技巧的目标和专长的类型一样是局域的。你可以在动机上远离它们中的一个或更多，如果你的兴趣发生了转移（即你不再考虑达到这个目标）或者你的其他兴趣变得更为迫切（即你想要完成这项工作但是却被其他事物分心）。不能按照实践性知识的局域类型的方式行动只表明了所谈论的专家是局域的。

但是显然，这是局域技巧和道德知识所不同的方面，而后者被思考为一种技巧。它的目的并不是局域的，也并不取决于你的其他兴趣和关注；因此，这对于你来说并非类似的毫无疑问的在动机上远离这个目标。精彩的活出你的人生并不是这样一个目标，使得你可以超然于无聊或者对别处更好待遇的展望。所以如果非实践主义者（apracticalist）并不是一个一致的和危险的观点，而非道德主义者却是，那么这必定基于道德知识和实践性知识的其他形式之间的某些别的差异。这样一种差异显然可以被建立起来，而避免了诉诸要论证的前提（begging the question），即不应该基于关于我们在一开始所看到的假设类型的假定。

结　　论

我非常清楚的是，这篇论文并不是将结论推荐给那些分享了麦凯的假设框架或与之相关框架的哲学家们。可能同样会论证到，将道德知识思考为主要的实践性知识将更符合古代人，而不符合当代思考道德的方式。的确，我在这篇论文开头就强调过，古代的和当代的思考认识论的方式是相当不同的。然而，认为这种探索的唯一结果乃是考古学式的这种想法或许是个错误。将道德知识思考为一种类型的实践性知识并不仅仅对于古人是直觉性的；对于我们来说也是直觉性的，并且正确的比较是存在于这种前哲学的观点和基于非常特定的并非有关道德的哲学假设之上的道德知识的观点之间的。

道德知识是这样的知识，除了别的以外，是关于如何行动的知识；同样也是付诸实践的知识。这是一个很简单的想法，并且是重要的，如此众多的道德认识论的当代立场不仅拒绝从这点出发，正如我们前哲学所做的那样，而且让道德知识的实践性变得神秘，或者甚至将其看作迫使我们接受关于价值的那些揭穿其真相的结论。

这篇论文中还没有出现的一个假设是麦凯的第三个假设，即道德基本上就是关于告诉别人（和你自己）做什么的问题。麦凯承认斯蒂文森的关于道德词项的

第九章 作为实践知识的道德知识

情感理论的影响,并且我们很熟悉这样的理论,即总结出我们关于人与行为真的是好的或坏的这样的日常假设存在着某些深刻的错误也同样倾向于总结出,伦理词项的部分或全部的功能乃是非描述性的:它们表达了态度,或者"规定"要做什么,等等。存在一个道德话语的模型,从根本上聚焦于迫使人们(别人和自己)按照特定方式行动。对道德词项中假定的非描述性的元素强调越多,影响人们按照特定方式行动的道德话语就呈现的越多,这些方式应该和道德词项所允许的无论什么描述性内容具有偶然的或可能的远程关联。这种思考的方式,作为逻辑实证主义的派生,在将道德话语描绘为真实的权力抗争的方式上具有怪异的后现代特征。

相比之下,像专长一样,将道德知识思考为某种类型的实践性知识是将它思考为一种谦逊的、更具合作性的行动类型。当亚里士多德说"学会"就是像说学会做一个建筑师,这不仅给我们不够宏大的印象,而且让我们有缺失了和当代分析极为类似的充满斗志的要素的印象。一个建筑师学徒从比他更擅长的老师或者模范榜样那里学习东西;他正学习着思考他从别人那里学来的东西。他并不从强迫别人不一样的思考开始;如果当他学到了一些不赞同的东西的时候,他确实认为他和其他人应该按照和他所学到的不一样的方式来思考。类似的,道德学习者正学习着思考他从别人那里学来的东西。显然,当他完成之后他就能够告诉别人做什么,并且如果他人不同意的时候也试着让他们去做;但是基于专长的模型,冲突或者强迫人们如此行动,来得更晚些(comes later),并且预设了批评者已经从别人那里学习了一些东西。

或许这个谦逊的模型并不求助于哲学家,因为只是简单的假设了道德话语在基本的意义上是和冲突相关的,和成功有关系,使得他人接受你的观点。或许,另一方面,在我们获得对我们所学到的和告诉他人要做什么所做出的批评的要点之前,事实上,我们先需要做任何事情来学习如何成为道德的,专长模型在这方面是能够这样提醒我们的。将成为有道德的人看做是我们都是从小学生或学徒开始的并且直到我们成为专家的过程一样,或许这就是我们为尊重这种观点所做的辩护。①

如果我们从类似麦凯的假设入手,那么道德话语将确实看起来是一系列某些人施加给其他人的某种压力,并且我们所完成的道德教育,在我们开始反思道德知识的本性之前,将会看起来就是习得了错误的东西,是一些需要抹灭而非尊重的东西。如果事情就是如此,或许对于未来的进步的一代来说甚至被超越(be by-passed),正如诺伊拉特那个可怕的建议,道德教育应该通过如下方式完成,

---

① 对于道德学习观点的讨论,参见文献(Hursthouse R. On Virtue Ethics. Oxford: Oxford University Press, 1999: 12-16)中的精彩评论。

即甚至都不允许学习者明确表达出"错误的"概念。①

我在这篇论文中已经论证了如果我们回到关于道德认识论的古代观点,我们将会看到选择另一种观点的诱惑。原则上,我们不需要回到古人而发现这一点,但是这对于让我们能够看到坚持通常的当代的系列假设并不是不可避免的,并且一种替代性模型不仅是可能的而且长期以来是有效的这一点来说是很有帮助的。我希望这是一种重视而非庇护哲学家的方式,能够帮助我们理解我们从哪里来,追寻是否可以找到一个出发点而不是通过传统而熟知的方式,并且扩展对我们开放的选项的视野。

(戴潘译)

---

① "每个人都必须经历形而上学就像经历儿童期疾病吗?……不是……每一个儿童都可以原则上从一开始就学习应用物理主义的语言……根据统一的科学的教育的新的一代将不会理解在'精神'与'物质'科学之间的差异,或者'自然哲学'与'文化哲学'之间的差异"。Neurath O. Unified science and psychology//McGuinness B, ed. Unified Science: The Vienna Circle Monograph Series. Dordrecht, The Netherlands: Reidel, 1987: 1-23. 在第8页,诺伊拉特略带讽刺地说,他自己长期利用"an index verborum prohibitorum",如"规范"(norm),"绝对命令"(categorical imperative),以及"直觉"。这是一个没有麦凯的"错误"的世界。

第十章 论互动型专长：
实用主义的考虑和本体论的考虑

伊万·赛林格，约翰·米克思*

引　言

显然，对我们而言，专家问题实质上是通过磋商得到的常规的、技术性与非技术性的决策，抑或专家的辩护。相比之下，并不是所有的专长理论都那么重要，有些理论充满着不可逾越的困难。① 本篇评述的主题是近来柯林斯最新研究的第三种知识形态"互动型专长"的概念及其重要性。

在某种程度上，柯林斯是难逃批评的。与某些科学与技术的人文社会学研究的学者的观念不同，他的互动型专家指代一个真实存在的由知识渊博且技巧熟练的人的群体。② 再者，与休伯特·德雷福斯（Hubert Dreyfus）的观点相比，柯林斯

---

* 约翰·米克思（John Mix）：现为曼哈顿一家非营利组织的顾问，独立研究者，关注于技术科学，尤其是环境科学、生态学和进化问题。伊万·赛林格（Evan Selinger）：罗切斯特理工大学哲学系助理教授，近著有《追寻技术科学：物的源头》（与唐·伊德合编）、《后现象学：伊德批判指南》。好的哲学伙伴是很重要的，本章的完成不能离开这些人的帮助：卡斯帕尔·布鲁因·延森（Casper Bruun Jensen）、罗伯特·克里斯（Robert Crease）、蒂莫西·恩斯特龙（Timothy Engström）、肖恩·加拉格尔（Shaun Gallagher）、丽莎·赫尔墨斯（Lisa Hermsen）、唐·伊德、约翰·桑德斯（John Sanders）、布赖恩·施罗德（Brian Schroeder）、罗伯特·沙夫（Robert Scharff）、诺琳·塞林格（Noreen Selinger）还有埃文斯的科学哲学班（2003～2004年冬季）。柯林斯在整个过程中也是一个理想的对话者：他富有洞察力、睿智也很亲切。

① 对费耶阿本德和史蒂夫·富勒专长观的评论，参见 Selinger E. Feyerabend's democratic argument against experts. Critical Review, 2003, 15: 359-373; Selinger E. Expertise and public ignorance. Critical Review, 2003, 15: 375-385.

② 在此语境下，柯林斯对科学与技术研究（STS）领域做出了真正的贡献。柯林斯把他的项目描述成建构了一种新的概念范畴，互动型专长作为一种学术上抱负，旨在弥补 STS "第二次浪潮"认识论和规范上的局限性。因为，"专长"这个词不仅与知识、技能以及权威性有关，并且与等级制度也有关系——精英主义、家长作风与权力——该解构工作最充满价值的终结了"第二次浪潮"。基于经验"第二次浪潮"的观点是：应该把科学技术实践理解成是一种社会活动；理论学家不可能找到明确和不便的划界标准来区分清楚建构的（内部的）和语境的（外部的）技术—科学价值。"第二次浪潮"运动的问题在于，它的某些研究不能提供令人信服的证据，技术决策的根基应当超越被认证的专家的核心层，STS 的历史和社会实践者未能充分的反映出概念的和社会-政治问题。具体来说，"第二次浪潮"的理论学家从未就下列

对专长的现象学讨论做出了名副其实的贡献。①可是，这些溢美之词并不能掩盖柯林斯论述的缺陷。根据他对当前社会实践的考量，他认为社会实践是受限制的，因为它不是规范的。柯林斯没有从概念上来论证，而是纯粹从实践的角度上来研究的。

如果采用实践的立场，那么我们就要搞清楚把互动型专长应用于实践会产生哪些结果。对于实用主义者而言，它是没有意义的，只是一个抽象的范畴。众所周知，约翰·杜威（John Dewey）认为社会科学家不应当局限在描述中，而是应当通过实践找到看待世界的新方法。因此，一个这样的实用主义者想要知道柯林斯所谓的形式主义与非形式主义之争与世界有什么关联，还是说它只是在面对这种机制时的一种策略。为了搞清楚互动型专长的概念是否有认知的潜力，实用主义者不禁要问，当我们在判断在怎样的情况下要采纳谁的意见时，如果承认一个完全是被界定出来的互动型专长概念，是否真有助于决策。从实证主义的立场出发，我们将做如下工作：首先，我们探究柯林斯的观点是否丰富了关于专长的现象学理论。其次，我们着重考察柯林斯是如何区分可贡献型专长和互动型专长的。再次，我们将从涉身的维度上对互动型专长进行分析。最后，我们从实践的和本体论上反对柯林斯所描述的互动型专长的认识论立场。

问题给出一个令人满意的答案：有多少参与者在科学技术文化的维度上是合法的？此外，通过追求解构的策略，"第二次浪潮"的理论学家夸大了他们研究的风险。当减少了历史因素和社会归因时，他们并不把专长看作是实在的，而是看作一种破坏了认识论的技能关系。正如柯林斯与他的合作者罗伯特·埃文斯（Robert Evans）所观察到的："通过强调科学知识是与其他形式的知识一样的，他们不再提它为什么与众不同；同样，他们也不再区分专家与非专家有什么不同。"（Collins H M，Evans R. The third wave of science studies：Studies of expertise and experience. Social Studies of Science，2002，32：238）。鉴于这些方面，柯林斯认为STS理论学家已经进入了"第三次浪潮"的研究。在以下几方面他是值得褒奖的：①试图建立一种区分专家与非专家的标准；②试图证明在介于专家与非专家的地带上存在着某种类型的专长。

① 尽管柯林斯没有直接评价德雷福斯，但是当把德雷福斯的观点与柯林斯的互动型专长的观点放在一起做比较，立刻便会发现德雷福斯现象学进路的局限性。下文简要的体现出了德雷福斯的观点，他认为完全沉浸在一种生活形式中的必要条件是获得某一领域的某种专长："听评论家们的评论……他们用至少一半的时间来卖弄学问就好像在听下棋乱支招的人的话，他们总是对每一步棋发表意见、有一套原则，但谁也谁也不认为他们能参加象棋锦标赛，因为他们没有专长。"（Dreyfus H，Spinosa C，Flores F. Disclosing New Worlds：Entrepreneurship，Democratic Action，and the Cultivation of Solidarity. Massachusetts：The MIT Press，1997：87）. 德雷福斯与知识的评论者们轻蔑的认为"公众领域"中的"乱支招的人"都是"说空话"，"破坏了源于实践理性的承诺"。（Disclosing New Worlds：Entrepreneurship，Democratic Action，and the Cultivation of Solidarity. 86）. 德雷福斯必须要保持他的立场，因为在他的工作始终贯穿着二元对立，即意会的与命题知识之间的对立。考虑到与语境的敏感性和直觉相关的意会知识，德雷福斯认为评论者们的观点只不过是些建议，它们是些"抽象的解决方案"和"匿名原则"、不是"智慧"，因为他们不能在承诺的语境下从事一些局域性的实践。（Disclosing New Worlds：Entrepreneurship，Democratic Action，and the Cultivation of Solidarity. 87）. 因此，对德雷福斯来说，那些"不承担象棋锦标赛的风险"的人，是"没有专长"的，甚至，可以看到，象棋评论员、批评者或分析者都没有专长。对这些问题的更多的论述，参见：Selinger E，Crease R. Dreyfus on expertise：The limits of phenomenological analysis. Continental Philosophy Review，2002，35：245-279.

第十章 论互动型专长：实用主义的考虑和本体论的考虑

一、语言社会化：扩大可共享的社会实践范围

柯林斯想要缩小他所谓的"实践距离"（the practice gap）。这样可以区分出三种通过语言交流来完成图灵试验的方式：①亲身参与生活形式；②语言社会化，而没有身体力行；③直接获得命题性知识。对柯林斯而言，通过上述三种路径使他具备了参与争论的能力从而区分了两种类型的专长——互动型专长（interactional expertise）和可贡献型专长（contributory expertise）。可贡献型专家指的是通过学习能够对某领域做出贡献的实践者。相比之下，互动型专家完全是语言层面的（如传递信息、提出反对意见、在审查委员会上做判断），完全是通过和拥有可贡献型专长的人进行语言交流来了解某个领域的。换句话说，就算互动型专家掌握了再多的意会（非命题性）知识，他也不是直接的实践者；互动型专长只有②，没有①。对柯林斯而言这就意味着即使某人在某个域中难以身体力行也可以通过语言的社会化达到对该领域精通的程度。在图灵试验中，是很难从主观上区分该领域的互动型专家与可贡献型专家的。

柯林斯将他对互动型专长的分析置于一种被普遍质疑的形式主义与非形式主义的语境下，我们甚至怀疑他已经预料到这种争论了。说得更明白一点，我们想知道柯林斯是如何用非传统、非正式的语言来描述语言和认知的。为此，我们将引入德雷福斯的理论来进行比较。

柯林斯说："即使没骑过自行车、开过汽车的人或者不是盲人的人也有可能说清楚骑自行车、开车和使用盲杖是怎么回事。"换句话说，对柯林斯而言，不需要身体力只需要沉浸在语言文化下也能获得实践。而德雷福斯则持相反立场：

> 在做手术时，两个外科专家肯定是以某种特殊的方式来交流手术情况的。这种语言设置了一个背景，只有身在其中的专家才能明白。[1]

基于柯林斯对互动型专长的分析，我们可以看到在这段话中德雷福斯混淆了过程和人。他将获得外科语言的过程与什么样的人能掌握这种语言的问题混在了一起。在过程方面，他坚称："一位外科专家可能说不出她在手术中所用到的手术方法的名字，就算她知道，她也无法用公众语言详细地描述出每一种特殊情况。"[2] 德雷福斯对过程分析的正确之处在于获得外科手术语言的实习期（apprenticeship）是一个获得意会知识（tacit knowledge）和医疗知识的行动过程。

---

[1] Dreyfus H. Response to Carmen Taylor//Wrathall M, Malpas J, eds. Heidegger, Authenticity, and Modernity: Essays in Honor of Hubert L. Dreyfus. Cambridge: The MIT Press, 2002: 308.

[2] Dreyfus H. Response to Carmen Taylor//Wrathall M, Malpas J, eds. Heidegger, Authenticity, and Modernity: Essays in Honor of Hubert L. Dreyfus. Cambridge: The MIT Press, 2002: 307.

但是德雷福斯错在暗示，只有外科医生才有合适的背景去理解"可靠的"（authentic）外科语言经验。

即使获得外科手术的语言需要主体间的经验和个人承诺，但德雷福斯却没有证明外科手术经验是使个体实践者体验丰富的外科手术语言的唯一一种经验类型。我们同意德雷福斯的观点——仅通过阅读医疗书籍是不能获得外科手术语言的，但柯林斯对互动型专长的分析则提供了这样一种可能性。例如一位社会学家并没有手术的经验，然而，他通过以第三者的视角学习外科（在外科医生的共同体中接受语言的社会化）医疗知识也能获得"可靠的"外科语言，当外科手术语言涉及手术操作的重要方面时，这种人能做出正确的反应。因此，我们从柯林斯那里知道，德雷福斯忽略了语言的社会化这一点。除了赞同柯林斯在认识论上的这一点外，我们也关注到了他对互动型专长论述的其他维度。

二、使互动型专长互动性更强

反观柯林斯，他所宣扬的他的学科专长——社会学是促使他思考互动型专长的原动力，"修辞是社会学家反映他们专长的手段"。但遗憾的是，从我们的角度看柯林斯的观点，他过于专注社会学，特别是过于强调社会学家应当遵守"元交替"（meta-alternation）的原则。① 当他把社会学家、记者、科学管理者及行动主义者都看成是互动型专家时，他过于强调他们的相似性而淡化了他们的差异性，造成了一个过于局限的概念范畴。实际上，当批评逐渐见诸报端之后，柯林斯也逐渐开始意识到这个问题，他说："在这样的领域中，可贡献型专长和互动型专长之间有区别吗？区别在哪里？"搞清楚这一点有助于理清与可贡献型专长相对的互动型专长的定义方式。

很多时候，在他的分析中柯林斯都在说，理解互动型专家的最好的方法就是把互动型专家当成是一种介于无专长和可贡献型专长之间的，拥有知识和技能的专家，互动型专长是"相对于"可贡献型专长而言的②；他认为可贡献型专长比互动型专长更加难以获得；为了要界定互动型专家他设计了一个图灵试验，通过互动型专家与可贡献型专家的交流程度对互动型专家进行判断，然后他说如果互动型专家能够站在辩护的立场上，就能使"争论的各方认真的思考科学"，此前

---

① 在《认识论的鸡》一文中，柯林斯与史蒂文·伊尔雷（Steven Yearly）谈到了一种"元替代"的观点，就是说社会学家基于方法论的原因可以从自然解释中归纳出社会解释，但最终，科学家仍被看作是幼稚的实证主义者。

② 柯林斯写道："当你沉浸在一种语言文化中获得一种语言实践而不是实践本身，我把这称作是'互动型专长'。这种专长与'可贡献型专长'相对——就是一种把你自己完全沉浸在文化中的方式。"

第十章 论互动型专长：实用主义的考虑和本体论的考虑

只有可贡献型专家能够为知识做辩护。对于社会学家而言，这种观点是无可厚非的，但是如果以互动型专家为标准对其他专家群体如活动家（activists）进行分类，就会遇到麻烦。活动家们是要用互动型专长来理解和引导实践的。他们通过对语言社会化的实习（apprenticeship）和承受（afford），目的是通过劝说的方式对某领域产生影响。

不能抽象的讨论活动家们，我们选取了爱泼斯坦对艾滋病行动主义（activism）的研究。爱泼斯坦注意到，在流行病的早期阶段、在非专家获得相关科学共同体的信任之前，活动家们"把他们重新打造成一种新型的专家——能够与科学共同体进行科学对话的外行"。[①] 因此，可以把艾滋病活动家看作是互动型专家。在还没有成为完全的实践者之前，他们已经掌握了从事医学研究的语言并通过了柯林斯所谓的图灵试验："通过多种方法——包括参加科学会议、仔细研读科学实验报告、向参与和不参与这场运动的专家学习——研究核心层的活动家们终于获得了关于医学的有用知识"。[②] 可是，如果我们按照柯林斯所给出的"互动型专家"的概念来标榜活动家，就会忽略掉被爱泼斯坦称为"活动家-专家"（activist-experts）的问题。

爱泼斯坦注意到，活动家们会引起"科学的认识论实践上的变革"[③]（changes in the epistemological practice of science）。来看下面这段话：

> ……活动家们将方法论（或认识论）与道德（或政治）联系在一起……例如，活动家们认为，在临床试验中以妇女和有色人种为试验对象不仅在道德上是允许的（为了确保对不同的人种都有效），而且在科学上也是可取的（为了制造出关于不同人群的药物安全性及有效性的更充分的归纳数据）。[④]

柯林斯是把艾滋病活动家看作是互动型专家，而不是可贡献型专家。爱泼斯坦认为，他们对科学的贡献表现在将语言能力运用到调查中，在一定程度上他们的认识并不低于可贡献型专家。"正如约翰·费尔（John Phair）（1994）博士，前艾滋病临床研究协作组（AIDS Clinical Trials Group）执行委员会主席在1994年说道：'我是反对——在这个有限的范围内——许多的内科医生、包括治疗艾滋病的内科医生（护理）的。'"[⑤] 此外，如果我们让他们通过图灵测试的方式与掌握了所谓医学知识的可贡献型专家交谈，从而对活动家的专长进行评估，我们

[①] Epstein S. Democracy, expertise, and AIDS treatment activism//Kleinman D, ed. Science, Technology, and Democracy. New York: SUNY Press, 2000: 20.
[②] Science, Technology, and Democracy. 20.
[③] Science, Technology, and Democracy. 16.
[④] Science, Technology, and Democracy. 21.
[⑤] Science, Technology, and Democracy. 20.

就会忽略这样一个事实：他们作为互动型专家的价值就在于他们拥有与可贡献型专家"互动"的能力，这种能力能够帮助后者为如何促进医疗科学的发展提供一种新的解读。在这种语境下，"可贡献型"与"互动型"专长的概念所代表的并不是知识由少到多的排列，这两个术语是有关联的，可贡献型专长是通过与互动型专长的互动获得同一性的，并且，互动型专长也是与可贡献型专长的互动获得同一性的。作为互动型专家，艾滋病活动家们并不是像柯林斯说的那样——通过传递科学家的思想而引起关注。他们专注于表达自己的理念，这些理念来自于语言社会化，无论是在认识论及规范的承诺（normative commitments）上这些理念的提出都有重要意义。①

上述分析表明，至少在某些情况下，将互动型与可贡献型专长看作连续的观点是错误的。在某些案例中，可以把互动型专家看作是"几乎"拥有可贡献型专长的人。在接下来的工作中，柯林斯要说清楚为什么他要用可贡献型专长的标准来评价互动型专长，而事实上，互动型专长的价值恰恰在于它能够使可贡献型专家对他们自己的实践进行重新评估。在某些情况下，不能以某人如何能很好地欺骗可贡献型专家来评价互动型专长，而是要让互动型专家与可贡献型专家充分交换意见，对过去的预设进行重新审视。其实，如果学科的界限是可变的，那么成为某领域的专家的方式也必然是多种多样的，所涉及的专长应当来自于持续不断的磋商。因此，柯林斯说他本人以"为了做科学领域的社会学研究，需要掌握多少知识"问题为出发点进行研究本身就是错的。因为对该问题的解答是一个定量研究，他的讨论偏离了学术方向。在交流之前认为可以把能够成为知识的认知量化，这样的观点太过于武断，会对交流带来负面影响。

显然，在此语境下，柯林斯要非常严谨的说明可贡献型专家区别于互动型专家的"贡献"究竟在哪里。对下述问题的回答能够在一定程度上提高定义的精确度。非专家能够对科学产生贡献吗？一个自愿捐献身体的病人对科学的发展有贡献吗？一位启发了可贡献型专家的科幻小说的作家对科学有贡献吗？负责资金和监管实验的实验室管理者对科学有贡献吗？这些问题均说明柯林斯在论述中对"可贡献"概念的使用太模糊，需要进一步讨论"直接"和"间接"的贡献。

最后，即使不提出上述异议，这个概念也是有问题的。我们认为，柯林斯的图灵试验至少在两方面存在问题：首先，柯林斯假设可贡献型专家在他们做出贡献的领域中都是非常健谈的人。事实上，除了把语言作为一种"社会技能"（social skill）外，柯林斯还有一些其他的奇怪表述：

因此，尽管柯林斯在谈到引力波实验时头头是道，但是他也做不了

---

① 柯林斯写道："最后，科学家会对你所知道的感兴趣的，不是作为科学家、而是知道如何向他人传递思想和活动的人。"

第十章 论互动型专长：实用主义的考虑和本体论的考虑

引力波实验，亦或许有些科学家的工作他也说不清楚。科学家们可说的更多，因为实验是他们做的！同样，尽管玛德琳（Madeleine）没打过网球她也能把如何打网球描述的很好，但是就算她讲的再好也肯定没有玛蒂娜·纳芙拉蒂诺娃（Martina Navratilova）讲得好，因为纳芙拉蒂诺娃在日常训练中关于网球已经谈了非常多。

这种观点是有问题的，因为它假设玛蒂娜·纳芙拉蒂诺娃是既能说又能打的网球运动员。但是，有什么证据能够证明"说"是"做"的必然结果？或许她的表达能力还不如玛德琳呢。确实，交流的能力并不比打网球的能力或探测引力波实验的能力差，从某种程度上来说它也是一种专长。不会做运动的人也能成为很好的评论员（就如柯林斯所说的互动型专长一样），体育迷们都知道运动员反而都是当局者迷。在德雷福斯的专长哲学中给出了原因。这里讨论的是，专家是否真的可以不要规则仅凭直觉行动，亦或德雷福斯的评论是对的，他们是遵照潜意识的规则来行动的。德雷福斯发现，即便能完成任务也不一定能把怎么完成任务的过程说清楚："你可能知道如何骑自行车。但是难道这就意味着你能教会别人怎样做吗？你如何解释在转弯时失去平衡和从自行车上摔下来失去平衡的感觉有什么不同？"① 在这段话里，德雷福斯并不是说专家就不遵守规则，而是想表明瞬间的判断是很难用语言来表达的。如果在这一点上柯林斯不赞成德雷福斯，那么他会遭受更多的反驳。

柯林斯图灵试验的第二个问题是怎样去评价这个试验及如何去实施。他把这个试验设定为理想试验，消除了日常的社会认知偏见，柯林斯将询问者的观念模式及其相应的询问者的观念与试验有效性之间的关联的问题通通做黑箱化处理。我们认为，柯林斯的试验目的有两种，一种是敌对的一种是友好的：有时他把试验描述成是考量语言实践者的能力②，有时他说询问者的任务是要检验被询问者是不是真正的实践者。③ 如果真是这样，那么就存在这样一种可能性：一个有准备的新手能够猜中询问者所有的问题；反之，如果一个真正的实践者的理论承诺是与询问者相悖，那么他也会出错，因此被错误地当做是新手。

---

① Dreyfus H, Dreyfus S. Mind over Machine: The Power of Human Intuition and Expertise in the Era of the Computer. New York: Free Press, 1986: 16.

② 柯林斯写道："我们倾向于认为，只有那些完全沉浸在相关行动的'生活形式'下的人才能完全理解。然后我们认为，如果我们的实践不够，如果我们的试验没错，那么我们理解上的欠缺也会得到弥补。如果要我们接受图灵试验，要通过测试新手在某方面的实践能力来考察我们的能力，我们是一个纯粹的新手（如果裁判就是有用某方面实践的人，然后问你问题）。"

③ 柯林斯写道："柯林斯（1990 年）谈到，一个间谍要加装成一个当地人，就要正确的回答出当地人所提出的问题。柯林斯没有考虑到，存在间谍可以通过和当地人进行言语交流来了解那个城市的可能性。柯林斯和库施在《行动的形态》一书中所描述的写情书的例子比较好，因为能够区分感受到爱与能够用语言表达爱就是一种沉浸在一个关于爱的社会的结果。"

|专长哲学|

三、涉身性与现象学

柯林斯最早是在与德雷福斯争论人工智能的问题时开始流露出对涉身性和现象学的分析方法感兴趣的。德雷福斯认为计算机没有智能、不能成为专家是因为他们没有身体（同理，人是有智能的、是专家）；柯林斯反对这种观点，他认为在关于机器有没有智能的问题上社会化和缺少涉身性比德雷福斯提出的观点更具有决定性。在这场争论中，关于玛德琳（Madeleine）的案例——奥利佛·萨克斯（Oliver Sacks）的病人就显得十分重要。下面将要说明的是，玛德琳和人的生活形式之间的关系。①

柯林斯在很多文章中都提到了玛德琳。萨克斯告诉我们说玛德琳是一位"脑中风的天生的盲女"，在生命中的大部分时间里她的手就像"两个没用的面团"。② 柯林斯在他以前的工作中，为了研究需要，把玛德琳案例当做他的"最小的涉身性论题"（minimal embodiment thesis）的例证：玛德琳的"大脑"是具有感知的③，但身体不能动弹。④ 在最近的论文中，柯林斯用更谨慎的笔触谈到了玛德琳，他试图说明最小的涉身性特征，而不是简单地说它们是什么。但我们不能被这种现象所误导，柯林斯强调"涉脑"（embrainment）多过"涉身"（embodiment）。比如，他认为感知和想象不需要身体的观点就是最好的证明："互动型专长意味着感知和想象不需要身体，至少二者不必其一。"通过强调这种观点的错误之处，我们要证明的是柯林斯对玛德琳的论述为什么是站不住脚的。

伊万·汤普森（Evan Thompson）在《感知与意识》一文中所表达的观点与柯林斯截然相反。他写道：

---

① 关于对玛德琳的讨论，参见：Selinge E. The necessity of embodiment: The Dreyfus-Collins debate. Philosophy Today, 2003, 57 (3): 266-279.

② Sacks O. The Man Who Mistook His Wife for a Hat and Other Clinical Tales. New York: Simon and Schuster, 1998: 59.

③ Collins H M. Four kinds of knowledge, two (or maybe three) kinds of embodiment, and the question of artificial intelligence//Wrathall M, Malpas J, eds. Heidegger, Coping and Cognitive Science: Essays in Honor of Hubert L. Dreyfus. Vol. 2. Cambridge: The MIT Press, 2000: 188.

④ 柯林斯写道："由于无法区分个体的胜任能力和融入社会而具有的涉身性，造成了许多错误。例如，那些身体有缺陷的人仍然能够理解融入社会的大多数人的涉身概念"（Collins H M, Kusch M. The Shape of Actions: What Humans and Machines Can Do. Massachusetts: The MIT Press, 1998: 94）。该文牵扯到柯林斯对《计算机仍然不能做什么》一书的评论，显然，他讨论的就是玛德琳的问题。柯林斯没有使用限定词，如"完全"或者"容易"，柯林斯用的词是"不能使用"，说玛德琳完全不能使用她的身体。这当然是不正确的。玛德琳是可以使用她的身体的，最终有点残疾。

第十章 论互动型专长：实用主义的考虑和本体论的考虑

情感的很多方面都是与器官联系在一起的——是一个由神经系统、免疫系统和内分泌系统组成的身心网络；当自主神经系统、边缘系统和上皮层发生生理变化时；面部神经就会发生改变，身体各个部分的神经做好准备；然后主观经验才有了高兴和不高兴的价值判断，有了社会性和联系及有意识的评价和评估……因此，情感不是存在于大脑中、而是遍布全身；并且，感情状态是在这种相互的、融合的意义上产生的：它们是在动物或人有了涉身意识和行动的条件下在神经和身体的活动中产生的。①

为了进一步的说明汤普森说"情感是来源于身体而不是头脑"是什么意思，我们需要说明当人感到恐惧时，身体的活动是怎样的，即使是像玛德琳这样是身体残疾的。

没有身体是无法完成和协调复杂的生理功能的，大脑就感受不到恐惧。根据感受的程度，恐惧能通过人体的许多不同反应得到体现：警惕性增强，瞳孔就会扩大，肾上腺就开始分泌肾上腺素和其他激素，然后激素融入血液，就会导致心跳加快，肌肉紧张，血压升高，消化减慢，肝脏便会把淀粉转化成糖以补充能量，然后会出汗，甚至汗毛也会竖起来。包括玛德琳在内，身体的活动是伴随着进化史的，人类对恐惧的经验最终体现在身体在遇到外部刺激时的无意识反应。比如说如果某人对捕食产生了恐惧，那么对这种经历的记忆就会不自觉的引发心跳加速（还包括其他生理反应），当某人进入这种类似的环境时，即使他自己意识不到他也会立即提高警惕。进化不仅要求人类的肌体能够识别危险，并做出适当的回应，同时也要求人类机体能够意识到潜在的危险。人类对恐惧的这些经验表明，要想感受某人的恐惧，必须要有比大脑活动更多甚至是比"最少"程度的身体所引发的大脑活动更多的经验。因此，现象学家们把大脑看做是认识经验中的一个媒介。这些关于恐惧的讨论表明了避免想象过程的还原论倾向的认识论和本体论的重要意义，这种倾向把大脑的活动过程还原为大脑活动。

柯林斯的另一个错误是他将"涉身性"（embodiment）与"身体特征"（bodily features）混为一谈。他是通过界定"学习语言或学习最少的必要特征"来讨论涉身性和掌握语言之间的关系的。通过玛德琳、努涅斯（Nunez）及先天聋哑人的故事，柯林斯说明，可移动的肢体、视力和听力并不是学习语言的必要条件。并且，柯林斯对这些范例的分析向我们展示了特殊的身体特征与学习语言的能力之间的关系，但这与学习语言的涉身性的问题无关。原因在于，涉身性反映的是器官与环境之间的整体互动（沃尔特·弗里曼（Walter Freeman）把它叫做是"循环因果"（circular causality）），并不是孤立的分离的身体——甚至大脑的

---

① Thompson E. Empathy and consciousness. Journal of Consciousness Studies, 2001, 8: 4.

能动问题。当柯林斯写道:"德雷福斯列举的最小的身体条件的要求——有内有外、有前面有后面、会移动等",他没有搞清楚当现象学家比如德雷福斯在讨论人与世界的关系时,他是正对着这个世界还是背对着这个世界的。柯林斯的陈述容易给人一种误解,认为如果德雷福斯没有说面对着还是背对着这个世界,那么存在(being)就不能融入我们的语言社会。当然电脑也"有"前面和后面(也有里面和外面等),但是,至少是到目前为止,它还不能达到语言社会化。如果德雷福斯是正确的,那么问题就在于尽管计算机"有"这些功能,但是它们的生活方式和人类不同。即使有科幻小说,即使在程序中能反映出一些意识,计算机仍然不能理解人类的行为,只有在人进行操作的时候才能反映出一些上述特征。这一点参见塞缪尔·托迪斯(Samuel Todes)的工作,他是一位讨论了德雷福斯的涉身性的理论家。

在《身体与世界》(Body and World)一书中,托迪斯显然非常清楚"身体为客体"(body-as-object)与"身体为主体"(body-as-subject)之间的差别,并以此强调前后、左右"不过是身体的两面",这样的经验并不是被我们所忽视的千篇一律的生活经验,它们对于"制造"统一的时间和空间场域有非凡的意义。德雷福斯是这样强调托迪斯观点的重要性的:

> 为了说明在统一人类经验建构时空的领域时,身体扮演了多么重要的角色,托迪斯超越了梅洛-庞蒂把身体当作一个对世界纯粹的"我能"的反应……因为身体的移动向前比向后更容易,便开辟了一个关于可以直接做什么、通过努力干什么及什么是超出了认知水平的经验领域。此外,身体的前后是不对称的——它只能应对前面的事实——组成了时空。在日常生活中,未来将遭遇怎样的经验、现在正在面对和处理的是怎样的经验及过去处理过怎样的经验都是存在于空间和时间中的经验。①

因为德雷福斯把托迪斯的立场概括为适合"所有"人类,那么当然包括玛德琳在内,尽管毕竟她是残疾人。但这种观点如何才能为真?托迪斯的观点不是基于运动吗?这是玛德琳的缺陷。托迪斯写道:"如果没有我们的运动","客体便没有置身其中的时空"。

为了证明玛德琳的涉身性是符合人类时空观的,可以参考托迪斯对受监禁的人的分析:

> 即使不能做很多的运动,但是某人仍然能够感受到他所处的环境,比如他在坐牢。他知道他的行动受限,并且这种限制将会削弱他的时间感。日子就这样拖着,时间开始变得不真实;慢慢的他感受不到时间

---

① Todes S. Body and World. Massachusetts: The MIT Press, 2001: xix-xx.

第十章 论互动型专长：实用主义的考虑和本体论的考虑

了，因为他失去了感受时间的客观存在的主观认知。但是，只要他有行动的感觉，即使是受到牢房的限制，他仍然保留了某些时间感。因此，只要时空存在，时间感就存在。如果时空不存在，那么要么一切都不存在、要么我们不存在。①

认为玛德琳已经完全丧失了对行动的"感知"的观点过于草率，因为柯林斯说玛德琳有"最小的涉身性"。即使是出于论证的需要，也要考虑五种感觉（视觉，嗅觉，听觉，味觉和触觉），我们必须承认玛德琳仍然拥有 4/5 的感觉。但是玛德琳的胳膊和手都不能动，我们怎么知道她还有触觉？关键是，玛德琳是脑瘫而不是四肢瘫痪。玛德琳的病情影响到她的肢体运动和肌肉的协调。但她的感觉器官仍然是完好的，尽管她是瘫痪的，但并不是说她就没有触觉。因为指尖上有密集的神经末梢，所以常被看做是健全的人感知的主要来源。但事实上触觉是遍布全身各处的，皮肤的神经末梢也能够把感觉传递给大脑。即便是汗毛，在感觉中也发挥着重要作用，它们能够将感觉放大。在这种情况下，每一寸肌肤都可以发挥作用：

78 条神经，
650 条汗腺，
19~20 根血管，
78 个感知热的感觉器官，
13 个感知冷的感觉器官，
1300 个记录疼痛的神经末梢，
神经纤维末端的感觉细胞有 19500 个，
感受触觉的压力装置有 160~165 个，
95~100 个皮脂腺，
65 根汗毛和肌肉，
还有 19 500 000 个细胞。②

根据上述因素，玛德琳基本上能够感受到周围的自然环境和人，她能够区分自身的运动或外力导致的运动。

为了进一步澄清这一点，有必要思考一下玛德琳的感受。这样，显然柯林斯的本体原子论（ontological atomism）并不能捕捉到涉身经验的所有本性，因为他对最小的涉身性的分析是源自一个错误的假设，即认为人类经验是建立在可减少（或增加）的肢体上的。

---

① Body and World. 50.
② Texas Education Agency. Nd. Skin diseases and disorders. Health Science Technology Curriculum. http://www.texashste.com/html/ap_inte.htm. 2004-04-06.

玛德琳在床上醒来，等待一天的开始。她能听到护工走路的声音，可能也知道她走路的声音和速度。她知道护工走进了房间。她能够感受到毛毯被掀了起来。她听到百叶窗被拉开的声音，感觉得到照在她脸上的阳光，或是听到了雨声，这些经验足以让她知晓今天的天气。她能够感受到两条胳膊把她抬起来然后放到了轮椅上，然后她就知道了她现在是坐在椅子上、而不是躺在床上。从拂过她脸庞的风和声音的变化她感觉到自己被推出卧室，推到了走廊上。如果其他房间有人，她能听到里面的声音。她感觉到洗脸的水温、闻到了肥皂的味道，她可能喜欢干燥的毛巾、或者她觉得不舒服想要毛巾软一点。她可能闻到了咖啡的香味，听到了煎锅里嗞嗞的声音，知道早餐就要开始了，饥饿感很快就要一扫而光。她感觉到有人把她从后面抱起，放到椅子上，推她经过一个又一个房间，喂她吃饭、教她说话，给她拥抱或亲吻。所有这些涉身经验都在发生着。可能玛德琳并不能感受到所有的经验，但是她所拥有的肯定不只是"最少的涉身性"，她也有时空感。据托迪斯的分析，一旦我们接受了玛德琳也有运动感的观点，那就必须要承认玛德琳是置身于时空的。

四、结论：赶走柯林斯身边的妖

近年来，著名的拉普拉斯妖（Laplace's famous demon）[①] 生了孩子，他的后代来到这里迷惑了柯林斯和他的互动型专家圈子。只不过它们的名称不再叫"恶魔"，而是起的更加平实，叫"正确引导的图灵试验"（properly conducted Turing Test）、"最小的涉身性"（minimally embodied）、"贡献"（contribution）和"领域"（domains）。在我们讨论互动型专长的实践意义之前，首先要把这些妖赶走。

约翰·科利尔（John Collie）说："拉普拉斯解决问题的本领"在于"他总能针对问题找到对策。"[②] 确实，他的成功之处在于"找对方法"。[③] 拉普拉斯的因果决定论，包括柯林斯现在提出的互动型专长理论——都是在理想状态下的没有事实根据的假说。只要质疑前提条件，不用说，理论便会失去连贯性。如果真是那样，我们便会得到关于恶魔的各种参数，然后就可以把妖怪赶走了。但问题

[①] 拉普拉斯妖（Démon de Laplace）是由法国数学家皮埃尔-西蒙·拉普拉斯于1814年提出的一种科学假设。此"恶魔"知道宇宙中每个原子确切的位置和动量，能够使用牛顿定律来展现宇宙事件的整个过程，过去以及未来——译者注

[②] Collier J. Holism and emergence: dynamical complexity beats laplace's demon. 2002. http://www.nu.ac.za/undphil/collier/papers/Vienna-Laplace.PDF.

[③] Collier J. Holism and emergence: dynamical complexity beats laplace's demon. 2002. http://www.nu.ac.za/undphil/collier/papers/Vienna-Laplace.PDF.

第十章　论互动型专长：实用主义的考虑和本体论的考虑

是，那一天真的会来吗？现在，似乎理解互动型专家的最好的方式，是假设他很可能是存在的，就像量子。海森堡的测不准原理表明，越想测到量子的位置，越测不准它的速度。所以，对于互动型专家而言——我们越想确定他们在知识中的地位，越找不到相关的变量。

上述的那些妖怪中最难搞定的是"最小的涉身性"。柯林斯还曾谈到过一个案例，有一个小女孩生长在外太空失重的环境下，但她知道什么是重量，叫做"失重的婉达"（Weightless Wanda），这种情况很可能存在。假设抚育婉达的宇航员知道什么是重力（柯林斯所谓的"集体涉身性议题"（collective embodiment thesis）），这些曾经在地球上生活过的人会告诉婉达重力世界是怎样的。他们可以通过讲故事、明喻和暗喻的方式激发她的想象，向婉达解释和教导她关于"重力"（gravity）和"重量"（weight）的概念。在他们讲给婉达的比喻中，所使用的每个词背后都是有含义的，都指代（也不是所有）某些物理涉身性（physical embodiment）。对词义的理解可以"弥补"婉达在理解重力时的不足。最显著的感觉是视觉，我们首先是用它来感知我们所生活的世界的（经过进化我们直立行走），我们面朝地平线，用知觉感知着上和下。即使是在太空中，"上"和"下"变成一种相对的关系，宇航员仍然能够保留他们对上和下的方向感，比如说，宇宙飞船矗立着，等待发射升空。婉达会很快接受这种表述，即使这些表述对她来说没有任何实际意义。在返航的途中，她的家人认为等宇宙飞船着陆后最好还是让婉达亲自去印证一下，因为她对重力的理解依赖的是人造飞船与地平线之间的关系。

但现在，让我们思考一个不同的范例，假设在太空舱上出生的不是一个普通的小孩，而是八岁的玛德琳。玛德琳或者更确切地说是穿越时空的玛德琳，是一位盲人无法使用她的手臂，并且她也感受不到身体的重量。事实上，穿越时空的玛德琳永远也不可能感受到二维时空。因为没有视力，所以她看不到地平线、人造飞船或其他能给她提供方向感的东西。因此，似乎她无法理解宇航员的故事，也无法解释重力。①当穿越时空的玛德琳"碰到"什么东西的时候，即使是完全翻过去了，这个东西也不会下坠而是飘走了。她周围的一切都是在一个360度的球面上而不是平面上。在此语境下，穿越时空的玛德琳基本事实上达到了一种真正意义上的最小的涉身性；她不仅没有视力，并且几乎连触感也没有。其他条件

---

① 显然，我们的场景和从前一样，假设可以做一些小小的修改——尽管这样的调整只只针对我们对涉身性论证的核心。例如，如果穿越时空的玛德琳被绑在床上，她也有可能理解并谈谈重力的，因为她有一个最起码的二维涉身的方向感。（尽管，这种方向感与重力是否完全匹配仍有待商榷，但是不容忽视的是人的身体总是面向地平线的。总之，即使某人完全被绳子绑住，他的四肢仍会飘起来，等等。）事实上，要想进一步细化这些情况，就要进一步的模仿或模拟涉身经验。因此，这个例子说明，现在的玛德琳是远离最小的涉身性的，柯林斯要开始进一步的寻找研究"最小涉身性"的进路，而不是全凭想象。

没有差别，但是教玛德琳认识重力，却困难得多。我们相信，如果在穿越太空的玛德琳回归地球之前先给她做个图灵试验，即使让她和宇航员进行语言交流，她也会失败。当然，也有可能我们是错的。如果我们让柯林斯来解释如何理解穿越时空的玛德琳与她所在的环境产生的最小涉身性，他可能认为她能通过该试验。

我们知道如果让柯林斯一下回答这么多问题肯定会有一定难度，包括穿越时空的玛德琳的问题，如果他要使他的分析看上去像实用主义者（pragmatist）的话，那么他对互动型专长的本质和范围的分析则要更严格。到目前为止，柯林斯的描述过于空洞，没有清楚的界定出他的认识论立场。他对调查过程的描述，存在太多漏洞。正如我们谈到的拉普拉斯妖，柯林斯虽然没有直接说什么样的证据能够驳倒他的观点，但是却提醒我们可以通过驳斥它的反例来论证概念。此外，柯林斯通过提出互动型专长的概念，把社会活动家、社会学家、评论家、记者与科学管理者放在同一认识水平线上，他潜在地破坏了概念本身应有的价值。他用来界定互动型专长的范式是错的——社会科学家的知识——可以在证明机制中寻找参数然后界定互动型专长。因此，在界定互动型专长时，他错误的判断了图灵试验的价值。把互动型专家看作是社会科学家，也许是有意义的，但只有在他用正在研究的科学领域中的互动型专长通过图灵测验时，才是真正有意义的，当我们慎重的思考柯林斯对涉及互动性专长的其他团体的论证时，特别是社会活动家，这样的标准就是缺少价值的。总之，尽管柯林斯有理由为图灵试验进行辩护——似乎在最基本的层面上，它能够使我们超越偏见，"真正"参与到社会认同的过程中——然而，他选择掩饰了一个可替代的议题：把社会实践看作是一种"元交互"（meta-alternation）实践。

当然，柯林斯可能会认为我们误解了他的研究。他可以坚持认为他的目标是正确的：先提出互动型专长的基本框架，然后设置其参数，最后分析它的实际应用。然而，这样的工作原理也是有问题的。正如我们已经讨论过，在柯林斯界定互动型专长时，他研究的不仅是互动型专家所知道的及互动型专家如何获得知识的过程，同时他也提供了一个参数，那就是必须要从一开始就要具备最小的涉身性然后逐渐成为一名互动型专家。正如我们的现象学分析所证明的，柯林斯在理解什么是涉身的问题上存在根本性的错误：①他的错误在于他过于谨慎并孤立了涉身的经验部分的身体因素，经验应当是一种有机体及其所处环境的一种生态关系；②当特殊的感官经验不起作用时，他过高的估量了涉身的重要性；③他过高的估量了大脑的认知能力，错误地认为可以把以大脑为载体的过程还原为基本的大脑活动过程。他把互动型专长比作一个叫做玛德琳的身体严重残疾的女子的肢体活动是完全站不住脚的。此外，基于对最小涉身性的概念的论证，他表达了对互动型专长的解释，提出了解释的必要条件（也就是说要先获得互动型专长然后

第十章 论互动型专长：实用主义的考虑和本体论的考虑

才能知道如何拥有它）比实际困难。

总之，柯林斯在理解互动型专长时所犯的错误主要有三点：

(1) 他误解了涉身性的本性。

(2) 他过分弱化了互动型专长中的可贡献专长的潜在性。

(3) 他误解了涉身性与互动型专长之间的关系。

关于最后一点，柯林斯一定会认为涉身性是存在在互动型专家的身上的。他可能会认为其他 STS 理论家比如迈克尔·卡隆（Michel Callon）、布鲁诺·拉图尔（Bruno Latour）等太过强调人类与其他"行动者"之间的对称性。柯林斯认为从事扇贝、减速隔离带及细菌研究的专家不是互动型的专家。然而，即使柯林斯没有错，对涉身性的本体原子论（ontologically atomistic）理解及他的分析不是空穴来风，它们也不是涉身经验，他对互动型专长的描述仍然是有问题的。

（张帆译）

第三部分　有争议的专家意见

导　言

　　越来越多的理论家和活动家表现出对这样一个问题的关注：社会由于其专家而受害。不幸的是，他们很难提出为有争议的专家意见辩护的可靠证据。过分的心理学和政治学情感，通常折中认知的分析与规范的分析。这一部分收录的所有文章都正视这一议题，并且，在理论家们无意间引发了他们打算纠正的那些问题的情况下，我们看到了致力于这一过程的那些陷阱的另外一面。

　　费耶阿本德使得科学哲学家有可能作为社会批评家来写作。托马斯·库恩和伊姆雷·拉卡托斯在基本的认识论语境中讨论科学的社会维度。与此不同，费耶阿本德把他的有影响的著作《反对方法》描述成"人文主义"；这是致力于"支持人"，还不是促进知识的一个文本。在这一规范的语境中，费耶阿本德发展了下列论点：现代的科学专家已经成为意识形态的拥护者；他们越奉献时间与能量来促进一种立场，他们就越变得难以接受怀疑他们的核心信念的观点。在对这个问题的回应中，费耶阿本德满足于首先应该把专家看成是人民公仆的观点；恰当地选举出的非专业人员的委员会应该调整能够影响公共领域的所有科学研究。在这一部分收录的文章《如何保护社会免受科学之害》中，他建议，如果专家没有歪曲他们的成就的价值，非专家就会意识到，他们比他们以前认为的更适合有助于追求知识。在评价费耶阿本德的立场时，读者也许还会考虑，他对民主的幻想驱使他把世界二分为两个范畴的人：专家和非专家。如果他的解释那么受限制，也许就会排除享有调整和批评专家忠告的共同天赋但意见不一的群体的可能性，非专家确实是拥有各种背景技能的完全不同的一群人。

　　也许当代对专家意见的最根本的展望来自史蒂夫·富勒的《专长构成的社会特征》一文。富勒似乎满足于这样的观点：专家被赋予太多的社会权威，即使在涉及他们精通的问题时。这个立场与专家意见的社会观联系在一起，即这种社会观声称，在一个限定的社会领域内，关于专家意见的一切意义都能够得到详细的阐述。因此，富勒所做的实验是，我们把注意力转向关注下列问题时可能采用的规范的含义和认识论的含义：这个问题是，专家如何创造、维持和不断地强化通过网络化和修辞劝导支持他们自称的认知权威的界面（interface）。对这一细节的注意将会揭示了这些案例：客户需要专家的知识或技能的感觉证明是一种虚构的意愿，也就是说，是希望他或她的服务被觉得必定有益的专家创造出的一个目标。如果富勒对自由决定权的说明是精准的，那么，赋予专家（比如，医生、气象学家、经济学家和各个领域的科学家）的声誉与敬重可能需要被弱化。

在《认知的依赖性》一文中，约翰·哈德维格为我们提供了相信富勒持有不正确的专长观的理由。哈德维格满足于：

> 这位理性的外行将会承认，在有好的理由相信存在着专家意见的问题上，他不应该（在方法论意义上）自己做决定。他对待这些问题的态度将——如果是理性的——通常是理性地遵从专家的认知权威。

富勒完全不同意哈德维格的观点，坚持认为哈德维格给予专家太多的权威。在《社会认识论》一书中，富勒把哈德维格提供的论证类型描述成是"权威主义的知识论"。根据富勒的观点，哈德维格立场的潜在逻辑能够被表述如下：

（1）普通的个体或"外行"拥有的信念多于合理地指望他拥有的相关证据。

（2）然而，在大多数情况下，外行知道另外一个人，即一名"专家"，他通过专门训练获得了理性地持有这种信念所需要的证据。

（3）从（1）和（2）来看，我们能够得出的结论是：要么 a. 大多数外行的信念都不是理性地持有的；要么 b. 对于这位外行来说，如果他认可某人是专家，这个人理性地持有一种信念的证据，那么，他持有这种信念，就是理性的。

（4）既然只有（3）b 拯救了这样的一种直觉：我们大多数人持有的信念都是理性的，所以，可以推出，除了他通晓的那些信念之外，外行"在认识论意义上依赖"于专家的权威。

（5）因此，对于绝大多数认知判断来说，遵从相关专家的权威比"独立思考"更加理性。

富勒对哈德维格论证的重构是否合理，我们留给读者来确定。例如，在哈德维格关于当时遵从专家的非专家是适当的和理性的实际主张和富勒对哈德维格阐明的逻辑支持的解释之间存在着一个重要的区别。

爱德华·赛义德（Edward Said）分析了费耶阿本德和富勒强调的专家意见的危险。赛义德是一位思想家，在他的整个职业生涯中，他广泛地研究有关"专业人士"和"业余爱好者"之间及"内行"和"外行"之间的问题。在《反对者、读者、支持者和共同体》一文中，赛义德试图说明，"人文文化通常如何恰好表现出不言而喻地符合""公众"的"反民主观点"，他所说的"对专长和职业素质的崇拜"助长了这种"反民主的观点"。由于把英美的新批评的遗产与现代大学的民族精神（ethos）联系起来，赛义德指控那些信奉"专业习惯的安慰"并把"对世界的客观表征"（由此获得权力）转让给"专家小集团及其顾客"的人。

| 导　　言 |

最后，借助对费耶阿本德、富勒、哈德维格和赛义德观点的批评性重新定位，我们用唐·伊德（Don Ihde）的《为什么不是科学批评》一文结束本部分。伊德满足于这样的观点：从划分专家—外行的视角剖析专家意见，是错误的，因为这种绝对的二分法遮蔽了精通的中间人，比如，"博识的业余爱好者"。从表面价值上看，即使通过增加一项专业资格，复兴"业余爱好者"这一术语，似乎也是成问题的。例如，赞同（或挑战）特殊科学纲领的大名鼎鼎的活动家能够危及社会，特别是，当他们的名人地位使他们成为追星族奉承的接受者时。然而，伊德坚持认为，博识的业余爱好者是一个特殊科目的"热爱者"，即这样的一个人：不是"内行"，因为他或她缺乏在专家文化中获得证书的正式训练，也不完全是"外行"，因为他或她还知道一些支配特殊专家文化的操作准则。这样一种中间立场的直观问题是，它听起来太远离专家文化，以至于不能确保从这些专家文化的角度认真考虑问题。根据伊德的观点，距离是有用的——不是有害的——特征；这是我们能够呼吁有争议的专家意见的核心概念。

（成素梅译）

第十一章　认知的依赖性

约翰·哈德威格[*]

我发现，我本人相信自己没有证据的各种事情：吸烟会导致肺癌；我的车子总是抛锚，因为需要更换化油器；大众传媒威胁到民主；贫民区造成了情绪失常；我的心律不齐是室性早搏；在非学术界，学生的成绩与成功无关；核电站并不（十分）安全……我列举的这些相信的事情实际上永无止境（如果不是无穷），尽管我根本没有它们为真的证据。虽然我会欣然想象，我必须该做的事情是，获得支持我的某个信念的证据，但是，我无法想象，我能获得支持我的所有信念的证据。我相信的事情太多；有太多的相关证据（大部分证据是在经过大量的专门训练之后才可获得）；智慧太有限，人生太短暂。

我们作为认识论者，关于所有这些信念，我们会说些什么呢？如果我在没有可利用的证据之前提下，仍然相信一个命题，那么，我的信念与在这个信念中的我必然是荒谬的或非理性的吗？我的信念就只是信念（柏拉图的正确的意见）吗？如果不是，为什么不是呢？有相信这些命题的其他好的理由吗？即有不能还原为使这些命题为真的现有证据的那些理由吗？这些理由是怎样的呢？

在本章，我想考虑知识权威的观念，特别是专家的观念。我想探索诉诸知识权威的"逻辑"结构或认知结构，以及这样一种诉诸为何构成了对相信或知道的辩护。我把本文分为三个部分：首先，我认为，如果一个人有好的理由相信，他人有好的理由相信一个命题，那么，他就有好的理由相信这一命题，因而，我也认为，相信一定有一个好的理由，但这个理由构不成使这一命题为真的证据。其次，我极力主张，因为（在专家是行家的问题上）外行的认知不如专家的认知有优势，所以，合理性有时在于它拒绝进行独立思考。最后，我把这些考虑的结果应用于知识的概念，并认为，对于知识的科学追求和学术追求来说，专家—外行的关系是基本的。

如果我是正确的，那么，诉诸认知权威是我们的大部分知识的基本要素。诉诸专家的权威经常为自称的知道和有根据的理性信念提供辩护。然而同时，专家比

---

[*] 约翰·哈德威格（John Hardwig）：田纳西大学哲学系主任，教授，现主攻生物伦理学，这一领域的论文收录于最近出版的《死亡是一种义务吗：生物伦理学文选》。

第十一章 认知的依赖性

外行有认知优势,这意味着,专家比外行更有理性权威,从而破坏了个人的学术自主性,并迫使我们重新考察合理性概念。我们根据如何理解知识、认知者和合理性概念的重要含义,对我们的许多认识论中隐含的认知个人主义提出了质疑。

一

在这里和整篇文章中,我们限于信念和有证据的命题知识,让我们假设,有好的理由相信一个命题 p。相信 p 的好的理由会是怎样的呢?对于这个问题的通常回答是,根据证据,"证据"大致被定义为,确定 p 为真的任何东西(即有根据的论证,还有事实材料)。于是,p 为真,有一个证据,但是,不能由此推出,每个人都拥有或都能够拥有这个证据。

假设有一个人 A 有好的理由——证据——相信 p,但是,另一个人 B 没有证据。在这种意义上,B 根本没有理由(或者没有充分的理由)相信 p。然而,也假设,B 有好的理由相信,A 有好的理由相信 p。那么,B 因此有好的理由相信 p 吗?如果是这样,B 的信念在认知意义上是根据诉诸 A 的权威和 A 的信念。如果我们接受这一点,我们将能说明,B 的信念为何不可能只是纯粹的信念;它确实可能是理性的信念;以及 B 在他相信 p 时为何能是理性的。我们将解决这些问题……或只是个开始。

之所以说只是开始,是因为我们接着会面临以前的认识论者没有考虑过的情景:信念的一个好的理由是非常古怪的,这种理由不能构成 p 为真的证据。就 B 相信 p 的那些理由而言,并不是 p 为真的证据。我们能通过注意下面两个问题来明白这一点。①尽管 A 的证据算作是确立了 p 为真,但是,在这种情况下,在 B 发现 A 有这个证据之后,与 B 还没有搞清楚 A 和 A 的理由之前相比,p 没有更强的说服力。②诉诸权威链必须在某个地方终止,而且,如果诉诸的整个链条在认识论意义上是有根据的,那么,这个链条必须终止于拥有必要证据的某个人,因为真实的断言不能通过诉诸权威来确立,也不能通过调查他人为何相信这些断言来确立。[1]

---

[1] 可能似乎仍然是,如果 B 有好的理由相信,A 有好的理由相信 p,那么,B 就有 p 的证据。我和倾向于极力反对这一点的某人之间的争论,揭示了在澄清证据概念时涉及的棘手的认识论问题。但是,我认为,B 没有 p 的证据,极力主张增加本文中提出的如下论证。a. p 的证据算作是反对非 p 的证据。但是,考虑一种相矛盾的专家的情况:A 有 p 的证据,而 C 有非 p 的证据。在这样一种情况下,如果 B 相信 p,只是因为他相信,A 有好的理由相信 p,B 的理由不能算作是反对 C 的理由,只有 A 的理由算作是反对 C 的理由。b. 有可能构造这样一些情况:B 有好的理由相信,A 有好的理由相信 p,即使在我们同意没有 p 的证据的问题上。(接下来的第二部分有更多这些情况。)但是,不管如何解决关于证据的这种争论,我都会看到,B 的理由在逻辑上依赖于 A 的理由。如果承认这一点,本文接下来讨论其余的大多数要点。

但是，B 必须有某些好的理由来支持他对 p 的信念，否则，信念就只是信念而已（还是柏拉图的正确的意见）。B 确实有好的理由，那么，事实上，他就有证据。但他的证据并不能算作是确立了 p 为真的证据，只能算作是确立了（与 B 自己不一样的）A 知道，他在说 p 时，"他正在谈论什么"。当 B 自己没有 p 的证据时，B 怎么能有好的理由相信，A 有好的理由相信 p 呢？这很简单——B 有好的理由相信，A 已经对相信 p 的证据进行了必要的研究。

如果必要的研究很简单，那么，B 对 p 的信念能够以 A 为根据，尽管事实上我们不能称 A 为专家。例如，如果加油站的服务人员告诉我说，油加满了，我将会相信他，但我不能称他为专家。然而，在认识论意义上更有趣的情况是，需要有专长的那些情况——即 B 有好的理由相信，由于研究的缘故，A 才确定是否支持、延续 p 及确定 p 是否是系统化的一名专家。①

外行诉诸专家的知识权威，在认知上依赖于专家，（在专家是行家的问题上）他的知识不如专家占有优势，所有这些都能通过我们所使用的公式来表达：B 有好的理由相信，A 有好的理由相信 p。但是，外行的认知劣势与依赖性甚至会更加激进——在许多这样的情况下，在 B 能够进行必要的研究之前，大量的训练和特殊的胜任能力可能是必要的。于是，B 缺乏这样的训练和胜任能力，也许就不能理解 A 的理由，或者，即使他确实理解了 A 的理由，他也不能鉴别出为什么这些理由是好的理由。

迈克尔·波拉尼（Michael Polanyi）和哈里·普罗施②（Harry Prosch）戏剧性地提出了这个观点的第一部分，就拿他们列举的物理学的例子来说：

> 流行的科学观表明，科学是人人都能证实的可观察事实的集合。我们已经看到，在专家知识（比如，诊断疾病所需要的知识）的情况下，这是不正确的。此外，在物理学中，这也是不正确的。比如，首先，外行不可能有设备来检测天文学或化学的事实陈述。即使假设，外行能够

---

① 我假定，我们大家都会同意，专家是有的，但是，我在本文中不打算提供对"专家"的精确定义或描述专长的可能范围（除了介绍性的附带条件之外，本文限于有证据的命题的信念和知识）。然而，如果本文的论题是正确的，那么，对于认识论者来说，论证"专家"的定义和实际的专长与可能的专长范围，将变得至关重要。但是，可以看到，我对"专家"的用法是合乎程序的：没有预设或推出专家的观点为真。如果某人根据专家的观点为真来定义"专家"（就像柏拉图描述的高尔吉亚和特拉西马库斯所做的那样），说谁是一名专家，原则上，通常是不可能的——即使某人自己就是一名专家！——因为说谁的观点与真理相一致，通常是不可能的。但是，我甘愿认为，说持续的相关研究由什么构成和确定谁从事研究，同样也是不可能的（尽管有时在做出这种判断时存在很现实的问题）。而且，为了确定是 p，还是非 p，持续的研究无论什么时候都是必要的和有效的，专家的观点比非专家的意见更不可能被误解，也可能很少被误解。因此，在我对"专家"这个词的用法中，真与专家的观点之间的联系不是完全分离的，尽管这种联系既不必要，也不简单。

② Polanyi M, Prosch H. Meaning. Chicago：Chicago University Press，1977.

第十一章 认知的依赖性

设法利用天文台或化学实验室，他也不会知道如何运用摆放在那里的仪器，而且，在他总是进行观察之前，他也许已经把仪器损坏的无法修理了；因此，即使他成功地进行了一次观察，来核实一个科学陈述，而且，发现了与此相矛盾的一个结果，他也会肯定地假设，他做错了，就像学生在实验室里学习使用仪器时所做的那样。①

此外，通过训练而获得进行必要研究的胜任能力，通常只有那些具备特定天赋与能力的人，才容易获得。结果，B永远都不能得到支持他相信p的证据。如果我自己对大学一年级的微积分感到绝望并且失去了斗志，是一个可靠的指标，那么，我绝对不可能得到我相信相对论物理学是正确的证据，无论我对这项事业投入多少时间与精力。我可能完全没有数学能力来拥有这个证据。

但是，在某人能够评价乃至理解专家相信p的理由之前，大量的训练与特殊的胜任能力可能是必要的。尽管我能理解大众媒体会对选民产生影响的研究，但是，我没有能力来评价这些研究的优点，就好像我不熟悉与社会科学研究方法相关的问题一样。于是，我由于缺乏必备的数学训练和能力，甚至无法阅读支持我相信相对论物理学是正确的那些书籍和文章。

如果外行B：①对他相信p所提供的证据没有进行研究；②没有胜任能力，也许甚至根本就无法进行这项研究；③不能评价专家A的研究所提供的证据的优点；④甚至无法理解证据，也无法理解证据如何支持A对p的信念。那么，B仍然有好的理由相信，A有好的理由相信p吗？我认为他能。如果是这样，我应该推断，B对p的信念得到了理性的辩护了吗？我认为，我们应该承认，B的信念比我们完全称为荒谬的或非理性的其他信念具有更好的认知基础。

许多认识论者可能很想拒绝这个结论，因为这个结论完全不同于我们公认的关于合理性信念的本性的观点。但我认为，我们必须说：如果我们不希望被迫推断出，任何一个复杂文化中的绝大多数信念都完全不可避免地是荒谬的或非理性的，那么，B的信念就得到了理性的辩护——即使他不知道或不理解A的理由是什么。因为在这些复杂的文化中，人们知道的大多数信念，都与某人的信念为真相关，而不是靠自己知道的。因此，对于认识论者来说，坚持认为，在一种文化中，知道得越多，个人的信念就越不理性，这无疑是一个悖论。

二

尽管如此，我们很难拒绝接受认识论的个人主义。因为负责任的理性的外行

---

① Polanyi M，Prosch H. Meaning. Chicago：Chicago University Press，1977：184-185.

的适当立场与专家相关,在这种建议的掩盖下,很可能再次出现接受认识论的个人主义。如果我目前无法知道,专家相信 p 的好的理由是什么,或者,无法理解为什么这些理由是好的,我就显然不能核实,他所告诉我的理由是否准确。那么,我应该采取什么立场呢?一个貌似合理的和诱惑人的建议是,如果我认为,我有所需要的能力,我就应该了解情况,以便我能评价专家的报告是否可靠,因此而摆脱对专家的依赖,并恢复我的知识自主性。

支持这个建议的观念是下列范例的关键:这个范例表明了什么是一个有学术责任心和理性的人,即康德的下列陈述很好地体现出来的一个范例,康德说,避免思维错误的三个基本规则或准则之一是"独立思考"。① 我认为,这是一个极其普遍的合理性的范例——它是笛卡儿的方法论的怀疑的依据,它隐含在大部分的认识论中,它掩盖了我们思考知识的方式。根据这一观点,合理性的核心在于保持和坚持人的独立判断;因为如果一个人悬置判断,他如何能确定他是知情,而不是误传呢?

但我认为,这个范例为我们提供了一个浪漫的理想:这个理想根本就不切实际,从而导致在实践中的信念和判断就没有那么理性。我确实能避开对某些专家的认知依赖;也许,如果我很有才华,我就能避免依靠任何一位指定的专家。我能够而且确实选择在哪方面确立我的知识自主性。但是,如果我全面追求认知自主性,我就只能靠拥有相对无知的、不可靠的、大概的、未检验的因而是荒谬的信念来取得成功。如果我是理性的,我决不能避免对专家的某种认知依赖,因为事实上我相信的事情多于我完全知情的事情。

因此再重复一次:如果我不能知道,专家相信 p 的好的理由是什么和这些理由为什么是好的理由,那么,我对专家应该采取什么立场呢?如果我不知道这些事情,我也不能确定,这个人是不是一位真正的专家。通过提出恰当的问题,我能够发现一些江湖骗子、冒牌货或不称职的人,但只是那些特别明显的人。例如,我可能怀疑我的医生不称职,可是,一般情况下,为了证实或消除我的怀疑,我必须知道医生所知道的东西。因此,在专家意见的领域内,外行不完全理解什么算作是好的理由,我们必须面对这一事实的后果。

假定,我通过依赖其他专家,能够确认一位指定的专家,或许得到一个不同专家的排名②。如果我的医生说,我应该去看心脏病专家,我会向他和社区内的

---

① Kant. Critique of Judgment. Bernard J H, trans. New York: Hafner, 1951: 136;康德的强调。康德重复了这个陈述(Anthropologie: 118, and in the Logik: 371 (both Cassirer editions, Berlin, 1932))。

② 在最近的一系列的文章中,雷尔(Keith Lehrer)研究了专家排名的问题和不同专家的意见的问题,因此,也研究了对专家之间有分歧的问题的处理方式,所有这些都比我在这里的考察更严密和更精密。参见,例如:"Social Information", Monist, I. X, 4 (October, 1977): 473-487(雷尔在他的脚注中提到的文章)。

第十一章 认知的依赖性

其他医生咨询有关当地的心脏病专家的事情。或者，如果我想要知道，大众媒体对于选民的影响，我会去政治学系，咨询在这一领域内谁的工作做得最好，是否受到过重要的批评。对专家的确认和排名是通过扩展我们的"B 有好的理由相信，C 有好的理由相信，A 有好的理由相信 p"这一公式及其隐含的权威链来表示的。然而，由于诉诸这样一个专家等级，我凭借避免对专家的依赖，并没有重新获得我的认知自主性——我只是扩展和提炼了这种依赖。如果我的相信不是建立在相对粗俗的未经检验的理由之基础上，在所有这些情况下，我也不能重新获得我的认知自主性。

同样假定，如果我不知道而且也没有办法查明谁是专家，那么，我将无法诉诸这个权威链。接着，我就不知道，谁有好的理由相信 p，应该听从谁的理由，或者，谁的意见（如果有）为我提供了相信 p 的好的理由。有时会发生这种情况，而且，当这种情况发生时，理性的听从成为不可能的。但通常情况下，我会找到某个人，他的意见比我的意见更可靠，而且，他会向我提到某个人，这个人在是否相信 p 的问题上更知情。于是，即使是一个外行，由于他相对没有能力鉴别专家的好坏，最终诉诸一位次要的专家，而不是重要的专家，这位次要专家的意见也仍然比那位外行的意见要好。①

因此，根据我们的公式，B 能够相信 p，要么，因为 B 有好的理由相信，A 有好的理由相信 p，要么，因为 B 有好的理由相信，C 有好的理由相信，A 有好的理由相信 p。但是，在任何一种情况下，B 都不能有充分好的理由不相信 p，或者，相信非 p。换言之，外行不能理性地拒绝听从这位专家或他承认的那些专家的观点。这并不意味着，B 不能成功地提出反对相信 p 的强有力的意见，或者，不能成功地想象一个替代相信 p 的方案，而是意味着，某人只有具备 A 的专长，才能对这种反对或替代方案的价值与有效性做出精确的评价。在外行的盘问下，专家可能承认一个特定论据的说服力，但是，他（和他的同行专家）必须判断，这个论据是否有说服力，是否恰当，因为只有他们，才能完全理解专家的训练和研究所涉及的方法、技巧、前提和基础及这些如何影响最终的信念。

换言之，外行提出批评和替代方案，但在理性的意义上，他必须允许专家对此做出反驳，因为在与专家的对话中（不是平等对话），② 理性诉诸的最终法庭

---

① 当然，对识别相关专家的整个问题的更详细的描述必须区分出三种类型：a. B 只相信，A 有好的理由相信 p；b. B 有某些理由相信，A 有好的理由相信 p；c. B 有好的理由相信，A 有好的理由相信 p。确实没有一种类型解决了识别谁是真的或最好的专家这个通常折磨人的实践问题——例如，面对相互冲突的医生的诊断意见的病人该怎么办呢？但是，这些是在逻辑上的后验问题和难题；本章这一部分的论证是，无论如何，他都不应该自己进行诊断，甚至不应该阅读一些关于自己病情的相关资料，然后，自己进行判断。

② 在我的文章"The Achievement of Moral Rationality"（Philosophy and Rhetoric, 1973, VI (3)：171-185）中，我试图阐明在道德推理的领域内假定认知平等之间的对话逻辑。

只能属于更有能力致力于研究相关论题的那一方。这位理性的外行意识到，从接受训练和研究的现状来看，他自己的不知情的判断在理性意义上不如这位专家（和这位专家通常说到的专家共同体）的判断更有说服力，结果，总是能在理性的意义上被否决。理性诉诸的最高法庭超出了他自己的能力范围，承认这一点，外行只能不得不接受这样的事实：他的反对意见没有说服力，即使自己仍然认为似乎有说服力。

当然，有一系列的个人偏好允许外行合理地拒绝听从专家的意见。这位外行会断言，这位专家不是公正的中立的证人；他对讨论结果的兴趣使得他的证言是有偏见的。或者，他的行为举止没有诚信——例如，他在撒谎或拒绝承认自己观点中的错误，因为这么做往往会削弱他声称的特殊能力。或者，他在为他的同行开拓或屈服于自己领域内他人的社会压力，等等。这样的个人偏好并非总是错误的，它们有时的确为合理拒绝听从专家的陈述提供了根据。但是，这些个人偏好的一个有趣的特征是，在外行与专家的讨论中比在同行之间的对话中，这些个人偏好更容易被接受、更重要和更确凿。如果一个人的同行是有偏见的或行为举止不守信用，没有很大关系；这些将会被发现。他们辩论的优劣能够得到检验和评价，而不是被勉强接受。

除了个人偏好之外——通常是重要的例外，我明白无法避免我在前面提出的结论：理性的外行将会承认，在与此相关的问题上，有好的理由相信现有的专家意见，他不应该（在方法论意义上）自己拿主意。如果他是理性的，他在这些问题上的立场，通常是理性地听从专家的认知权威。

如果有人反对说，在专家的意见产生了分歧的情况下，这位外行没有办法决定是否相信 p，这是理所当然的。① 但是，在这些情况下，理性的外行承认，他自己相对随意的粗俗的研究不能解决连专家的长期研究都无法解决的问题，他也会承认，摆在他面前的情况是，要么，他必须悬置信念，要么——如果这是不可能的和不受欢迎的——基于无可否认的非理性的根据获得信念。于是，如果有人反对说，即使 p 是错的，即使专家 A 没有好的理由相信 p，外行 B 也有好的理由相信 p，这也是理所当然的。因为 B 有时会被骗子所误导或误解自称的专长，尽管他设法小心地确定，A 在 p 的问题上确实是一名专家；此外，不能简单地确保，当前最好的专家的观点就与终极真理完全一致。

合理性有时在于听从认知权威，因而被动地和不加批评地接受赋予我们

---

① 如果有可能以雷尔（在前面引用的书中）研究的方式或其他方式给专家排名，那么，外行当然能够通过听从最好的专家的意见来解决由于划分专家意见提出的困境。然而，仍然存在即使是最好的专家也有分歧的情况。

第十一章 认知的依赖性

的信念，这种独立思考，有时是荒谬的，这个结论使得渴望认知个人主义的那些人成为古怪的和不可接受的，因为这摧毁了他们的合理性范式。对于其他人来说，这样的反复讨论，似乎很明显。但在另一种情况下，我认为，我们应该重塑我们的认识论与对合理性的描述，使得它们与现代生活的重要事实相一致。

三

尽管前面的讨论显然与认识论的重要词语——知道——相关，但是，到目前为止，我一直巧妙地回避用到它。不过，已知根据①A相信p，②A有好的理由相信p，③p是真的，对"A知道p"进行的标准分析，这种讨论的相关性就是显而易见的。第三个条件被标准地看成是反对项，它预示着整个分析不适应于知识；因为即使p是错的，A也能够有好的理由相信p，同样，即使p是错的，B也能够有好的理由相信，A有好的理由相信p。然而，这个第三条件不是我主要关注的，因为我赞成可错主义的知识观。

相反，我更愿意把我们的注意力聚焦于第二个条件，即在前面分析"A知道p"时，更多地忽视了的条件。A和B有好的理由相信p是必要的，相比之下，他们必须有更好的或更完整的理由，才能知道p；因为某些信念，尽管是理性的，但也没有充分的理由取得知识的资格（即使基于可错主义的知识观）。因此，坚持认为，从①相信命题p（只是信念或正确的意见），到②有好的理由相信p（理性的信念），再到③知道p，是有进展的，这似乎是合理的。

如果在我们的公式中，我们用"知道"取代"有好的理由相信"，也就是说，B知道，A知道命题p，那么，会发生什么情况呢？可以说，这可能是一种间接的知道吗？或者，认知者（而不只是理性的信仰者）必须有独立的认知吗？我前面认为，在没有关于p的直接理由或证据的前提下，B能有好的理由相信p。对于"知道"也是如此吗？或者说，B在他能知道A知道p之前，必须知道p，这样，就杜绝了把诉诸A的知识作为自称的知道的基础和辩护了吗？换言之，回想一下前面在有p的证据和有另一种好的理由相信p之间的区分，B为了知道p就必须拥有p为真的证据吗？或者说，知识和理性的信念能够建立在诉诸认知权威的基础上吗？

假设某人告诉我某事为真，但没有向我提出它为真的证据。也许A告诉我，维生素B_{17}不能治愈癌症，却没有向我提供证明这一点的研究，更没有提供成为那些研究基础的具体数据。但假设，我有好的理由相信，A是癌症研究权威，因此，我相信他所告诉我的事情。那么，我知道维生素B_{17}不能治愈癌症了吗？或者，我获得了一些还算不上是知识的某些东西（也许只是正确的意见或理性的信念）吗？如果我就知道，对于一个人来说，在没有p为真的证据的前提下，知道p，是可能的。但这似乎是悖论的或反直觉的；因为在我们所考虑的情况下，证据与确立知识相关，但我们问的问题是，在没有相关证据的前提下，是否可能拥有这种知识。

甚至更加悖论的是这样的观念：B能够知道命题p，即使他并不理解命题p。假设一位杰出的粒子物理学权威告诉我说，夸克是基本粒子，而且，假设这是真的。但我甚至不理解那是什么意思，因为我不知道，夸克是什么或什么算作是基本粒子。然而，我调查了这个物理学家，结果，我知道，他有一流的文凭。于是，尽管我还不理解我的所知，但我却能说知道夸克是基本粒子吗？

总之，我们应该说，B能够①通过知道A知道p，来知道p吗？而且②在不是第一个知道p的前提下，知道这个事实吗？即使这意味，在没有p的证据的前提下，也许是在甚至没有理解p的前提下，B也能够知道p，我们应该这么说吗？我不想直接回答这些问题，而是认为，我们所认为的大多数知识都依赖于由"B知道，A知道p"这个公式所表达的认知结构。① 因此，我将给出两个结论，并留给读者来决定，哪一个结论在认识论意义上更容易被接受。

科学家、研究者和学者有时起码是认知者，而且，所有这些认知者都以"B知道，A知道p"这个公式所表达的方式相辅相成。这些认知者，如果没有预设，他们（由于胜任能力和时间的原因）不能亲自证实许多其他研究是正确的，就无法进行他们的工作。例如，科学家根本不会重复其他科学家的实验，除非这个实验重要并有某种疑点。此外，对于任何一个人来说，如果他只依赖于自己的研究结果，或者，坚持评价支持他在自己领域内接受的所有信念的证据，他就不可能抓住（比如说）物理学或心理学的研究前沿。因此，如果科学家、研究者和学者是认知者，那么，外行—专家的关系也出现在知识结构中，而且，专家是行家，在某种程度上，是因为他在自己的领域内如此经常地扮演外行的角色。

另一方面，许多领域的研究越来越由团队来完成，而不是由个人来完成。例如，在粒子物理学中，报告实验结果的文章标题经常是这样的：

---

① 当然，对待这些问题的这种策略意味着，有足够勇气的认识论者通过接受下列观点来避免我的结论，这仍然有讨论的余地，这种观点是：科学家、研究者和学者的成就不是或不可能是知识，这些成就无论何时都是以合作方法为基础。至少可以这样说，这种选择似乎对我完全没有吸引力。

| 第十一章　认知的依赖性 |

Charm Photoproduction Cross Section at 20 GeV

K. Abe, T. C. Bacon, J. Ballam, L. Berny, A. V. Bevan, H. H. Bingham, J. E. Brau, K. Braune, D. Brick, W. M. Bugg, J. Butler, W. Cameron, J. T. Carroll, C. V. Cautis, J. S. Chima, H. O. Cohn, D. C. Colley, G. T. Condo, S. Dado, R. Diamond, P. J. Dornan, R. Erickson, T. Fieguth, R. C. Field, L. Fortney, B. Franek, N. Fujiwara, R. Gearhart, T. Glanzman, J. J. Goldberg, G. P. Gopal, A. T. Goshaw, E. S. Hafen, V. Hagopian, G. Hall, E. R. Hancock, T. Handler, H. J. Hargis, E. L. Hart, P. Haridas, K. Hasegawa, T. Hayashino, D. Q. Huang,[a] R. I. Hulsizer, S. Isaacson, M. Jobes, G. E. Kalmus, D. P. Kelsey, J. Kent, T. Kitagaki, J. Lannutti, A. Levy, P. W. Lucas, M. MacDermott, W. A. Mann, T. Maruyama, R. Merenyi, R. Milburn, C. Milstene, K. C. Moffeit, J. J. Murray, A. Napier, S. Noguchi, F. Ochiai, S. O'Neale, A. P. T. Palounek, I. A. Pless, M. Rabin,[b] P. Rankin, W. J. Robertson, A. H. Rogers, E. Ronat, H. Rudnicka, T. Sato, J. Schneps, S. J. Sewell, J. Shank, A. M. Shapiro, C. K. Sinclair, R. Sugahara, A. Suzuki, K. Takahashi, K. Tamai, S. Tanaka, S. Tether, H. B. Wald, W. D. Walker, M. Widgoff, C. G. Wilkins, S. Wolbers, C. A. Woods, Y. Wu, A. Yamaguchi, R. K. Yamamoto, S. Yamashita, G. Yekutieli, Y. Yoshimura, G. P. Yost, and H. Yuta

Birmingham University, Birmingham B15 2TT, England, and Brown University, Providence, Rhode Island 02912, and Duke University, Durham, North Carolina 27706, and Florida State University, Tallahassee, Florida 32306, and Imperial College, London SW7 2BZ, England, and National Laboratory for High Energy Physics (KEK), Oho-machi, Tsukuba-gun, Ibaraki 305, Japan, and Oak Ridge National Laboratory, Oak Ridge, Tennessee 37830, and Rutherford Appleton Laboratory, Didcot, Oxon OX11 0QX, England, and Stanford Linear Accelerator Center, Stanford University, Stanford, California 94305, and Technion–Israel Institute of Technology, Haifa 32000, Israel, and Tohoku University, Sendai 980, Japan, and Tufts University, Medford, Massachusetts 02155, and University of California, Berkeley, California 94720, and University of Tel Aviv, Tel Aviv, Israel, and University of Tennessee, Knoxville, Tennessee 37916, and Weizmann Institute, Rehovot, Israel

(Stanford Linear Accelerator Center Hybrid Facility Photon Collaboration)

(Received 2 May 1983)

Forty-seven charm events have been observed in an exposure of the SLAC Hybrid Facility bubble chamber to a 20-GeV backward-scattered laser beam. Thirty-seven events survive all the necessary cuts imposed. Based on this number the total charm cross section is calculated to be 63^{+31}_{-21} nb.

PACS numbers: 13.60.Le, 13.60.Rj

In this Letter we present results on the charm photoproduction cross section in an experiment using the SLAC Hybrid Facility. Results on lifetimes of charmed particles based on part of the data were published earlier.[1]

The SLAC 1-m hydrogen bubble chamber was exposed to a 20-GeV photon beam produced by Compton scattering of laser light by the 30-GeV electron beam. It was collimated to 3 mm in diameter. The photon beam energy spectrum is shown in Fig. 1. It peaks at 20 GeV with a full width at half maximum of 2 GeV. Most of the data were taken at photon intensities of 20–30 γ/pulse. In order to detect decays of charmed particles, a fourth camera with high-resolution optics having a resolution of 55 μm over a depth of field ±6 mm was used. The cameras were triggered either on the passage of a charged particle through three multiwire proportional chambers and pointing back to the fiducial volume of the bubble chamber or on a sufficient energy deposition in an array of lead-glass blocks. Particle identification was provided by ionization measurements in the bubble chamber and light detection in two large-aperture Cherenkov counters. More details of the experimental setup and trigger are given in Ref. 1.

The results presented here are based on 270 000 hadronic interactions found in a restricted fiducial volume. All hadronic events were closely examined for the decays of short-lived particles within 1 cm of the production vertex. When such a decay was found, the following cuts were applied to ensure that the decays which survived were genuine charm decays: (a) Decays with less than two charged products were rejected. (b) Two-prong decays consistent with either photon conversions or strange-particle hypotheses were rejected. To eliminate K^0 decays, the two-body (assumed to be $\pi\pi$) invariant

© 1983 The America Physical Society

| 专长哲学 |

田纳西大学诺克斯维尔分校的物理学教授威廉·巴格（William Bugg）和这个实验的一位参与者说明了这样一个实验是如何完成的。记录粲事件和测量粲粒子寿命的这个实验是系列实验之一，大约花费一千万美元。获得资助之后，大约一个人在斯坦福线性加速器中心工作 50 年的时间来制造所需要的仪器和进行必要的改进。然后，接近有 50 名物理学家也许每人花 50 年时间来收集实验数据。收集到数据之后，实验者们分成五个地区小组分析数据，这个过程包括观察 250 万张图片，测量 30 万个感兴趣的事件，并且，为了孤立和测量 47 个粲事件，通过计算机运行获得结果。分析大约三分之一数据的"西海岸小组"包括 40 名物理学家和技术人员，这些人在进行他们的分析时，每人要花上大约 60 年的时间。

显然，没有一个人能够完成这样一个实验——事实上，巴格报告说，没有一个大学或国家实验室能够完成这样一个实验——而且，像这样一篇文章的许多作者甚至不知道，这篇文章中给出的一个数据是如何得到的。[①] 此外，即使一个人知道的足够多，活的足够长，来完成这样一个实验，他也绝对没有必要努力这么做，因为在他完成实验很久以前，他的结果已经过时了。尽管这个小组对粲粒子寿命的测量是好的测量，巴格对此表示信任，但他估计，在 3 年之内，另一个小组将会推出能给出更好结果的另一项技术。因此，他预计，在 5 年之内，大家将会对这篇论文不再感兴趣。

最后，巴格注意到，这篇文章的 99 名作者代表了粒子物理学的不同专业，但所有的人都是实验者，因此，没有人能够从事这个实验结果所需要的和为做实验提供大部分基本原理的理论修改工作。另一方面，大多数理论家没有能力进行这样的实验——而且，没有仪器设备，实验就无法进行，而实验者和理论者都没有能力设计、建造和维护仪器设备。

很明显，这是一个极端的事例，尽管在粒子物理学的领域内不是所有的文章都这么极端。[②] 然而，当我们意识到，大多数引用参考文献的注释都是诉诸权威时，我们就会明白，依赖于其他专家如何贯穿于任何一个复杂的研究领域。而且，当这些注释被用来确立研究前提时，它们使作者陷入了专家—外行的关系之中，即使是在作者自己追求的知识范围内。此外，当一位不诚实的研究者被揭露

[①] 当然，只有少数人实际撰写这篇文章，但这并不能推出，这些人是整个过程的策划者或他们完全理解实验和对数据的分析。根据巴格的观点，尽管有少数人——"这些人一定积极参与获得数据的工作，因此，理解大多数数据"——撰写实验报告（这篇文章的篇幅占用了杂志的三页半），但是，他们实际上只是为其他作者的修改与纠正准备草稿。然后，这个团队开会论证关于分析数据技巧的实质性的要点，以及应该如何提交这篇文章，最好使其他物理学能够理解它。

[②] 1983 年 4 月 25 日至 7 月 18 日的近 3 个月时间内，《物理评论快报》刊出了关于基本粒子和场的 42 篇文章。其中，11 篇文章列出了超过 10 名作者，9 篇文章列出了超过 20 名作者，5 篇文章列出了超出 40 名作者。同一时期，只有 5 篇文章是一个作者。

第十一章 认知的依赖性

出来时，这件席卷科学共同体的丑事是有教育意义的，因为不仅公众的信心是关键。相反，每个研究人员都被迫承认，他自己的工作对他人的工作——他没有和不可能（但愿是因为时间和费用的问题）亲自证实的工作——的依赖程度。

因此，在追求知识的许多案例中，显然存在着一个诉诸各类专家的权威的复杂网络，而且，所得到的知识不可能是通过任何一个人取得的。于是，我们有如下的推理：

A 知道 m。

B 知道 n。

C 知道：①A 知道 m；②如果 m，那么 o。

D 知道：①B 知道 n；②C 知道 o；③如果 n 和 o，那么 p。

E 知道：D 知道 p。

假设这是知道命题 p 的唯一方式，并且，"知道" p 的人，都不知道 m、n 和 o，除了知道他人知道它们之外。D 或 E 知道 p 吗？任何一个人都知道 p 吗？p 是可知的吗？

除非我们坚持认为，我们的大部分科学研究和学术从来没有起到过产生知识的作用，因为这项事业的方法是合作，否则我甘愿认为，我们必须说，在类似这样的案例中，命题 p 是可知的。但是，如果 D 或 E 知道 p，我们也必须说，有些人能够"间接地"知道——也就是说，没有证明他的所知为真的证据，也许甚至不能完全理解他的所知。因此，这个结论要求在我们分析知识是什么时发生戏剧性的改变。

如果这个结论是难以令人接受的，那么，另一个结论就是可能的。也许，p 是可知的，不是被任何一个人知道，而被由 A、B、C、D 和 E 组成的共同体知道。也许，D 和 E 没有资格说"我知道 p"，而只能说"我们知道 p"。这个共同体不能还原为某一类个人，因为根本没有一个个体和单独的个人知道 p。如果我们采取这一策略，我们就能保持这样一种观点：认知者必须理解和拥有证明他的所知为真的证据，但在这么做时，我们否认了认知者总是一个个体乃至是一类个体。这个替代方案可能表明了皮尔士心中的部分想法，皮尔士断言，研究的共同体是最初的认知者，个人知识是衍生物。

后面的结论可能在认识论意义上更容易被接受；因为它使我们挽救了这个古老而重要的观念：知道一个命题需要理解这个命题，并且，拥有它为真的相关证据。但是，它很不适合那些喜欢本体论的简单性①、知识的自主性或认知个人主

---

① 这里的原文是 "But it will not be very comfortable for those who have a taste for desert landscapes"。其中，"a taste for desert landscapes" 直译是"对沙漠风景画的鉴赏"，在与作者沟通这句话的实际意思时，他为了便于中国读者理解，换成了 "a taste for ontological simplicity" 或 "a taste for ontologically simple theories"，这里根据作者提供的替代句来翻译。

义的人；因为它摧毁了大多数认识论中所隐含的方法论的个人主义。我相信，它也很令人烦恼，因为它揭示了，我们的合理性在某种程度上依赖于信任，因为它威胁到我们最珍贵的一些价值——个人的自主权和责任感、平等和民主。但是，这是另一个场合的故事。

因此，如果我们接受本文的论证，就需要在认识论上发生某些最基本的改变。我们必须重新塑造什么是信念和理性的人的观念。我们也必须同意，一个人能够在没有支持证据的前提下，知道或接受这样的观点：存在着共同体知道的知识，而不是任何一个个体的认知者知道的知识。

（成素梅、纪雪丽译）

第十二章　专长构成的社会特征

史蒂夫·富勒*

一、专长的简史

"专家"（expert）是分词"富有经验的"（experienced）缩写，第一次作为名词出现在第三共和国初期（约 1870 年）的法语中。大意与现在很相同，是指这样的一个人：他的特殊训练能使他（原文如此）权威性地谈论某个问题。然而，原始的使用语境是相当特殊的。最初的专家被称为审判时的证人，检测笔迹伪造。这些人富有辨别笔迹的经验，普通的观察者好像无法辨别这些笔迹。因此，从语义看，在"经验"方面，"专长"（expertise）的词根扩展为，专家体验相关环境的更高级别的方式。在当代的用法中，最初要求专家服务的任务主要包括"模式识别"，只不过，由专家公认的模式，是根据一个潜在的说明框架来确定的，这个说明框架通常充满了价值内涵，就像在辨别被认为是"伪造"笔迹的例子中那样。

当估计笔迹是被伪造的可能性时，不指望专家公布他们的推理。他们不是这样的诡辩家：权衡各种不同的基本原则应用于辨别笔迹时的相对概率。相反，专家具有成功辨别造假行为的经验，正是在这种先前经验的基础上，他现在的判断才是可信的。这不是说，没有人能对专家的判断提出异议，而是他必须是另一位专家，即同行。如果同行们都没有出面指证一位专家的判断，那么，这种判断就是站得住脚的。同行共治庇护了专家的神秘性，这种形势使得第三共和国的新闻记者把专家与"外行"公众区别开来，由此联想到具有世俗宗教气质的牧师形象，孔德的更热情的追随者，在实证主义的标题下，一直促进这种世俗宗教的发展。[①]

此外，专家不仅与外行公众对比，而且还与知识分子对比。这种观点，对于理解所谓专长的认知权力的来源来说，是重要的。一位知识分子，为了做出他的

---

* 史蒂夫·富勒（Steve Fuller）：英格兰瓦威克大学社会学教授，其最知名的研究工作是关于社会认识论方面的。本书所选的章节在其《知识管理的基础》一书中有更详尽的阐述。

① William R. Keywords. Oxford：Oxford University Press，1983：129.

判断，把整个世界看成是公平游戏，但同时，他又从四面八方进行推敲。确实，知识分子的自然习惯是好辩论，通常，他似乎花费在防御和攻击立场的时间多于花费在发展和应用立场的时间。相比之下，专家的判断限于他训练的领域。那些判断的可信性，是根据他的同行与他一致的不违法的行为来衡量的。专长的神秘性是由下列印象造成的：专家的同行是非常严谨的，如果必要，他们能够和倾向于纠正误用或滥用他们的专长。但他们并不意味着，这位专家的所作所为一定是正确的。

同行使得专家行使柏拉图（Plato）和马基雅弗利（Machiavelli）所认为的一种理想形式的权力。在权力的这种理想形式中，用刻薄的术语来说，权力是靠一种从来不需要实现的反事实的劝导欺骗蓬勃发展的。如果一位王子的敌人相信，王子能够平定任何暴乱，敌人将会大败，而王子似乎是不可战胜的；然而，如果敌人向王子发起挑战，而王子只能很艰难地击败他们，那么，王子的不可战胜的气焰将会消失，而且，王子需要准备付出加倍的努力来对付未来的敌人。这样，理想权力被降低为残忍的武力。① 只要审判律师，根据特别对立的专家之间的相互反对，试图削弱一个领域内的专长的可能性，他们就仍然会利用这种观点。律师并不指望从激烈争论中呈现出一个明确的判断；相反，他们希望表明，无法提供这样的判断。

哲学家在传统上分享了律师削弱专长的权力的愿望，但在这个过程中没有削弱知识的可能性。如果专长在机器或人身上得到了体现，哲学家就会怀疑专长的认识论地位。对于卡尔·波普尔来说，向那些受过特殊科学训练的人授予专长称号，从战略意义上看，足以包括决定性的探索，因为评价一种知识断言，依赖于申诉方的凭证。知识社会学经常会激起哲学家的愤怒，因为它似乎容忍了这种倾向，这在科学协会或学科的形成中达到了高峰。这些依次转移了对成为学科核心特征的基本原理问题的探索。学科繁衍了说明框架（行话，如果你愿意那样说），而"科学"在尊称哲学的意义上使这些框架统一起来。于是，不足为奇的是，如果衡量知识进步的标准是说明的综合性或牛顿的这种美德：用最少的定律说明最多的现象，那么，波普尔把库恩的"常规科学"看成是对知识进步的一种"危险"。②

当认知科学家把"以知识为基础"或"特殊领域"的专家系统的特征与利用涉及多领域原则的更通用的解题机器相比较时，他们显示出类似的蔑视。认知科学中的通常所谓的"正统"坚持认为，只通过组合许多不同类型的专家系统，不

---

① Botwinick A. Skepticism and Political Participation. Philadeplhia：Temple，1990：133-180.
② Popper K. Normal science and its dangers//Lakatos I，Musgrave A，eds. Criticism and the Growth of Knowledge. Cambridge：Cambridge University Press，1970：51-58.

第十二章 专长构成的社会特征

可能建立一个适当的认知理论,正如一个适当的知识理论要求不只是阐述所有特殊科学的研究惯例一样。[①] 在这两种情况下,希望支配特殊情况的任何原理都不是它们特有的。

二、某些社会意义

如果某人的工作主要是设计专家系统,那么,对于他来说,把人类和我所说的机器的专长并列起来,似乎是奇怪的。也许,这种并置指出了认知科学和认识论(或科学哲学)都分享了实证主义遗留下来的"统一科学"的渴望。我并不怀疑这种诊断,不过,我想强调专长的某些令人困扰的哲学问题,这些问题还需要引起这个领域内的理论家的注意。首先,这些问题取决于下列不言而喻的说法:专长在构成上是一种社会现象。确实,作为一名正式的"社会认识论者"[②],我赞成这种立场,把专长作为一种社会现象进行详细剖析。但在提出太多的质疑之前,让我先——以直觉性递减的排序方式——列出专长在构成上是社会的四种不同意义:

(1) 与专长相联系的那些技能是特殊训练的产物。专长不可能是偶然获得的,或者,作为某种其他学习形式的副产品。

(2) 专家和外行公众都承认,专长只与特定的场合相关。专长没有普遍的适用性。

(3) 专长的倾向依赖于相关专家的学院模式。对基本原则的长期两败俱伤的争论,通常贬低了专长的价值。

(4) 专长的认知意义受到专家训练和判断的实用性的影响,与对专长的需求相关。专家太多或需求太少,通常都会使所讨论的专长贬值。

到目前为止,我集中于意义(3),已知意义(3)在作为一种社会角色的专家的成长史上的重要性,不同于外行、知识分子甚至像我们刚才看到的科学家的成长史上的重要性。然而,这四种意义再现了作为专长定义的极其重要的有界性(boundedness)和区域化(compartmentalization)这两个孪生论题。认知科学文献提供了阐述这两个论题的几种方式:西蒙(H. Simon)的启发法、明斯基(M. Minsky)的框架,桑克(R. Schank)的脚本,福多(K. Fodor)的模块,

---

① Haugeland J. Artificial Intelligence: The Very Idea. Cambridge: The MIT Press, 1984.
② Fuller S. Social Epistemology. Bloomington: Indiana, 1988; Philosophy of Science and Its Discontents. 2nd ed. (Orig. 1989). New York: Guilford, 1993a; Philosophy, Rhetoric, and the End Knowledge: The Coming of Science & Technology Studies. Madison: University of Wisconsin Press, 1993b.

派利夏恩（W. Pylyshyn）的认知的不可入性（cognitive impenetrability）。当然，这些术语并不是以非常相同的方式来划分心智劳动。专长的社会学标识不得不附加一个类似的限制性条件，比如，"索引性"和"功能分化"。① 但为了我们的目的，可以说，最引人注目的比较可能是在专长（所谓专业的自主性）的认知的不可入性和政治的不可入性之间。②

我在这里希望作出这种类比，理解起来并不特别困难，但是，这么做可能提醒我们注意，在我们用来描述专长的图像中无意间引入的概念偏见。最谨慎地维护其专业自主的专业人员——科学家——通常已经达成协议，来确保所生产的专业知识保持在认知意义上和政治意义上都是不可入的。从17世纪英国皇家协会的章程到德国大学教授在俾斯麦统治下喜欢的行会的自由探索的权利，都满足下列两个条件：③

（1）在专业人员不干涉国家统治的条件下，国家同意不干涉专业人员的内部治理。

（2）赋予国家首先有机会占用由这些专业人员所生产的知识，这里，国家的占用包括有权阻止他人随后占用这种知识（例如，为了国家安全的缘故），在这种条件下，国家同意保护专业人员免受可能想干涉其治理的他人的危害（例如，其他专业界、政治界或企业界）。

认知科学中的大多数心智理论，在把执行的中央处理器或通用的解题机器与这个单元相对自主地起作用的特殊领域的模块区分开来时，是相当明确的。有时（如西蒙在1981年的著作中、明斯基在1986年的著作中），治理的政治形象是很强大的。无论如何，它恰好不是任何旧的治理形象，而是考虑国家的20世纪特征的治理形象，即民主多元论（democratic pluralism）。④ 多元论者把国家描绘为，在不使任何一方无视相互利益或国家利益的前提下，通过允许派系的繁荣，来调解一个大的民主社会中的派系之间的竞争。大民主的学习过程包含有适应利益群体的这些派系与最终的（和理想的）专业治理协会，这些协会之间互动的根据是，承认和尊重彼此的工作，认为这些工作对商业社会是极为重要的。于是，国家作为调解者的角色逐渐地下降为公司董事长的角色。我这里希望指出的观点只是，这不是唯一的、也不一定是最令人满意的民主治理的形象。这可能补偿了认知科学家考察那些可替代的治理形式的努力，这些可替代的治理形式被认为是

---

① Cicourel A. Cognitive Sociology. Harmondsworth: Penguin, 1968; Knorr-Cetina K. The Manufacture of Knowledge. Oxford: Pergamon, 1981.
② Abbott A. The System of Professions. Chicago: Chicago University Press, 1988.
③ Proctor R. Value-Neutral Science? Cambridge: Cambridge University Press, 1991.
④ Held D. Models of Democracy. Oxford: Polity, 1987: 186-220.

第十二章 专长构成的社会特征

整理心智作用的新形象的一种来源。

三、专长的隐蔽性

为了探讨意义（1）和（2）中蕴涵的专长的社会特征，考虑所谓的行为主义者和认知主义者对专长如何发展的阐述①：

行为主义者：专长形成于重复遭遇的相关环境，以便不断地展现出修正专家实践中的偏颇，直到稳定化为可接受的规范标准为止，然后，这种标准能够被好像是现成地应用于后面的境遇中。

认知主义者：专长是由一组多半无法预料的不同环境中详细阐述的核心技能组成的。这些详细阐述被存储起来，在后面的境遇中再被阐述，所有这些都足以使专长加以改进，这种改进对于观察者来说是明显的，但难以明确表达。

这样，行为主义者看到，专长是在实践中固定下来的，而认知主义者看到，专长会变得更加微妙。在认知主义者和行为主义者之间进行的争论中，人们通常断言，认知主义者赢了这一回合。但是，在给出最后的裁决之前，我希望通过揭示专长隐藏的社会之手的方式对行为主义者提供支持。

听到认知主义者（更不用说现象学家）关于"微妙的"和"类技艺的"专长特征的情绪化表达，人们就会认为，专业判断的行为相当于是变魔术，在魔术表演中，观众太专注于魔术师的姿势，注意不到发生错觉的情况。一位专业魔术师没有按需表演的技巧。比如，通过适应他的演出，取笑他的观众特别容易受骗。当然，魔术师在某种程度上适应他的观众，但就在他同意展示自己的专长之前，必须把舞台布置的恰到好处，而且，观众必须处于恰当的心智框架中感受"不可思议的时刻"。一位魔术师，如果他在诚心使人高兴时太随意，很快一定看起来十分糟糕。这方面的一个有益事例是这样一位古怪的魔术师：他使自己的表演服从实验方法的约束。②

值得注意的是，在这些科学的表演中，魔术师的遭遇比医学和精神病学中专家证人要好，因为证人的证言通常要在法庭上取证和相信。③ 在实验设置中，专家判断的可靠性和有效性普遍都很低。④ 也许，目中无人地过分扩展专长的最著

---

① De Mey M. The Cognitive Paradigm. Dordrecht：Reidel，1982：216.
② Collins H，Pinch T. Frames of Meaning. London：Routledge & Kegan Paul，1982，论意志力。
③ Faust D. The Limits of Scientific Reasoning. Minneapolis：Minnesota，1985.
④ Arkes H，Hammond K，eds. Judgment and Decision Making. Cambridge：Cambridge University Press，1986.

名的历史事例是，在公元前五世纪的雅典，智者的兴衰。智者在作为修辞学教师和统治阶级的亲信，获得了某种合理的成功之后，开始提供他们的服务，与几乎每个领域内更加完善的知识形式相抗争。根据最近的历史研究，[①] 智者被视为传统实践的机会主义的殖民者，他们无法培育自己的实践走向成功所要求的信任。结果，智者不久就遭到了我们现在认为是经典哲学和戏剧奠基者的那些人的嘲笑，这些人对传统的尊敬比智者还要浮浅。

拥护行为主义中动作的条件反射范式的人认可这里所说的情况。成功的专家意识到，他们成功的秘诀在于，留意当事人带着最满意的专家判断（因此而适当地酬谢专家）离开的那些情境类型，然后，使那类情境在未来出现的机会最大化。简而言之，聪明的专家能控制强化了她的行为的那些偶然性。[②] 她不会轻易使他的专长接受实验的检验，但对此她很难控制。获得相关控制感的战略包括几种战术：

（1）在典型地通过一个面谈过程进行正式治疗之前，预先选择当事人，面谈过程的一个重要方面是得到预期当事人的信任。

（2）如果好像某些当事人将会抵制治疗，或者，从长远来看，在某方面，很可能使的专家看来很糟糕，就要学会拒绝这些当事人，不管他们的生意是多么的有利可图。

（3）说服预期的当事人相信，她说出来的问题实际上是专家以前多次看到的问题；通常这么做的方法是，首先向当事人表明，她没有正确地使自己的问题概念化；一旦问题得到正确的阐述——这与专家能够处理的最佳问题相一致——然后，就能开始治疗。

（4）由于用专长的行话来重新选择当事人的问题，掩盖了对精确治疗方法的讨论，这大概会使当事人推出，必须以这些深奥的方式描述的一切，一定接受同样难以表达的一种治疗。

这四种战术的最明显的结果是，塑造了预期当事人的行为，以便她的问题落入专家熟悉的千篇一律的模式之一。不太明显但同样重要的结果是，专家现在能够对当事人在治疗之后如何理解她的情境施加导向控制（spin control）。如果当事人的问题得到了解决，那么，专家就能自信地把功劳归于这种解决方案。特别是，如果当事人已经付了昂贵的治疗费，就不可能对"自行缓解"产生任何怀疑。但也许更重要的是，如果当事人的问题，在接受了治疗之后，仍然没有得到解决，那么，专家就会稍微不太自信地声称，受到了其他预计不到的因素的干扰，包括当事人自

---

① De Romilly J. The Great Sophists in Periclean Athens. Oxford: Clarendon, 1992.

② Haddock K, Hounts A. Answer to philosophical and sociological used of psychologism in science studies//Giere R, ed. Cognitive Models of Science. Minneapolis: Minnesota, 1992: 367-399.

第十二章 专长构成的社会特征

己的倔强在内。因此，无论发生什么，都会强化专家的胜任能力和正直诚实。基于这些考虑，我得出的结论是，理解专长的明确特征的关键，不那么在于与专长相联系的技能，而更加在于专家在有效地利用那些技能时具有的酌情控制。（对粗暴地谈论"控制"感到不满意的科学哲学家和认知科学家可以替换为这种有教养的知性主义：专家为了应用他们的专长，加强了其他条件均相同的条款或相关条件的元知识。）这样，如果上面的预先选择战略不能把当事人塑造的符合要求，专家就会告诉当事人说，问题超出了他的专长范围，这大概造成当事人相信，她的问题依然是无法解决的，不是因为专家没有胜任能力，而是因为当事人尚未找到对的专家，这本身可能反映了当事人自己不能理解她的问题的本质。在当事人乐意为专家没有能力处理她的问题承担责任时，可以看到维护专长的极为重要的信任要素。① 从我迄今为止所进行的讨论来看，我对专长的社会维度的思考，似乎极力基于遭遇精神问题的人，这通常会不讨人喜欢地描述为是信任游戏。然而，也许更加重要的某些观察适用于工作在公共政策领域内的专家，特别是接受过医学、工程和经济训练的那些专家。因为未来民主面临的一个最大问题可能是认知的权威主义，即趋向于放弃在更大程度上分享专家统治的参与性政治的领域。② 当政府官员变得相信，公众没有很好地形成自己的需求观，他们的需求最好是由相关专家塑造和提出时，就实现了这种转变。当治理的速度跟不上这种转变的速度，因而不清楚，政治环境能使专家的千篇一律的知识生效时，专家通常将会诉诸他的特殊知识，作为道德审查者出现，如果政治家确保相关的背景条件，那么，他的特殊知识大概就是有效的，被认为是反对批评社会状况的一个标准。

但是，在战略意义上，对专长的这种自由裁量特征的讨论能够应用于计算机化的专家系统吗？我没有看到为什么不能。假定要求一位知识工程师设计一个专家系统，能对炒股票提出忠告。一段时间之后，这位知识工程师带回她宣布的设计结果是，根据对华尔街最好的四位股评师进行深度采访，构思出来的，即确保向能代表股市的所有相关视角的令人尊敬的发言人——基要主义者（fundamentalists）、图表分析师、知情人及交易商——征求意见。③ 这个谱系图对当事人的影响，类似于悬挂在专家办公室墙上的文凭和许可证的影响，而且，在咨询过程中，总是忙于适应当事人的边缘视界。如果这位知识工程师根据使当事人与专家之间的互动似乎很夸张的初步资料来设计界面，那么，当事人可能把这解读为，专家关心获得当事人的核心问题，没有牵扯多余的信息。同样，如果专家似乎向当事人提出了忠告，但造成了她股市亏本，那么，当事人可能想知道，人类专家是否能实际上做的更好

---

① Gambetta D, ed. Trust. Oxford: Blackwell, 1988.
② Fuller S. Social Epistemology. Bloomington: Indiana, 1988: 277-288.
③ Simon H. The Sciences of the Artificial. Cambridge: The MIT Press, 1981.

些，或者，也许她没有输入与专家系统提供更好忠告相关的所有信息。此外，当事人假设对坏的忠告负责任的倾向，随着她当初不得不购买这个系统所花费的资金量的增加而增加。一位 AI 的开拓者，约瑟夫·魏泽鲍姆（Joseph Weizenbaum）①，应该诉诸限制使用专家系统的道德根据，而不是技术根据，这反映了当事人的倾向性，赋予计算机的信任水平，与赋予人类的信任水平，是一样的。

四、全域的建构主义与专长的政治经济学

在意义（1）～（3）中，专长在构成上是社会建构的，这三种意义与建构主义的社会学定位相一致。② 建构主义者通常使内部特性的归属最小化为认知能动者。相反，他们把这些所谓的内部特性拆分为关系特性，其中，关系项是两个相互解释的能动者，他们共同协商，谁具有那些特性。正如我们所看到的那样，一位老练的专家能够把为遵从专家忠告的不愉快后果负责任的重担转移给当事人。但对于建构主义者来说，在交易实际发生之前，关于专家的不胜任或当事人的倔强是否有责任，根本没有"真相"。在承认社会不只是心智隐喻的认知科学的讨论中，建构主义通常被描写为这个社会学的视角。从经验上说，我无法否认建构主义的优势，但是，我为了提出一种不同的更加综合的社会学视角，将最终诉诸意义（4）的专长的社会性。

建构主义是比最初出现时更加混杂的学说。威泽鲍姆等人对计算机专家或人类专家的认知权威的反对主要是道德假设：如果这些专家不受规范的限制，他们确实能够运用所有方式的权威。然而，一种温和的建构主义以丹尼尔·丹尼特（Daniel Dennett）关于工具主义的意向性进路为代表，这条进路使得一个人的认知状况依赖于另一个人的解释立场。丹尼特的建构主义是"非对称的"，因为他不承认，计算机的能动性程度，与大多数人类在建构他们的各自身份时的能动性的程度，是一样的。相比之下，坚定的对称感是更激进的建构主义者的标志，这些建构主义是指，在知识工程网站能日益发现的人种学家。③ 在这里，知识工程师、人类专家和计算机专家、当事人等和人工物都被描绘为从事相互强化的合作冒险活动。我现在讨论这种版本的建构主义的局限性。

凭借文化人类学家的工作，特别是克里福德·格尔茨（Clifford Geertz）的工作④，人种学的建构主义重视专家知识的"地方"（local）性，这在设计专家系

---

① Weizenbaum J. Computer Power and Human Reason. San Francisco W. H. Freeman，1976.
② Knorr-Cetina K. The Manufacture of Knowledge. Oxford：Pergamon，1986.
③ Greenbaum J，Kyng M. Design at Work. Hillsdale，NJ：Lawrence Erllbaum，1991.
④ Geertz C. Local Knowledge. New York：Basic，1983.

第十二章 专长构成的社会特征

统时很明显地体现出来。现场（locales）的特质体现在知识工程师对当事人和专家的采访中，接着是使专家系统适应当事人的特殊需求和能力的过程。这些人种学的说明，应该与由基本研究设置中 AI 系统的设计者通常给出的说明，形成了惊人的对比，这些设计者经常对应用研究者、知识工程师使他们的活动概念化的方式产生影响。特别是，AI 领域内的工作者往往把特性归属于他们的程序（典型情况是，曾经体现在一台机器上），人种学家更喜欢当做"边界对象"，据此，协商达成各种不同能动者身份（或认知能力）的协议。例如，当事人从运用专家系统获得的满意度，对于人类的专长在多大程度上被成功地转换为计算程序，是有意义的。我全心全意地支持这种把专长重新解释为纠正 AI 研究者提供的说明，不过，它分享了它的反对者的致命缺点。具有讽刺意义的是，这个缺点是倾向于仅从一个事例来普遍化。让我来做出说明。

说所有的知识都是地方的，是一回事。这是相当令人厌烦的。说所有的现场都互不相同，是另一回事。这是更令人兴奋的。人种学家从总是令人厌烦的一个命题推出另一个令人兴奋的命题。但凭什么准许这种推理呢？无疑，知识工程的人种学不足以准许把令人兴奋的命题看成是经验概括。事实上，少数有用的人种学没有相互如此完全不同地描述现场。我这里观点不是根据哲学论证来决定问题，而是观察到，诉诸地方性的人种学预设了一种概念制图法，据此，人们想象，现场之间的时空距离，也代表了一种概念距离。在这种意义上，"地方的"（the local）预设了"全球的"（the global），一个整体的图像。诚然，有时这种图像证明是正确的；但其他时候，它是不正确的。然而，这是一个经验探索的问题，而且，建构主义的人种学分支并不明确地鼓励适当类型的经验探索。因为了解知识工程的全球性，人们需要发现，专长分布在现场的代表样本中，而且，是作为整体的知识系统总计这样一种分布的结果。这里，我开始讲政治经济学的语言，并且发出了探索下列变量之间的统计关联的信号：对于理解专长起作用的方式来说，被假设为特别明显的那些变量。

哪些类型的人是专家知识的生产者和消费者？如果有一个有用的答案，我们就能通过聚焦缺少的认知相关的中心，来研究专长的分布：一位当事人只有这么多时间和金钱用于咨询专家（人类或计算机）。在当事人感到她所付出的时间与金钱是有收获的情况下和在当她没有那种感觉时的情况下，如何分配责任：大部分的不胜任由谁来承担——当事人？还是专家？理解专长分布的关键是，要看到每一方如何试图把自己的挫败感转变为另一方的责任。假设专家级的计算机的不胜任远远大于专家级的人类的不胜任。建构主义者会根据当事人缺乏时间、想象力或兴趣把计算机解释为智能地执行任务来诊断这种差别——也许因为当事人感到，要么，她此时自己有更重要的事情去做，计算机不能阻止她做这些事，要么，她不得不以把计算机解释为做不是她希望的事情而告终。① 然而，当人们变得更习惯于应用专家级的计算机时，这种分布差异很可能消失。但是，在得出结论说，我们正在设计，在未来，所有类型的专家都忙于满足与他们的当事人的相互关系之前，我们需要考虑总计人们不断转向求教于计算机的后果。

正如我们已经看到的那样，专长的发展史教导说，专家不是一种普遍化的社会角色。在被认为是常识的领域内，或者，部分通识教育的领域内，或者，不通过训练容易获得的领域内，根本没有"专家"。结果，知识工程师真是奇怪，当他们把专长数字化并在用户友好打包时使其有利于更多的人时，潜在地摧毁了专长。当这种后果必定抓不住对知识工程师工作的现场描述时，不过，认为知识工程师间接地使他们的成员失去技能的专业协会感到了这一点。因为即使当人类专家对她使用其专长的时间、地点、方式仍然能酌情控制，她也可能在元层次上，也就是说，对谁——或什么——还算作是她的领域内的专家失去控制。图书管理员迄今在他们的担忧中陈词最多②，但许多医生和律师企图限制知识工程师对他们的采访范围，这些企图反映了相似的担忧。

乍一看，专家系统的剧增可能似乎是使专长民主化的理想手段，因为它似乎把专家知识置于更多人能及的范围内。正是因为知识工程师能够从对专家的采访中提炼出专长的要素，所以，不能因此断定，专长一旦被程序化到当事人的计算机中，还仍然是完好无损的。毕竟，如果专长在构成上确实是社会的，那么，警惕描述专长的语境，应该是警惕知识本身的特征。在设计使当事人与专家系统互动界面的过程中可以见证这种变化。这里，这种趋势是通过设计要求当事人尽可能不改变他的思想和行为的通常模式的界面，"走向人机工程学"。③ 不太客气地说，人机工程学进路强化了当事人的认知偏见，因而使他可能从听取作为知识形式的专家意见时得到的学习经验最小化。因此，一种潜在意义的"辩证的"交易完全表现为是工具的。④ 这种结果是一种虚假的自主感，据此，当事人的权力，只因为改变他的行动的环境，好像被扩展到他的优势。⑤

这样，当专家级的人类可能由于他们的当事人越来越依赖于计算机化的系统而失去他们的某些权力时，当事人本身依然不可能变得更有认知权力。在当事人不学习新技能的前提下，专家就被去技能化。专长当初的权力哪里去了？特别

---

① Fuller S. Philosophy, Rhetoric, and the End of Knowledge: The Coming of Science & Technology Studies. Madison: University of Wisconsin Press, 1993: 179-185.
② Pfaffenberger B. Democratizing Information. Boston: G. K. Hall, 1990.
③ Downes S. A philosophical ethnography of human-computer interaction research. Social Epistemology, 1987, 1: 26-27.
④ Adorno T, Horkheimer M. The Dialectic of Enlightenment. New York: Continuum, 1972.
⑤ Fuller S. User-friendliness: friend or foe? Logos, 1986, 7: 93-98.

第十二章　专长构成的社会特征

是，当专长被转变为把它的一些需求施加给用户的工具时，那种权力似乎在知识工程过程的某个地方消失了。[①]

这种使专长民主化的乌托邦版本由下列简单事实所挫败：专长，也许更一般的知识，是经济学家所说的位置商品（positional good）。[②] 位置商品是指，它的价值直接依赖于没有它的其他人的商品。一般情况下，经济学家拒绝把知识算作是位置商品，而是喜欢取代经典哲学的知识观：这种观点认为，知识是一种"超凡脱俗的商品"，即知识的价值不是由供求规律决定的。[③] 然而，专业协会意识到了专长的所有非常好的位置特征。

位置商品的存在是福利国家隐藏的秘密。根据福利经济学，资本主义能够避免马克思的革命，因为一旦生产力的水平满足能够支持每个人可接受的最低生活标准，经久不衰的财富不平等问题就得以解决。稳定这种局势最多要求通过累进税制的适度的收入再分配。这个方案所忽视的是，当更多的商品具有更一般的用途时，商品的预期价值就可能降低，因为它们不再能从与社会相关的那些方面区分人。[④] 知识密集型的商品显示了这些位置性效应（positionality effects）。高等教育也许是最明显的恰当事例：当人们更容易完成大学的学习时，更高的硕士学位需要获得同样的文凭。如果停止学士学位的生产或在提供文凭的过程中设置额外的障碍，应该是不可能的，那么，高等教育不再被看成是传授特别有价值的知识形式。反而，它将会取代极为简单的有文化和作为进入劳动市场的最低门槛的高中文凭。有什么办法扭转这种位置性效应呢？或者，知识密集型商品的价值注定会继续通货膨胀吗？

政治科学家雅隆·埃兹拉希（Yaron Ezrahi）认为，当知识被假定为公共商品时，科学事业已经消费如此多的资源，产生了如此多有问题的后果，以至于我们可能到达了这个时期的终点（它开始于启蒙时代）。[⑤] 埃兹拉希设想，科学的知识形式将会逐渐地获得艺术形式的社会特征：对它们的支持将被私有化，它们的产品能够根据当事人的品位进行定制，这被假定为不是可普遍化的。涵盖了更多"基本研究"实例的知识产权法的膨胀意味着，埃兹拉希的预测已经在实现。[⑥] 已经有知识工程师对根据用户的需求定制专长感兴趣，他们显然把这种总的趋势归功于私有化。确实，人类专家可能很快发现，需要为他们的专长寻找法

---

① Fields C. The computer as tool. Social Epistemology, 1987, 1: 5-26.
② Hirsch F. Social Limits to Growth. London: Routledge & Kegan Paul, 1977.
③ Fuller S. Knowledge as product and property//Stehr N, Ericson R, eds. The Culture and Power of Knowledge. Berlin: Walter de Gruyter, 1992: 157-190.
④ Bourdieu. Distinction. Cambridge: Harvard University Press, 1984.
⑤ Ezrahi Y. The Descent of Icarus. Cambridge: Harvard University Press, 1990.
⑥ Fuller S. Studying the proprietary grounds of knowledge. Journal of Social Behavior and Personality, 1991, 6 (6): 105-128.

律保护，但愿能从基于专长设计的专家系统挣得版税。那样，知识工程师从学习如何比原初的专家本人更有效地制造专长的"日本效应"（Japan Effect）中，得不到更多的利益。① 这种形式的法律保护依次要求一个超越通常的专利、版权和品牌这三个范畴的新的知识产权范畴。

但是，即使专长完全变成是由市场驱动的，与专长紧密相关的那些技能还会吸引人类的从业者，原因同艺术能够继续发展一样。这些技能将会与之前依赖于他们的框架、命运或权力相分离。位置商品的大多数不正当的后果依赖于这样的联合。② 例如，接受高等教育的人，主要是对教育过程本身感兴趣的少数人和更多把高等教育看成是获得文凭过程（即获得工作的最可靠渠道）的那些人。把这两个群体区分开来大概有助于恢复高等教育的完整性。

知识工程师在专长和更一般知识的未来倾向中发挥了关键的作用。定制专家系统加速了专长的转让，也使埃兹拉希的图像变为现实。然而，这些系统的剧增也可能限制当事人潜在的认知发展。制造史上的重要事件可以证明对解决这一困境是有指导意义的。

一旦制造产品的需求增加到一个关键水平，定制化就会让位于批量生产。③ 这种转变伴随着为批量生产的商品设计质量控制标准。在为一种特殊的商品定义最低水平的可接受性的过程时，制造商有效地迫使潜在的消费者适应他们设置商品维度的行为。在典型的意义上，这些适应受制于制造商降低成本的愿望，但知识工程师能够为专家系统的设计共同设置指导原则，成功地使用这些指导原则，要求当事人扩展他们已有的认知技能。我在这里预想的这类行为改变可能是相当微妙的。例如，一个在线图书搜索系统可能通过要求当事人在开始搜索时，运用不太依赖于特殊学科的行业术语和更加依赖于当事人意愿处理的确切题目或问题的协定。这种系统的数据库依次利用了几门学科的文献，不只是确保当事人顺理成章地愿意遵守的探索进程。④

五、专长真的是知识吗？

科学的认知权力是更多地依赖于它的纯粹实践，还是依赖于它作为位置商品

---

① Weil V, Snapper J, eds. Owning Scientific and Technical Information. New Brunswick NJ: Rutgers, 1990.
② Crouch C. Market failure//Eills A, Kumar K, eds. Dilemmas of Liberal Democracies. London: Tavistock, 1983.
③ Beniger J. The Control Revolution. Cambridge: Harvard University Press, 1986: 291-343.
④ Cronin B, Davenport E. Post-Professionalism: Transforming the Information Heartland. London: Taylor Graham, 1988: 316-327.

第十二章 专长构成的社会特征

的地位,这仍然是一个可争论的问题。那些迷恋于保持知识的超现实性的人,无疑,希望在"真正的知识"和"纯粹的专长"之间做出强有力的区分①,他们将会反对我对这两个概念的明显合并。鉴于专长可能最终还原为地位和信任的问题,反对者可能认为,对知识的检验正好是,当知识的实用性增加时,知识没有失去它的力量。在做出回应时,让我同意反对者作为经验假设基础的区分。如果确实存在着其权力不会随着其实用性的增加而减少的各类"信息"或"技能",那么,我高兴地称之为"真知识"。然而,我的猜测是,对这些认知成果的乐观分布是有限的。考虑下列简单的观察:

(1)每个城里人可能都知道一个特殊商店的位置和开门营业的时间。然而,如果在这些人当中,大部分人决定奉行这样的知识:在大约相同的时间,购买相同的商品,那么,他们可能空手而归的比例大于起初少数人知道这个商店时空手而归的比例。这里知识缺乏效力,因为这种见识是以对方的方式得到的。(这种情况的一个更现实的版本是这样一种情况:每个人都决定采纳同一位专家关于买进哪一种股票的忠告。)

(2)人们通常假设,在一个大的同行网络中自由交换的信息,培育了需要真正认知进步的那种批评探索:网络越大和越自由,探索就越要受到批评。不幸的是,这种假设推测,与事实相反,探索者具有无穷无尽的能力和倾向关注对方的工作。然而,等到探索的网络获得"大科学"的维度时,探索者变得越来越关注寻找盟友,而不是反对者,因此,很可能完全忽视了对自己的目标没有直接用途的工作。② 这里知识缺乏效力,因为实用的知识多于能够被消化的知识。

知识的基础在下列意义上被削弱了:①因为太多的人拥有相同的信息;反之,②这是因为每一个人都拥有太多的信息。不论在哪一种情况下,这些扭曲的分布实际上都没有把真理转变为谬误,但从实用的观点来看,它们也可能会的。换言之,关注知识的社会分布特征可能有助于说明这样的直觉:在传统意义上,使得哲学家假定了一种"超越"专长在构成上的社会特征的知识观。

(成素梅译)

---

① Ford K, Agnew N. Expertise: socially situated, personally constructed, and "reality" relevant, Paper presented at the AAAI Spring Symposium on the Cognitive Aspects of Knowledge Acquisition. Stanford, 1992.

② Fuller S. The social psychology of scientific knowledge: another strong programme//Shadish W, Fuller S, eds. Social Psychology of Science. New York: Guilford, 1994: 162-180.

第十三章　如何保护社会免受科学之害

保罗·费耶阿本德[*]

各位专家、朋友们、对立者们、女士们和先生们：在开始讲演之前，请允许我向你们说明，这个论题何以成立。

大约在一年前，我由于缺钱，而接受了一份邀请，要求写一本研究科学与宗教关系的书。为了能写成畅销书，我想到，我应该使我的书稿具有挑衅性，人们对科学与宗教之间的关系做出的最有挑衅的说法是，科学就是一种宗教。当使这种说法成为我文章的核心时，我发现，有许多理由，许多出色的理由，支持这个论点。我列举了这些理由来结束我的问题，并拿到了稿酬。这是阶段一。

接下来，我应邀出席一个为文化辩护的会议。我之所以接受邀请，是因为会议资助我到欧洲的机票。也必须承认，我相当好奇。当我到达尼斯时，我根本不知道，要说些什么。然后，我发现，在会议期间，人人都很看重科学，人人都很认真。因此，我决定说明，人们应该如何保护文化免受科学之害。我的文章中收集到的所有理由，在这里也适用，不需要发明新东西。我的讲演换来了我的机票和到维也纳的费用，其回报是，大家对我的"危险而草率的想法"提出了强烈的抗议。这是阶段二。

现在，我该向你们讲演。我有一种预感，在某个方面，你们与我在尼斯的听众很不同。首先，你们看起来更年轻的多。我在尼斯的听众全都是教授、商人、电视台的高管，平均年龄大约是 58.5 岁。因此，我非常相信，你们中的大多数人比尼斯的大多数听众左的多。事实上，完全从表面上讲，我会说，你们是左派听众，而我在尼斯的听众是右派听众。然而，尽管有这些差别，你们还是有某些共同之处。我假定，你们双方都尊重科学和知识。当然，我们必须变革科学，必须使科学不成为独裁者。但是，一旦进行变革，有价值的知识源一定不能被不同类型的意识形态所污染。其次，你们双方都是认真之人。对于左派和右派来说，知识是一件认真之事，必须以认真的精神追求知识。不能轻率，要有奉献精神，

---

[*] 保罗·费耶阿本德（Paul Feyerabend）：执教于加利福尼亚大学伯克利分校，其最著名的著作是《反对方法》《自由社会中的科学》《关于知识的三个对话》和《超越理性》。

第十三章 如何保护社会免受科学之害

并以最真诚的态度对待当前的任务。这些相似之处决定了我有必要毫无改变地为你们重复我在尼斯的讲演。下面就是我的讲演。

一、童话故事

我希望保护社会及其居民免受包括科学在内的所有的意识形态之害。我们必须正确地看待所有的意识形态。人们一定不会很认真地接受它们。人们一定像童话故事或伦理规定一样解读它们，童话故事讲了许多有趣的事情，但也含有邪恶的谎言；伦理规定可能是有用的经验法则，但当遵守它们时，却是致命的。

难道现在这不是一种古怪而荒谬的态度吗？科学无疑总是冲在反对独裁主义和迷信的最前锋。与宗教信仰相比，科学能使我们增进思想自由；科学使我们从陈旧而僵化的思想形式中解放出来。今天，这些思想形式都是噩梦——而且这是科学告诉我的。科学和启蒙运动是一回事——即使是最激进的社会批评家也相信这一点。克鲁泡特金（Kropotkin）希望推翻所有的传统制度和信仰形式，但科学除外。易卜生（H. J. Ibsen）批判了19世纪资产阶级意识形态的最直接的分歧，但他没有去碰科学。列维－斯特劳斯（Levi-Strauss）使我们意识到，西方思想（western thought）不是所相信的人类成就的孤峰，但他认为，意识形态都是相对的，科学除外。马克思和恩格斯确信，科学有助于人们探索他们的心理解放和社会解放。所有这些人都受骗了吗？他们都误解了科学所起的作用了吗？他们都是幻想的受害者吗？

对这些问题而言，我的回答是坚定的，是和不是。

现在，请允许我说明我的答案。

我的说明由两部分组成，一部分较为一般，一部分较为特殊。

一般说明是简单的。任何一种意识形态，只要能打破人们的综合思想体系，就都有助于人的解放；何一种意识形态，只要能使人们对承袭的信念产生质疑，就都有助于启蒙。没有相互制衡就占有主导地位的真理，是必须被推翻的暴君，在推翻这个暴君的过程中，能对我们有帮助的任何错误，都是深受欢迎的。因而，17世纪和18世纪的科学确实是解放和启蒙的工具。但不能因此断定，科学一定依然还是这样一种工具。科学或任何别的意识形态不可能天生的使人有根本的解放感。意识形态会退化，会变成愚蠢的宗教。今天的科学显然完全不同于1650年的科学，这是最明显不过的事情。

例如，考虑当前科学在教育中所起的作用。孩子很小就接受科学"事实"的教育，其教育方式与19世纪教授宗教"事实"的方式完全一样。根本不打算唤醒学生的批判能力，使其能够高瞻远瞩地看问题。在大学里，情况甚至更糟，因为大学里以非常系统化的方式进行教育灌输。完全缺乏批评。例如，对社会及其制度的批评最严重，通常最不公平，而且这已经波及小学层。但是，科学却免于批评。总的说来，在社会上，人们尊敬地接受科学家的判断，就像不久前尊敬地接受教皇和主教的判断一样。例如，"去神秘化"（demythologization）的发展趋势，在很大程度上，是希望避免基督教与科学观念之间的冲突。如果发生这样的冲突，那么，科学肯定是正确的，基督教是错误的。进一步追求这种研究，你会看到，科学现在已经变成与曾经斗争过的意识形态一样是强迫性的。今天，没有人因为加入科学的异端而惨遭杀害，千万不要被这种事实所欺骗。这与科学无关，与我们文明的一般品质相关。科学中的异端者仍然遭到了这种相对宽容的文明不得不给予的最严厉的制裁。

但是——这种描述是绝对公平的吗？难道我不是以很失真的眼光，用有偏见的和曲解的术语，来提出这个问题吗？难道我们不准以完全不同的方式来描述这种情况吗？我说科学已经成为僵化的，不再是变化与解放的工具，并没有增加真理的内容或大部分真理的内容。考虑到这个附加的事实，我们意识到，科学的僵化并不是由于人类的任性（反对意见认为如此），而在于问题的本质。因为一旦我们发现了真理——接下来我们能干什么呢？

这种老生常谈的反应没有原创性。只要一种意识形态希望强化其追随者的信仰，它就会被利用。"真理"是一个如此漂亮的中性词。人人都赞成说实话，厌恶说假话。没有人否认这一点——可是，也没有人知道，这样一种态度意味着什么。因此，很容易扭曲问题，人们在日常事务中拥护的真理变成了拥护一种意识形态的真理，这种真理只对那种意识形态做出教条的辩护。于是，我们不得不遵循真理，这当然是不正确的。人类的生活受许多观念的引导。真理只是其中之一。其他还有自由和精神独立。正如某些空想家所设想的那样，如果真理与自由发生冲突，那么，我们只有一种选择。我们可以放弃自由。但我们也可以放弃真理。（在可选择的意义上，我们可以采纳不再与自由相冲突的更精致的真理观；那是黑格尔的解决方案）我对现代科学的批评是，它抑制了思想自由。如果理由是，人们发现了真理，现在是遵循真理，那么，我将会说，有些东西比首先发现然后遵循这样一个怪物更好。

到此结束了我的一般说明部分。

为科学在当今社会具有的独特地位辩护，有一种更特殊的论证。一言以蔽之，这种论证说：①科学最终发现了达到结果的正确方法；②有许多结果证明了这种方法是卓越的。这种论证被误解了——但最大的企图是表明，这会陷入僵局。方法论到如今已经变成了如此空洞的诡辩，很难觉察到根本的简单错误。这就像与九头蛇搏斗——砍掉一个凶恶的头，还有八种形式取而代之。在这种情况下，唯一的回答是浅薄的：当诡辩失去内容时，与实在保持联系的唯一方式将会

第十三章 如何保护社会免受科学之害

是粗俗的和浮浅的。这正是我打算要说明的。

二、反 对 方 法

存在着一种方法,如本文第一部分的论证。它是什么呢?它是如何进行的呢?不再像过去那样流行的一种回答是,科学是收集事实并由事实推出理论。当理论在严格的逻辑意义上不是由事实推论出来时,这种回答是不能令人满意的。理论仍然可以得到事实的支持,这一说法:①假设了没有表明这种缺陷的一个支持概念;②在多大程度上允许我们说,比如,相对论得到了事实的支持,是极其复杂的。这样的概念如今根本不存在,甚至以后也不可能找到(问题之一是,我们需要一个支持概念,这样,灰色的乌鸦能被说成是支持了"所有的乌鸦都黑的"。)约定主义者和超验的唯心主义者早已意识到这一点,他们指出,理论形成事实和整理事实,因此,无论如何,理论是能被提炼出来的。理论之所以能被提炼,是因为人类的思维有意识或无意识地贯彻它的有序功能。这些观点的困惑是,它们假设了希望说明世界的思维,即思维是以一种有规则的方式运行的。只有一种观点能克服所有这些困难。这种观点在19世纪被发明过两次:一次是穆勒在他的传世之作《论自由》一书中发明的;另一次是把达尔达主义扩展到观念战的达尔文主义者发明的。这种观点很有冒险精神:理论不可能得到辩护,而且,如果不参照其他理论,就无法表明这些理论的卓越。我们通过参照一个更全面的理论,能说明一个理论的成功(我们可以用广义相对论来说明牛顿理论的成功);而且,我们通过把此理论与其他理论相比较,来说明我们对它的偏爱。

这样一种比较并没有确立我们所选择的理论的内在卓越性。事实上,我们所选择的理论可能是极其糟糕的。它可能包含着矛盾,它可能与众所周知的事实相矛盾,它在某些关键之处可能是繁杂的、不明确的、特设性的,等等。但它可能仍然比当时可利用的其他理论更好。它事实上可能是已有的最差劲的理论。也不能以绝对的方式来选择判断标准。我们的辩解随着我们每次做出的选择的增加而增加,我们的标准也是如此。标准之间的竞争恰好像理论之间的竞争一样,我们选择最适合于我们做出选择的历史情况的标准。并没有排除那些被拒绝的替代选择(理论;标准;"事实")。它们起到了正确的作用(毕竟,我们已经做出错误的选择),它们也说明了所偏爱的观点的内涵(当我们理解相对论的竞争者的结构时,我们更好地理解了相对论;只有当我们拥有极权主义国家的生活观时,我们才能知道自由的全部意义:它的优势——有许多优势——还有它的劣势。如此构想的知识是受海量标准引导与细化的海量选择。它迫使我们的思维做出富有想象的选择,并因此而不断扩展。它使我们的思维具有选择、想象、批评的能力)。

今天，这种观点通常与卡尔·波普尔（Karl Popper）的名字联系在一起。但波普尔与穆勒有着很关键的不同。首先，波普尔提出他的观点，是为了解决认识论的特殊问题——他想解决"休谟问题"。其次，穆勒对有利于人性成长的条件感兴趣。他的认识论是某种人的理论的结果，而不是相反。此外，波普尔深受维也纳学派的影响，他在讨论理论之前，改进了理论的逻辑形式，而穆勒以产生科学的形式运用每个理论。再次，波普尔的比较标准是僵化的和固定的，而穆勒的标准允许随历史情境的变化而变化。最后，波普尔的标准彻底地排除了竞争者：理论要么是不可证伪的，要么是可证伪的，被证伪的理论没有科学地位。波普尔的标准是清楚的、明确的、得到了精确的阐述；穆勒的标准则不是。如果科学本身是清楚的、明确的和被精确地阐述的，这将是一种优势。幸好不是这种情况。

首先，我们从来没有以下列方式表述一个新的革命性的科学理论：它允许我们说，在什么情况下，我们必须把它看成是危险的：许多革命性的理论是不可证伪的。可证伪的看法确实是存在的，但它们总是很难与公认的基本陈述相一致：每一个适当地令人感兴趣的理论都是可被证伪的。此外，理论有形式上的缺陷，其中，许多理论还含有矛盾，专门的调整，如此等等。坚决地应用，波普尔的标准就能排除科学，不是通过任何比较来取代科学。这些标准不能用来促进科学的发展。在过去的十年间，不同的思想家，比如，库恩和拉卡托斯，已经意识到了这一点。库恩的观念是有趣的，但是，哎呀，它们太模糊，以至于只是吹牛。如果你不相信我，可查看一下文献。科学哲学的文献以前从来没有受到如此之多的奉承之人和不胜任者的干扰。库恩用确信科学方法的方式来鼓励人，而这些人连为什么说一块石头会落向地面的原因都不知道。现在，我不是反对不胜任，而我反对的是，伴有厌倦与自以为是的不胜任。恰好发生了这种情况。我们没有获得令人感兴趣的错误观念，我们获得了令人厌倦的观念或毫无观念的词语。其次，凡是人们试图使库恩的观念更明确的地方，人们就会发现，库恩的观念是错误的。在思想史上总是有常规科学时期吗？没有——并且，我向证明相反结论的任何人提出挑战。

拉卡托斯比库恩精致的多。他考虑研究纲领，替代了考虑理论，研究纲领是通过修正方法（所谓的启发法）联系起来的一系列理论。这个序列中的每个理论都可能充满错误。它可能受到反常、矛盾、含糊的困扰。重要的不是单个理论的形成，而是这个序列所表现出的倾向。我们判断一段时期的历史发展和成就，而不是某一特定时间的情况。历史与方法论结合成为一项事业。如果理论系列导致了新颖的预言，一个研究纲领就被说成是进步的。如果一个研究纲领降低为引人入胜的事实，而这些事实不是在它的帮助下发现的，就被说成是退化的。拉卡托

第十三章 如何保护社会免受科学之害

斯的方法论的一个关键特征是,这样的进化不再受制于告诉科学家保留或放弃一个研究纲领的方法论规则。科学家可以坚持一个退化的纲领;他们甚至可以成功地使这个纲领超过它的竞争者,因此,他们无论做什么,都会在理性意义上继续下去(倘若他们继续把退化的纲领称为是退化的,把进步的纲领称为是进步的)。这意味着,拉卡托斯提供了听起来像一种方法论要素的词语;他没有提供一种方法论。根据今天最先进和最精致的方法论的观点,根本就没有方法。这结束了我对特殊论证的本文部分(1)的答复。

三、反 对 结 果

根据本文的部分(2),科学应有特殊的地位,因为它产生了结果。只有在理所当然地认为别的东西总是不会产生结果时,这才是一种论证。现在大家承认,讨论这个问题的几乎每一个人都相信这样一个假设。大家也承认,很难表明这个假设是错误的。不同于科学的生活形式,要么消失了,要么退化到不可能进行公正比较的程度。尽管如此,这种情况不像十年前那样没有希望。我们已经熟悉了这样的医学诊断和治疗的方法:这些方法是有效的(甚至也许比相应的西医更有效)并还以一种意识形态为基础,这种意识形态是完全不同于西方科学的意识形态。我们已经了解到,有些现象,比如,心灵感应和心灵致动,被科学的进路排除了,而且,我们能以全新的方式用这些现象来做研究(像内阿格里帕·冯·内特斯海姆(Agrippa of Nettesheim)、约翰·迪伊(John Dee)甚至培根(Bacon)之类早期思想家觉察到了这些现象)。于是——教会拯救灵魂,而科学通常却反其道而行之,难道不是这种情况吗?当然,现在无人相信构成这种判断基础的本体论。为什么呢?因为意识形态的强制与今天使我们听从科学排除其他一切的那些意识形态相吻合。同样正确的是,像心灵致动和针灸之类的现象完全可能被并入科学,因而可以被称为"科学的"。但注意,在尚未包括这些现象的科学希望在包括这些现象的生活形式中占有上风的过程中,只有经过长期的反抗,这种情况才会发生。于是,这导致了进一步反对特殊论证的本文的部分(2)。仅当在没有任何外在帮助的前提下只通过科学获得那些结果时,科学有结果这个事实,才能算作是科学的优势。审视历史表明,科学很少以这种方式获得它的结果。哥白尼在提出一种新的宇宙观时,并没有顾及科学的前辈,他着迷地参照毕达哥拉斯主义者,比如,菲罗劳斯(Philolaos)。他不顾所有科学方法的可靠规则,接受他的观念和坚持这些观念。力学和光学在很大程度上归功于工匠,医学归功于助产师和巫婆。而且,在我们自己的时代,我们已经看到,国家的干预如何能促进科学:当中国共产党不受专家判断的威胁,命令中医回到大学和医院时,全世界的人都强烈抗议,现在中国毁灭了科学。情况完全相反:中国科学前进了,西方科学向中国科学学习。只要我们随便看看,我们都会明白,伟大的科学进步,归因于占优势的外界干预,而不顾最基本的和最"合理的"方法论规则。教训是明显的:没有一种单独的论证能用来支持今天科学在社会中所起的异常作用。科学做了许多事情,但其他意识形态也是如此。科学通常是系统地前进的,但其他意识形态也是如此(在教会里发生的许多教条争论的记录,仅供参考),除此之外,根本没有在任何情况下都能坚持的压倒一切的规则;根本没有能用来把科学与其他一切分离开来的"科学方法论"。科学只是推动社会发展的许多意识形态之一,而且,应该这样对待科学(这种陈述甚至适用于科学的最进步和最辩证的部分)。我们能从这种结果中得出什么结论呢?

最重要的结论是,国家与科学之间必须在形式上是分离的,就像国家与教会之间在形式上是分离的一样。只有在允许任何政治团体或其他施压组织影响社会的程度上,科学才能影响社会。关于重要的项目,可以咨询科学家,但最终的判断必须留给民主地选出的顾问团。这些团体主要由外行组成。外行能够得出正确的判断吗?非常肯定地说,就胜任能力而言,科学的复杂化和科学的成功被极大地夸大了。最令人兴奋的经验之一是看一下,一位外行律师如何能找出由最高级专家提供的技术性证言中的漏洞,因为为陪审团做出裁定做准备。科学不是只有通过几年训练之后才能被理解的秘密。科学是一门智力的学科(intellectual discipline),它能受到感兴趣的人的考察和批评,它看起来困难和深奥,只是因为许多科学家(尽管我高兴地说,不是所有的科学家)打了一场混淆的系统战役。当科学家有理由这么做时,国家机构应该毫不犹豫地拒绝科学家的判断。这样的拒绝将会教育公众,使公众更有信心,甚至可能会促进改革。考虑到科研机构的大沙文主义,我们会说:李森科事件越多越好(这不是李森科事件中令人反感的国家干预,而是灭掉对手不只是忽视其劝告的极权主义者的干预)。在加利福尼亚,原教旨主义者成功地对进化论做出了教条的阐述,他们的三种喝彩被从教科书中删除了,包括创世纪在内。(但我知道,今天,当他们有机会操纵整个社会时,他们成为与科学家一样的沙文主义者和极权主义者。有些意识形态,当与其他意识形态一起使用时,是不可思议的。一旦它们的优势致使除掉其对手,它们就成为令人讨厌的和教条的。)然而,最重要的变化还是发生在教育领域。

四、教育与神话

人们应该认为,教育的目标是,把年轻人领向生活,那就意味着:领向他们出生的社会和围绕社会的物质世界。教育方法通常存在于某个基本神话的教义

第十三章 如何保护社会免受科学之害

里。神话有各种不同的版本。更高级的版本可以通过入会仪式来教授，入会仪式稳固地使教义植入人心。知道了神话，长大后就几乎能说明一切（要不然，他会向专家求教更详细的信息）。他是自然界与社会的主人。他理解自然界与社会，他知道如何与它们打交道。然而，神话指导了他的理解，他却不是神话的主人。

前苏格拉底哲学家力求驾驭和部分地驾驭这种进步。前苏格拉底哲学家不仅试图理解世界，而且试图领会理解世界的手段，进而成为理解世界的手段的主人。他们提出了许多神话，而不是满足于一种神话，因此，削弱了一个广泛传说的故事能深入人心的力量。这些诡辩学家还提出了进一步的方法，削弱有趣的、连贯的、"经验上适当的"等传说的微弱作用。这些思想家的成就没有得到重视，无疑今天也没有被理解。当我们在教神话时，我们希望增加对它的理解（即对该神话的任何特征都不感到困惑）、相信它和接受它的机会。当该神话与其他神话相抗衡时，这没有任何坏处：在某个版本的基督教教义中，甚至最有奉献精神（即极权主义）的牧师也不能阻止他的学生接触佛教徒、犹太人等名誉不好的人。科学和理性主义的情况，完全不同，在这里，整个领域几乎完全被信徒们所控制。在这种情况下，对于强化年轻人的心灵来说，这是至关重要的，"强化年轻人的心灵"意味着，强化他们反对轻易地接受综合的观点。我们在这里所需要的教育是，使人们唱反调、提出相反的建议，有能力投身于阐述一种观点。这个目的如何能达到呢？

通过保护孩子拥有的极大的想象力和通过开发他们身上充满矛盾的精神能够达到这个目的。总的来看，孩子们比他们的老师更聪明。他们放弃自己的智慧，是因为他们受到了威胁，或者，是因为他们的老师更能比他们用好情感的手段。孩子们能学习、理解和分别持有两三种语言（我说的"孩子"是指3~5岁，不是8岁，对8岁的孩子做实验是最近的事，效果不太好。为什么？因为他们已经在更小时被不合格的老师毁坏了）。当然，语言一定是以比通常更有趣的方式引入的。在所有的语言中，都有讲杰出故事的杰出作家——让我们用这些故事来教我们的语言，不是用"der Hund hat einen Schwanz"（这条狗有尾巴）等类似空洞的故事来教我们的语言。我们当然也可以用故事引入"科学的"解释，比如说，关于世界起源的科学解释，因此使得孩子很好地熟悉科学。但科学除了指出有许多相信它的人之外，一定给不出任何特殊的立场。后来，用"各种理由"补充这些传说的故事，我这里所说的理由是指，在故事传统中进一步发现的那种解释。当然，也有相反的理由。在这个领域内，专家告诉学生正反理由，因此，年青一代就会熟悉所有类型的说教和各种人。年青一代熟悉了各种人，熟悉了他们的故事，每个人都能确定走哪条路。到如今，人人都知道，你可能很会赚钱且受人尊敬，甚至也许能成为一名科学家荣获诺贝尔奖，这样，许多人将会成为科学家。他们只有不被科学的意识形态所欺骗,才能成为科学家,即他们之所以将是科学家,因为他们做出了自由的选择。但是,一旦他们成为科学家,就不会在非科学问题上消费很多时间吗?这不会有损于他们的胜任能力吗?根本不会!科学的进步,好科学的进步,依赖于新颖的观念和思想自由:科学经常是靠局外人推动的(记得玻尔和爱因斯坦把他们自己看成是局外人)。许多人都不会做出错误的选择,最终陷入僵局吗?大概这取决于你的"僵局"是什么意思。今天的大多数科学家都缺乏观念,充满了恐惧,旨在产生某种无价值的结果,使他们卷入空洞的论文洪流之中,如今在许多领域内,这些空洞的论文构成了"科学的进步"。除此之外,更重要的是什么呢?是引导人们心明如镜地选择生活吗?或者,是让人们花时间紧张地企图避免一些不那么聪明的人所谓的"僵局"吗?科学家的人数将不会减少到最终没有人管理我们的宝贵实验室吗?我不这么认为。如果有一种选择,许多人可以选择科学,因为由自由的行动者管理的科学,看起来比由奴隶(体制的奴隶和"理由"的奴隶)管理的科学,更具有吸引力。而且,如果出现了暂时缺少科学家的情况,总会有各种鼓励措施来加以补救。当然,科学家在我设想的社会里起不到任何主导作用。他们不仅仅与巫师或神父或占星家相抵。对于许多人来说,老人和年轻人,右派和左派,这样一种情况是无法忍受的。几乎你们大家都有的坚定信念是:至少已经发现了某种真理,它必须被坚持,我拥护的教学法和我保卫的社会形式会弱化真理,直至最后消失。你们有这种坚定的信念;你们中的许多人甚至有各种理由。但你不得不所考虑的是,缺乏很好地唱反调的理由实属历史意外;这不在于问题的本质。建立我们推荐的这种社会,确立你现在蔑视的观点(当然还不知道这些观点),将返回到这样一种壮观的场面:你将不得不努力工作,坚持你自己的立场,也许将完全不能这样做。你们不相信我吗?那么,看一下历史吧。科学天文学坚定地建立在托勒密和亚里士多德体系的基础上,他们是西方思想上史最伟大的两个聪明人。是谁推翻了他们的有说服力的论证呢?是经验的适当性和精确表述的体系吗?是狂妄古老的毕达哥拉斯学派的菲罗劳斯(Philolaos)。菲罗劳斯如何能这样东山再起呢?因为他发现了一个有能力的辩护者:哥白尼。当然,像我凭我的直觉一样,你们也可以凭你们的直觉。但记住,你们的直觉是你们的"科学"训练的结果,在这里,我意指的科学也是卡尔·马克思的科学。我的训练,或更确切地说,我的无需训练是,对稀奇怪事感兴趣的新闻记者的训练。最后,在当前的世界局势中,由于成千上万的人还在挨饿,还有人受奴役、受压迫,肉体与心灵处于悲惨的贫穷之中,那么,思考诸如此类的奢侈思想,不是完全不负责任吗?在这些情况下,自由选择不是一种奢侈吗?在这些情况下,我希望看到的轻率和情绪,不是自由选择的一个组成部分吗?我们一定不要放弃所有的自我纵容和行动吗?联合起来然后行动?这

第十三章 如何保护社会免受科学之害

是今天提出的对我推荐的这类进路的最重要的反对。它大声呼吁,呼吁无私奉献。无私奉献——为什么呢?让我们来看看吧!

我们假定抛弃我们的自私倾向,奉献于解放受压迫者。那么,自私倾向是什么呢?它们是我们在现在生活的社会里最大限度地解放思想的愿望,最大限度地解放不仅是一个抽象类,而且体现在适当的教学制度和教学方法中。在我们自己的环境中具体地解放智力和肉体的这种愿望,暂时不予考虑。首先,它假设,我们不需要这种解放来完成我们的任务。它假设,我们以坚决禁止某些替代选择的思想来完成我们的任务。它假设,我们历来能发现解放他人的正确方式,所需要的一切是付诸实践。我很抱歉,在这些极其重要的问题上,我无法接受这样一种教条的自信。这意味着我们根本不能行动吗?不是。它不过意味着,我们在行动时,不得不努力实现我所推荐的自由,以使我们可以根据我们在增加自由时获得的观念纠正我们的行动。这无疑将会使我们放慢脚步,但假如我们拼搏进取,只是因为有些人告诉我们,他们已经对所有的苦难做出说明,并找到摆脱苦难的最佳出路了吗?我们也希望解放人民,使他们不要成为新型的奴隶,而是使他们实现自己的愿望,然而,这些愿望可能不同于我们的愿望。自以为是和思想狭隘的解放者做不到这一点。作为一个规则,他们很快强加的奴隶制,由于更系统,因此,比他们已经排除的很草率的奴隶制更加糟糕。而且,至于情绪和玩世不恭,答案应该是显而易见的。为什么任何一个人都希望解放其他人呢?当然不是因为解放的某种抽象的优势,而是因为解放是自由发展因而达到幸福的最好方式。我们希望解放人民,使他们能微笑。如果我们自己已经忘记如何微笑,反对仍然牢记微笑的那些人,我们能做这一点吗?与我们希望排除的疾病(清教徒式的自以为是的疾病)相比,我们就不会传播另一种疾病吗?不要反对奉献精神和情绪不能共存——苏格拉底是一个极好的反例。最艰难的任务需要最巧妙的手段;否则,任务的完成将不会导向自由,而是导向比它所替代的东西更加糟糕的暴政。

369

(成素梅译)

第十四章 反对者、读者、支持者和共同体

爱德华·赛义德*

谁写的？写给谁看呢？在什么情况下写的？似乎对我来说，这些问题是：谁的回答为我们提供了导致解释的政治学（politics of interpretation）的要素。要是人们渴望以诚实的和抽象的方式提出和回答这些问题，那么，必须试图表明，为什么它们是与当代相关的问题。我一开始就有必要说，当代最令人印象深刻的一个特征（至少对于"人文主义者"来说，这种特征是一种描述，我对这种描述的感觉是矛盾的，既同情，又厌恶）是，这显然是罗纳德·里根（Ronald Reagan）时代。而且，正是在作为一种语境和环境（context and setting）的这个时代，我们建立了解释的政治学和文化的政治学。

我不希望被人误解为，我这里描述的文化情境造就了里根，或者，它以里根主义（Reaganism）为特征，或者，我们把关于它的一切都归于或回到罗纳德·里根的个性。我所论证的是，在我称为"批评"的领域内的一种特殊情境不只是与在里根时代起作用的实践与思潮相关，而是这种实践与思潮的一个组成部分。此外，我认为，"批评"和传统学院派的人文学科随着时间的推移经历了一系列发展，这些发展的受益者和巅峰是里根主义。那些是我自己做出论证的总的主张。

这里，我有必要提出许多不同类型的观点。我完全意识到，刻画当前文化运动特征的任何努力可能最多是不切实际的，最次是非专业的。但我主张，那只是当前文化运动的一个方面，我觉得，其中，批评活动的社会背景和历史背景总体上是良好的（自由的、与政治无关的、严肃的）、没有整体的典型特征（太复杂以至于无法用有倾向性的一般术语来描述），而且，莫明其妙地游离于历史之外。这样，我似乎努力要做的一件事——纯属出于批评的固执行为——恰好是从一开始就注定的和受到看似不适当的当前主流文化谴责的那种概括、那种政治描绘、那种概述。

我深信，一方面是思想界和学术界，另一方面是残忍的政界、企业和国家权

---

* 爱德华·赛义德（Edward W. Said）：哥伦比亚大学英语及比较文学教授，一位多产的作家，著作有《东方主义》《世界、文本与批评家》《对受害者的指责》《文化与帝国主义》《和平及其不满：中东和平过程中的巴勒斯坦》《和平进程的终结：奥斯陆及以后》《权利、政治与文化》。

第十四章 反对者、读者、支持者和共同体

力及军事力量。这两者之间存在着实际的从属关系,文化的作用就是非常有效地使这种从属关系成为无形的乃至"不可能的"。例如,对专长和职业化的迷信限制了我们的视域,甚至在这些领域内提出了积极的(与潜在的或消极的相反)互不干涉的声明。这个声明是说,一般公众最好保持无知,影响人类生存的最关键的政策问题最好留给"专家",即只讨论他们的专业问题的专门家——用瓦尔特·李普曼(Walter Lippmann)在《公众舆论》和《虚幻的公众》里首次得到广泛社会认可的词语来说——留给"知情"人,即能知道事情真相,更重要的是,能接近权力的具有特殊优势的那些人(通常是男人)。①

人文主义的文化一般来说表现出默认遵守这种反民主的观点,此后更令人遗憾的是,在他们阐述中和他们提出的政治学中,所谓的政策问题几乎不能被说成是增强了人类社会。在增进相互依赖和政治意识的世界里,接受(例如)国家应该被简单地分类为"前苏联"或"前美国"这样的概念似乎既咄咄逼人,又枉费心机。然而,这种分类——也全方位地再现了(诺姆·乔姆斯基(Noam Chomsky)在《走向新的冷战》一书中所讨论的)冷战的动机与症状——主宰了对外政策的考虑。对此有效的矫正方法,在人文主义文化中,并不多见,少数人文主义者必须讨论被国际发展问题独立委员会 1980 年的报告《南北:为了幸存的纲领》赤裸裸地渲染的那些问题,也是如此。我们的政治话语现在充满了大量停止思考的抽象概念,从恐怖主义、宗教激进主义和动乱到适中、自由、稳定和战略联盟,所有这些都像它们在各自的呼吁中既有说服力又未经过提炼一样含糊不清。以全球的方式(正如里查德·福尔克(Richard Falk)在《国家政策的全球进路》一书中雄辩地阐述的那样)或在日常生活层面思考人类社会几乎是不可能的。正如菲利普·格林(Philip Green)在《不平等的追求》一书中表明的那样,像平等和福利那样的概念完全被排除在智力描绘之外。相反,在国内和国际上,里根主义把自我帮助和自我提升的残酷的达尔主义的图像推荐为由所谓的"生产力"或"自由事业"统治的世界图像。

还要补充这样的事实:自由主义和左派处于智力混乱的状态,而且,出现了一些相当令人沮丧的视角。这些视角所提出的挑战,不是如何弃之不理而做好自己的本职工作,而是如何理解其中出现的文化工作。因此,我这里所提议的就是做到这一点的一个初步尝试,尽管有大量不可避免的不完备之处、大话、概括和原始特征。最后,尽管像充分拟定计划之类的事情只能由集体来完成和在独立研究中进行,但我也会很快提出从事文化工作的一种替代方式。

我所用的"支持者""读者""反对者"和"共同体"当做一种提醒:没有人

---

① Steel R. Walter Lippmann and the American Centure. Boston,1980:180-185,212-216.

只为自己写作。总是有一位他者；并且，这位他者不容分辩地把解释转变成为一项社会活动，虽然具有无法预料的后果、读者、支持者，等等。而且，我会补充说，解释是知识分子的工作，知识分子在要求道德复兴和社会再定义的今天是一个糟糕的阶层。对于人文主义者和社会科学家来说，迫切需要研究的一个论题是，作为知识分量的信息的地位：它的社会政治地位、它的当代命运、它的经济（赫伯特·席勒（Herbert Schiller）在《谁知道：财富500强时代的信息》一书中最近论述的一个主题）。我们大家都认为，我们知道信息意味着什么，例如，拥有信息，撰写与解释含有信息的文本。然而，正如弗里兹·马克卢普（Fritz Machlup）在《美国的知识生产与分配》一书中明确渲染的那样，我们生活在一个空前强调知识生产和信息的时代。那么，当 IBM 和 AT&T——世界最大的两个公司——声称，它们的所作所为是让"知识""为人民"服务时，信息和知识的状况会怎样？如果在商品生产和市场化的过程中，人文知识与信息并不是无意中的（这里带有许多讽刺意味）盟友，甚至人文主义者的所作所为可以最终证明是貌似认真地隐瞒了这个特殊的无人文主义的过程，那么，人文知识和信息的作用是什么呢？真正安全的解释的政治学回避这个问题，要自担风险。

一

在最近的 MLA 集会上，我顺便观看了一个主要大学出版社的书展，并对正在当班的可爱的售书者说，似乎他们出版社出版先进文学批评的高度专门化的图书的数量不受限制。我问道："谁读这些书呢？"这当然意味着，不管大多数这些书是多么的卓越和重要，它们都很难读懂，因而不可能有广泛的读者——或者，至少读者范围广泛到足以证明在经济危机时期还要定期出版是正当的程度。假定告诉我真相，我听到的回答有道理。写专业的、先进的（即新新）批评的人，真诚地阅读他人的每一本书。因此，"在其他条件都相同的情况下"，每一本这样的书能保证卖出 3000 册，但不一定总是达到这个数。最后的资格认证给我留下的印象充其量是模糊不清的，但我们没有必要在这里耽搁。关键是，这个出版社已经开发了少数友好的读者并且经常照顾他们；无疑，在更大程度上，菜谱类的书和健身手册的出版商应用了相关原则，因为他们似乎喜欢批量出版很长系列的无用的书，即使美食爱好者和健身爱好者的人群不断扩大，但与持续不断地关注和最真诚地相互阅读的 3000 名批评家的人群完全不是一回事。

我尤其发现，真实的或虚构的 3000 名读者的有趣之处是，他们最终是源于英美的新批评派（正如理查兹（I. A. Richards）、威廉姆·恩普森（William Empson）、约翰·克罗·兰塞姆（John Crowe Ransom）、克林斯·布鲁克斯（Cleanth Brooks）、

第十四章 反对者、读者、支持者和共同体

爱伦·泰特（Allen Tate）及自 1920 年之后的几十年内与他们交往的那些人所阐述的那样），还是源于所谓新新批评派（20 世纪 60 年代的罗兰·巴特（Roland Barthes）和雅克·德里达（Jacques Derrida）等人），他们维护而不是削弱的观念是，应该把智力劳动划分为越来越狭窄的专业领域。我们马上会考虑到对这一点的嘲讽。新批评派主张把言语对象看成是自在的，不受人物传记、社会信息甚至释义的干扰。因而，马太·阿诺德（Mattew Arnold）的批评纲领不是通过从文本直接跳到整个文化来促进的，而是通过下列方式来促进的：只有透过得到很好理解的精心加工的文学结构，才能运用高度集中的言语分析领会有用的文化价值。

在实践中，新批评派，尽管是精英主义，但在意图上，却是奇怪的平民论者，我认为，只有补充这一点，对气质是热衷于交际的、彬彬有礼的或主教派的美国的新批评派的指控，才是正确的。支持布鲁克斯和罗伯特·佩恩·沃伦（Robert Penn Warren）的教育学当然也是布道的观念是，受过正确教诲的每一个人都能感到甚至表现出像一名有教养的绅士一样：在这种观念的绝对设计中，这不是一个微不足道的抱负。对他们的优雅风度的再多的挖苦嘲讽也无法掩盖这样的事实：为了实现这种转变，新批评家的目标不亚于站在一首诗的读者和这首诗之间清除他们所认为的所有的专业垃圾——他们推测，这些专业垃圾是由文学教授摆在那里的。如果我们不考虑新批评派的最终的社会信息和伦理信息的尚有疑问的价值，那么，我们必须承认，学校故意或许是不协调地试图创造一个应答读者的广泛共同体，这些读者来自非常多的可能是无数的文学师生的候选者。

在早期，法国的《新批评》（巴特被认为是它的主要辩护者）试图做同样的事情。职业的文学家协会再一次被描述成是阻止文学共鸣。再说一遍，这种矫正方法似乎是基于语言、心理分析和马克思主义术语的近乎行话的专业阅读技巧，所有这些为作者和有同样文化的读者双方提出了一种新的自由。一旦开始（实际上容易）向结构主义的活动妥协，写作（écriture）的哲学就承诺了更广泛的视野和更少受限制的共同体。尽管结构主义者写的是散文体，但在主要的结构主义者中间，也不会突然想到把读者拒斥门外；完全相反，正如巴特经常对雷蒙·皮卡尔（Raymond Picard）的谩骂式抨击表明的那样，批评式阅读的主要目标是创造新的读者层，要不然，这些人由于缺乏对专业文学的信赖，本应该被吓跑。

这样，40 年来，在法国和美国，"新"批评家学派从狭隘的制度中挣脱出来，致力于探查文学和写作。不管多么依赖于谨慎的学术技能，阅读在很大程度上变成了一种公众丧失的行为。文本在被破译或解码之后，转交给任何感兴趣的人阅读。符号语言的资源任凭假设蒙受了无关"专业"信息的乏力或懒散疏忽的积累习惯的读者使用。

因此，我相信，法国和美国的新批评派是大众文化中有权威的竞争对手，不

是对大众文化的非凡的替代。由于这两个新批评派的如此发展，我们往往忘记了它们最初为自己设立的传教式的目标。它们恰好与造成萨特（Jean-Paul Sartre）提出从事文学和忠于作家的观念属于同一时期。文学是关于世界的，读者在世界之中；问题不是是否是，而是如何是，这一点通过认真分析人类的各种存在可能的语言符号规则得到了最好的回答。法国、美国的批评家共享这样的概念：一旦你学会恰当思考除去多余脚手架的语言，言语训练就可能是自足的；换言之，你没有必要成为受益于多恩（Donne）的隐喻或索诸尔（Saussure）的摆脱区分语言和言语束缚的一位教授。因此，新批评派激进的反制度偏见使其宝贵的派系问题得到缓和，在法国和美国所看到的这种热情疗法的乐观情绪中，本身是显而易见的。加入反对学派的队伍：这是许多人都会重视的信息。

于是，这两类新批评派的遗产是，在实际上放弃了企图获得很多（如果不是众多）读者的批评作品中体现出的个人派系意识，这是多么的反常。我的信念是，在美国和法国，学院派使得新批评派中的形式主义倾向更加突出。因为事实是，训练有素地注意语言，只有在课堂上的高雅氛围中，才能盛行起来。语言学和文学分析是现代大学的特点，而不是市场的特点。纯化这个群体的语言——不管是作为包含在现代性中的一个项目，还是作为由大众文化包围的危机四伏的新批评派所维护的一种希望——总是进一步远离实现中大量存在的群体，更加接近形成新的群体，这个新的群体由革新乃至革命纲领（revolutionary creed）的追随者（acolytes）所组成，这些人最终似乎更关心把新的纲领转变成一个强烈的分裂主义传统，而不是关心形成一个大的读者共同体。

大学为了不停地追求声望而保护这些愿望，使这些愿望受到学术自由的庇护。然而，拥护精读或文字理论会相当自然地推出，敌视那些无法掌握有益的语言分析能力的外行；此外，很频繁的劝导结果还不如纯化意图和技巧更重要。最终，协会的对抗意识成长为越来越多地阐述技巧，而且，在一种貌似与世隔绝的秩序中，扩大支持者的兴趣被对理论上正确和方法上严密的渴望所取代。批评者们彼此阅读，很少顾及其他。

沦为完全放弃普适文化（universal literacy）的新批评派的命运和利维斯（F. R. Leavis）学派的命运之间的相似之处是令人深思的。正如弗朗西斯·穆尔赫恩（Fracis Mulhern）在《审查时刻》（The moment of Scrutiny）一书中提醒我们的那样，利维斯本人不是一位形式主义者，他在一般的左派政治的语境中开始了自己的职业生涯。利维斯认为，文学巨著基本上反对阶级社会和派系的规定。在他的观点中，英语研究应该成为本质上民主的新观点的基石。但在很大程度上，因为利维斯的追随者把他们的工作既集中于大学，也为了大学，所以，在现代工业社会中开始时的一种健康的对抗性参与，转变为一种强硬的退出。在我

第十四章 反对者、读者、支持者和共同体

看来，英语研究变得越来越狭窄，而且，批评式阅读退化成为决定应该允许什么或不应该允许什么进入这个大传统。

我不希望被人误解为，有些事情对于产生了我所描述的这些变化的现代大学是天生有害的。无疑，还有许多事情被说成是有利于明显不受粗野的党派政治影响或控制的大学。但是，尤其关于大学（这里，我讨论现代大学，没有区分欧洲、美国或第三世界和社会主义的大学）的一件事情确实好像产生了几乎是完全无约束的影响：知识应该存在、应该得以追求并以完全分离的形式来传播的原则。不管支持这个原则的社会、政治、经济和意识形态的理由是什么，它很快就受到了挑战。确实，不太夸张地说，现代世界文化最令人感兴趣的主题之一是下列两类人之间的争论：一方是相信知识能以系统普遍的形式存在的拥护者，另一方是相信知识必然以专业隔离的形式得以产生和滋长的那些人。在我看来，乔治·卢卡奇（Georg Lukács）对具体化的攻击和对"整体性"的拥护非常诱人地类似于自19世纪末以来发生在伊斯兰世界中的广泛讨论：是否需要在整合伊斯兰梦想的主张和现代特殊科学的主张之间做出调解。因此，对于生产知识的核心地带（即大学）来说，这些认识论的争论是很重要的，在大学里，知识是什么，应该如何发现知识，是知识存在的生命线。

最近关于现代知识的构成、境遇和历史的最令人印象深刻的工作是强调社会约定的作用。例如，托马斯·库恩（Thomas Kuhn）的"研究范式"把注意力从个体创造者转向对个人的主动性的公共约束。伽利略和爱因斯坦是极其罕见的人物，不仅因为天赋是难能可贵的东西，而且因为科学家是根据约定的方式进行研究，以及这种共识鼓励统一，而不是大胆的进取心。随着时间的推移，当这种统一的主题成为一个领域（field）或领地（territory）时，它就获得了学科的资格。正如米歇尔·福柯（Michel Foucault）在《知识考古学》中表明的那样，除了这些变成一整套技术方法之外，其功能之一是，保护连贯性、范围的完整性、这一领域的社会认同、它的支持者及其机构的存在。你不可能只选择成为一名社会学家或心理分析师；你不可能只陈述人类学中的知识现状；你不可能只假定，你所说的历史学家（不管研究的有多好）就是进入历史话语。你不得不通过某些鉴定规则，你必须了解这些规则，必须说这种语言，必须掌握这些习惯用语，以及必须接受你希望对这个领域有所贡献的——以许多相同的方式确定的——权威人士。

以这种观点看问题，可以说，专家意见（expertise）在某种程度上取决于一个人掌握游戏规则的好坏程度。然而，很难用绝对的术语确定，专家意见主要是由支配科学家智力方式的社会约定构成的。另一方面，还是主要由一般认定的问题本身的紧迫性构成的。无疑，约定、传统和习惯创造了评判一门学科的方式，使它完全发生改变；正像在历史学、文学和需要不同（尽管相关）分析技巧的

语文学、惩戒态度与通常坚持的观点之间，肯定有普遍的差异一样。我在其他地方采纳了确实有攻击性的立场：东方学专家、区域研究专家、新闻记者和外交政策专家对自我引证、无尽的重复及其领域所鼓励的公认观点的危险，并不总是很敏感，因为与政治和意识形态相关的理由比与任何"外在"现实相关的理由更多。海登·怀特（Hayden White）在他的著作中已经表明，历史学家不仅受制于叙事习惯，而且实际上还受制于通过语言回顾强加于事件解释者的封闭空间，语言回顾远离了对现实的客观反映。然而，尽管这些观点令许多人感到厌恶，是可理解的，但这些观点还没有达到能够说把一个"领域"的一切归纳为一种解释约定或政治利益的程度。

因此，我们承认，从经验上证明，一方面，人类社会的知识会有客观性，或者另一方面，所有的知识都是深奥的和主观的，是一项长期的和没有潜在可能性的任务。如韦恩·布斯（Wayne Booth）在他讨论科学主义与现代主义的《现代信条和赞成的修辞学》一书中表明的那样，争论双方都倾注了许多笔墨，但并非都有用。打破这种僵局的一个有益的开端——我稍后还要回到这个问题——是读者反应批评派的批评家们呈现出的主要技巧，这些批评家包括沃夫尔冈·伊瑟尔（Wolfgang Iser）、诺曼·霍兰德（Norman Holland）、斯坦利·费什（Stanley Fish）、米歇尔·里法泰尔（Michael Riffaterre）等。这些批评家们认为，既然没有读者的文本与没有文本的读者一样不完备，我们就应该集中关注，解释情境的两个要素相互作用时所发生的情况。然而，除了费什之外，读者反应理论的批评家们往往把解释看成本质上是一件私人内心的事情，因此，夸大了独立解读的作用，而牺牲了同样重要的社会文本的作用。在他最近的《课堂上有文本吗?》一书中，费什强调了他所说的解释共同体、小组及知名人士（其中主要是授课老师和教师）的作用：他们的出现，而不只是任何不变的客观标准或相关的绝对真理，控制了我们所考虑的知识。正如他所说的那样，如果"在市民中，解释是唯一的游戏，那么，结果一定是，解释者们成为唯一的玩家，他们的工作主要是劝说，而不是进行科学的证实"。

我在这里支持费什的观点。不幸的是，虽然他远远没有表明为什么会这样，甚至为何会这样，但是一些解释者比另一些解释者更善于劝说。我们再次陷入了由只是相互阅读而不关心其他的那三千名先进的批评家所表明的两难困境。一个解释共同体的支持者、专业化的语言及其关心的问题往往会变得更加牢固、更加严密、更加封闭，因为它对自己的自我确认的权威获得了更多的权力、更可靠的传统地位和更稳定的支持者，难道不可避免的结局就是形成这样一个解释共同体吗？人们发现，比如说，在社会学家、哲学家和所谓制定政策的科学家中间，只是用一种语言相互对话和为对方说话，他们只忙着严密防守、不断地缩小禁止外

第十四章 反对者、读者、支持者和共同体

行进入的控制领域，对其他的一切不闻不问，就此而言，可接受的人文主义的良方是什么呢？

由于各种理由，对这些问题的大多数回答都没有使我感到着迷或可信。对于一个人来说，相信一个思想体系就是能很快地解释一切，使这种习惯普遍化就滑向了貌似严谨（quasi-religious）的综合。似乎在我看来，这是由约翰·汉基塔（John Fekete）在《批评的衰落期》一书中所提供的让人警觉的教训，这本书解释了新批评派如何直接导向马歇尔·麦克卢汉（Marshall McLuhan）的"技术专家的宗教式的末世论"。事实上，一旦我们允许自己走出由专门领域和设想包罗万象的神话所提供的庇护，解释及其需求就意味着是一项艰难的游戏。幻想、归纳答案和体系的麻烦是，它们很容易使证据单一化。这样的批评从一开始就被排除和驳回，因此，是不可能的；最终，人们学会了操纵这个体系的不同部分，像一台机器的许多部分一样。作为说明的普遍类型的普遍体系，非但不能大量获得，反而，要么，筛选掉不能直接接受的一切；要么，总是重复地大量炮制同样的文本。这样，它变成了一种密谋的理论。确实，似乎对我而言，德里达所谓的逻辑中心主义的最大讽刺是，对逻辑中心主义的批评、解构与逻辑中心主义本身一样坚决、一样单调和一样无意中系统化。因此，我们赞成打破学部划分的愿望，同时不接受这样的观念：这么做的方式只有一种。雷内·吉拉德（Rene Girard）对模仿愿望和替罪羊效应（scapegoat effects）的"跨学科"研究，毫不在意地坚持认为，他们希望把所有的人类活动、所有的学科都转变成一件事（one thing）。正如吉拉德一直建议的那样，我们如何能假设这件事涵盖了必不可少的一切呢？

这只是一种相对的怀疑主义，因为人们可能在还没有讨论所有的狐狸都是势均力敌的前提下，就决定宁愿要狐狸，而不要刺猬。假设我们敢于做出一对关键的区分。我们就能把乔瓦尼·巴蒂斯塔·维柯（Giovanni Battista Vico）和安东尼奥·葛兰西（Antonia Gramsci）的那些观念增加到库恩、福柯和费什的观念中。下面是我们所提出的想法。葛兰西说，话语、解释、共同体和研究范式是由知识分子提出的，这些知识分子要么可能是宗教的（religious），要么可能是世俗的（secular）。现在，葛兰西关于世俗的知识分子和宗教的知识分子的含蓄的对比，不如他关于有组织的（organic）知识分子和传统知识分子的著名划分更常见。然而，那个问题同样重要。1931年8月17日，葛兰西在卡利亚里期间写给一位老教师翁贝托·科斯莫（Umberto Cosmo）的信中说：

> 似乎在我看来，我和科斯莫及许多其他知识分子在这个时期（指20世纪的前50年）利用了某种共同的基础：我们大家在某种程度上都是道德和智力改革运动的一部分，这个运动是由意大利的贝内德托·克

罗齐（Benedetto Croce）发起的，他的第一个前提是，现代人能够而且应该在没有宗教（……实证主义的宗教、神话的宗教或其他任何品牌的宗教……①）的帮助下生活。似乎对我而言，这一点甚至在今天也是意大利的现代知识分子对国际文化做出的主要贡献，据我看来，这是一定不能失去的市民征服（civil conquest）。②

贝内德托·克罗齐当然是维柯的最现代的学生，他写维柯的意图之一是为了明确地揭示维柯思想的强大的世俗基础，也是为了论证赞成世俗和占优势的市民文化（此后，葛兰西用"市民征服"这个短语）。"征服"也许是一个奇怪而不适当的术语，但它用来戏剧性地表达了葛兰西的下列看法（维柯的著作也隐含了这一看法）：现代欧洲国家之所以可能，不仅因为有政治组织（军队、警察机关、政府机构），而且因为有使国家成为可能的市民的、世俗的和非基督教的社会，为国家提供了某种统治，使国家充满了由它的人类产生的经济、文化、社会和智力生产。

葛兰西不愿意让维凯恩-克罗齐（Vichian-Crocean）的市民社会的世俗工作的成就向着他所说的"固有思想"（immanentist thought）的方向上发展。像他之前的阿诺德一样，葛兰西懂得，如果在社会世界里一切都不是自然的，甚至没有天性，那么，事物之所以存在，不仅因为它们产生了，是由人类主体（nascimento）创造的，而且因为通过产生，它们替代了已经在那里的其他事物，这一定也是真的：这是社会变化的好斗和突现的缩影，好像这种变化也适用于与社会历史相联系的文化界。葛兰西在《现代王子》一书中指出"实在（由此，文化实在）是人类的意志应用于物社会（the society of things）的产物"，而且也由于"一切都是政治的，甚至是哲学和哲理"，采用葛兰西的这一陈述，我们将会理解，在文化和思想领域内存在的每一成果都不仅是为自己赢得地位，而且是替代、战胜其他成果。③ 所有的观念、哲理、见解和文本都渴望得到其消费者的赞同，而且这里，在承认市民社会具有一组唯一的特征时，葛兰西比大多数人更有洞察力，在市民社会中，文本——体现了观念、哲理等——通过葛兰西描述为通过传播、宣传进入和统治"常识"世界获得力量。这样，观念向往的是接受条件，这也就是说，文本的社会存在方式能使文本要么得到少数人的赞成，要么得到广泛的人群的赞成，人们能够凭借这种方式来解释文本的意义。

---

① Nain T. Antoino gramsci to tatiana schucht//Fiori G. trans. Antonio Gramsci: Life of a Revolutionary. London, 1870: 74.

② Gramsci to Schuht, Lettered al Carcere (Turin, 1975): 466.

③ Gramsci. Selections from the Prison Notebooks. trans. New York: Quintin Hoare and Geoffrey Nowell Smith, 1971: 171.

第十四章　反对者、读者、支持者和共同体

这些世俗的知识分子无疑处于这些考虑的核心。他们的社会权威和智力权威不是天赐的，而是来自由人类做出的一种可分析的历史。这里，维柯对神圣领域与异教徒领域的平衡是基本的。由于上帝的伟大，神圣的领域是只有通过揭示才可接受的领域：它是非历史的，因为是完备的，像神一样不可触摸。然而，维柯对神几乎不感兴趣，即异教徒的世界令他着迷。"异教徒"（Gentile）源于宗族（gens），即家族，随时间的流逝，家族的分化产生了历史。但是"异教徒"也是一种世俗的扩张，因为由人类历史构成的父子关系和从属关系网——法律、政治活动、文学作品、权力、科学、情绪——是通过 ingegno，即人的创造力和精神了解到的。对于维柯的新科学来说，可接近的是这一点，而不是天赐的根源。

但这里派生出一种很特殊的世俗解释，甚至是更有趣的、很特殊的解释情境的概念。这一点的一个直接标志是，混淆了维柯著作的条理性，维柯似乎走的是旁门左道，倒退和前进各半。因为在非常精确的意义上，上帝被排除在维柯的世俗历史之外，那种历史，还有历史中的一切，以巨大的横向扩张呈现了它的解释，透过这种解释可以看到许多相互关联的结构。因此，维柯频繁使用动词"看到"来建议历史解释需要做什么。人们所无法领会的或看到的——例如，过去——就是被猜测的；维柯的讽刺太清楚了，不能省略，因为他的论证是，人们只有把自己放在制造者（或神）的位置上，才能掌握过去如何塑造了现在。这包括猜测、假设、想象、同情在内；但在任何情况下都只能承认人类创造的历史。无疑，历史是有发展规律的，正像有维柯所说的神圣的神秘天道在历史内部起作用一样。基本问题是，历史和人类社会是由大量的努力构成的，这些努力彼此纵横交错，经常大相径庭，总是相互包含、杂乱无章。维柯的作品直接反映了这种拥挤不堪的场面。

有必要做出最后的观察。对于葛兰西和维柯来说，解释一定只有凭借与那里的现状相适应的方式，才能解释这种世俗的横向空间。我理解，这意味着，没有一种说明能够使人们立即追溯到一种起源，这是适当的。正像对断代问题没有简单的答案一样，也不能对历史的形成或社会过程做出简单的分离。因此，人类参与的异质性，等价于结果的异质性，也等价于解释技能和技巧的异质性。即使权威、秩序和差别是存在的，但也没有中心、没有无生气的给予和公认的权威，没有整理人类历史的固定障碍。世俗的知识分子的工作表明，神圣原创的缺失，另一方面又是复杂的历史现实的出场。把宗教的缺失转化为现实的出场就是世俗的解释。

二

人们在拒绝了全面的和错误的系统回答之后，最好以一种有限的具体方式讨

论当代现实,就我们这里的讨论而言,这是里根时代的美国,或更确切地说,是由里根主义继承下来的和现在受到里根主义统治的美国。以文学作品和政治活动为例。不太夸张地说,过去十年来,人们越来越默认,把文学研究看成是深刻的,甚至在本质上是非政治的。当你讨论济慈或莎士比亚或狄更斯时,你当然可能涉及政治话题,但假设,与现代文学批评(现在称为修辞、阅读、原文的可读性、比喻或解构)相联系的传统技能是被应用于文学文本,而不是被应用于(例如)政府文件、社会学的或人种学的报告,或者,报纸。领域、目标、学科的这种分离和关注构成了一个令人惊奇的僵化的结构,就我所知,文学家们几乎从来没有讨论过这种结构。似乎有一种未注意到的有效规范确保了"领域"的简单本质,"领域"这个词依次获得了自然的客观事实的智力权威(intellectual authority)。分离、简单性、相关的默认标准:这是一种相当有魄力的去政治化的压力,因为职业、制度、话语及专业领域大规模强化的一致性充分利用了它。这一点的一个推论是加剧了分离领域的传统。"很抱歉,我无法理解这一点——我是一位文学评论家,而不是一名社会学家。"

在新近的批评家——比如我这里将要讨论的马克思主义者——的最明确的政治作品中利用这一点,要付出很高的智力代价。弗雷德里克·詹姆森(Fredric Jameson)近来创作了一部重要的作品:《政治的潜意识》,无论用什么标准来衡量,这都是一部主要的知识批判的著作。这本书所讨论的问题,是以罕见的才华与学识进行的讨论:我对那种讨论没有任何保留意见。他认为,优先权应该被赋予对文学文本的政治解释,而且,作为与其他方法相对立的一种解释行为的马克思主义是指,"'不可超越的视界'把如此明显敌对的或不可通约的批评活动(作为解释行为的其他变种)纳入自身,这些批评活动赋予它们毋庸置疑的部门的有效性,因此而立即取消和保留它们"。[①] 这样,詹姆森利用了所有最有力且矛盾的当代方法论,即在一系列现代小说的原始读本中包含了这些方法论,最终造成了三种"语义视界"的贯通,其中,第三个"阶段"是马克思主义的视界:因此,从精神分析来看,从社会阶层的意识形态的话语一直到形成自身的意识形态,被认为是反对人类历史的终极视界。

我不能过分强调说,詹姆森的著作提出了一个相当复杂且极其迷人的论证,我在这里也不能对他的论证做出公正的评判。这种论证在詹姆森的结语部分达到了高潮,表明了所有文化成果中的乌托邦的元素在人类社会都起到了欠分析的(underanalyzed)和解放的作用。此外,在非常简明但有所启发的一个段落中,

---

① Jameson F. The Political Unconscious. Ithaca, NY, 1981: 10. 本文包括了对这本著作的所有参考。也许不是偶然的,詹姆森这里对马克思主义的断言是由 Deirdre David 提出的 19 世纪英国小说的核心特征。Fictions of Resolutions on Three Victorian Novels. New York, 1980.

第十四章　反对者、读者、支持者和共同体

詹姆森提到了三种政治讨论（包括国家、法律和爱国主义），其中，他概括出的马克思主义的诠释学，即充分的正反两方面的诠释，可能是特别有用的。

然而，我们依然留下许多令人不安的困难。在这本书封面的下方标出了两种"政治学"之间的一种非公认的二分：①从黑格尔到路易斯·阿尔杜塞（Louis Althusser）和恩斯特·布洛赫（Ernst Bloch）的政治理论所定义的政治；②在日常世界中，斗争与权力的政治，至少在美国，可以说是里根赢得的政治。至于为什么应该做出这种区分，詹姆森很少讨论。当我们意识到，他在一个很长的注释中只讨论过政治理论②时，这种情况更令人不安。在那里，他泛泛地讨论了"种族群体、地方运动……士兵劳工组织"等，而且，相当敏锐地开始为美国的联盟政治进行辩解，美国的联盟政治不同于法国，在法国，几乎强加在每一位支持者身上的总的全球政治阻碍或抑制了地方的发展。① 他当然是绝对正确的（而且，他要是把他的论证扩展到只由两个政党统治的美国的话，更是如此）。然而，带有讽刺意味的是，在批评全球视角和承认这一视角与地方的联盟政治完全脱节时，詹姆森也拥护强诠释学的全球主义，这种全球主义具有同步涵盖地方的作用。这几乎像是在说：不要担心；里根只是暂时现象；历史的狡猾性也会说服他。然而，除了宗教式地相信马克思主义者幻想的目的论的效力奇怪地类似于什么之外，在我的心目中，还没有办法必定能同步涵盖、取消、保留、保护和解决地方政治问题，此外，詹姆森完全留给读者去猜测，同步性（synchrony）与政治理论①、政治理论②的分子斗争（molecular struggles）之间有什么联系。在一个领域与另一个领域之间是有连续性呢？还是有不连续性呢？如果不是通过自上而下的简单指导或被动的潜移默化，日常政治和权力斗争如何能进入诠释学呢？

我以为，这些是无法解答的问题，正是因为詹姆森假设的支持者是文化—文学批评家的读者。而且，在当代美国，这位支持者是以我前面讲到的学科分离为前提和成为可能的。这进一步加剧了政治理论①和政治理论②的话语分离，造成的明显印象是，詹姆森是在研究人类努力的自治范围。而且，这还有更加悖论的结果。在最后一章，詹姆森隐喻地建议说，阶级意识的成分——像群体团结起来反对外部威胁之类的问题——实际上是乌托邦的，"在所有这样的情况下，（以阶级为基础的）集体是一个所达到的乌托邦社会或无阶级社会的最终具体的集体生活的轮廓"。这个论点的要害正是，我们发现了这样的观念："意识形态的承诺不是道德选择的首要问题和最重要的问题，而是在交战的两个群体之间的斗争中袒护某一方的首要问题和最重要的问题。"② 这里的困难是，鉴于道德选择是一个

---

① Jameson F. The Political Unconscious. Ithaca, NY, 1981: 54.
② Jameson F. The Political Unconscious. Ithaca, NY, 1981: 290, 291.

严格地去柏拉图化和历史化的范畴，因此，没有必然性——逻辑的或其他方面的——因为完全把必然性简化为"在交战的两个群体之间的斗争中袒护某一方"。在一个没有土地的农民家庭的分子层面，谁能说，渴望补偿是专门袒护某一方的问题，还是做出阻止剥削的道德选择的问题。我无法确信。但詹姆森的立场所表明的是，从全球的、同步的诠释学的概述来看，道德选择不起作用，更有甚者，对这个问题的研究不是以经验或历史为根据（就像巴灵顿·莫尔（Barrington Moore）在《非正义：服从和背叛的社会偏见》一书中试图所做的那样）。

在美国文化的马克思主义中，詹姆森无疑已经有权力成为最好的杰出发言人之一。著名的英国马克思主义者特里·伊格尔顿（Terry Eagleton）在近来的一篇文章"美国批评派的理想主义"中就是这么讨论他的。伊格尔顿的讨论与詹姆森和弗兰克·兰特里夏（Frank Lentricchia）关于当代美国理论的主流形成了对比，按照伊格尔顿的观点，当代美国理论的主流是"以发明新观念论者的历史约束策略的方式发展的"。① 尽管如此，伊格尔顿对詹姆森和兰特里夏的钦佩并没有阻止他看到他们工作的局限性：他们在政治上"不明确"，他们延续了实用主义、折中主义、他们的诠释批评与里根的权势的相互关系，以及——在詹姆森的特殊案例中——他们怀旧的黑格尔主义。然而，这不是说，伊格尔顿期望他们中的任何一个人服从当前的极"左"路线，即所谓"对经典文本的马克思主义解读的产物是阶级合作"。但他正确地指出，"詹姆森的马克思主义的读者提出的十分诱人的问题只是：对巴尔扎克（Balzac）的小小说的马克思主义-结构主义的分析，如何有助于动摇资本主义的基础呢？"显然，对这个问题的回答是，这些读物不会动摇资本主义的基础；但伊格尔顿提议把什么作为一种替代呢？这里，我们禁止严格强化对知识分子和学科的划分，这也影响了马克思主义。

因为我们也可以承认，伊格尔顿把詹姆森写成是马克思主义的追随者。这是知识分子的团结，是的，但在这个范围内，主要把一个"领域"定义为，在把超越学术的外部世界留给新的右派和里根的一个学术企业内唯一存在的知识分子的话语。由一种天然的必然性可以推出，如果这样的一种限制是可接受的，那么，其他限制也是可接受的：伊格尔顿指责詹姆森的马克思主义-结构主义在实践中是无效的。另一方面，他谦和地认为，他和詹姆森都居住在文学研究的小世界里，说文学语言、只研究文学问题，是理所当然的。当伊格尔顿断言，为了达到"意识形态的再生产"的目标，"统治阶级"决定文学体裁的用途是什么，以及作为革命，"我们"不能选择"争论不断的文学领域"时，他晦涩地暗示了为什么应该是这样的原因所在。对伊格尔顿来说，似乎并没有发生这样的情况：他在詹

---

① Eagleton T. The idealism of American criticism. New Left Review, 1981, 127: 59.

第十四章　反对者、读者、支持者和共同体

姆森和兰特里夏的边缘性和退化的理想主义中所发现的最大弱点，也是使他对他们精练的话语表示遗憾的原因，同时，他又在某种程度上据为己有。现在，这种完全相同的专业化的精神特质削弱了许多：伊格尔顿、詹姆森和兰特里夏是文学的马克思主义者，他们为文学的马克思主义者而写作，他们超凡地与现实政治的冷淡世界隔离开来。因此，"文学"与"马克思主义"在他们的非政治的内容和方法论中得到了确认：文学批评仍然是"唯一的"文学批评，马克思主义是唯一的马克思主义，而政治主要是文学批评渴望而绝望地谈论的内容。

　　关于"领域"分离所带来的后果说了这么长的题外话，把我直接带到了解释的政治学的第二个方面，这个方面是从对里根时代做出严谨回应的世俗视角看到的。甚至在学科和领域的原子化秩序中，能够出现并且确实出现了方法论的研究，这显然是真的。但如果我们所说的方法论是指对一个领域和话语本身的结构提出质疑，那么，知识分子的话语的流行模式就是完全反方法论的。一种无言的排斥原理在话语中和话语的边缘起作用；这一点现在变成如此的内在化，以至于领域、学科及其话语呈现出永不改变的持久状况。这个领域的社会制度一应俱全，这个领域的特许成员被视为属于一个行会，而且，对他们而言，像"专家"和"客观的"之类的词语具有重要的特殊意义。无论如何，在这个领域内获得的权威地位，就是内在地参与到制定标准的过程中，对于方法论的和学科的自我反省来说，这通常被证明是的一种封锁手段。当希利斯·米勒（J. Hillis Miller）说"我相信已确定的英国与美国文学的标准，也相信特权文本的概念是有效的"时，他是在说，标准的情况也有好的时候，既不靠它的逻辑真，也不凭它的可论证的清晰性。[①] 它的权力来自作为英国的一位知名教授、一个值得拥有伟大名誉的人、高水平学生的老师的社会权威。而且，他所说的或多或少排除了提出下列问题的可能性：这些标准（和认可文学批评家提出的标准）在行会中的优势顺序，是否在方法论的意义上，比它们是对人类历史的世俗研究，更有必要。

　　如果我说我之所以选择讨论文学和人文学者，那是因为无论好坏我是在研究文本，而且，文本是人文学者研究的出发点和取得的最高成就。人文学者需要把理念具体化为制度或强迫读者绝对服从，但与此相比，他们的阅读和写作是更需要有才智、灵活性和怀疑精神的两项活动。最重要的是，似乎在我看来，在文本之间设立障碍，或者，创造对文本的最好注解，直接违背了阅读与写作程序——当然，除非人文学者认为，他们自己是某种外在权力的仆人，需要他们尽这种义务。在今天的大学里，大多数文学系所设置的课程，几乎完全是追求对本文的最好注解，册封了一群不变的权威人物，被不断萎缩的行会的谦卑仆人们单调地调

---

① Miller J H. The function of rhetorical study at the present time. ADE Bulletin, 1979, 62 (9): 12.

整、再调整。具有讽刺意味的是，通常是以历史研究和传统的人文主义的名义来这么做，可是，这样的标准对他们来说多半很少有历史的精确性。举一个小的事例来说，罗伯特·达恩顿（Robert Darnton）已经表明，

> 今天许多冒充是18世纪的法国文学很少被18世纪的法国人阅读……我们容忍作为一个经典标准的武断的文学史观，这个标准是由19世纪和20世纪的文学教授提出的——事实上，18世纪的人所阅读的作品，是完全不同的。我通过研究在纳沙泰尔的出版商的说明和文章，列出了法国革命之前的畅销书单，然而，这个书单看起来根本不像今天课堂上使用的读书单。①

恪守对本文的最权威的注解潜藏了类似于宗教意识的行会的团结，这是有危险的。回忆一下米哈伊尔·巴枯宁（Michael Bakunin）在《上帝与国家》（Dieu et l'état）中的论述是值得的："学者们（savants）在他们现有的企业内、在垄断科学的过程中，滞留在社会生活之外，形成了一个分离的等级，这在许多方面类似于神父的职位。科学抽象是他们的上帝，生活和真正的个人是他们的牺牲品，他们是神圣的和特许的供奉者。"② 当前，着迷于大量创作权威性的伟大作家的传记，是神父化的一个方面。除了很自然地敬畏传记撰写人的写作技巧之外，他们对主题的隔离与提升超越了他或她的时代与社会，而造成了对个人的夸大的尊敬。当把重点放在时髦名字叫"自我塑造"（self-fashioning）的自传文学时，也有类似的歪曲。

因此，这一切使无条理的世俗历史领域原子化、私人化和具体化，并创造了支持者和解释共同体的一个特殊组合：这是当代解释的政治学的第三个主要方面。一个几乎不变的支配规则是，在使解释活动成为可能的情形中，允许渗透到解释循环本身的情形极其少见。当邀请人文主义者来提升关于公共问题的讨论时，这一点尤其（不是令人不安地说）引人注目。我会说，在洛克菲勒基金报告《美国人生活中的人文主义》中根本看不出这里提到的这种严重疏忽（在国家政策和外交政策的问题上，大多数疏忽涉及政府—企业的决策者和人文主义者之间的关系）。我的更笼统的戏剧性的目标是洛克菲勒的另一个项目：即1980年8月举行的一次关于"宗教报告的新闻发布"会。马丁·马蒂（Martin Marty）在开幕式上为由神职人员、哲学家等人文主义者所组成的集体做演讲时明显地感到，如果他邀请美国中央情报局局长海军上将斯坦斯菲尔德·特纳（Admiral Stansfield Turner）出席会议，将会在某种程度上提升讨论的档次；因此，他"引用

---

① Darnton R. A Journeyman's Life under the Old Regime: Work and Culture in an Eighteenth-Centure Printing Shop. Princeton Alumni, 7 September 1981: 12.

② Bakunin M. Selected Writings, ed. and trans. Arthur Lehning. London, 1973: 160.

|第十四章　反对者、读者、支持者和共同体|

海军上将特纳的断言说，美国情报局高估了宗教在伊朗的重要性，'因为人人都知道，宗教在现代世界上的地位与力量是那么的微乎其微'。"似乎没有人注意到，马丁假设，在美国中央情报局与学者之间有着的自然亲近。人文主义者就是人文主义者，专家就是专家，即使他们再三申明，他们是客观的和非政治的，但是，不管是谁资助他们的工作，都篡夺了他们判断的自由和研究的独立性，或者，同化他们绝对地为国家服务，所有这些都是心理裁定的一部分。

让我来冒着夸大这种观点的危险，列举个人的一个小的新闻趣事。在我的书《遮蔽的伊斯兰教》出版之前不久，一家私人基金会组织召开了一个关于此书的研讨会，出席者有新闻记者、学者和外交官，所有的与会代表都很内行地对在西方国家如何普遍地报道和描绘伊斯兰世界感兴趣。我也回答了提问。主办方邀请一位获得普利策奖的新闻记者，现在是顶尖的东方报的外国新闻编辑，主持这次讨论，他大致很不准确地简要总结了我的论证，在结束评论时，有意提出了一个引发讨论的问题："既然你说，对伊斯兰教的报道都是负面的（实际上，我在这本书中的论证是，'伊斯兰教'不是能不能报道的问题：它是一种意识形态的抽象），那么，你能告诉我们，为了有助于澄清美国在那里的战略利益，我们应该如何报道伊斯兰世界呢？"当时，我对这个问题表示反对，原因是这位新闻记者应该报道或分析新闻，而不是充当国家安全局的角色，所以，在大家的目光中，没有人站在我的立场上，关注为什么是不恰当的、天真的。于是，国家的安全利益潜移默化地融入新闻记者的解释中：因此，专家的评价应该不受它的制度与权力关系的影响，尽管当然恰好是——隐藏的但无疑是假定的——这些关系，使专家评价成为可能的和迫切的。

已知这种语境，那么，支持者主要是使用（也许是购买）你的服务的追随者，因为你和属于你的行会的其他人都是公认的专家。对于相对无名气的人文主义者来说，他们的作品是"贬值的"，根据定义，他们的专长几乎是边缘化的，他们的支持者是由其他人文主义者、学生、政府和企业高管及媒体人员组成的一个固定的群体，这些人用人文主义确保"人文学科"或文化或文学在社会上的无害地位。然而，我匆忙想起来，这是人文主义者自愿接受的一个角色，他们做事的概念在一个极端是中立的、专业的和非政治的。我认为，在惊人的程度上，人文学科当前的延续依赖于人文主义者持久的自我净化，对他们来说，专业化的伦理相当于最大程度地降低了他们作品内容的价值，反而增加了他们的行会意识、社会权威和排他性学科的综合壁垒（composite wall）。因此，反对者并不是与支持者的意见不一致的那些人，而多半是被拒之门外的那些人，即非专家和非专门家。

倘若这一切制造了一个解释的共同体，那么，在这个词的世俗的和非商业的、非强迫的意义上,这是很可疑的。如果一个共同体成立的基础主要是把人排除在外和(在与其他领域的辩护者完全共谋的情况下)基于神秘的纯学科的不可侵犯的完整性来辩护一个极小的领域,那么,它就是一个宗教共同体。我假定的这个世俗领域需要一个更加开放的共同体,这个共同体被认为是在竞争中胜出的,需要更有开放意识的读者,这些读者被认为是研究人类问题的。那么,我们如何才能以看到其变化的可能性的方式来理解当前的情境呢?在一个坚决否定根本没有神秘作用的解释的时代,如何能够把解释诠释为具有一种世俗的政治力量呢?

三

我将围绕表征概念提供我的评论,至少对于人文学者来说,表征具有根本的重要性。从亚里士多德到奥尔巴赫(Auerbach)之后,模仿不可避免地出现在文学文本的讨论中。然而,正如奥尔巴赫本人在他的专题风格式的研究中表明的那样,文学作品中的表征技巧总是与社会构成相关,在某种程度上,还依赖于社会构成。例如,根据尼古拉·布瓦洛(Nicolas Boileau)的观点,短语"la cour et la ville"(宫廷和城市)首先使一个文本具有文学意义,而且,尽管文本本身赋予这个短语一种独特的、提炼过的、地方性的含义,但是,它仍然预先假定了读者和社会环境本身,读者知道他提到的奥尔巴赫所说的"他的社会环境",而社会环境本身使得提到它成为可能。这不只是一个提到的问题,因为从言语(verbal)的观点来看,指示物不能被说成是等同于言语。然而,即使马上分析,奥尔巴赫的观点也确实与——文学的、社会的、个人的——领域的共存有关系,也与其中这些领域使用、联系及相互表示的方式有关系。

由于很少有例外,所以,当代文学理论假设,文学表征的相对独立性乃至自主性超越了(不只是来自)其他领域。小说的逼真、诗词的比喻和戏剧的隐喻(卢卡奇(Lukács)、哈罗德·布鲁姆(Harold Bloom)、弗朗斯·弗格森(Francs Ferguson))是对小说、诗词、戏剧的表征:我认为,这准确地概括了我提到的三种有影响的(和它们有自己的典型方式的)理论的潜在假设。此外,文学的有条理的研究——en soi and pour soi(自在和自为)——是以构成文学(也就是艺术的)表征的首要行为为前提的,这依次同化和合并其他领域、其他表征、继发于它的领域。但这一切制度的权重都排除了对文学与社会的共存和文学与社会之间的相互关系的一种持久的、系统的考查,这就是表征——从新闻业到政治斗争,到经济生产和经济实力——发挥特殊重要作用的根源。文学批评家们局限于对一种表征复杂性的研究,接受和在悖论意义上忽视围绕他们的所作所为

第十四章　反对者、读者、支持者和共同体

所划出的分界线。

这是彻底地去政治化，而且，我认为，必须把它理解为里根主义掌管的历史时期的一个必要的组成部分。我前面说过的对智力劳动的划分，现在能够被看成是，在作为整体的当代文化领域，假设了一个论题的重要性。因为如果文学研究"只是"文学表征，那么，一定是这样的情况：文学表征和文学活动（写作、阅读、产生"人文学科"、艺术和文学）本质上是点缀式的充其量只有次要的意识形态的特征。这种结果是，研究文学和宽泛地定义"人文学科"，就是研究非政治的领域，尽管很显然政治领域是以恰好超越（和超越达到的）文学为前提的，因此，是有文化修养的关注。

近来这种事态的最完美地体现在 1981 年 9 月 30 日出版的一期《新共和国》的杂志上。领先的社论分析了美国对南非的政策，并且，最终支持这一政策，甚至非洲国家的大多数"温和派"把这一政策解释（正确地说，就是美国也明确地承认）为支持南非移民殖民政体的政策。

许多领域把表征用作它们的分配和创制的技巧，对所谓能把民族文化称作"不同领域"之间相互关系的一种联系的这种讨论，具有两个令人印象深刻的参考点。（显然，我这里排除了创作艺术和自然科学。）一个参考点是佩里·安德森（Perry Anderson）的"民族文化的组成部分"（1969）①，另一个参考点是雷吉斯·德布雷（Regis Debray）对法国知识界的研究《教师、作者、名人》（1980）。安德森的论证是，传统的英国人考虑社会问题时缺少知识分子的核心，容易受到从欧洲移民到英国的（反革命的、保守的）"白种人"的攻击。这依次妨碍了社会学、哲学的技术化、历史学中的思想自由的经验主义，以及理想主义的美学。这些和其他学科一起大约形成了"一个封闭系统"，在这个系统中，像马克思主义和精神分析那样的颠覆性讨论暂时被隔离起来；然而现在，它们也已经被纳入进来。根据德布雷的观点，法国的情况最终呈现出一连串三种霸权的征服。首先，出现了世俗大学的时代，这个时代在第一次世界大战爆发后结束。接着是出版社的时代，即当伽利玛（Galimard）的《新法兰西评论》（NRF）——包括雅克·瑞莱（Jacques Rivière）、安德烈·纪德（André Gide）、马塞尔·普鲁斯特（Marcel Proust）、保罗·瓦莱里（Paul Valéry）在内的一群有才华的作家和评论家在内——取代了有点生产过剩的众多生活于大学的社会权威和知识分子权威时，两次世界大战之间的一段时期。最后，在 20 世纪 60 年代，知识分子的生活被同化到大众媒体的结构当中：价值、优点、注意力和可见性从书的页码滑向了根据出现在电视屏幕上的频率做出评价。因此，这时出现了一个新的层

---

① Anderson P. Components of the national culture//Power S, ed. Alexander Cockbure and Robin Blackburn. London，1969.

次，德布雷称为庸人统治（mediocracy），而且，它统治了学校和图书业。

一方面是德布雷的法国和安德森的英国，另一方面是里根时代的美国。这两者之间有一定的相似之处。这些相似之处是有趣的，但我不能花时间加以谈论。然而，它们之间的差异更有启发意义。与法国不同，美国的高雅文化被设想为高于作为一致约定的政治。也与英国不同，美国的知识分子的中心不是由欧洲的输入（尽管他们起了相当大的作用）来充实的，而是由基本上以分离和差异的认识论为基础的客观性和实在论的无异议的伦理来充实的。因此，每一个领域都与其他领域分离开来，因为主题是分离的。每一种分离都直接对应于功能、制度、历史和目标上的分离。每一种话语都"代表了"该领域，这依次又受到它自己的支持者和它诉诸的特殊读者的支持。真正的职业行为的标志是精确的社会表征，例如，在社会学的情况下，由社会表征与企业和/或政府利益之间的直接关联，即在接近政治权威的社会决策中的一种作用，证明了这一点。相反，文学研究实际上不是关于社会，而是关于需要周期性地奉承和欣赏的名作。这些关联使得在社会学或文学批评中所使用的像"客观性""实在论"和"适度"这些词语的用法成为可能。而且，这些概念依次通过下列方式来保证它们自己得到确认：根据认真地选择证据、合并，然后，中和异议（也是著名的多元论），以及知情人（即专家）的网络，知情人的出现是归因于他们的遵从，而不是归因于对他们的过去成绩的任何严格判断（有良好的团队精神的人总是会出现的）。

但是，我必须坚持，尽管在这一点上附加了大量的限制条件和提炼（例如，在有明确隶属关系的领域（比如，政治学与社会学）与为了民族政策问题的另一个不相关领域的用法之间的有条理的相互关系；惠顾的网络和知情人/局外人的二分；强调像机遇、道德、美国人的纯真、去中心化的自我意识等这些权力结构的"组成部分"的奇怪文化的理论鼓励）。总之，人文学科的特殊使命是表达每一天的世界事务中的互不干涉。就像我们看到的那样，自新批评以来，历史侵蚀了文坛的作用，而且，我已经建议，狭义地以甚至被马克思主义者和其他学科、话语所建立的自我管制、自我纯化的共同体的技术语言和文学研究的大学环境为基础的格局，造成了人文学科的微小但明确的职责：表达人文的边缘性，这也是保持和（如果可能）掩盖占据中心的权力等级，定义社会领地，以及固定运用职责、领域、边缘的界限，等等。通常的人文学科和特殊的文学批评的这种作用的推论是，体制化的人文学科的出现，为事先被界定为无法确定的自由抽象（学术、鉴赏力、机敏、人文主义）的展开确保了空间；当难以被移植时，"理论"就有资格作为一种隐藏的和合法化的话语来使用；自我调节是制度化的人文学科允许的精神气质，而且，在某种意义上，鼓励在传统上被认为有伦理评论和哲学评论倾向的市场力量尽情地发挥作用。

第十四章 反对者、读者、支持者和共同体

于是，更宽泛地主张人文主义方法的自由放任的互不干涉："它们"能够管理国家，我们将阐述沃兹沃斯（Wordsworth）和谢格尔（Schegel）的观点。国家的需要被认为是通过资源的集体分配和民主分配来达到的，在对此之前的时期做出反应时，大学里的互不干涉和严格的专业化与所谓被"高度动员起来的商场精英"的反攻直接相关，注意到这一点，并没有极大地扩展事情。然而，按照戴维·迪克森（David Dickson）和戴维·诺布尔（David Noble）的观点，通过基金会、思想库、学院的各部门、政府、企业精英的工作"宣布了一个使实在非神秘化的新的推理时代"。这包括了一组相互联系的认识论的和意识形态的命令，这些命令是从我前面讲到的互不干涉的立场推断出来的。其中的每一个命令都与内在地和跨学科地观察自己的智力和学术"领域"的方式相一致：

（1）复兴自我调节市场，对自由事业感到好奇，以及对以自由为名的一切经济的政府控制进行经典的自由攻击。

（2）重新发明进步观，现在用"创新"和"工业化"的术语，以及在追求生产力时的预期和限制社会福利。

（3）以"效率""管理""统治""合理性"和"竞争"为名对民主进行攻击。

（4）通过促进形式化的决策方法论使科学去神秘化，恢复专家评价的权威性，以及通过深化工业与大学和其他政策分析与推荐的"自由"机构的纽带关系，重新把科学用为使社会政策合法化。①

换言之，（1）指出，自由批评反对自己的事业，是"自由"地做想做的事情，与任何共同体的责任无关。因此，在尺度的一端是，比如，最近对资助太多的社会决定项目的 NEH 的成功攻击，另一端是由"有名的教授们"悖论地主持的有荒诞派倾向的私人批评语言的激增，这些教授们也赞美人文主义、多元主义、人文学术的美德。重译之后，（2）意味着，年青的大学毕业生的工作岗位骤然减少，被认为是市场力量的"必然"结果，这依次又证明了以本身无害的社会的逐步落伍为前提的学术的边缘化。这增加了对纯粹的创新和随意出版的需求（例如，先进批评杂志的猛增；各系需要有专家、理论课程和结构主义），而且，它实际上摧毁了这个体制中的年轻人的社会视域和职业生涯。命令（3）和（4）意味着，再次发生了出售给任何顾客的严谨的职业行为，故意不注意大学、政府和企业之间的合谋，在社会、经济和对外政策大量问题上体面地保持沉默。

很好：如果我所说的有任何效力，那么，从名副其实的批评意识的立场来看，解释的政治学要求一种辩证的回应。对互不干涉和专业化的取代，必须有相互干涉，对边界和障碍的一种跨越，恰好在似乎不可能做出概括的那些要点上坚

---

① Dickson D, Nobel D. By force of reason: The politics of science and policy//The Hidden Election. Ferguson T, Rogers J, eds. New York, 1981: 167.

定地努力做出概括。因此，第一种相互干涉所冒的风险之一是，从文学（应该是主观的和无力的）跨入那些恰好是平行的领域，现在这些领域被新闻界和信息生产所涵盖，新闻界和信息生产使用了应该是客观的和有力的表征。这里，我们在约翰·伯格（John Berger）的作品中得到了一种极好的引导，在他最近的作品中，有对现代表征做出主要批评的基础。伯格建议，如果我们把摄影术看成在它的起源上与社会学和实证主义同期（而且，我增加了经典的写实小说），那么，我们看到：

> 他们所共享的希望是：专家记录的可观察的量化事实构成了人文学科要求的已证实的真理。精确性将会替代形而上学；计划将会解决矛盾。所发生的取而代之的情况是，开阔思路观看世界，这个世界中的一切和每个人都能被归结为一个计算中的要素，而且，这种计算就是赢利。①

以这种方式表征今天的大部分世界：像麦克布里德委员会报告（McBride Commission Report）所报道的那样，极少数强大的寡头政府控制大约 90% 的世界信息和通信流量。正如赫伯特·席勒（Herbert Schiller）等所表明的那样，由专家和媒体高管担任工作人员的这个领域，附属于更少数的政府，同时，客观的修辞、平衡、实在论和自由涵盖了眼下的所作所为。而且最重要的是，被认为是"新闻"的这些消费项目——世界绝大多数人口确定政治实在的世界意识形态形象的一种委婉说法——夸夸其谈，不受干涉的世俗心灵和批评心灵（即由于各种明显的理由沉迷于权力系统的那些人）的影响。

这不是进一步充分阐述相互干扰程序的地方，也没有时间进一步做出这种阐述。我只能在结论中建议，我们有必要思考打破我们限定知识分子的学科隔离区，重新打开封锁的社会过程，把对世界（权力的）客观表征让给专家的小集体和他们的当事人，认为文学的读者不是 3000 名职业批评家的封闭圈子，而是生活在社会中的人类共同体，以及以世俗的方式而不是神秘的方式看待社会实在，尽管一切都是关于实在论和客观性的声明。

两项具体任务——还是由伯格预示的——使我感到特别有用。一项任务是用视觉能力（这恰好也被视觉媒体，比如，电视、新闻摄影和商业电影，所支配，而所有这些视觉媒体基本上都是直接的、"客观的"和非历史的）恢复了活生生的历史记忆的非顺序的活力和主观性，在表征时，主观性被认为是意义的基本组成部分。伯格称之为摄影的替代用法：用集成照片讲述其他故事，而不是讲述由权力机构提供的官方系列的故事或意识形态的故事。（极好的事例是，撒拉·格

---

① Berger J. Another way of telling. Journal of Social Reconstruction，1980：64.

第十四章 反对者、读者、支持者和共同体

兰布朗（Sarah Gaham-Brown）的图片集《巴基斯坦人及其社会》，以及苏珊·梅塞拉斯（Susan Meisalas）的《尼加拉瓜》）。另一项任务是展现文化，体验被"知情人"制定的标准留在"外面的"（和在挑衅敌意的语境中被压抑或被诬陷的）其他文化。一个极佳的事例是，马勒克·奥欧萨（Malek Allousa）的《殖民地的女眷》（Le Harem colonial）。年青的阿尔及利亚社会学家奥欧萨再次制作了对被殖民者（这意味着权力）所殖民的人的图片记录，他在图片中看到他自己的碎片的历史，然后，在文本中把这段历史再次描绘为理解的结果和使个人经验成为现代欧洲读本的读者可理解的结果。

最终，在这两个事例中，我们重新获得了迄今为止被误解或已消失的那段历史。其他的陈规旧俗总是与某种政治的实现性相联系，就像鲜活的公共的（或个人的）经验的真理通常在官方的叙述、体制和意识形态中完全被升华一样。在尝试——或许正好成功实现了——这种恢复时，存在着决定性的下一个阶段：把这些政治上更加警惕的解释形式与发展中的政治和社会实践联系起来。除了形成那种联系之外，甚至最有意向的和最清楚的解释活动一定要渗入纯属无聊的抱怨。因为从解释到它的政治学，在很大程度上，就是从破坏进展到实干，而且，已知当前所接受的批评与艺术之间的划分，这冒着无法以看到和实干的方式成功解决问题的所有尴尬的风险。然而，人们一定拒绝相信，专业习惯的安慰可能很诱人而使我们大家保持在所指定的地方。

（成素梅译）

第十五章　为什么不是科学批评?

唐·伊德[*]

标题所要表达的观点，是多年前兰登·温纳（Landgon Winner）就曾提出的，当时温纳发给我一份书样，是他的一本文集，也就是后来的《鲸和反应堆》。书的论题是关于技术哲学的，内容包括了我们中的大多数在当时从事技术研究（technological studies）的经验之谈。但书中的观点同样可以运用到科学上——或者用现在的话说，运用到技术科学上——甚至会更适合。温纳的观点如下：

> 这一研究方案……是一种批评性的工作，事实上这使得有些读者感到费解。对比地看，如果这是文学批评，那么每个人都会很快理解其基调是积极的。文学批评考察文本，分析其特征，评价其优缺，寻求一种更深层面上的欣赏。这对于同一文本的其他读者而言是有益的。同理，音乐、戏剧、艺术批评等在艺术家和观众之间架起了理解的桥梁，它们所扮演的也都是一种有价值的、并广为认同的角色。哎！但这种（技术科学的）批评的遭遇却大相径庭。那些敢于超越关于技术及其用途的普泛性观点的作者们，那些对技术构成与文化的基本模式与问题间的关联进行探索的作者们，面临着"反技术（或反科学）"或"（对技术科学）挑三拣四"的攻击。所有这一领域中批评的先行者们——刘易斯·芒福德（Lewis Mumford）、保罗·古德曼（Paul Goodman）、雅克·埃吕尔（Jacques Ellul）、伊万·伊利奇（Ivan Illich）等——都被贴上了这样的标签，从中表达出的是阻止这种对话要求，而不是去推进它。
>
> （Winner. Paths of Technopolis：3）

艺术批评和文学批评与被我称为"技术科学批评"对比，显示出的结果差异明显。很少有人会因为艺术和文学的批评性工作而被认为是"反艺术"或"反文学"，尽管他们的作品可能是批判性的。就算艺术作品或文本被评论者严厉地审视、或是痛批、贬低，这也没什么不妥，没人会把这种批评当成是一般意义上的"反艺术"或"反文学"。很大程度上，这完全是因为批评者对所关注的题材是充

---

[*] 唐·伊德（Don Ihde）：石溪大学杰出教授，技术科学研究中心主任，近著有《追寻技术科学：物的源头》（与伊万·塞林格合编）、《技术中的身体》、《扩展的解释学：科学中的视觉主义》。

第十五章 为什么不是科学批评？

满感情的，所以才成为"批评者"。但在科学批评上，就完全不是这回事。

造成这种情况的另一部分原因，在于艺术批评和文学批评已经建制化了。在相当程度上，批评家们诉诸的观点、发表论文的标准及所要表达的意思，与艺术家和作家的创作，共享着同样的语境，都来自同一个艺术或文学的传统。相比之下，在科学或技术的语境中，完全没有这样一个共通的媒介。正如下文将要谈到的，批评者将被认为是一个外行。如果这种批评来自体制内，那么他还是会被认为是一个准外行。何以如此呢？

讲到这里，我想要论证的观点可以和盘托出了：首先，可以明确的是："技术科学批评"应该成为关于技术科学的社会性论述的构成部分，它应被承认并获得合法的身份和角色。其次，与某种流行的观念类似，我认为技术科学界显然是反对批评性角色存在的，并要为其出于自私的目的而阻挠批评性对话的开展负主要责任；我同样明确地认为，当开展"技术科学批评"时，这种批评所依据的立场，并不如我们希望它所是的那样。这一主张来自我参与开创北美技术哲学并推动其发展的亲身经历——经常从事技术批评，并被贴上了"反技术"的标签，以及近年来在科学哲学领域内的研究工作——直到最近，我都十分努力地避免任何可能被称为"科学批评"的观点，当然那种在最狭义的、概念层面上的除外。下文中，我会分析一些技术科学批评的具体例子，虽然确有其事，但这些事例最多只能说是取得了有限的成功。

一、进行技术科学批评的种种障碍

达成技术科学批评建制化的最显而易见的障碍，在于技术科学自身在晚近现代所扮演的角色。建制化的技术科学始于现代早期，起初它将自己置身为宗教的"他者"。前基督教的古典思想，尤其是像德谟克利特和伊壁鸠鲁的唯物主义思想，是她神话意义上的源头；伽利略使用望远镜而得来的全新观察取代了圣经和教父们的见解，赋予了科学以反权威的秉性；把宗教贬为"迷信"，把科学提升为"理性"，在后来的启蒙运动中，它又表现出强烈的反宗教信仰特点；所有这些都导致了现代人用技术科学替代了原先的宗教。

有意也好，无意也罢，科学本身在一过程中却形成了某种准神学的特征。批评这种真理的信仰，实质上就成了"异教徒"的、或用现代的话来说是"非理性"的观点。从功能上看，这种对批评的拒斥，导致了把批评者外在地被置为"他者"。在自己建制化了的教义体系中，技术科学得以维护其自身，这种做法并不新鲜。

这种科学和宗教间的成功倒转，可以在小学课本对哥伦布航行的描述中找到例证。从小到大,我们都相信,哥伦布知道或起码是确信地球是圆的(因而他是一名理性的、具有科学素养的航海家),而他的船员则信奉大地是一个平面,如果走得太远,将在地表海洋的尽头坠落下去(所以他们是信仰宗教的和迷信的)。正像瓦莱利·弗林特(Valerie Flint)在其著作《哥伦布想象中的世界图景》(The Imaginative Landscape of Christopher Columbus, Princeton, 1992)中表明的,这个关于15世纪的神话本身,其实是20世纪早期虚构的产物。这种虚构发生的时间正是在科学和宗教相互较量之时。当然现在,它已成为20世纪末之前,我们对有关哥伦布的真实历史进行了解构的种种努力中的一部分。弗林特发现,15世纪时,哪怕是最普通的稍有些见识的人都相信地球是圆的,只有一小部分蒙昧的小教派信徒才认为地球是平的。20世纪早期,那些把理性的科学和迷信的宗教进行两极对立的虚构者们,在课本中夸大了信奉大地平面论者的比例,并声称这是一种广为流传的信念。显然,这是一个成功应用了的论辩手法,它在科学支配着的教育体系中被建制化了,以至于许许多多小孩仍相信这一虚构的故事。这只是众多仍然流传着的科学神话中的一个例子罢了。

但是,利用上述科学—宗教的倒转来说明建立技术科学批评所遇到的阻力,还有失笼统。接下来,我将对技术科学的两个特征进行分析,以做进一步说明。这两个特征深深地根植于技术科学的实践活动中,并且与艺术批评、文学批评的类比密切相关。第一个特征与科学的文本有关:

布鲁诺·拉图尔(Bruno Latour)的《行动中的科学》(Science in Action)论证了,建制化了的科学已成功地制造出一种社会性安排,它用精心设计的竞争模式来包容那些对自身的批评。建制化的科学包含了平衡各种力量的规范机制,借此可以解决各种争议而不使之危及基础性的建制本身。

在现象学和解构主义方法的影响下,拉图尔进行了一种蓄意的颠倒。科学始于对自然的探索,终于一套完美地公式化了的关于自然现象的"法则"或定理,并公布于文本之中。这种通常被当做标准的科学的自我诠释,在拉图尔那里被头足倒置,科学始于一篇文本,一篇科学文章,然后的工作是反向重建,把这种结论最终诉诸自然。

从其特征看,各种科学的"文本"或作品在科学期刊上以文章的形式发表。这里我不去描述这些文章极其复杂的创作过程。拉图尔对此的理解是:这是对各种力量进行充满技巧的平衡后的结果。但实际上,大家对这类文章的特征都很熟悉,它们:①来自多个作者;②以匿名或无作者的风格来写作;③用量化和可视图表的方式来表达。这早已不是什么文学作品的形式。

拉图尔问到,谁会阅读这些文本?如何才能对它们提出批评或质疑?——后一问题也是我关心的。首先,大多数人根本不会去读这样的"文本"!而那些读

第十五章 为什么不是科学批评?

文本的人,通常已经是某个圈子的成员了,要成为其中一员,门槛不低。当然,这种文本在技术上的不透明性,也是文本自身的一个基本特征。这些文本拒普通读者于千里之外,它不欢迎你,除非你已经是阅读这种风格作品的"专家"了。

不过,假设有人已经掌握了如何去"读"这类"文本",又将产生怎样的结果呢?拉图尔举出了三种可能:首先,完全"赞同"文本。读者接受它,相信它。在现实情况中,这些结论很快被吸纳,成为更大的建制化科学体系中的一部分。或者,如果想对文本质疑和批评,你会发现(通常)单纯文本层面的批评根本就不起作用,你不得不转到另一个完全不同的层面上——走进使文本的产生得以可能的实验室中。如果要写出一篇观点相左的文本,那就好比要求我们回到希腊集市上去驳倒柏拉图。以下是拉图尔论述的原文。

> 科学的文本作品的特征现在已经清楚了:仅有三种可能的阅读结果,会导致文本自身的终止。如果被置之不理,那么它就没什么价值或被当成根本就没写过;如果得到赞同和认可,它很快会被提炼、精简和程式化,然后贯彻成为默认的实践;最后,如果要对作者的工作进行验证,那么就要离开文本,走进实验室。因此,科学文本无论成功与否,它都会把读者引向自身以外的别的地方。无论是攻击它,还是为之辩护,它都无法被当作能在其中流连休闲的场所,它更像一个阵地或堡垒。这与阅读圣经和司汤达,或是托马斯·艾略特(Thomas S. Eliot)诗歌的感觉大相径庭。
>
> (Latour. Science in Action:61)

我原打算继续引用拉图尔关于实验室和科学反作用于自然的内容,这正是从文本偏出后技术科学所要涉及的方向。但我不这么做了。我只想说,在实验室层面对一篇科学文本进行质疑,最终会要求批评者去重建一个相反的实验室,只有如此才能把批评和质疑贯彻到底。这就完全属于技术层面的操作了,将涉及资金、实验团队,甚至是教育经历等。而且这还把那些潜在的批评者置于了一个特殊的、另类的且顾虑重重的位置上。

建立技术科学批评所要面临的第二个内在性问题,在这里显现出来了。它属于知识—权利的范畴,或者更准确地说就是知识的专家性(knowledge-expertise),这是技术科学在晚近现代的运作方式。针对这个问题,我将结合拉斐尔·萨索沃(Raphael Sassower)的著作《没有专家性的知识》(Knowledge without Expertise)来做说明。萨索沃在书中举了一个关于英国科学促进会(British Association for the Advancement of Science)的例子。该会内部有过一个争论,是否要把F等从其排序等级中去掉,相应地在操作层面,是否要剥夺经济学作为"科学"的地位。这一史料极好地表明了,知识与权力之间以专家性这一特殊的方式所达成的关联，即只有"专家们"才被赋予做出决定的权力。萨索沃对这一现代形式的技术统治论做了评注：

> 如果能成立，专家性神话便有了一个直接的和实际的结果，因为它提出只有专家才能对他们的专业做出裁决，只有同一领域的专家才可以进行相互间的判断。非专家们呢？他们看来没有这种资格，只能对专家的决定做外在性的评论，因为他们不具备专家们具有的专业知识，后者保证了专家们能提出确定的主张。同理，专家性神话还保证了……由专家来判断专家，因而对于公众的非难和指责，专家们是被庇护了起来，甚至能置身世外。
>
> （Sassower. Knowledge without Expertise：65）

或许在这里我不需要过多的提醒，在许多学术语境中，专家性神话所起到的是一种双刃剑似的作用。以哲学为例，在什么才算是哲学的问题上，是否占统治地位的哲学传统（从数量上看仍是分析哲学家）才可以成为唯一的仲裁者？或者相反，仅仅由对应的专家性来做判断，即由大陆哲学家来判断大陆哲学的理论？但是在技术科学批评领域内，就建制化的科学而言，通常如何确定专家性的依据是，只有通晓科学知识的人才能获准成为科学的批评者。

接下来，我想举两个现实中批评活动的例子，以表明批评者是如何一开始就被作为或设定为建制化技术科学的"他者"的。

第一个例子取自我自己的经历，作为身兼哲学家的批评家，我早已被认定为一个外来的批评者。

事情发生在一个由跨学科科学家组成的委员会中，召集这个委员会是为了辩论有关谢尔汗（Shoreham）核电站的事项。这是当时长岛居民面对的一个大问题。当时核电站刚刚开始基础建设，尚未达成预防核事故的居民动迁方案（想象一下这是在长岛进行动迁）。物理学家马克斯·德雷斯登（Max Dresden）是委员会的成员，他是一个直率但说话尖刻的人，曾参与过曼哈顿计划。他的发言成了一篇捍卫专家性的辩护词，甚至在是否要对专家结论进行公众讨论上，也严词斥责认为没有必要。他主张（当时尚未发生切尔诺贝利核事故）核能源是最清洁、最安全、也是最廉价的电力来源，反对实施谢尔汗核电站计划是出于无知的非理性行为。

讨论中双方争执不下，我也加入了其中。刚开始，我对德雷斯登为专家性辩护的主张进行挑衅，使他不断加重语气重申这一观点。他声称对于这样充满技术复杂性的问题，任何外行都没有必要进行表决。于是我问他，关于核电站所进行的到底是一次"科学"辩论还是"政治"辩论？他无奈地很快承认这是一场"政治"辩论；我又问，他是否是政治方面的专家，他气恼地说不是；我说，那么根

第十五章 为什么不是科学批评？

据你对专家性的论证，你对于政治其实没什么发言权，而只能用政治程序解决这个问题，就像今天这样（当然，大家都知道，后来谢尔汗核电站计划被放弃了）。第二天，在教师俱乐部中（我和德雷斯登供职于同一所大学），他冲过来用最大声对我责骂，说如果哲学系这样"反科学"，它整个应该被解散！对此我不再需要用更多的话来表明，建制化的"专家性神话"是怎样拒斥（外来）批评的了。

第二个例子是关于"告发者"的例子，也就是内行的批评者。大家可能对1991年"海湾战争"中铺天盖地的新闻报道还记忆犹新吧。那场战争其实是一次试验，测试的是"星球大战"计划的成果之一"爱国者"反弹导弹。新闻中连篇累牍地报道着假想出来的"拦截"，声称命中率达95%。但如果你继续关注带有批评性分析的后续报道，你可能会记起，实际被承认的有效率或命中率下降为24%左右。这一事后的承认，部分要归功于西奥多·波斯托（Theodore Postal）——这位一开始就对命中率展开分析的麻省理工学院弹道专家。他收集了那些用来证明袭击成功的录像，将之放大、加强，并用计算机图像技术做了严格的检验，得出的结论是：所谓的击中其实根本就是没有击中。最后他总结认为，可能没有一件可供证实的"爱国者导弹"袭击成功的案例。不用说，无论是作为导弹生产商的雷神（Raytheon）公司，还是波斯托的同事绍尔·伊齐基尔（Shaoul Ezekiel）教授——后者曾是雷神公司的顾问，乃至后来处于争论焦点的麻省理工学院，都不会欣赏这一结论。

随着论战的升级，雷神公司暗指波斯托对录像动了手脚，但在结论中却对此只字未提，就像伊齐基尔认为的那样，录像带的像素太过粗糙，无法支持他所得出的结论。论战一直持续至今，但已转变为波斯托与伊齐基尔之间关于后者行为的伦理正当性的对峙，以及麻省理工学院因为每年接受了雷神资助而试图采取回避态度的争论（参见：Science，23 February 1996：1050-1052）。

上述例子并不是个案。《科学》杂志一篇题为"告发的代价"的报道（参见：Science，5 January，1996：35）写道，来自作为建制化的科学内部的告发者中，有三分之二曾遭遇过负面的对待，包括以"被强迫辞职"的方式"排挤"，或是不再续约乃至丢掉工作。耗时长久、令人精疲力竭的"戴维·巴尔的摩（David Baltimore）案件"也是类似的情形。不是对笔记造假的过错一方，而是告发者被解雇了。来自内部的批评者被孤立起来，如果可能，他将被进一步从体制中分割出去，被塑造为一个圈外人或"他者"。

通常在商业领域，上述情况是司空见惯的。告发者受到公司的排挤，对此我们并不会感到惊讶。但如果说，科学由于不希望对其真理进行批评而有点像教会。对此，公众若还能接受，那么科学竟也从事打击报复的行为，则是令人大跌眼镜的。当然像我们这些对科学有深入研究的人，对此并不会感到惊奇，今日建制化的科学并不仅是一个教会，它的行动更像是公司的所作所为。

二、现有的科学批评

本文内在的逻辑思路清楚地表明，科学批评存在其应有的地位。但这并不是说现在缺少这种批评，恰恰相反，上述例子表明，无论从外部还是内部都存在着批评，当然如果不考虑其所付出的代价。不过，对应地看，这种批评所扮演的角色，还不能和艺术批评或文学批评相提并论，科学批评也不是以那两种批评的方式来奏效的。很少有艺术或文学批评者被解雇、排挤或威胁，除非批评本身太过极端而引发了众怒。进一步看，人们都希望现有的建制化的科学批评，即科学哲学的研究，更富原创性，但它却表现欠佳。

限于篇幅，我不去分析造成这种现象的原因了，而是要指出，正像典型的文学批评者对文学作品所抱有的同情态度那样，一直以来占据着统治地位的科学哲学（它源自实证主义和分析的传统，晚近又融入了实用主义的分析传统）对她的批评对象抱的也是同样的态度，但导致的却不是批评，而是为之辩护和论证，甚而去模仿科学。总之，就是要把哲学变得更"像"科学。

当科学哲学完成了规范化之后，她便以一套理想化的理性概念体系来开展工作。早期的实证主义者试图分离出一个科学所有的纯逻辑的形式，然后以之为准进行规范性判断，得出了许多可笑的结论。例如，声称地质学是"非科学的"，或把生物学和社会学归入"软"科学一类。

此外，还有两个领域有点接近于科学批评。我指的是各种形式的"应用伦理学"，它主要诞生于医学领域，还有就是某些技术哲学，但其批评的有效性仅表现为鲜明的"反技术"性，如上述温纳所提到的。不过，这两者最多只算得上部分成功。应用伦理学仅是在医学院校和医院内部才被教授和学习，或是被制度化，但它也确实实现了评价性和反思性的功能。另一方面，技术哲学家们在批评时显得太过泛泛，把各种不同的技术本质化为大写的"技术"（Technology），并运用了"异化"、与"自然"相对立的"技术"等宏大概念。总体上看，无论外部的还是内部的批评者，都还是被当做"他者"。那么，建立科学批评是否要以失败告终？究竟存不存在类似艺术批评和文学批评的科学批评？

三、科学批评将是什么样的？

针对这种情况，我有必要做出某种规划。如果我召唤科学批评者，那么他们将是什么样？将做些什么？又将在哪里开展工作？

第十五章　为什么不是科学批评？

回到与艺术批评和文学批评的类比上，我想说科学批评者应该是通晓科学的，他应比单纯业余爱好者的理解程度更深，当然不一定达到权威的程度。这是从批评者应热爱批评对象的意义上来说的。达到这一标准的科学哲学家正越来越多，例如，伊恩·哈金（Ian Hacking）在他关于科学仪器尤其是显微镜进行研究的著作中，他呼吁哲学家在某种程度上应该"更专业"（go native）。而且我也同意他所提出的，对科学的了解不应仅停留在概念分析的层面上，而是要把它作为实践活动，理解其潜在的规则，并在操作层面知道如何做。

其次，还是从那个类比着眼，同样重要的是，业余爱好者不应完全成为进行创作的艺术家或作家。正像任何人都最不擅长自我批评那样，从自我认同的态度稍稍偏离，才是批评者需要的立场。更宽广的、跨学科的视角，同时与批评对象保持一定距离，这些也是进行批评所必需的。

到此为止，还是在类比的意义上谈科学批评。但我认为，在许多方面技术科学批评有其自身的特征，并不完全像艺术批评和文学批评。例如，艺术和文学批评与它们的批评对象一样，还是遵守"原创作者的范式"（authorship paradigms）。与艺术家和作家的创作相似，从事艺术批评和文学批评的仍是个人，批评者喜欢在批评上署名，表示文责自负，无论是赞美还是谴责，都由个人来承担后果。科学却不一样，其文本的风格是匿名的和非个人的，最重要的是：它是集体的和主体间性的产物。甚至进一步看，科学发现的过程，也是一个主体间进行互动和各种视角不断丰富和共同参与的过程。因而，我建议批评者，即哲学家，必须更深入地参与进这个过程。

为了能做到这点，一方面，需要合作。我所在的石溪大学就有这方面的例子。在关于哲学问题的计算机模型化研究上，我的同事帕特里克·格里姆（Patrick Grim）和盖瑞·马（Gary Mar）之间有着密切的合作，共同成立了逻辑实验室，并合写了专著。虽然他们的研究并不属于直接意义上的科学批评，但其成果引起了《科学美国人》（Scientific American，April，1993）这样专业科学杂志的高度重视，其创新在模糊逻辑和基于合作的博弈理论研究领域内受到了关注。因而，我们完全应该"抱成团"，通过合作及主体间的互动来获得科学批评的成果。

另一方面，与"更专业"的要求及通过合作来获取成果相关联，批评者必须走到技术科学研究过程的源头上，而不是仅在其结果上打转。我一直以来都认为应用伦理研究领域存在一个缺点，它像是战场中的救护队，仅仅是治疗受伤者，却无法阻止战斗或是减轻伤亡。这个比喻为的是说明，批评者应出现在将军们进行战略决策之时，那样他们的批评才有希望影响最终的结果。

批评性意见参与到研究的初始性阶段的例子很少，由于建制化科学的排外性力量是努力消除和杜绝这种参与的，因此要在这方面开个口子很难。但我还是可以举一些例子，大部分是我过去几年在北欧的工科大学访问时获得的（在我的专著《技术哲学》中（Philosophy of Technology, Paragon, 1993），我举了一个最新发现的这方面的例子）。

在北欧和荷兰的工科大学中，哲学家们已经加入了科学研究的团队，他们的任务是在评估环节对研究的伦理和社会性影响进行评价和反思，有的时候这要求（哲学以外的）其他方面的技能。而且我本人也越来越多地加入了这样的过程中，我会被要求对研究设计加以回应和评论。

最后我将以一个亲身经历的例子作为结尾。在丹麦，有一个团队，他们想对发生在手术室中的医疗危机进行研究。想象这样一个情景：病人被打了麻药，处于无意识状态，手术室内环绕着一大排机器，它们检测着病人的重要体征。操作者在刻度表、声音报警器、示波仪等装置上阅读各种参数，这是一个通过可视化进行解释的过程。相应地，每个设备都预先由程序设定了在某一条件下报警。但是在手术中，经常有警报响起，有经验的医生知道大部分是"假警报"。这里就是有待展开批评的关键点。如果警报是"真的"，却被忽略了，显然病人就处于危险之中；相反，如果警报是"假的"，医生却停下来去纠正这个问题，危险同样发生。

大多数有经验的医生往往倾向于忽略警报——有时这会带来灾难性的后果——新手则往往不会如此。这一两难的问题，被发现了出来。其核心在于：如何来判定到底是"真"的危机，还仅仅是机器的"误读"？而且，表面上，这可以被确定为一个"解释的"问题，牵涉如何正确地理解机器的读数。但是，科学不会停留在仪器读数的层面，它不会停留在虚构的（理论）世界中，而是必将诉诸"自然"；同理，上述例子也不仅仅是如何读数的问题，它涉及的是病人的安危。那么批评者将如何作为？他有能力做些什么？正是这样的关节点，才是科学批评者提出"科学批评"的地方。

（计海庆译）

申　明

第一章曾发表于 Philosophy and Phenomenological Research，2001，1 (63)：85-109，本书授权重印。

第二章曾发表于 Social Studies of Science，2002，2 (32)：235-296，本书授权重印。

第三章曾发表于 The Yale Law Journal，107：1535-1681，本书授权重印。

第四章曾发表于 Social Studies of Science，2001，1 (31)：125-149，本书授权重印。

第五章曾发表于 Analysis，1972，(32)：115-117，本书授权重印。

第六章收录于德雷福斯所著 On the Internet，本书授权重印。

第七章曾发表于 Continental Philosophy Review，2005，(35)：245-279，本书授权重印。

第八章曾发表于 Social Studies of Science，1999，4 (29)：551-582，本书授权重印。

第九章曾发表于 Social Philosophy & Policy，2001，2 (18)：236-256，本书授权重印。

第十章曾发表于 Phenomenology and the Cognitive Sciences，2004，2 (3)：145-163，本书授权重印。

第十一章曾发表于 The Journal of Philosophy，1985，(82)：335-349，本书授权重印。

第十二章曾发表于 International Journal of Expert Systems，1994，1 (7)：51-64，本书授权重印。

第十三章曾发表于 Radical Philosophy，1975，(11)：3-8，本书授权重印。

第十四章曾发表于 Critical Inquiry，1981，1 (9)：236-256，本书授权重印。

第十五章曾发表于 International Studies in Philosophy，1997，(29)：45-54，本书授权重印。

索　引*

A

Abduction 绑架，外展，溯因推理，148
about knowledge，关于知识，45；action and，行动和，257；authority and，权威和，165；belief and，信念和，117-118，121；classical criteria of，的经典标准，118；competing expert testimony and，相互矛盾的专家的证词和，118；core of，的核心，168；definition of，的定义，119；driving force of，的驱动力，248；expert，专家，162-163；expertise and，专长和，354-355；expert vs. sectarian，专家 vs. 教派主义，176；ideology and，意识形态和，163；Mannheim and，曼海姆和，82-83；meta，元，348；non-experts and，非专家和，113-115；postmodern approach to，后现代进路，47；power and，权力和第150页注②；process of，的过程，255；production of，的生产，257；pursuit of，的追求，338-339；reconstructing，重构，44，75；of scientists，科学家的 40；skepticism and，怀疑论和，293-295；social，社会的，63；speakers and，说话者和，130；tacit，意会的，217，第184页注③；as term，作为术语，119；understanding and，理解和，113-114，第248页注②. See also moral knowledge; practical knowledge; scientific knowledge; sociology of scientific knowledge; techne 也参见道德知识；实践知识；科学知识；科学知识社会学；技艺

Acceptance Principle，接受原则，15
acquisition of，的获取，117-122；non-experts and，非专家和，145；testimony and，证词和，122-134

action，行动，257

actions of，的行动，220；agreement from，来自……的论证，24-30；analysis by，的分析，69；answers provided by，由…提供答案，33；arguments of，的论证，21-22；assessment of，的评价，14；audience of，的受众，166，171，176；

---

* 索引中条目页码为本书边码，即英文原著页码。第×页注⊗表示本书第×页注⊗。

| 索　　引 |

beginners and，初学者和，220-221；calibration of，的校准，31-32；charity and，仁慈和，188；coach vs.，教练 vs 226；cognitive，认知，19；communication of. 的交流，21，222，第 203 页注②；competition between，之间的竞争，147；conflict of interest and，利益之争和，30-31；courtroom manner of，的法庭方式，140；cranky，古怪的，146；credentials of，的证书，134，147；under cross-examination，在交叉盘问下 84；cultural position of，的文化地位，7；definition of，的定义，1，217；divided opinion of，的分歧意见，334；as endangered species，作为濒危物种，224；epistemology and，认识论和，19；evaluation of，的评估，25；evidence assessment of，的证据评价，22；Goldman on，戈德曼论，14-38；honesty and，诚实和，188；justification of，的辩护，4；kinds of，的类型，177；knowledge of，的知识，162-163，176；language of，的语言，195；layperson and，外行和，5，14；liberal democracy and，自由民主和，167-168；meaning of，的含义，86；in medicine，在医学，137；meta-experts and，"元"专家和 34，143；moral，道德，187-189；non-certified，无资格的，69；perspective of，的观点，232；persuasiveness of，的说服力，139；point of view of，的观点，221；politics and，政治和，222；practical use of，的实际运用，2；problems with，有问题 159-186；putative，公认的，29-30；ranking of；的排名，332-233；recognition of，的承认，232-233；regression of，的回归，12；selection，选择，第 205 页注①；skill，技能，194；testimony of，的证词，2，的证据，128-158，第 116 页注②；type 1，Ⅰ型，167；type 2，Ⅱ型，167；type 3，Ⅲ型，167；types, novel，类型，新奇的，169-174；uncertified 未经证明的，54. See also experience-based experts，也参见基于经验的专家

actors' nature，行动者的本性，248

actual competition，现实的竞争，117

advanced beginner，高级初学者，200-201

advice of，劝告，第 72 页注③；boundaries of，的界限，85-86；certainty construct of，的确定性建构，51；credentials and，证书和，143；decision-making process，决策过程，54；lack of expertise in，在…缺少专长，64-65

AI and，人工智能和，第 37 页注②；body and，身体和，214-216；boundary problems of，的边界问题，59-60；categorization of，的分类，65-70；challenges to，的挑战，11；civil trial and，民事诉讼和，

111; claim of, 的声称, 182, 230; classification of, 的分类, 55, 86-87; cognitive 认知的, 19; competence within, 在…内胜任, 第 53 页注③; consensual and fringe, 被认可的及被边缘化的, 57; consumption of, 的消费, 5; contributory, 可贡献型, 48, 59, 62, 75-77; definition of, 的定义, 6, 20; democracy and, 民主和, 159; development of, 的产生 90; discussions or. 讨论或 159; divisions of, 分成 56; Dreyfus on, 德雷福斯论, 213-245; educational stage of, 的教育阶段, 205-207; experience and, 经验和, 56-58; extension of, 的扩展, 76; formation of; 形成, 195; fringe science, 被边缘化的科学, 57; of fringe sciences, 被边缘化科学的, 57; governmental, 政府的, 56; history of, 的历史, 342-344; indicators of, 的标志, 22; interrelationship of, 的相互关系, 60; knowledge and, 知识和, 354-355; lack of, 的缺少, 64-65; of layperson, 外行的, 41-42, 60; levels of, 的水平, 59; liberal argument about, 自由论证的 181-182; liberal democracy and, 自由民主和, 177-181; liberalism and, 自由主义和, 164; limit of, 的限定, 41; location of, 的位置, 54; as model, 作为模型, 286-288; model of, 的模型, 288; moral, 道德, 189, 第 25 页注③; moral knowledge and, 道德知识和, 296; myth of, 的神话, 399; nature of, 的性质, 19, 55-56, 83-91; non-expert problems and, 非专家问题和, 113-117; normative theory of, 的规范理论, 41-42, 53; objectivity and, 客观性和, 2; phenomenological clarification of; 的现象学澄清, 5; phenomenological descriptions of; 的现象学描述, 229; philosophical analysis of, 的哲学分析, 4; of physics, 物理学的, 56; Plato and, 柏拉图和, 11; pockets of, 的口袋, 54; political economy of, 的政治经济学, 349-354; politics and, 政治的和, 159; practical knowledge and, 实践知识和, 191-321; prescriptive theory of, 的规定理论, 44; psychological, 心理学的 56; of public, 公众的, 71-74; referred, 牵涉型, 61-62, 76-77; reform based on, 在…基础上的改革, 171; as relation, 作为关系, 5; role of teacher in, 教师的角色, 206; in science, 科学中, 57; scientific, 科学的, 11, 57, 75, 第 184 页注②; sectarian, 教派的, 174-177; skills and, 技能和, 216-218; social character of, 的社会特征, 342-357; social implications of, 的社会意义 213; societal permeation of, 的社会渗透, 1; SSK and, 科学知识社会学和, 58;

STS analysis of，的 STS 分析，12；superior，优势，23；taxonomy of，的分类，177；technical decision-making，技术决策，55-56，65；technical externalization of，的技术外化，6；testimony and，证词和，14-17；theological，神学的，56，177；types of，的类型，55，58-61；value and，价值和，94. See also contributory expertise；interactional expertise；studies of expertise/experience 也参见可贡献型专长；互动型专长，专长/经验研究

AI. See artificial intelligence，AI 参见人工智能

AI and，人工智能和，45；demons of，…的妖，314-318；interactional expertise，互动型专长，194-195；science studies contribution and，科学研究的贡献和，180；social studies of science and，科学的社会学研究和，11-12

American legal system，美国立法系统，25

American New Criticism，美国新批评派，373-375

American pragmatism，美国实用主义，4

analysis of，的分析，213-245；concern of，的关注，224；descriptive account problems and，描述性解释的问题和，224-228；descriptive model and，描述模型和，218-222；expert skill and，专家技能和，

194；foundational implications of，的基本意义 221；normative implications of，的规范意义，222-224，235；phenomenological description of，的现象学描述，193；problems with，的问题，229-234；skill model of，的技能模型，215-216；target group of，的目标群，第 190 页注②；Turner and，特纳和，231

analysts' categories，分析者的范畴，43

animal suffering，动物患病，188

Annas，Julia 茱莉娅·安娜斯

antiliberals，反自由主义者，182

anti-liberals and，反自由和，182；Fish and，菲什和，178；power of public and，公众的权力和，第 156 页注①

applied epistemology，应用认识论，34

apprenticeship，学徒，206

approach to，的进路，81-82；public participation and，公众参与和，88

approaches to，进路，294；expertise and，专长和，296；Mackie and，麦凯和，291；moral belief and，道德信念和，285；as practical knowledge，作为实践知识，280-301；search for，的探索，283-285；Socrates and，苏格拉底和，287；use of，的运用，295-296

apracticalist，非实践主义者，294-295

arational grasp，无理性的把握，219-220

arbitrary deference, 独断的遵从, 112, 149

argumentative performance, 论证的表现, 23

argument-based evidence, 基于论证的证据, 21-24

argument-based, 基于论证的, 21-24; assessment of 的评价, 22; from interests/biases, 从利益/有偏见的 30-31; nontestimonial, 非证词的, 145; sources of, 的来源, 21

art and, 艺术和, 47-48; Collins and, 柯林斯和, 11-12, 180; creationism and, 创世论和, 144-145, 160; criteria of, 的标准, 第114页注⑥; critics of, 的批评, 395-403; education and, 教育和, 159; ersatz, 伪造的, 144-145; esoteric, 深奥的, 48-50, 73-75; Evans and, 埃文斯和, 11-12; expertise in, 在……的专长, 57, expert testimony and, 专家证词和, 141; fringe, expertise, 边缘化, 专长, 57; Golem, 戈勒姆, 73, 76, 94-95; historical, 历史的, 74, 76; layperson's contribution to, 外行的贡献, 91; maximally objective, 最大限度的客观的, 90; nature of, 的性质, 49-52; normal, 常规的 73, 76; phenomenology and, 现象学和, 214; philosophy of, 的哲学, 214-215, 234, 401-402; post-normal, 后常规的 92-93; power of, 的力量, 82; public response to, 的公众反应, 81; public understanding of, 的公众理解, 93; regulation of, 的监管, 74; reliability and, 可靠性和, 142; religion and, 宗教和, 160, 397; rhetoric of, 的修辞, 第80页注①; social, 社会的, 81-82; social responsibility of, 的社会责任, 第38页注①; social studies of, 的社会研究, 42-55; society, and, 社会, 和, 358-369; sociology of, 的社会学, 83; subjectivity in, 在……中的主体性, 246-279; technology and, 技术和, 39, 79; types of, 的类型, 55, 70-71, 73-74, 92-95; visibility of, 的可见性, 52. See also philosophy of science; science and technology studies; science studies 也参见科学哲学, 科学和技术研究, 科学研究

art, 艺术, 47-48, 402-403

articulate explanation, 清晰的解释, 287

artificial intelligence (AI), 人工智能, 96n6

asocial perspective, 反社会的视角, 224

assumptions, 假设, 280-283

attribution process, 归因过程, 254, 257-258

auctoritas, 权威, 165, 167

audience's position, 群众的立场, 233, 370-394

索　引

authority: cognitive, 权威：认知的, 164-169

axiology, 价值论, 114

B

Bayesian analysis, 贝叶斯分析, 26-27

beginners, 初学者, 220-221

behaviorist, 行为主义者, 346

belief, 信念, 329

beliefs of, 的信念, 29; body of, 的身体, 255-257; creative subject and, 创造性主体和, 249; intellectual enterprise of, 的智力事业, 141; junk, 垃圾, 第60页注②; as knower, 作为认知者, 336; novice and, 新手和, 29; suspicion and, 怀疑和, 79; trustworthiness of, 可信任, 39-40; truth and, 真理和, 40; secondary domain questions, 次要领域内的问题, 20; secondary education Internet access, 中学教育因特网, 198

biased evidence, 有偏见的证据, 30-31

binary opposition, 二元对立, 193-194

biotechnology regulation, 生物技术规章, 79

black box, 黑箱, 第184页注②

blind follower, 盲从者, 27

bodiless cerebral subject, 无躯体的大脑主体, 264-265

body and, 身体和, 228; education and, 教育和, 196-212; emotion and, 情绪和, 第173页注①; emotional stress and, 情感压力和, 203; moral, 道德的, 297. See also education 也参见教育

body of, 的身体, 255-257; ethnographic study of, 的人类学研究 248-258; functions of, 的功能, 250, 256; as genius, 作为天才, 272; Hawking and, 霍金和, 270-272; laboratory of, 的实验室, 250-255; models of, 的模型, 251; skills of, 的技能, 256

body: collective, 身体：共同的, 263-269

bolstering of, 的支持, 16-17; collectivist accounts of, 的集体主义解释, 128; competition and, 竞争和, 132; defeat of, 的击败, 16-17; epistemic merits of, 的认知优势, 125; epistemology of, 的认识论, 15, 122, 125; errors in, 在…中的错误, 138; experiential reasoning and, 经验推理和, 132; expertise and, 专长和, 14-17; of experts, 专家的, 2, 128-134, 第116页注②; failure of, 的失败, 138; game of, 的游戏, 138; general philosophical theories of, 的一般哲学理论, 128; layperson and, 外行和, 14; proposed, 提出的, 120; rational incoherence and, 理性上不融贯和, 136; reality and, 实在和, 123; self-contradiction in, 在…中的自我矛盾, 136-37; as source of justified belief，作为得到辩护的信念的来源，122-134；trust in，信任，127-128

boundary problems，划界问题，59-60

brain: disincorporated，大脑：解散的，263-269

bravery，勇敢，283-285

breaching experiments，违规实验，53

break into，闯入，50

Brewer and，布鲁尔和，221-222；civil trial，民事诉讼，112；competition problems for，的竞争问题，115-117；Daubert v. Merrell Dow Pharmaceuticals and，道伯特诉热里·杜药品公司和，121；epistemology and，认识论和，112；expertise problems for，的专长问题，113-117；jobs of，的职业，149；justification and，辩护和，113；justified belief and，得到辩护的信念和，145；knowledge and，知识和，113-115；lawyers and，律师和，第122页注②；legitimacy of，的合法性，124；obscurity spectrum and，含糊不明的范围和，137；practical reasoning and，实践理性和，115；scientific experts' testimony and，科学专家的证词，142；selection/competition problems and，选择／竞争问题和，115-117

Brewer, Scott，斯科特·布鲁尔，第195页注⑤

bureaucratic discretion，官员的判别权，174-177

Burge, Tyler，泰勒·伯格，15

C

Calculus，微积分，27

calibration，校准，18

Callon, Michel，米歇尔·卡龙，3，第193页注①

Cartesian skeptics，笛卡儿式怀疑论者，146

case for，的案例，145

case studies: decreasing interaction，案例研究：减少互动，68-69

case study of，的案例研究，65-67；novice/expert problem vs.，新手／专家问题 vs，17-20

category，类型，24

certainty of construct，建构的确定性，51

certifying institutions，提供证明的机构，146

ceteris paribus，其他条件都相同，168

charity，仁慈，188

Charmides，论节制，14

chattering classes，喋喋阶级，64

child: education of，儿童：的教育，2

citizen's perspective，市民的视角，233

civil trial，民事诉讼，34

clarity，清晰，189

class lines, politics of，阶级划分，的政治，72

classical，经典的，234；criticism and，批评和，401-402；tradition-

索　引

al，传统的，215

coach for，的教练 226；demographics and history affecting，人口统计和历史情感，227；Dreyfus's model of，德雷福斯的……模型，234；expertise and，专长和，216-218；final stage of，的最后阶段，220；model of，的模型，216-217；stages of，的阶段，200-209，219；understanding and，理解和，286-288

coach，教练，226

cognitive authority，认知权威，164

cognitive domain，认知领域，19

cognitive expertise, truth-linked definition，认知专长，与真理相关定义，19

cognitive operations of，的认知活动，262-263；communication of，的交流，261-262；computers and，计算机和，261；fabrication of，的编造，259-270；field choice of，的领域选择，268；handicap and genius of，的残疾和天才，269；name signing of，的签字，266-267；Playboy interview of，的《花花公子》采访 265-266；secretary of，的秘书，262；silence of，的沉默，270；speech of，的发声，270；Vatican visit of，的梵蒂冈访问，266；William X and，威廉 X 和，270-272

cognitive operations，认知的活动，262-263

cognitivist，认知主义者，346

coherence，一致性，118

collective body，共同的身体，263-269

collectivist model，集体主义模型，128-129

Collins and，柯林斯和，45；Dreyfus and，德雷福斯和，216

Collins, Harry，哈里·柯林斯，5-6；

common illness and，常见病和，91-92；participation of，的参与，90；public-use technologies and，公众使用的技术和，71-72

common illness，常见病，91-92

commonsense，常识，209

communications：of experts，交流：专家的 21，222，第 203 页注②

community and，共同体和，339

community of，的共同体，91；definition of，的定义，46；esoteric science and，深奥科学和，48；exposure beyond，解密，52；maximally objective science and，最大限度的客观科学和，90；non-certified experts and，无资格的专家和，69；settings of，的构成，46-47；size of，的大小，第 42 页注①

community planning and，区域发展计划，87

community specialist and，共同体专家和，77；experience of，经验和，62；weight of，的衡量，77

community，共同体，370-394；

compartmentalization of，划界，第 100 页注①；concept of expertise and，专长的概念和，58；contributions of，的贡献，40；politics and，政治和，50；researchers in，在…的研究者，第 54 页注①；upstream work in，上游工作和，57；variant of，的变形，43

competence，能力，126

competition problems：intra-/extra-disciplinary versions of，竞争问题：学科内/外的看法，117；for non-expert，对于非专家，115-117

competition：intra-/extra-disciplinary，竞争：学科内的/外的 147

computers：Dreyfus and，计算机：德雷福斯和，第 193 页注⑤

concept of，的概念，93

condensing 提炼，50-51

conditional independence，条件独立性，28，第 27 页注①

confidence，自信，140

conflict of interest，in experts，利益之争，专家间，30-31

consensual science expertise，被认可的科学专长，57

consensus，共识，89

constituencies，支持者，370-394

constitution of genius，天才的构建，271-272

constructionism as，的建构论，181-183；expertise and，专长和，164；German contribution to，德国对……的贡献，164；standard view of，的标准观点，162

constructionism：as liberalism，建构论：作为自由主义，181-183

Constructive Technology Assessment (CTA)，结构技术评估，88

constructivist，建构主义者，349-350

contemporary，当代的，215；literature of，的文献 87；philosophy of science and，科学哲学和，214；shared concerns of，所关注的，77-78；tacit knowledge and，意会知识和，第 184 页注③

contextual sensitivity，语境敏感性，228

contributions and，贡献和，67；technical decision making and，技术性决策和，89-90

contributions to，的贡献，67；elite domination of，的精英阶层，87-88；expertise and，专长和，55-56，65；normative theory of expertise and，专长的规范理论和，41；scientific element in，在…中科学的因素，63；stakeholders rights and，利益相关者的权利和，89-90；translation in，的转化，62

contributory expertise，可贡献性专长，48，59，75-76

controversial science，有争议的科学，73-75

core：beyond，核心层：跨越，50-53

core-groups：definition of，核心小组：定义，46

core-scientists，核心科学家 46，49；

core-sets and，核心层和，48；politics and，政治因素和，48-50

core-sets，核心层，49；

corrective to，修正，第 196 页注③；

| 索 引 |

credentials of，的证书，148；science education and，科学教育和，159 first wave of science studies，科学研究的第一次浪潮，41；intellectual arguments of，的知识辩论，83

courage，勇敢，283-285

courtroom credence，法庭信任，148

courtroom manner，法庭方式，140

crank factor，古怪的因素，145-146

creationism. 创世论，See scientific creationism 参见科学创世论，

creative subject，创造性的主体，246-248；

credence，信任，133

credentials and，证书和，143

credentials，证书，25；

credibility and，可信性和，84；scientific decisions in，在……科学决策，84-85

credibility：compromise of，可信性：危及，31；

credulity, limits，轻信，界限，123

critical participation，批评性参与，403

criticism and，批评和 398；nature of，的本性，317；neglect of，的忽视，215；phenomenology，现象学，309-314

critics of，批评，47-48，第43页注②

critics：appearance of，批评者：的表现，402-403

CTA. See Constructive Technology Assessment，CTA：参见结构技术评估，

cultural movement，文化运动，370

cultural studies，文化研究，178

cultural style，文化风格，208-209

D

dance，跳舞，228

Daubert v. Merrell Dow Pharmtaceuticals，达伯特诉热里·杜药品公司 2，第23页注②，第99页注④；non-experts and，非专家和，121；philosophical origin and，哲学渊源和，213；scientific knowledge and，科学知识和，118-119；Supreme Court decision in，最高法院的决定 135；

DC and，差异性主张和，232

DC. See difference claim 参见差异性主张

debate closure，争论终结，50-51

debaters' skill，争论者的技能，23

decision makers and，决策者和，46；definition of，的定义，119；production of，的生产，247；requirements of，的要求，120；specificity of，的专门性，第214页注⑤；support and，支持和，81. See also sociology of scientific knowledge 也参见科学知识社会学

decision making，决策，13；

decreasing interaction case study，减少的交互行动的案例研究，68-69

deference and，遵从和，13；Hardwig and，哈德维格和，第13页注③；in testimony，的证词，127-128；

361

truth，真理，第 150 页注②；scientists and，科学家和，40

deference，遵从，5；

definition of，的定义，39；expert and，专家和，5；expertise of，的专长，41-42；experts' testimony and，专家证词和，14；rationality of，的合理性，326，333；reliance of，的信赖，15

definition of，的定义，第 185 页注②

definition of，的定义，第 185 页注②

delegational nature，代表性质 66

demeanor evaluation and，行为举止评估和，139-41

demeanor，行为举止，134

democracy，民主，162

dependence，依赖性，328-341

derivative authority，派生的权威，15

derivative，派生的，15；fundamental，基本的，15；intellectual，知识的，328；justifiable，可辩护的，235；knowledge and，知识和，165；legitimacy and，合法性和，165-169；Merton and，默顿和，164；moral，道德，165. See cognitive authority 参见认知权威 authorship，作者身份，165，167

descriptive model and，描述性模型和，218-22；Dreyfus and，德雷福斯和，194-195

descriptive model，描述的模型，218-222

descriptive statements，描述的陈述，44

desires，愿望，292

details of，的细节，209；distance learning and，远程学习和，296-212；experts' role in，专家的作用在，2；face-to-face interaction as，面对面的互动，199；Internet and reform of，因特网和…的改革，197-198，209-210；myth and，神话和，365-369；practical experience in，在……实践经验，206；reform through，通过…改革，173；stages of，的阶段 200-209；technology and，技术和，196；theory in，理论，206；university's role in，大学在……的作用，198-199. See also learning 也参见学习

developmental disadvantages，开发的坏处，72

developmental model，发展模式，229

diachronic competition，历时的竞争，117

dialectical impasse，辩证法的绝境，145-149

dialectical superiority，辩证优势，22

difference claim（DC）差异性主张，231；

dimensions of，的维度，第 195 页注⑤；direct，直接的，第 21 页注①；indirect argumentative justification，间接论证的辩护，22-23；non-experts and，非专家和，113；of novice，新手的，30；phenomenological，现象学的，218

direct argumentative justification，直

| 索　引 |

接论证的辩护，22

direct calibration，直接校准，18

disaggregation principle，解体的原则，128

discretionary power，自由裁量权，第150页注①

discretionary，自由裁量的，第150页注①；epistemic，认知的，342；Foucault and，福柯和，第156页注①；Habermas and，哈贝马斯和，第156页注①；knowledge and，知识和，第150页注②；muscles and，肌肉和，269；of science，科学的，82；of technology，技术的，82

discrimination，local，辨别，当地的，63-64，76

discussion threat，讨论威胁，172

disembodied beings，脱离肉身的存在，202

disincorporated brain，解散的大脑，263-269

distance learning：education and，远程学习：教育和，196-212；

distributed body，分布的身体，261-263

distributed cognition，分布式认知，271

distributed-centered subject，分部化的—核心化的主体，257-258，272

distribution of，261-263；expertise and，专长和，214-216；learning and，学习和，228；of scientist，科学家的，255-257；specific features of，的特殊化，311

division of，的分殊，第111页注②

downstream to upstream，从下游到上游，43-46

Dreyfus and，德雷福斯和，194-195

Dreyfus and，德雷福斯和，231；expertise divisions of，的专长分类，56；liberal democracy and，自由民主和，5；political theory and，政治理论和，12-13；recognition and，承认和，230；taxonomy of，的分类，234

Dreyfus and，德雷福斯和，第206页注③；SC and，相似性主张和，232

Dreyfus, Hubert，休伯特·德雷福斯，5-6

E

economics，经济学，222-223

economists' view of 的经济学家的观点 168；educational stage of，的教育阶段 201-204；presumption of，的假设，126

education and，教育和，173；Internet and educational，因特网和教育的，197-198，209-210；professionalism and，专业化和，175；public administration，公共管理，172-173；technology and，技术和，197

education and，教育和，196；educational reform，教育改革和，197；layperson's contribution to，外行的贡献，91；local-interest，局部利益，72-74；new sociology of，的新社会学，71；politics and，政治因素和，71-72；power of，的力量，

363

82; reform and, 改革和, 197; regulation of, 的监管, 79; science and, 科学和, 39, 79; types of, 的类型, 70-71, 92-95. See also science and technology studies 也参见科学和技术研究

education and, 教育和, 197; Hawking and, 霍金和, 261; intelligence and, 智能和, 254

education and, 教育和, 206; expertise and, 专长和, 56-58; skill gained through, 通过经验获得的技能, 56; studies of, 的研究, 39-110; testimony and, 证词和, 132

education: computers and, 教育: 计算机和, 197;

educational reform and, 教育改革和, 197-198, 209-210; future of university and, 大学的未来和, 199; secondary education and, 中学阶段教育和, 198

educational stage of, 的教育阶段, 200; epistemic horizon of, 的认知范围, 34; evidence for, 的证据, 31; justification by, 由辩护, 30; qualities of, 的性质, 24; rules and, 规则和, 223; scientist and, 科学家和, 29; sources of evidence for, 的证据来源, 21; strategy for, 对……的策略 24; track records and, 记录和, 34

elongation of, ⋯的拓展, 51; relevant experiments and, 相关实验和, 65; uncertified experts and, 身份未被确认的专家和, 54

embodiment and, 体知合一和, 195

embodiment and, 体知合一和, 309-314; normativity and, 规范性和, 第196页注②; science and, 科学和, 214

embodiment, 体知合一, 195;

emotion, 情感, 139;

emotivism, 情绪论, 187

empathy, 共鸣, 140

empirical justification, 经验辩护, 16-17

empirical questioning, 经验的问题, 126

enthusiasts of, 的热衷者, 209; Internet and, 因特网和, 199

entitlement and, 资格和, 16-17; opinion and, 看法和, 25

epistemic agents, 认知能动者, 14

epistemic competence, 认知能力, 113-115

epistemic criteria and, 认知标准和, 193; expertise and, 专长和, 11;

epistemic deference: justified, 认知遵从, 得到辩护的, 131;

epistemic dependence, 认识的依赖性, 328-341

epistemic power, 认知权, 342

epistemic right, 认知权利, 第14页注③

epistemic right, 认知权利第14页注③

epistemic tool, 认知工具, 139

epistemically esoteric statement, 认知上深奥的陈述, 第20页注①

epistemically substantive judgment,

索 引

认知上的实质性判断，134-136
epistemology，认识论，334-339；
equality and，平等和，161-165；theologians and，神学家和，177
equality, and neutrality，平等，和中立，161-165
ersatz science，伪造的科学，144-145
esoteric decision-making group，深奥的决策层，49
esoteric science，深奥的科学，73-75
esoteric statements，深奥的陈述，22，32；
Establishment Clause，国教条款，144
ethnography, of William X，人种学，威廉 X 的 248-258
ethos，精神气质，139
European moral philosophy，欧洲道德哲学，281
evaluation of，的评估，139-141；
evaluation of，的评估 141-145; of expert，专家的 134；reliance on，依赖于，142；scientific community membership and，科学共同体成员和，143；underdetermination difficulty with，关于⋯不确定性困境，147
Evans, Robert，罗伯特·埃文斯，5
evidence，证据，118；
evidentiary support，证据性支持，134；
excathedra，权威性的，40；factual，事实的，114；independent，独立的，135；interpretive，解释性的，120；moral，道德的，187；substantive，实质的，134；theoretical，理论的，115
exclusion，排除，160
exoteric statements，通俗的陈述，22，32
experience: assimilation of，经验：的同化，204；
experience-based experts，基于经验的专家，56，第 64 页注①；
experimenter's regress，实验者的回归，12
expert selection and，专家选择和，第 205 页注①；legal proceedings and，合法的程序和，83-84
expert/expert problem vs.，专家/专家问题，17-20；fact application to，应用于⋯⋯的事实 32-33；justification and，辩护和，20；meta-experts and，元专家和 34
expert/expert problem，专家/专家问题
expert/expert problem: algorithm for，专家/专家问题：的算法，33-34；
expertise and，专长和，159；theorists of，的理论 176. See also liberal democracy 参见自由民主
expertise and，专长和，177-181；experts and，专家和，167-168；Turner and，特纳和，第 187 页注②
expertise and，专长和，289；moral knowledge as，道德知识作为，280-301；skepticism and，怀疑论和，293-295；theory and，理论和，

193; values and, 价值和, 290-293

expertise, 专长, 346-349;

experts and, 专家和, 19; feminist, 女性主义, 31; legal, 法律, 122; mainstream, 主流的, 14; moral, 道德, 289, 295-296; non-expert legal reasoners and, 非专家的法律推理者和, 112;

experts, 专家, 2

exposure of, 的揭露 50; special position of, 的特殊立场, 65

extension problem, 广延性问题, 39-41, 75, 78-82

external commission, 外部的委员会, 134

extra-disciplinary competition, 学科外的竞争, 147

ex-cathedra judgments, 权威判断, 40

eyewitness credibility, 目击者的可信性, 18-19;

eye-direction detector, 视觉方向的觉测器, 16

E-domain, E 域, 18

F

factual judgment, 事实判断, 114, 第 195 页注⑤

factual reports and, 事实报告和, 16; rearing of, 的抚养, 2

fairytales, 童话, 359-361

faith, 信仰, 180

falsification, 证伪, 213

feminist epistemologists, 女性主义认识论者, 31

Feyerabend, Paul, 保罗·费耶阿本德, 6, 325; first wave of, 的第一次浪潮, 41-43, 55, 64; relationships in, 的关系, 75; second wave of, 的第二次浪潮, 43-53, 55, 88, 第 52 页注②; third wave of, 的第三次浪潮, 53-55; three waves of, 的三次浪潮, 82-83

Fish and, 菲什和, 179; reform and, 改革和, 175

Fish, Stanley, 斯坦利·菲什, 162;

Flat Earth Society phenomenon, 地平说协会现象, 145-146

fluid criticality, 流体的临界性, 252

fluid performance, 220

focus groups, 中心小组, 80

Foley, Richard, 理查德·弗雷, 15;

foreign policy, 外交政策, 175-176

form proposition, 形式命题, 33

forms, 形成, 282, 290

Foucault and, 福柯和, 178; ideology and, 意识形态和, 179; Said and, 赛义德和, 377

Foucault, Michel, 迈克尔·福柯, 161, 376;

Fricker, Elizabeth, 伊丽莎白·弗里克, 125, 第 106 页注①

fringe science expertise, 被边缘化的科学专长, 57

Fuller, Steve, 史蒂夫·富勒, 6, 325-326

fundamental authority, 基本的权威性, 15

funding sources, 资金来源, 172

索 引

G

general public,一般公众,52
generalists,杂家,64
genius deconstruction,天才的解构,259-270
global constructivism,全域的建构主义,349-354
global reductionism,全域的还原论,125
global systemic answers,全面的系统回答,380-381
Goldman, Alvin,艾尔文·戈德曼,5
Golem science,勾勒姆科学,73,76;
governmental expertise,政府的专长,56
Greek morality and,希腊的道德和,5;philosophy/history and,哲学/历史和,193
Greek morality,希腊道德观,5
group motivation,群体动机,257
growing up as,成长为,227;in sights to,看到,第177页注②;need for,需求,207-208

H

Habermas and,哈贝马斯和,166-167;sociology of science and,科学社会学和,83
Habermas, Jürgen,尤尔根·哈贝马斯,162-164;
Habermas-type discourse,哈贝马斯说的,89
Hardwig, John,约翰·哈德维格,6,326

Hawking, Stephen,斯蒂芬·霍金,258
historical memory,历史记忆,392-393
historical science and,历史科学和,74;public and,公众和,94-95
historical science,历史科学,74,76
history of,的历史,193;traditional,传统的,11
Hobbes and,霍布斯和,165;politics and,政治和,180
honesty,诚实,188
human ingenuity,人的创造力,379
humanist noninterface,人文主义的互不干涉,390

I

identity construction,身份建构,269-270
identity problem,同一性问题,82
ideology:expert knowledge as,意识形态,的专家知识,163;
ignorance,未知,93
Ihde, Don,唐·伊德,6,327
implied competition,隐式的竞争,117
in civic trial,在民事诉讼中,111;classification of,的分类,75
in court,在法庭上,148
inaccessibility thesis(IT),不可接近性论点,223-224
increasing interaction,增强互动,65-67;understanding interaction,理解互动,69-70
independent judgment,独立判断,135

indeterminacy，不确定性，94
indicators，标志，22
indirect argumentative justification，间接论证的辩护，22-23
indirect calibration，间接校准，18
individualism，个人主义，331-334；
individualist model，个体主义模型，129
individuals' morality，个人的道德观，13
inference rule，推论规则，126
inference，推理 23
intellectual authority，知识权威，328
intellectual due process，理智的法定诉讼程序，111-158
intelligence：computers and，智力：计算机和，254
intentional arc，意向弧，216
interaction, increasing，互动，增加，65-67
interactional expertise，互动型专长，59-60，75-76，194-195，302-321；
interactivity of，的互动性，305-309；lack of，缺少，67；multiple，多种，62；potential of，的潜能性，317；social role of，的社会作用，195；weight of，的衡量，77
interests：evidence from，利益：的证据，30-31
interference，干预，230，干涉，391
Internet：communication and，因特网：交流和，199
interpretation of，的解释，285；Plato and，柏拉图和，288；Platonic forms and，柏拉图的理念和，281，290
interpretive judgment，解释性判断，120
intersubjectivity，主体间性，236
intra-disciplinary competition，学科内的竞争，147
intuition，直觉，227，第190页注②
invention localization，局部化发明活动，247
involvement resistance，有抵触，203
IT. See inaccessibility thesis, IT. 参见不可接近性论点

J

Jasanoff, Sheila，希拉·贾萨诺夫，180
judgment by，根据……判断，25；questions of，的问题，24-30
judgments：epistemic role for，判断：的认知作用，139
judicial system turmoil，司法系统纷乱，2
jurisprudence，法律系统，112
juror：jobs of，陪审员：的职业，149
jury selection，陪审团选择，140-141
justification，辩护，118
justificational status，辩护的地位，第16页注①
justified belief，得到辩护的信念，121

K

Kellogg, Paul，保罗·凯洛格，170-171
kibitz，空谈，226
Kitcher, Philip，菲利普·基彻尔，18

索 引

knowers，认知者，335-339

knowledge and，知识和，113-114，第248页注②；public，公众，161

knowledge and，知识和，117-118，121；non-experts and，非专家和，121

knowledge reconstruction and，知识重构和，75

knowledge，知识，14

L

language：acquisition of，语言：的获得，311

Latour, Bruno，布鲁诺·拉图尔，3；

Laudan, Larry，拉里·劳丹，114

law, and justified belief acquisition，法律，正当信念的获得，11-12

lay expertise，外行的专长，41-42，60

layperson：appeal of，外行：诉诸，330-331

laypersons' reasoning，外行的推理，2

learning and，学习和，第173页注①；positive/negative，积极的/消极的204；stress and，紧张和，203

learning，学习，第190页注②

legal commentators，合法的评论员，133

legal epistemology，法律认识论，122

legal practice，司法实践，112-113

legal proceedings，法律程序，83-84

legal system values，法律系统的价值，112

legislative role, of experts，立法作用，专家的，2

legitimacy of，的合法性，165-169，172；literature of，的文献，165；paradigm case of，的范例情况，166；political discussion and，政治讨论和，181

legitimacy：of cognitive authority，合法性：认知权威的，165-169，172；

legitimate contributors to，的正当的贡献者，57；normative theory of，的规范性理论，42；phases of，的层次，67；processes of，的过程，74；right way of，的正确方法，39；scientific community and，科学共同体和，54

Lehrer-Wagner model，莱尔—瓦格纳模型，第25页注①

leitmotif，主旋律，161

liberal democracy，自由民主，5，160

liberal state，自由国家，160

liberalism，自由主义，371

likelihood ratio，可能性之比，26-27

linguistic community，语言共同体，130

linguistic labor，语言劳动分工，130；

linguistic socialization，语言的社会化，303-305

linguistic，语言的，130，252-253；membership in，成员在，143；planning of，的规划，87；politics and，政治因素和，49，388；specialist of，…的专家，77. See also scientific community 也参见科学共同体

literary criticism，文学批评，391

local discrimination，局部辨别力，

64，86

local reductionism and，局域还原论和，127

local reductionism，局部还原论，125，127

local-interest technologies: public expertise in，局部利益的技术：在……中的公众专长，72-74

logos，逻各斯，139，140

lying，撒谎，30

Lysenkoism，李森科主义，50，第 45 页注①

M

MacKie, John L.: assumptions of，约翰·麦凯：……的假设，280-283，296；

Mannheim's sociology of knowledge，曼海姆的知识社会学，82-83

Marxism，马克思主义，383-84，389

mastery，掌握，207-208

maximal grip，极致掌握，216

maximally objective science，最大限度的客观的科学，90

McLean v. Arkansas Board of Education，麦克林，阿肯色教育委员会，144

memory, historical，记忆，历史，392-393

Merton, Robert: cognitive authority and，罗伯特·默顿：认识权威和，164

meta-experts，元专家，34

meta-knowledge，元知识 348

method，方法，361-363

methodology，方法论，136，363-365

Mialet, Hélène，海伦·米阿莱，6

Mix, John，约翰·米克思，6

model manipulation，模型操纵，255

modernity，现代性，81-82

modus ponens，肯定前件，132

modus tollens，否定后件，131

moral authority，道德权威，165

moral belief，道德信念，285

moral code，道德密码，188

moral discourse model，道德话语模型，296

moral experts，道德专家，187-189

moral knowledge: acquisition of，道德知识：的获得，第 152 页注③

moral philosophy，道德哲学，187

moral，道德的，187

morality，道德观，5，13

muscle power，肌肉的力量，269

myth and education，神话和教育，365-369

mythical incarnation，神话般的人物，260

N

name signing，签名，266-267

narrative，叙述性的，第 203 页注②；

nature of，的性质第 143 页注②

network stabilization，网络巩固，88

neutrality and，中立和，177

neutrality: as core rule，中立性：作为核心规则，181

nonindividualist account，集体主义的

索 引

解释，129-130

nontestimonial evidence，非鉴定性的证据，145

non-arbitrary，非任意的，255；proliferation of，的激增，254-255

non-certified experts and，无资格的专家和，69；settings of，的设置，46-47

non-discriminating reflector，非歧视的反映者，28

Non-experts and，非专家和，221-222；reasoning process and，推理过程和，5；testimony and，证词和，12，A Brief History of Time (Hawking)，时间简史（霍金），262，267-268

non-experts，非专家；novice/expert problem，新手/专家问题；scientific experts' testimony，科学专家的证词

non-experts：belief and，非专家：信念和，121

non-independent opinion，非独立的看法，26

non-independent，依赖的，26；prima facie credence and，表面上是值得信任的和，25

normal science，常规科学，73，76

normative account problems，规范性解释的问题，229-234；

normative implications, of Dreyfus，规范意义，德雷福斯的 222-224

normative political theory，规范的政治理论，159

normative theory of decision-making，决策的规范理论，42

normative theory of expertise，专长的规范理论，41，53

normativity，规范性，第196页注②

novice belief and，新手的信念和，29-30

novice/expert problem and，新手/专家问题和，15，24；trust and，信任和，第13页注③

novice/expert problem，新手/专家问题，15，24

novice：belief and Bayesian analysis，新手：信念和贝叶斯分析，29-30

numbers：credibility and，人数：可信性和，26

O

objective evidence，客观证据，115

objective values，客观价值，293

objectivity and，客观性和，293

objectivity, and expertise，客观性和专长，2

obscurity，含糊不明，137

observational reports，可观察的报告，124-125

of art，艺术的，47-48，第42页注②；as insiders，作为内行，400；of science，科学的，395-403

of community，共同体的，388；esoteric science and，深奥的科学和，48-50；expertise and，专长和，159；experts and，专家和，222；local，局域的，72；nature of，的

性质，66；Schmitt and，施密特和，180；of scientific community，科学共同体的，49；secular，世俗的，372；SSK and，科学知识社会学和，50；technology and，技术和，71-72；visibility or；可见性或，第45页注②

of core-sets，核心层的，91；individualism and，个人主义和，339；interpretive，解释的，387；

of Dreyfus，德雷福斯的，235

of expert，专家的 221

of Hawking，霍金的，261-62；Internet as，因特网作为，199

of knowledge，知识的，44，75

of reform，改革的，175

oil-field fluid，油田流体，253

old general acceptance criterion，旧的普遍接受的标准，第23页注②

operators within，通过……的操作者，252-253

opinion：bias and，意见：偏见和第23页注②

opponents，反对者，370-394

orthodox defense，正统的防御，293

orthogonal dimension，正交维数，58

oscillation analysis，波动分析，249-250

P

partial conditional independence，部分条件无关的，28

particle physics，粒子物理学，338

pathos，诉诸情感的，139

peer review，同行评议，2

performance，表现，23

perspective，透视的，280

phenomenological analysis limits，现象学分析的局限性，213-245

phenomenological justification，现象学的辩护，218

phenomenology：desideratum of，现象学：的需要，第187页注①

philosophers and，哲学家和，11；work of，的文章，1

philosophical analysis of，的哲学分析，4；problem of，的问题，39-41，68，75，78-82

philosophical inquiry：lack of，哲学探索：的缺乏，1

philosophical standards，哲学标准，235

philosophy of science，科学哲学，214

philosophy：contemporary，哲学；当代的，282-283

phrenology debate，颅相学的争论，49-50，第63页注②

Physical Review Letters，物理学评论快报，337

physics expertise，物理学专长，56

planning：debates of，规划：的争论，第67页注①

Plato，柏拉图，288

Platonic forms of，的柏拉图理念，282，290

point of view，观点，114；

political contributors，政治贡献者 66

political discussion，政治讨论，181

political interference，政治的干

索引

预，230

political rationality，政治合理性，3

political rights，政治权利，53；

political theory，政治理论，159

politics：of class lines，政治：阶级划分的，72

Pollock, John，波洛克，约翰，第29页注②

positivism，实证主义，43

post-normal science，后常规科学，92

power of，……的力量 269

power：of brain，力量：心灵的：269

practical agents，实践的能动者，217

practical epistemic deference，实践的认知遵从，134-136

practical knowledge and，实践知识和，293-295；testimonial，证词的，16

practical knowledge，实践知识，289-290；

practical wisdom，实践智慧，208-209

practical，实践的，115，134-136；warranted，有保障的，134-145

preference，偏好，48

prejudices of，的偏见，140

prescriptive statements，规定的观点，44

prescriptive theory, of expertise，规定性理论，专长的，44

presentation of，的表象，41-42

presentation，描绘，41-42

preservationist justifiedness，保护传统的辩护，第16页注①

presumption of，的预设，132

prima facie，表面上，15

primary domain questions，主要领域内的问题，20

probability calculus，概率计算，27

problem of extension，广延性问题，39-41，75，78-82

problem of legitimacy，合法性问题，39-41，75，78-82

professionalizing strategy，专业化策略，173

proficiency，熟练，204-205，219

protection of，的保护，第56页注①

psychological expertise，心理学专长，56

public administration，公共管理，172

public certainty apex，公众的确定性顶点，52

public dimension，公共的维度，258-259

public expertise and，公众专长和，72-74

public expertise：local-interest technologies and，公众专长：局部利益的技术和，72-74；public-use technologies and，公众使用的技术和，71-72

public participation，公众参与，88

public response，公众的反映，81

public understanding，公众理解，161

public-use technologies：public expertise and，公众使用的技术：公众专长和，71-72

Q

quality control procedures，质量控制

程序，93
question-begging problem，乞题问题，143-145

R

racism，种族主义，160
ratings，比率，25
rational coherence，理性的融贯性，138
rational evidentiary support，合理的证据性支持，136-138
rational inferiority，在理性意义上不如，333
rational presumption，合理性预设，126
rational reconstruction，合理的重构，148
rational，合理的，136-138
real world application，现实世界中的运用，206
reality and testimony，实在和证词，123
reason，理由，139
reasoning process，推理过程，5
recognition problem，认可问题，229，231
recognition，认可，222-223
reconstruction，重构，148；
reductionism，local，还原论，局部的，125，127
referred expertise，牵扯型专长，61-62，76
reflexive historical science，反身性历史科学，74，76

reflexive literature of modernization，反身性现代文学，82
reform of，的改革，172-173；schools of，的学校，173-174
reform，改革，171
regress and，倒退和，141
regress problem，倒退问题，141-143
regulatory problems，监管问题，94
relation，关系，5
relativist methodology，相对主义方法论，44
reliability，可靠性，118
religion, and science，宗教和科学，160，397
representation: nature of，代表：的性质，66
response range，反应范围，217-218
results, and methodology，结果，和方法论，136，363-365
rights，权利，66
risk，风险，93
rumor spreaders，谣言传播者，25-26
Russell Sage Foundation，拉塞尔·塞奇基金会，170

S

Said, Edward，爱德华·赛义德，6
saturation pressure，饱和压力，253
scenario judgment，场景判断，27
Schmitt, Carl，卡尔·施密特，162
science and technology studies (STS)，科学和技术研究，11
science studies: contribution of，1 科学研究：的贡献，80

索　引

science：applications of，科学：的应用，81，94

scientific community，科学共同体，49

scientific consensus formation，科学共识的形成，45

scientific creationism，科学创世论，144，160

scientific decisions：legal system and，科学决策：法律系统和，84-85

scientific expert testimony and，科学家的证词和 111-112，116，132，142；types of，的类型，117

scientific expert testimony：competition and，科学专家证词：竞争和，111-112，116，132，142；criteria of，的标准，133；epistemological considerations of，的认识论的考虑，132；intellectual due process and，理智的法定诉讼程序和，111-158；status of，的地位，178

scientific expertise and，科学专家和，111

scientific expertise，科学专长，57，第184页注②

scientific fundamentalism，科学的原教旨主义，64-65

scientific judgments，科学判断，63

scientific knowledge，科学知识，43，111，118

scientific opinion formulation，科学看法的形成，29

scientific policy，科学政策，3

scientific process，科学过程，68

scientific theories，科学理论，112-113

scientist：advice of，科学家：忠告，40

scientists and，科学家和，249

scientists' beliefs and，科学家的信念和，29

SC. See similarity claim，参见相似性主张

second-guessing，事后评论，134-136

sectarian expertise，教派的专长，174-177

section of，的选择，251

secular intellectuals，世俗的知识分子，379

secular interpretation，世俗解释，380

SEE. See studies of expertise/experience，SEE 参见专长/经验研究

selection problems for non-expert，非专家的选择问题，115-117

self-contradiction，自我矛盾，136-37

self-fashioning，自我塑造，265

Selinger, Evan，埃文·赛林格，6；

semantic vs. epistemic，语义的与认知的，第20页注①

semantically esoteric statements，语义上深奥的陈述，第20页注①

senses，意义，344-346

sexism，性别主义，160

shared attention mechanism，分享注意机制，第14页注⑥

similarity claim（SC），相似性主张，231-232；

sincerity，真诚，126

Singer, Peter，彼得·辛格，13

situation specificity, 情景的特别性, 233

skepticism, 怀疑论, 14

skill acquisition, 技能获取, 204

skill model, 技能模型, 215-216

skin, 皮肤, 313

social actors, 社会行动者, 63

social constructionism, 社会建构论, 182

social control mechanisms, 社会控制机制, 165

social epistemology, 社会认识论, 34

social knowledge, 社会知识, 63

social learning, 社会学习, 89-90

social obsolescence, 社会的落伍, 391

social perspective, 社会的视角, 224

social problems, 社会问题, 230

social role, 社会作用, 第182页注②

social science, 社会科学, 81-82

social senses, 社会意义, 344-346

social studies of science and, 科学的社会学研究和, 11-12

social studies of science, 科学的社会学研究, 42-55

social survey, 社会调查, 170

social work history, 社会工作史, 169

social, 社会的, 182

social, 社会的, 34

society and science, 社会和科学, 358-369

sociolinguistic hypothesis, 社会语言假说, 130

sociological analysis, 社会学分析, 59

sociology of scientific knowledge (SSK), 科学知识社会学, 11

socio-cognitive network, 社会认知网络, 263

Socrates, 苏格拉底, 287

source 来源

speaker-known objects, 说话者已知的对象, 16

speaker's character, 说话者的特征, 139

specialists' work, 行家的工作, 64

SSK compatibility with, 符合SSK的, 42

SSK. See sociology of scientific knowledge, 参见科学知识社会学

stage-magician problem, 舞台魔术师的问题, 69-70

stakeholder rights, 利益相关者的权利, 53

steering mechanisms, 控制机制, 163

STS and, 科学和技术研究和, 第184页注③

STS. See science and technology studies, STS参见科学和技术研究

studies of expertise/experience (SEE), 专长/经验研究(SEE), 40, 53-55

style development, 风格延续, 207-209

subjectivity in science, 科学中的主体性, 246-279

substantive judgment, 实质性判断, 134

survey data, 调查数据, 80

suspicion, 怀疑, 79

synthesis process, 合成过程, 255-256

T

tacit knowledge, 意会知识, 217

索 引

taxonomy, of Turner, 分类, 特纳的, 234
teacher's role, 教师的角色, 206
techne, 专长, 14, 实践专长, 193; meaning of, 的意义, 217. See also expertise 也参见专长
technical complexity, 技术复杂性, 400
technical contributors, 技术贡献, 66
technical decision making, 技术决策, 39
technology: CTA and, 技术: 文化结构技术评估和, 88
technoscience criticism barriers, 进行技术批评的种种障碍, 396-401
temporal dimension, 暂时的维度, 258-259
test of, …的测试 136
testimony and, 证词和, 133
testimony, 证词, 122-128;
theological expertise, 神学的专长, 56;
theoretical judgment, 理论判断, 115
thermodynamics, 热力学, 248-249
third wave of science studies, 科学研究的三次浪潮, 53-55
time core elongation, 随时间拓展的核心层, 51
time dilation, 时间膨胀, 264
track records: novice and, 记录: 新手和, 34
translation, 转化, 62, 76, 94
transmissional justifiedness, 可传递的辩护, 第16页注①
transpersonal justifiedness, 超越个人的辩护, 第16页注①
true belief, 真信念, 20
trust and, 信任和, 13
trust, 信任, 5
Turner, Stephen: classification by, 斯蒂芬·特纳: 分类, 86-87

U

ubiquitous discrimination, 普遍的辨别, 64
uncertainty, 不确定性, 93
under cross-examination, 在交叉盘问下, 84
under cross-examination, 在交叉盘问下, 84; of eyewitness, 目击者的, 18-19; numbers and, 数字和, 26
underdetermination problem, 不完全决定性问题, 145, 147
understanding interaction: case study of, 理解互动: 的案例研究, 69-70
understanding: education and, 理解: 教育和, 209
upstream work, 上游的工作, 45
using, 运用, 31-34
utopia, 乌托邦, 381

V

value: expertise and, 价值: 专长和, 94
veracity, 诚实, 124
virtue, 美德, 187

W

warranted beliefs, 得到辩护的信念,

113-115
waves，浪潮，41
weight of，的衡量，77
Western scientific theory，西方的科学理论，47，第45页注②
William X and，威廉X和，256
William X：Arthur and，威廉X：作者和，252

wisdom，智慧，208
witness credibility，目击的可信性 See eyewitness credibility 参见目击者的可信性

Z

zero-solutions，吹灰之力，69